合规商务研究论丛
HEGUI SHANGWU YANJIU LUNCONG

风险与危机管理研究

（2017年卷）

张荣刚 主　编
李晓宁 副主编

中国财经出版传媒集团
经济科学出版社
Economic Science Press

图书在版编目（CIP）数据

风险与危机管理研究. 2017年卷 / 张荣刚主编.
—北京：经济科学出版社，2018.8
ISBN 978-7-5141-9640-5

Ⅰ.①风… Ⅱ.①张… Ⅲ.①风险管理-文集
②危机管理-文集 Ⅳ.①F272.35-53

中国版本图书馆 CIP 数据核字（2018）第 187981 号

责任编辑：周胜婷
责任校对：靳玉环
责任印制：邱 天

风险与危机管理研究
（2017年卷）
张荣刚 主编
李晓宁 副主编

经济科学出版社出版、发行 新华书店经销
社址：北京市海淀区阜成路甲28号 邮编：100142
总编部电话：010-88191217 发行部电话：010-88191522
网址：www.esp.com.cn
电子邮件：esp@esp.com.cn
天猫网店：经济科学出版社旗舰店
网址：http://jjkxcbs.tmall.com
固安华明印业有限公司印装
710×1000 16开 22.75印张 380000字
2018年10月第1版 2018年10月第1次印刷
ISBN 978-7-5141-9640-5 定价：89.00元
（图书出现印装问题，本社负责调换。电话：010-88191510）
（版权所有 侵权必究 打击盗版 举报热线：010-88191661
QQ：2242791300 营销中心电话：010-88191537
电子邮箱：dbts@esp.com.cn）

编审成员名单

主　编：张荣刚
副主编：李晓宁
编　审：徐京平　姚延婷　张夏恒

风险与危机管理：问题导向的交叉学科

古语有言"斯事可为，然难测其患"。在这个世界上，任何事情都面临风险，而放任或不及时处，风险就会演变成为现实的危机。因此，"风险与危机管理"应运而生，这个论文集正是在新时代浪潮下，撷取、汇集的我的同仁们对多个风险与危机管理相关领域探索的一个个小浪花。

一

谨慎能捕千秋蝉，小心驶得万年船。我们的事业需要谨慎严谨地可持续推进，既要高屋建瓴，又要一叶知秋，因此，关注风险、警惕危机，成为我们应当研究的重要课题。

我们将风险与危机连带在一起进行分析，与目前常见的研究有所区别。一般地说，风险管理（risk management）是指主体如何在项目或者组织中，将风险可能造成的不良影响减至最低的管理过程。而危机管理（crisis management）则是指主体为应付各种危机情况所进行的规划决策、动态调整、化解处理及员工训练等活动过程。需要注意的是，目前对危机、风险的定义多有重叠、交叉，学者们的思考、判断因而显得紊乱和纷杂，研究风险者将风险泛化到覆盖所有，研究危机者将危机扩大到辐射全部。因此，我们将风险与危机进行一体化的界定、理解和研究，并称之为风险与危机管理（risk & crisis management），这样探索不是为了标新立异，更不是为了危言耸听，而是因为我们面临的实际问题和管理科学的问题导向所要求的。

改革步入深水区，我们国家面临五个方面的巨大任务或者说挑战。

第一是从20世纪40年代起方兴未艾的信息化浪潮。科学技术的飞速发展要求社会经济与之同步，而这个同步不是仅靠愿望和态度就能够解决的，需要完整的工业体系和成熟的社会管理体系。

第二是我们过去40年一直在努力推进的市场化战略。要求市场在资源配置中发挥决定性的作用，我们需要判断什么能够而且应当彻底市场化，什么不能市场化。

第三是我国从新中国成立以来就开始的工业化进程。要努力完成从农业国向工业国的涅槃重生，工业化随时代的变迁要求日益严苛，从钢铁、重化工到现在的新型工业化、智能制造等，我们在努力追赶，追赶的对象也在快速发展，如逆水行舟，不进则退。

第四是我国各地近年来你追我赶、风起云涌的城市化。与工业化、信息化相伴相随的是城市化，城市化的内在要求和质量标准日益提高，复杂性呈几何级数攀升，参与主体生活状态变化巨大、冲击强烈，人人均对生活充满美好向往，也均对当下自己的处境不够满足，往往多有抱怨少有赞赏。

第五是难以抗拒、近年来越来越严重的老龄化态势。总体上我国人口与国土的承载矛盾是非常尖锐的，但控制人口出生率与平均寿命的迅速提高、平均婚育年龄的快速增长碰到了一起，所以未富先老、未富先保等词汇在媒体上飘来荡去，普通民众惘然地看着专家们争来论去、莫衷一是，生也不是，不生也不是，矛盾纠结。

这五个"化"交织在一起，错综复杂，每一个问题都不是单一的问题，牵一发而动全身，可以说极大地增加了问题的复杂性和解决的难度，每一个细节的考量和处理不足，都会引发出乎预料的结果。因此，开展风险与危机管理研究，势所必然。

二

不识庐山真面目，只缘身在此山中。社会经济生活中，同样存在大量的需要多个学科理论、方法、技术来共同参与才能处理好的问题。当我们囿于学科的方法论和理论体系考察问题时，往往只看到了该学科"应当"看见的结果，很难保证是事件或问题的原貌。

风险与危机管理是一个领域，不是一个固有的学科，是新兴交叉学科得以衍生成型的"富矿"。交叉学科，是指不同学科之间相互交叉、融合、渗透而出现的新兴学科。近代科学上的重大发现、国计民生重大问题的解决等，常常需要不同学科之间的相互交叉和相互渗透。交叉学科推动了此前被专业学科所忽视的领域的研究，打破了专业化的垄断现象，增加了各学科之间的交流，逐步形成了许多新的学科。在自然科学和工程技术领域有大量的问题通过交叉学科得到解决和克服，因此全社会对自然科学领域的学科交叉发展比较了解和重视。

　　风险与危机管理是一堆问题，不是一个体系。问题导向是社会科学的生命力来源，交叉学科通常源于对单一学科无法或是无意对某些重要问题进行研究的认识，往往最鲜活、最具有问题导向，是学科体系的最靠近现实需求、最具活力的增量部分。因此，我们需要充分认识交叉学科的学科地位，推动以"问题解决"（problem-soving）研究为中心的研究模式，融合不同学科的范式，推动实践问题的解决，而不能将交叉学科视作旁门左道、小众自娱自乐的学术兴趣园地，而应将其视为学科体系不可或缺的重要有机构成。

三

　　蹄疾走日月，步稳度关山。国家对风险与危机管理领域早有判断，系统推进，进入2018年以来，陆续组建或重组了国家监察委员会、中央全面依法治国委员会、中央审计委员会、中央网络安全和信息化委员会、全国人大社会建设委员会、全国人大监察和司法委员会、全国人大宪法和法律委员会、自然资源部、生态环境部、农业农村部、文化和旅游部、国家卫生健康委员会、退役军人事务部、应急管理部、国家市场监督管理总局，坚持蹄疾步稳、紧凑有序地推进改革，这是我国新形势下面对改革发展中各种现象和难题的科学对策。

　　丈夫贵兼济，岂独善一身。集中力量研究"风险与危机"管理，是政法大学的责任，也是政法大学商学院的义务。实际上，以我校学者为核心的学术团队，已经在相关领域开展了卓有成效、富有特色的探索，前期发展是值得肯定的，例如，我们在反恐、审计、网络背景下的商务风险与信息安全管理问题、城乡协调发展与社会保障等领域的问题研究、理论探索、团队和平台建设。

　　潮平两岸阔，风正一帆悬。合规商务、社会管理等领域的问题需要我们积聚力量、互通互联、群策群力，针对性的集中精力、加大投入。目前，我校已经主办了三届全国"风险与危机管理学术研讨会"，这本论文集就是第三届（2017年）年会的部分论述。今后，我们将继续加大力量，持续追踪，不断加深研究实践适用性，提高研究理论水平。同时，问题导向下的风险与危机管理交叉研究，因为其理论体系、方法工具正在构建或完善中，所研究的问题也在持续发酵和演化，难以一蹴而就，不会立竿见影，需要我们持续关注、宽容看待、耐心守望，相信必然会收获超出预期的成果，为构建中国特色哲学社会科学做出我们的独特贡献。

张荣刚
2018 年 3 月 16 日于西北政法大学商学院

目　录

投融资与产业风险管理

PPP 模式的风险研究
………………………………………………………黎秀蓉　曹聪聪 / 3
商业银行个人理财业务的风险因素分析
…………………………………………………………李晓宁　罗方姝 / 16
环境友好农业技术创新与农业经济增长的耦合原理研究
…………………………………………………………姚延婷　王英鸽 / 30
资源约束视角的股份制商业银行社会责任投资研究
——以交通银行和中国银行为例 …………………张荣刚　杨　瑞 / 38
共享单车风险管理的对策研究
……………………………………………………………蓝　莎　苗泽雁 / 49
商品房买卖合同中购房者面临的风险及对策建议研究
……………………………………………………………………穆　杰 / 61
商务买卖合同中的风险防范
……………………………………………………………………裴　莉 / 66

信息安全与商务风险管理

中国与中亚国家经贸合作、行为和风险研究：基于文献分析视角
………………………………………郑海平　王慧杰　张　楠 / 73
网络环境下风险控制的关键因素与有效渠道研究
——基于媒介互动的思考 ………………………………………王　静 / 96

汇率变动对跨境电商经营风险的影响及防范建议
……………………………………………………………… 张夏恒 / 102

技术创新网络中核心企业领导风格与网络创新绩效关系研究
——基于环境动态性的调节作用 …………………………… 王　方 / 112

基于区块链技术的供应链信息平台的重构与现实应用
……………………………………………………………… 戚艳军 / 123

我国第三方电子支付风险及管控研究
……………………………………………………………… 方丽娟 / 134

内部审计与财务风险管控

我国大型企业财务风险及其防范的思考
………………………………………………… 国创锋　李翠翠 / 145

风险导向审计模式下的内部审计质量控制研究
………………………………………………… 刘鹏伟　张　秦 / 155

大数据审计的发展逻辑与推进路径
………………………………………………… 徐京平　王欣蕊 / 168

内部审计、治理机制互动与公司的风险管控
………………………………………………… 蓝　莎　杨文倩 / 180

审计风险模型演进分析
……………………………………………………………… 李丹丹 / 188

浅论我国律师事务所风险防范与控制
……………………………………………………………… 杜鹏翱 / 196

浅析内部控制与风险管理
……………………………………………………………… 李普玲 / 204

市场营销与品牌危机管理

人身险营销中大数据应用风险分析
………………………………………………… 段坪利　陈梦圆 / 213

创业板上市公司社会责任与研发活动的实证研究
……………………………………………………………… 杨柳青 / 224

网络虚假评论对消费者消费决策的影响分析
　　…………………………………………………… 李继玲 / 235
创造共享价值的营销活动对经营绩效影响关系的研究
　　…………………………………………………… 孙振杰 / 246
企业品牌危机管理及风险防范
　　——从海底捞后厨和携程亲子园事件看 ………… 陈　睿 / 252
政产学研金协同创新网络的知识产权管理研究
　　…………………………………………………… 张　曼 / 258

劳动关系与资源利用冲突

劳动力资源约束型产业的风险管理研究
　　…………………………………… 李晓宁　李雪峥 / 271
非全日制用工的劳动权益受损问题及应对策略
　　…………………………………… 崔　健　王晓慧 / 284
企业并购中的员工关系研究
　　——以"民生家乐公司"并购案为例 …… 张　岩　王雨薇 / 296
陕西省域农业面源污染及其对策
　　——从福利与产权视角分析 ………… 张荣刚　荆润雪 / 304
黄河晋陕大峡谷区域生态保护与综合开发战略定位分析
　　…………………………………… 贺新宇　陈　跃 / 316
国外灌溉用水定价研究进展及对我国农业水价综合改革的启示
　　…………………………………………………… 冯　颖 / 324
西安土地流转供求及风险分析
　　…………………………………… 赵杭莉　赵明月 / 338

投融资与产业风险管理

PPP 模式的风险研究

黎秀蓉　曹聪聪[*]

摘要：与传统的由政府提供公共物品的模式不同，PPP 模式成为基础设施和公共服务领域的一种新型模式。这种模式体现了"双赢"的理念，不仅使得政府部门履行了其提供公共物品的职能，同时也使私人部门获得了相应的利益。作为一种新型模式，PPP 在实际的运行过程中存在着各种潜在的风险。本文从 PPP 项目风险的全过程角度出发，首先对涉及的一些核心概念做出解释，然后运用信息不对称、委托代理机制等理论对 PPP 模式的风险进行分析，接着运用有限理性、机会主义、环境不确定性等理论对产生风险的原因进行分析，最后提出要建立合理的防范机制，对潜在风险进行有效防范。

关键词：PPP 模式；风险分析；风险防范

一、引　言

随着我国经济社会的发展，特别是新型城镇化的持续实施，公众对于基础设施和公共服务的需求愈来愈迫切，由于人们生活水平不断提高，这种迫切的需求不仅体现在对于基础设施和公共服务的数量方面，更体现在对于基础设施和公共服务质量方面的高要求。传统模式下，公共物品是由政府部门来提供的，由于政府在资金、相关技术、管理等方面缺乏优势，因此，在当前这种公众对公共物品数量和质量都要求较高的环境下，这种传统模式已经无法满足社会需求。而 PPP 模式是一种政府部门和私人部门合作提供公共物品的新型模式，这种模式可以让私人部门参与提供公共物

---

[*]　黎秀蓉，西北政法大学商学院教授，硕士生导师，经济学硕士；曹聪聪，西北政法大学商学院硕士研究生。

品的过程中，不仅可以使私人部门获益，也可以履行政府部门提供公共物品的职能。为了更好地提供公共物品，需要重视PPP模式的风险，对其风险进行分析研究。

二、文献综述及本文创新点

由于引进较晚，目前我国对于PPP模式虽然已经有了一些研究，但这些研究并不完善，主要涵盖了以下几个方面：对于PPP模式的理论阐释、PPP项目的风险分担机制研究、对PPP模式项目投融资风险的分析研究以及在PPP模式中政府部门和私人部门的相关问题等。

在PPP模式的理论阐释方面，张雷（2015）认为PPP不仅是一种简单的融资模式，还具有利用新技术和机制创新的优势，新技术包括生产和管理技术，机制创新是指PPP模式期望同时兼顾公平和效率。刘薇（2015）指出PPP模式的四个主要特征，即公私部门合作、合作以更好地提供公共产品或服务为目的、利益共享和风险共担。姚东旻、李军林（2015）从成本、质量及期限等方面入手，深入探讨PPP模式与传统模式相比较的特征与优势，指出只有当满足一定的条件时（例如积极外部性、设施所有权归属等），选择PPP模式才会比传统模式更具效率。

对于PPP项目风险分担机制的研究，周和平（2014）通过分析12个典型案例，识别了政策风险、市场风险、环保风险等九个再分配风险因素并对PPP项目风险分担进行了分析。张欢（2015）指出几点国际经验对我国基础设施建设PPP模式风险防范的启示，具体包括出台专门的PPP模式法律法规、成立专门的PPP模式研究分析机构、建立公平有效的风险分担机制以及加强政府部门的监管。陈志军（2017）主要运用不完全信息博弈理论对我国环保PPP项目风险分担机制进行研究，指出PPP模式下公私双方地位高低不同，规避风险的首要方式便是进行合理风险分担[①]。

对于PPP模式下项目投融资风险的分析研究，李欣（2017）指出，在PPP模式下形成投资风险的原因是政府监管机制不完善和市场机制的不成熟，并提出相应的风险控制策略。刘钊、李明皓（2017）指出PPP模式下高速公路项目投融资风险具有复杂多样性、成阶段性变化、风险管理主体的动态性

---

① 陈志军. 中国环保PPP项目的风险分担机制研究［J］. 大连海事大学学报，2017（6）.

等特征，并分别对风险的不同阶段提出风险控制策略。冀东晟（2017）指出城市基础设施的 PPP 项目存在的风险主要体现在风险规避、风险转移、风险减免、风险分担、风险自留方面，并提出国家及建设公司应采取有力措施实施管控，使项目实现盈利；同时城市建设工程应采取一定措施降低或放置风险的发生，以减少经济或社会损失[①]。

通过检索和阅读文献发现，当前许多专家学者对 PPP 模式的风险研究，大部分都是从某一个特定的方面作为切入点，比如，从某种类型的企业角度，或者从某种特定风险的角度，运用某些特定的比如信息不对称、博弈论等理论进行研究，而对于 PPP 项目整个过程中所存在的风险，缺乏一个系统的研究。本文的创新点在于分析 PPP 项目全过程中可能存在的风险及风险产生的原因，并提出合理的风险防范机制。

三、核心概念

（一）PPP 模式

1. PPP 模式的含义

PPP（public-private partnership，公私合营）是一种基于基础设施和公共服务领域内的，由政府部门和私人部门合作提供公共物品的方式，其目的是为了更好地提供公共物品，在该合作中，可以实现"双赢"的局面，双方都可以达到自己的目的，政府部门可以履行提供公共物品的职能，而私人部门也可以获得相应的利益，尽管由于公共物品的公共性，所获利益可能不是高额的，但私人部门可能获得相应的如品牌宣传、公信力提高等利益。

2. PPP 的特征

PPP 模式的运行主要有三大特征：伙伴关系、利益共享、风险共担[②]。伙伴关系是指在该模式运行过程中，合作双方具有共同的目标，即更好地提供公共物品。利益共享是指该模式下，政府部门在运用私人部门的技术、资金及管理等优势的情况下同时也履行了自己的政府职能，而私人部门则可以参与公共物品的提供，获得相应的利益。风险共担是指在 PPP 模式中，政府部门和私人部门共同分担该模式运行过程中的风险，并且对于风险的

[①] 冀东晟. 城市基础设施 PPP 项目融资风险管理［J］. 中国市场，2017（5）.
[②] 刘薇. PPP 模式理论阐释及其现实例证［J］. 改革，2015（1）.

分担模式是根据双方所能承受的风险的大小及适合的类型来约定的，而不是盲目的。

3. PPP 的分类

PPP 通常可以分为外包类、特许经营类和私有化三类。

外包类 PPP 项目的所有权归政府部门所有，通常由政府部门投资，私人部门通过签订合约等方式进行模块式外包或者整体式外包。其中模块式外包即私人部门承包 PPP 项目中的一项或几项职能，并非完全承包；整体式外包则是私人部门对整个 PPP 项目进行承包。这类 PPP 项目私人部门的收益主要来自政府部门付费，私人部门积极性较低，同时承担风险也较小。

特许经营类 PPP 项目的所有权仍归政府部门所有，与外包类不同的是，这种类型的 PPP 项目由私人部门提供部分或全部投资，政府部门和私人部门双方通过一定的合作机制实现利益共享、风险共担。在这种模式下，政府部门根据项目的实际收益情况给予私人部门一定的补偿或者向私人部门收取一定的特许经营费[①]，私人部门的积极性较高。特许经营类 PPP 的典型模式为建设—经营—转让（BOT）模式。

私有化类 PPP 项目的所有权归私人部门所有，由私人部门进行投资，政府部门负责监督。为维持项目正常运转，私人部门会通过向用户收取费用，从而在收回投资的同时获得回报。在这种模式下，私人部门承受的风险较高，政府部门的监督管理水平尤为重要。

PPP 的具体表现形式有建设—经营—转让（BOT）、建设—转让—经营（BTO）、建设—拥有—经营—转让（BOOT）、建设—转让（BT）、建设—拥有—经营（BOO）、重构—经营—转让（ROT）、设计—建设—经营（DBO）等。

（二）PPP 风险

风险是指结果的不确定性，往往是指不好的结果。项目风险是指项目结果的不确定性，即项目结果与预期不相符，甚至造成严重损害的情况。PPP 模式的风险是指 PPP 项目在准备筹划、建设、实际运行及后续的维护等全过程中，由于各种风险因素所引起的不确定影响，这些不确定性影响可能会对项目的顺利实施产生不利影响甚至会导致严重的损害。

---

① 张雷. PPP 模式的风险分析研究［D］. 财政部财政科学研究所，2015（5）.

四、PPP 模式风险分析

明确 PPP 及 PPP 风险的含义，对 PPP 风险的识别和分析奠定了良好的基础，为了更好地了解 PPP 风险并采取措施对其进行有效防范，有必要对 PPP 模式的风险因素进行深入分析。综合大量文献及案例研究，本文从以下五个方面对 PPP 模式风险进行分析。

（一）政治风险

政治风险主要包括政府信用风险、政府决策与审批的延迟、政府过度干预。

1. 政府信用风险

政府信用风险是指在 PPP 项目的合作过程中，政府部门没有按照事先签订的合约履行自己的义务，使得 PPP 项目不能顺利实施甚至失败。政府信用对于 PPP 项目的顺利实施极其重要，如果政府缺乏信用，不仅会对该 PPP 项目的顺利进行造成影响，处于合作方的私人部门也会对政府部门失去信心，从而对以后的 PPP 项目的达成也会造成影响。

2. 政府决策与审批延误

PPP 项目中涉及的许多诸如原材料、人力等成本都与市场环境密切相关，市场环境复杂多变，因此需要政府的决策和审批具有及时性，而在实际情况中，由于政府部门的工作有固定的流程，尤其是如果政府在某个项目中获益很少或根本无益可获时，政府部门可能会存在办事积极性不高的拖延情况出现；加之在具体的环境下，人的理性是有限的，这些综合因素就会容易造成政府决策与审批延误的风险出现。

3. 政府过度干预

PPP 项目是政府部门和私人部门合作提供公共物品的一种模式，在合作过程中，双方都有各自擅长的部分，比如政府对于政策的把握、对全局的监管方面较好，而私人部门对于市场的理解则更深入，因此在该合作中，政府适度干预，做好自己擅长的部分，则对 PPP 项目是有利的。但由于 PPP 项目的复杂性，双方的权责往往很难准确界定，因此，在实际中可能会出现政府过多干预的现象，对项目的顺利实施造成严重影响。

（二）法律风险

法律风险包括相关法律体系不完善、法律变更风险。

1. 相关法律体系不完善风险

PPP作为一种新型模式，进入我国的时间还不长，在我国的实践经验也还不够丰富，虽然我国一直在不断推进相关立法的完善，但是关于PPP模式的法律体系还不完善，在处理项目运行过程中的一些具体情况时缺乏明确的法律依据，从而对PPP项目的顺利实施产生不利的影响。

2. 法律变更风险

政府从事任何活动都要依照相关法律的规定来进行，因此相关法律的变更对于PPP项目的顺利实施会造成巨大的影响。PPP模式法律变更主要是由于采纳、颁布、修订、重新诠释或规定而导致项目的合法性、市场需求、收费、合同协议的有效性等元素发生变化，从而威胁到项目的正常建设和运营，甚至直接导致项目的终止和失败的风险。例如，江苏某污水处理厂采用BOT融资模式，原先计划于2002年开工，但由于2002年9月颁布了《国务院办公厅关于妥善处理现有保证外方投资固定回报项目有关问题的通知》，项目公司被迫与政府重新就投资回报率进行谈判[①]。

（三）金融风险

金融风险主要包括利率风险、汇率风险和通货膨胀风险等。

1. 利率风险

PPP项目涉及的资金一般都较大，因此利率的变动会对项目造成很大的影响，可能会使得项目的投资成本增多或项目的获利受到影响。

2. 汇率风险

当PPP项目以外币计价时，就可能会涉及汇率风险。PPP项目的汇率风险是指在项目的建设和运营过程中由于汇率变动而蒙受损失的可能性。

3. 通货膨胀风险

通货膨胀风险是指因物价总水平的上升所带来的货币购买力下降，从而导致投资成本上升的风险。因此在通货膨胀的情况下，需要花费更多的资金

---

① 张雷. PPP模式的风险分析研究 [D]. 财政部财政科学研究所，2015（5）.

才能买到与之前同等的原材料，才能得到同样的人力资源。这就会导致项目的投资成本及各项运营成本增加。

（四）建设风险

建设风险是指在项目的建设过程中，由于各种因素的影响所表现出来的项目本身的风险。主要包括：技术风险、融资风险、环境保护风险、时效性风险。

1. 技术风险

技术风险是指在项目建设过程中，由于建设者的技术无法达到项目所要求的水平而导致项目不能高质量地完成，或者虽能保证质量但不能按时完成的风险。技术风险还体现在银行可能会由于相关技术不成熟而拒绝提供资金，甚至导致项目无法正常启动的风险。

2. 融资风险

融资风险是指在项目建设期间由于不能及时筹到资金或不能按照预期的资金成本筹到所需资金，从而导致项目无法按照预期正常启动的风险，或者虽可以按时启动，但成本较高的风险。

3. 环境保护风险

环境保护风险包括项目在建设期间没有按照环保标准来进行从而对环境造成破坏的风险，以及由此而引发的公众不满甚至是项目停工的风险；还包括在项目完工之后由于环保不达标所引起的追加资金进行污染处理等风险。

4. 时效性风险

时效性风险包括项目不能按时启动和按时完工的风险。一个项目如果不能按时开工和完工，会增加项目的相关成本，影响项目的顺利实施。

（五）市场与运营风险

市场与运营风险是指项目在建成后能否在市场需求和价格变化的情况下按时保质保量提供公共物品，能否按照预定计划运营预期年限，能否有足够现金流偿还债务和支付费用的风险[①]。市场与运营风险主要包括市场需求风险、供给不足风险、价格不合理风险等。

---

① 张雷. PPP 模式的风险分析研究 [D]. 财政部财政科学研究所，2015（5）.

1. 市场需求风险

市场需求风险是指项目在建成之后市场需求没有达到预期需求的风险。造成该风险的原因可能是由于新建了类似的竞争项目、人们生活习惯的变化等。市场需求下降导致项目的收益会受到影响，甚至可能会造成实际收益低于预期收益的现象。

2. 供给不足风险

供给不足风险是指在项目建成之后，该项目提供的公共物品没有满足市场需求的风险。造成该风险的原因可能是由于该项目没有达到预期的建设效果，没有足够的能力提供市场所需要的公共物品，也可能是由于项目建成之后，市场需求增加，无法在短时间内改变其供应能力。PPP 项目的目标就是要提高公共服务的质量，而供给不足风险的存在对于该目标的顺利实现显然是不利的。

3. 价格不合理风险

价格不合理风险是指项目运行之后，可能发现预期的价格与当前实际不符合的情况，预期定价可能过高或者过低。价格过高会使得公众对于产品的需求减少，从而使项目的收益率无法达到预期水平；价格过低也会对产品的收益率产生不利影响。

五、PPP 风险成因分析

PPP 项目风险的产生是多方面因素共同作用的结果，基于以上对 PPP 项目潜在风险的分析，其产生的原因有以下几个方面。

（一）有限理性

根据西蒙的有限理性理论，由于信息的不完备和人们认知的局限，人的理性决策受到影响；加之还有来自环境结构的复杂性，以及人们的预期和外界不确定性的影响，这使得人的理性是有限度的[1]。环境的复杂性、人对环境的计算能力和认识能力的有限性以及人的情绪化选择决定了人具有有限理

---

[1] 梁福秋. 理性与选择——西蒙的有限理性理论与科尔曼的理性选择理论比较研究 [J]. 科教导刊，2011（9）.

性。在 PPP 模式中无论是相关政策的制定者，还是合作双方，其本质都是由一个个具体的人组成的，则这些人在该模式的整个运行过程中都具有有限理性，使得该过程中存在着各种风险。

政策制定者在制定 PPP 相关政策时，是基于对当时的经济和社会等方面的综合环境、PPP 的国内外成功及失败的经验总结、PPP 的发展现状、未来 PPP 的发展预期等因素的综合考量来进行的，但这些因素都会受到人主观思想的影响，使得制定的 PPP 相关政策可能存在某些不完备的地方。

就 PPP 项目的合作双方来讲，首先，双方在签订合约时，是根据当时的综合条件来制定的，但 PPP 项目一般持续时间较长，环境的不确定性有可能使得合约在履行过程中的一些条款不再满足变化了的环境，包括法律环境、经济环境等，从而引发双方矛盾，不利于项目的顺利完成；其次，在具体的项目运行过程中，每一个环节都是由具体的人实施参与的，这些人所在的岗位不同，掌握的专业技能水平、对待工作的态度等都属于不确定因素，这些不确定性因素都有可能影响项目的顺利实施。

（二）机会主义

机会主义行为是指一些不诚实的利己主义行为，即利用他人"轻信"的机会损人利己的行为。在委托代理行为中，委托人与代理人之间由于信息不对称、契约不完全等原因所产生的道德风险、逆向选择等行为都属于机会主义行为[1]。PPP 模式是政府部门和私人部门在提供公共物品领域的一种合作模式，这种合作模式本身就包含着一种委托代理关系，其中政府部门是委托方，私人部门是代理方，双方在 PPP 项目中的角色不同，主要目标也不同。在签约前，政府部门的目标是选择最合适的私人部门负责该项目，私人部门的目标则是可以中标；签约后，政府部门的目标是社会整体效益的提高，而私人部门关心的则是获利问题。在双方的这种委托代理关系中，政府部门往往对私人部门各方面的综合情况难以准确了解，即政府部门处于信息劣势地位，从而产生了信息不对称。具体表现为 PPP 项目招投标阶段的"逆向选择"和建设运营过程中的"道德风险"问题[2]。

---

[1] 孙卫敏. 代理人道德风险与机会主义的防范 [J]. 东岳论丛，2005（3）.
[2] 袁竞峰，贾若愚，刘丽. 网络型公用事业 PPP 模式应用中的逆向选择与道德风险问题研究 [J]. 现代管理科学，2013（12）.

1. 招投标阶段的"逆向选择"问题

该问题变现为中标者并非是有足够实力的私人部门。该问题来源于两个方面：首先是由于政府部门存在信息劣势，无法准确了解私人部门的信息，有些不能胜任具体 PPP 项目的私人部门为了获得中标，隐藏自己的真实信息[1]，对政府部门的准确判断造成误导。其次是由于项目准入条件不合理、周期较长等原因，使得不符合要求的企业获得特许经营权。

2. 建设运营过程中的"道德风险"问题

在项目的建设运营过程中，政府部门的目标是提高社会效益，而私人部门通常考虑的都是投资回报问题，因此可能存在通过偷工减料、提高产品价格、降低产品质量等不正当手段达到获得高利润的行为，造成项目完成后存在质量问题无法投入使用以及对环境造成压力的风险。这样既会损害消费者利益，也会与 PPP 项目的初衷背道而驰。

（三）相关法律法规不完善

PPP 作为一种新型模式，在我国的开展年限跟外国相比较短，因而导致了没有成熟的管理模式和机制，运营管理经验还很不丰富。虽然我国一直在不断推进相关立法的完善，但是关于 PPP 模式的法律体系还是不完善，在处理项目运行过程中的一些具体情况时缺乏明确的法律依据，从而对 PPP 项目的顺利实施产生不利的影响。比如相关法律条例对于 PPP 项目中的职责分工问题不够完善，没有明确 PPP 工作的牵头部门及其具体的职责分工，这就容易造成项目运行中的权责不清以及遇到实际问题各部门相互推诿的情况，不利于项目的顺利实施。对于是否采用 PPP 模式实施项目的论证体系也没有明确规定，即没有将物有所值评价和财政承受能力论证提升到法律地位，没有紧跟国际上的通行做法。这些都可能造成 PPP 项目的质量不高、成本增加的风险。

（四）合作双方权责不清

由于有限理性的存在，导致合作双方在制定合约时对项目的一些情况考

---

[1] Thiravong Sisavath，吴海燕. 基于委托代理博弈的水利工程 PPP 项目逆向选择与道德风险分析[J]. 水利经济，2016（4）.

虑不充分，加之相关法律法规的不完善，使得在处理项目运行过程中的一些具体情况时缺乏明确的法律依据，这些因素都会造成合作双方权责不清，对项目的顺利开展产生影响。

PPP 项目是政府部门和私人部门合作提供公共物品的一种模式，在合作过程中，由于 PPP 项目的复杂性，双方的权责往往很难有一个准确的界定，因此，在实际的项目运行中也可能会出现由于权责界定不明确所导致的政府过多干预的情况，对项目的顺利实施造成严重影响。

六、PPP 模式风险防范机制的构建

（一）构建 PPP 项目的动态识别和调整机制

PPP 项目的准备、建设及运营阶段都是在当前特定的环境条件下进行的，包括政策环境、经济环境、技术环境等，而由于环境具有不确定性，使得建立在一定环境基础上的与项目相关的某些部分也具有不确定性。因此为了避免由于环境的不确定性导致的相关风险，比如人们生活水平的提高，使得产品需求下降的风险等，可以构建动态调整机制，即在项目筹建和运营的整个全程，根据环境的发展变化对于项目中不合适的或者不再适应当前环境变化的部分，及时做出合理的调整，使 PPP 项目更完善的进行，更有效地服务于公众。

（二）完善相关的法律法规

在我国社会主义法治建设的背景下，任何问题都应该在法律的规范下有序进行，PPP 项目也不例外，它的顺利运行同样需要法律的规范与引导，为了保障 PPP 项目各个环节依法规范进行，最终能够依法高效地提供公共物品，在借鉴国内外成功与失败案例的基础之上，必须进一步完善相关的法律法规，从而减少由于法律法规不完善所带来的风险。

（三）发挥政府对 PPP 项目的监管作用

PPP 模式的推出推广也是我国推进服务型政府建设、加快转变政府职能的体现。政府部门虽然在 PPP 项目中扮演着多重角色，但监管角色是最重要的，有效的监管机制是 PPP 项目得以顺利实施的重要保障。政府部门可以采

取多种方式在PPP项目的各个实施阶段对其进行监督管理。如在招标环节，应有完善的市场准入机制，对于投标人的准入资格、资金状况、商业信誉、技术设备等进行严格筛查，严格按照公平公正的原则进行招标，防止一些寻租问题的发生；政府还要对公共产品的定价及质量问题进行监督管理，确保公共物品的质量及后续的可持续性，确保公共物品价格的合理性，既符合公众的需求水平又能满足私人部门的获利要求[1]。

（四）尽可能明确双方权责

明确的权利与责任可以有效减少许多不必要的分歧和冲突。双方都明确自己的权利与责任并各司其职，也体现了分工与合作的有效统一，有助于提高PPP项目的效率。如果双方权责不明，就很容易出现政府过度干预等现象。因此，应该在签订合作协议时，尽可能详细地明确双方的权利与责任，防止由此带来的矛盾和风险。

（五）完善风险分担机制

良好的风险分担机制是PPP项目能否取得成功的重要影响因素，PPP项目的各种风险应当由合作双方共同承担，并且所承担的风险应和各自的风险承担能力相匹配，因为政府部门和私人部门的性质不同，出发点不同，在PPP项目中各自的优劣势也不同，因此双方对风险的承担能力也是不同的。并且风险还应该与收益相匹配，否则会影响某一个参与方的积极性，对项目的顺利实施造成影响。

七、结　　语

PPP模式由于具备很多优点而被应用和推广，比如，可以减轻政府的财政压力，将私人部门的资金、技术、管理等优势都聚集起来，从而更好地提供公共物品和服务。但PPP作为一种新型的模式，在存在诸多优点的同时，也由于经验不足、法律法规不完善等各种因素，使得该模式存在许多潜在的风险，有效识别并分析产生这些风险的原因，并构建风险的防范机制，对风

---

[1] 萨奇日．我国政府在PPP模式监管中的问题研究［D］．吉林大学，2016．

险进行动态调整，能够不断推进 PPP 模式在具体项目中的良好应用，不断丰富 PPP 模式的经验，从而进一步将 PPP 模式推向成熟化。

参考文献

[1] 陈志军. 中国环保 PPP 项目的风险分担机制研究 [J]. 大连海事大学学报, 2017 (6).

[2] 冀东晟. 城市基础设施 PPP 项目融资风险管理 [J]. 中国市场, 2017 (5).

[3] 梁福秋. 理性与选择——西蒙的有限理性理论与科尔曼的理性选择理论比较研究 [J]. 科教导刊, 2011 (9).

[4] 刘薇. PPP 模式理论阐释及其现实例证 [J]. 改革, 2015 (1).

[5] 萨奇日. 我国政府在 PPP 模式监管中的问题研究 [D]. 吉林大学, 2016.

[6] 孙卫敏. 代理人道德风险与机会主义的防范 [J]. 东岳论丛, 2005 (3).

[7] Thiravong Sisavath, 吴海燕. 基于委托代理博弈的水利工程 PPP 项目逆向选择与道德风险分析 [J]. 水利经济, 2016 (4).

[8] 袁竞峰, 贾若愚, 刘丽. 网络型公用事业 PPP 模式应用中的逆向选择与道德风险问题研究 [J]. 现代管理科学, 2013 (12).

[9] 张雷. PPP 模式的风险分析研究 [D]. 财政部财政科学研究所, 2015 (5).

商业银行个人理财业务的风险因素分析[△]

李晓宁　罗方姝[*]

摘要：目前，我国社会经济发展迅猛，国内居民财富大幅度增长，金融市场竞争加剧，导致国内居民理财观念发生变化。因此，我国商业银行的金融理财产品种类增多，其中个人理财业务已经演变为商业银行之间展开激烈竞争的重要领域。本文重点研究我国商业银行个人理财业务的发展现状，同时对比国外商业银行个人理财业务的发展状况，研究我国商业银行个人理财市场存在的风险并分析相应原因，最后基于以上风险提出具有针对性的建议。

关键词：个人理财业务；商业银行；个人理财业务风险

近些年来，我国经济持续稳步向上发展，金融市场也日益成熟与繁荣，我国广大居民的个人资产也同样飞快地上涨着，拥有越来越多的个人可支配资产和越来越开放的理财观念，他们更愿意将个人资产交给专业的理财人员管理，对理财方面的需求越发细致多样，从而导致个人理财业务备受商业银行和广大居民的关注与重视。而 2016 年理财产品收益率的持续下滑，使公众对商业银行理财产品的信任感和安全感大幅下降。由此看来，我国商业银行仍然需要解决个人理财业务所存在的诸多问题。本文将依据各有关材料及具体数据，对国内外个人理财业务的发展现状进行层层对比剖析，整理出国外理财业务的发展优势和我国现存的问题，然后分析出我国理财业务之所以存在以上问题的原因，最终提出相应对策。本文的分析过程及结论将会提高我国理财服务的个性化程度，并会使商业银行理财产品具有多样性和针对性，同时会有极其重要的理论价值和现实意义作用于我国个人理财业务的发展。

△ 基金项目：本文受西北政法大学青年创新团队的资助。
* 李晓宁，西北政法大学商学院教授；罗方姝，西北政法大学商学院硕士研究生。

一、文献综述

(一) 国内研究现状

我国商业银行个人理财业务发展较晚，相关文献的研究起步也相对较晚。随着我国商业银行个人理财业务的发展，我国学者对商业银行个人理财业务的相关研究也是日益增多。李春阳（2012）的《浅议我国商业银行个人理财业务发展中存在的问题及对策》认为，目前我国商业银行个人理财业务的发展中存在着产品同质化、缺乏创新、缺乏专业人才和行业监管不足等问题，并提出了一些相应的建议，如倡导混业经营、鼓励进行客户细分等。刘星（2012）的《商业银行个人理财业务客户满意度提高途径》提出，可以从服务环境、产品创新、人员培训、改善银行形象等方面寻找提高商业银行个人理财业务客户满意度的方法。陈鸿志（2016）的《关于商业银行个人理财业务风险控制的探讨》主要从法律角度分析商业银行个人理财业务具有的风险，包括保底条款的有效性不明和商业银行主体资格未作限制等。王婧（2016）的《我国商业银行个人理财业务风险控制研究》从法律、声誉、评估、利率和汇率方面研究个人理财业务的风险，提出要加强对理财风险的合理规划，保证金融市场秩序及安全性。田维玮（2017）的《商业银行个人理财产品风险及其防范对策》认为，商业银行个人理财产品主要有市场风险、信用风险、流动性风险和操作风险。谭晓新（2017）的《商业银行个人理财业务风险及对策分析》提出，我国银行的个人理财业务在营销环节和合同签约环节存在过度营销、虚假营销理财产品的风险、客户等级评估的风险、理财产品违规操作的风险。

总结以上国内学者的研究成果，发现我国商业银行理财业务存在着以下几点问题：一是理财产品创新性不足，缺乏专门机构进行开发与管理；二是理财业务未能针对客户需求，产品设计未能反映客户利益；三是分业经营方式导致产品单一，缺乏综合性；四是缺乏专业的高素质的理财人员。同时，我国个人理财业务还存在多种风险，主要有利率风险、汇率风险、法律风险、信用风险、评估风险以及违规操作风险等，这些风险都不同程度地阻碍了个人理财业务的发展。

(二) 国外研究现状

美国银行营销专家玛丽·安娜·佩苏略（2001）认为客户对银行服务质

量的期望可归纳为五个方面,即敏感性、保障、情感投入、可靠性、硬件设施,银行要想达到最终目标,即最大限度地使客户满意,就必须切实了解客户的需求,提供以客户和质量为导向的服务,实施"一对一营销",这样才能带来长远的成功。约瑟夫·A.迪万纳的《零售银行业的未来:向全球客户传递价值》指出,商业银行在为客户提供个人理财服务时,必须让客户感到充分的信心和信任感。同时,作为一个专业的理财人员,在其为客户推荐理财产品或进行理财规划时,必须首先熟知其所在银行可能为客户提供的所有的产品和服务,并且必须获取客户的有效的基本信息。福特汉姆大学商学院市场营销学教授胡曼·埃斯特拉米(Hooman Estelami,2012)认为,虽然客户的忠诚度在金融服务领域显著高于其他领域,但是当竞争对手提供的激励措施大于潜在的转换成本时,将会导致客户的离开,而购买竞争对手的产品。

综上所述,国外商业银行的个人理财业务在长期发展的过程中留下的比较成熟的应对风险的经验,就是商业银行个人理财业务是以客户为中心,由客户、个人理财产品与服务、理财中心、金融服务与营销渠道、个人客户经理和必要的科技系统构成的有效集合。商业银行要建立健全的客户评级制度和信用体系,完善相关法律法规,加强个人理财产品的风险管控,增强客户个人的理财业务风险防范意识等。而我国商业银行个人理财业务还需要借鉴国外的优秀经验,同时结合本国的情况来应对风险,进行发展与创新。

二、商业银行个人理财业务的发展现状

(一)国外个人理财业务的发展现状

由于个人理财业务在美国发展得最早最快,故本文以美国为例进行分析。

1. 初创期

现代理财规划思想准确来说是起源于从欧洲的贵族私人银行开始的,个人理财业务在20世纪30~60年代属于萌芽时期。人们经历了1929~1933年发生的金融危机后,不再信赖银行和券商。于是在20世纪30年代,为了快速增加保险产品的销售量,保险公司开始根据不同客户的年龄、收入、风险承受力等实际状况为客户量身定制适合他们的产品,由此开始,共同基金和保险产品的销售成为初创时期发展的重心,但是个人理财业务在这个阶段还没有成为完全独立的业务。

2. 扩张期

个人理财业务从 20 世纪 60 年代开始就进入了形成和发展时期，并一直持续到了 80 年代。美国在经历第二次世界大战后经济快速复苏，社会财富积累日益增多，由于经济的迅猛发展与社会环境的变化，美国消费者仅凭借自己有限的财务知识和技能是无法实现期望资产目标的。于是，为了获得适合个人情况的财务咨询及服务，他们对专业理财人员的需求大大上升，开始主动寻求以客户利益为核心、客观专业化的个人理财策划师。美国理财人员的数量应市场需要开始大幅度增加，个人理财行业也因此快速地发展起来。然而，在实际业务的操作中有很多理财人员都不具备理财方面的职业素养。1987 年 10 月 19 日道琼斯指数暴跌，在一天时间内就暴跌了 508 点的严重事态挫败了美国股民的信心，其中由于个人理财规划师提出的投资提案使消费者遭受了不计其数的经济损失，使得个人理财规划业的公众信任感降到了最低，这一天被称为"黑色星期一"，个人理财行业步入了艰难发展的时期。

3. 成熟期

个人理财业务在 20 世纪 90 年代正处于其发展的成熟时期。美国首家理财团体机构即国际金融理财协会（International Association for Financial Planning，IAFP）在 1969 年成立。个人财务策划师认证（Certified Financial Planners，CFP）制度也随后成立，此制度要求在提供财务时要杜绝出现只推销特定笼统的理财产品的情况，所有 CFP 从业者都必须把客户利益放在首位，并且全力为客户设计制定一个适合其自身情况的长期性财务规划，这使得个人理财行业终于成为一个具有独立意义的金融服务行业，也解决了由于市场过快扩张所引起的问题。1990 年成立的国际注册理财规划师协会，不仅在全球范围内迅速推广了理财师职业，也促使理财业务开始向越来越专业、越来越高素质的方向发展，个人理财行业的发展境地也越来越开阔。

（二）我国商业银行个人理财业务的发展现状

我国商业银行个人理财业务在 20 世纪 80 年代末到 90 年代初才处于萌芽时期，起步比较晚，发展历程也比发达国家短暂许多。在这个时期我国广大居民的理财意识同样处于起步阶段，商业银行也只是刚刚开始向客户提供一些简单的理财服务，所有的理财事务均形成系统完整的体系。

我国个人理财业务在20世纪初到2005年均属于形成时期，理财的市场环境、思想观念、服务与产品以及高素质理财人员的团队建设都在这个时期取得了飞速发展。例如，我国第一个理财产品于2002年设计出来；在2005年年初，我国又设计出国内首个人民币结构性理财产品。2005年9月，银监会发布了一个规定了我国个人理财业务所能涉及的范畴的文件，即《商业银行个人理财业务管理暂行办法》。与此同时，银监会又发布了一个特别针对我国个人理财业务的风险管理问题的文件，也就是《商业银行个人理财业务风险管理指引》。可以说这些文件在我国商业银行个人理财业务史上都发挥了重要的指引作用。

经济环境在变化、金融市场在扩张，我国广大居民对专业理财服务的渴望与需求也同样加大，我国从这时起进入了个人理财业务的快速扩张时期。在此时期，我国大部分商业银行都开始积极创立突显各自风格的品牌，例如农业银行推出了"金钥匙理财"、光大银行开发了"阳光理财"、工商银行创立了"理财金账户"等。我国商业银行理财产品的每年销售规模增长速度最高可达到20%、最低也有10%，在2005年、2006年和2007年间理财产品销售规模分别达到2000亿元、4000亿元和8200亿元，并在2008年继续保持了快速向上增长的势头，达到37000亿元，实实在在地突破了万亿元的界限。据2005~2008年统计的理财产品销售规模显示，我国理财产品销售共增加了17.5倍，这仅仅用了四年时间就得以实现，发展着实迅猛。

然而，发展迅猛不等于发展稳健。2008年爆发的全球性金融危机，使得我国很多银行的理财产品都受到了不小的影响，动辄出现零收益，更甚者为负收益。2009年7月，银监会为了挽救这个局面，向下发布了《关于进一步规范商业银行个人理财业务投资管理有关问题的通知》，这个文件专门研究了我国理财业务的客观状况，有助于规范我国理财业务的各种投资管理活动。于是，我国商业银行个人理财业务又一次迎来了发展的高峰期。研究银率网数据库发现，2011年3月份理财产品的发行规模同比增长了106.6%，3月1~28日我国共发行1417款产品，发行规模始终位于高位。经研究，2013年11月，我国商业银行募集资金规模环比上升了45.0%，达3.11万亿元；同月，理财产品的发行总量环比上升了27.9%，共达4336款。二者均创下各自历史的又一高点。如表1所示，我国银行理财产品在2010~2015年的发展势态始终良好，其存续金额增速一直维持在40%以上。

表1　　　　　　　2010~2015年我国银行理财产品发行规模

年份	2010	2011	2012	2013	2014	2015
发行规模（万亿元）	1.70	4.59	6.70	10.24	15.02	19.50

资料来源：作者整理。

然而，2016年对理财产品的投资者而言就不是"丰收"的一年了，理财收益率开始不断减少，月度平均收益率如表2所示。

表2　　　　　　　2016年银行理财产品月度平均收益率

月份	1	2	3	4	5	6	7	8	9	10	11	12
平均收益率（%）	4.28	4.14	4.10	4.04	3.82	3.78	3.76	3.70	3.65	3.72	3.66	3.85

资料来源：作者整理。

据表2显示，2016年一整年的银行理财平均收益率最高点出现在1月份，之后基本上是逐月下降，而9月份更是降到了本年最低点。由于10月份银行资金的流动性开始慢慢收紧，本月理财收益率也因此回升至7月份的水平。尽管12月份的平均收益率位于3.75%~3.9%，出现年末"翘尾"现象，2016年理财产品的收益率还是由年初的5%上下降到了3%~4%，这大大缩减了广大居民及相关机构对银行理财的欲望。

因此，我国一些专家预测理财产品规模增速会在2017年持续放缓，产品收益率也会在一定空间内减少。然而，如表3所示，2017年理财产品发行规模的增速一直呈稳健上升态势，同年9月份甚至创下4.61%的新高。与2016年相同的是，银行理财产品收益率的年末"翘尾"现象明显，专家预测12月份理财产品发行量将继续上升，平均收益率将至少上涨至4.70%，银行个人理财市场将迎来发展旺季。

表3　　　　　　　2017年银行理财产品月度平均收益率

月份	1	2	3	4	5	6	7	8	9	10	11
平均收益率（%）	3.98	4.05	4.13	4.18	4.24	4.40	4.43	4.41	4.61	4.63	4.68

资料来源：作者整理。

三、商业银行个人理财业务存在的风险

（一）利率风险

理财产品和服务的设计受到银行利率的极大影响。利息的高低是决定人们是否放弃储蓄而选择其他理财产品的重要因素。也就是说客户是否选择个人理财业务的重要原因之一就是利率下调的幅度，幅度大了投资理财产品的可能性就大；反之，自然就更倾向于储蓄存款。

然而，我国的利息调整不断变化，如果客户在购入理财产品后，银行存款利率突然上升，则可能导致购买的个人理财收益低于储蓄存款的收益，造成客户的损失，从而大大降低个人理财业务对人们的吸引力。

（二）汇率风险

决定汇率高低变动的有两大重要因素。一是国内市场的货币、财政政策；二是国际市场的货币供求关系和国际政治、军事等多方面的因素。随着经济全球化的发展，越来越多的客户更倾向于投资外汇理财产品，而商业银行在投资者选择购买外汇理财产品后，需要至少一周的时间进行募集。如果在这最少一周的时间里，国际汇率或者我国的外汇体制发生了变动，银行和客户的盈亏是无法准确判断的，最终可能导致商业银行和外汇理财产品的购买者都遭受巨大的经济损失。由此观之，汇率的变动给银行个人理财业务带来的风险极大且几乎不可控，不利于商业银行理财业务的开展和投资者对理财产品的购买。

（三）法律风险

所谓法律风险，属于操作风险的一种，是指商业银行及其员工在销售个人理财产品、进行个人理财服务时，如果因银行自身或客户违反相关法律法规、无法及时履行该项业务合同的规定，而引起争议、诉讼或其他经济等方面的纠纷，商业银行会遭受一定的经济风险。

个人理财业务在我国的发展历史较短、业务操作较不成熟、推行的相关法律法规不够完善，实际上具有较高的操作风险和法律风险。然而，我国相关部门却没有对所有银行的个人理财业务能力进行审核，导致存在一些能力

还不足以开展理财业务的银行仍在推出相关产品及服务,不仅会影响银行自身的良好运营,更重要的是严重损害了理财产品购买者的经济利益。

(四) 信用风险

信用风险是指商业银行业在推行个人理财业务时,如果交易各方的任一方出现不能或不愿完全履行该项合约的情况,同时银行方面也没有立刻识别损失的资产、及时增加核销呆账的准备金,就会导致经济利益受损,使银行遭受严重的信任危机,阻碍银行的正常运营。

随着金融市场的开放,理财投资的渠道多元化、产品类别多样化,投资风险就会相应提高。假如商业银行没有准确地引导客户选择理财产品的投资方向,客户就会遭受巨大的投资风险,这就是产品信息不对称风险。商业银行及其工作人员在为客户提供理财服务时,为了银行自身的收益或个人业绩而淡化产品风险、夸大产品收益率、为客户提供不完整的、虚假的产品信息。而客户在对该理财产品的投资方向和收取标准等信息还不甚了解时,盲目地进行了投资,造成了客户的经济损失。

(五) 声誉风险

声誉风险是指商业银行在提供理财服务、销售理财产品时,由于其自身的经营管理不当、在操作中出现失误、违反相关法律法规行为或者发生其他外部事件,从而给本行带来消极评价的风险。声誉风险会在无形中给商业银行带来一定程度的负面影响,主要反映在银行的品牌、形象方面。即使这种不良影响是间接的、无形的,但当银行无法兑现当初对产品购买者承诺的收益时,购买者就会对银行产生信任危机,从而大大降低银行理财产品的发行规模,减缓银行理财业务的拓展速度,甚至会阻碍银行其他业务的发展,威胁到商业银行的生存。

四、商业银行个人理财业务存在风险的原因分析

(一) 银行的理财体系不完善

近年来,我国个人理财业务的开展范围越来越大,但仍然缺乏系统完善的理财体系,没有针对性的营销手段、个性化的理财服务、多元化的理财产

品及专业高素质的理财经理。大部分银行在设计开发理财产品并推出相应的服务时，几乎都没有树立起以客户为核心的服务理念，也没有对客户实际的经济状况及理财需求进行研究及判断，为客户做出的理财规划过于笼统、毫无针对性，使客户无法从个人理财业务中获取其所期望的收益。同时，由于我国实行分业管理政策，银行无法将保险、基金和信托等不同金融产品灵活地融合设计出一个完整的个人理财体系，从而导致理财业务过于单一、片面。

（二）个人理财的服务技术落后

我们处于科技网络化的时代，大多数居民习惯上网解决一切事务，先进的电子信息技术和发达的金融网络是开展个人理财业务的必然要求。然而，我国个人理财方面的硬件设备过于陈旧、电子信息化水平较低，使得银行理财业务在官网设计、软件开发与应用等需要利用计算机进行联网的方面缺乏充足优势，客户办理业务时便捷程度太低，减弱了客户的办理欲望，降低了银行理财的收益率，对个人理财业务持续良好的开展产生了不良影响。

（三）理财业务的法制监管薄弱

纵观我国个人理财行业的总趋势可知，业务发展势头良好，这就需要更严格更有效的法制监管。但是银监会仅仅出台了一些操作规范或行业标准，它们的监管力度非常薄弱，例如《商业银行个人理财业务管理暂行办法》《商业银行开办代客境外理财业务管理暂行办法》等，它们仅仅是在该商业银行的行政部门控制管理所属单位进行各项理财业务时用的。与证券、基金、保险、信托等出台的法律法规相比，这些规章缺乏法律的权威性和执行力度。这不仅不利于法院处理个人理财业务所产生的民事纠纷，还会导致广大居民对理财业务的安全感越来越低，使得我国理财业务的发展也越来越消极。

（四）银行的创新能力不强

随着金融市场的不断变化，我国商业银行之间的竞争也越发激烈，于是银行方面把越来越多的目光投在了个人理财业务上。但是，由于起步较晚以及长期受到硬性政策和科技水平的限制，创新意识过于死板、创新手段过于单一、创新范围过于狭窄，导致理财产品的设计毫无新意，相应的理财服务也极度缺少特殊化、差异化的特点，客户的期望目标未被彻底满足，降低了理财产品及服务对客户的吸引力，这会导致我国银行理财业务逐渐出现颓势，甚至停滞不前。

（五）居民的理财观念保守

即使社会制度越来越完善，人民思想越来越开放，中国人民受传统社会制度及思想束缚的时间还是太长，使得普通居民在投资理财方面仍然持有较为传统、保守的理财观念，即"财不外露"，这导致他们不愿向外人透露自己的资产状况。同时，广大居民对理财业务的不甚了解加大了对理财人员的不信任，使得他们对银行的理财产品及各项服务缺乏安全感，宁愿把财产存入银行或投资到房地产中，也不愿把资产交予专业的理财人员进行管理，无助于理财业务的发展。

五、商业银行个人理财业务的发展对策分析

（一）降低服务门槛，开发中低端客户理财市场

目前，商业银行个人理财服务的客户准入门槛太高，中低收入群体大多负担不起理财服务的费用。因此，在制定理财业务的准入标准时，首先，要调查清楚客户的收入水平和实际经济状况，并由此深度研究判断他们的理财需求和风险承受能力，然后计算总结出理财业务的需求与服务费用之间的弹性关系。其次，银行应对这一客户群体开展多层次的人性化服务。例如，针对中低层次的客户及时通过拨打电话或发送短信、电子邮件等方式，进行理财服务使用感受的回访；或通过完善银行理财客服中心或网上理财专家等渠道为其提供便利的咨询服务。最后，商业银行可在自家官网上专门开设理财业务的匿名讨论专区，收集专区内所有的意见和问题，并及时进行反馈。

因此，针对中低端的客户阶层，我国商业银行应专门推出具有超高性价比的个人理财套餐，使银行理财业务发展方向越来越多元化，以此扩大整个理财业务的规模。

（二）提高营销手段，加强客户理财意识

我国多数商业银行的营销手段相似度颇高，宣传力度过于薄弱，使得客户不愿也不敢把自己的资产交给银行理财人员，间接导致客户理财观念过于

保守。因此，银行要善于利用媒体及各种宣传渠道对理财业务及产品进行广泛宣传，打开客户保守的理财观念，使他们能放心地把资产交给专业理财人员管理。

在这个网络发达的时代，银行方面应充分利用网上银行等网点，尽可能地打破时间和空间的界限进行宣传，并提供称心如意的咨询服务给客户，让他们无论在何时何地都能产生较高的使用满意度。

与此同时，银行理财人员也应将自己的作用发挥到最大化，要主动向客户营销合适的理财业务，积极向客户讲解各种理财产品的利弊及可能存在的风险，有助于在挑选理财产品时加强客户的主动权，从而增加客户进行多次尝试使用的兴趣。最后，理财人员还应根据客户的经济水平和期望目标，耐心引导他们进行理财产品的选择，增加客户的信任感及安全感，进一步加强客户的理财意识。

（三）以客户为中心，提供个性化服务，开发多元化产品

我国商业银行在做个人理财业务时没有充分考虑客户的需求，大多以银行自身为中心，导致理财产品的新意和差异化严重不足，缺乏特殊化的理财服务。由此看来，我国若想发展理财业务，首先要保证的就是永远以客户为中心、把客户利益放在首位，研究整理客户的收入状况，分析出他们的业务需求和风险承受力，有利于真正满足客户所需的多层次产品得以成功设计。

其次，不同的客户群体在不同的人生时期、不同的金融环境下，对理财的要求不可能始终如一。因此，银行应考虑每位客户不断变化的要求，灵活地为其变换服务套餐的内容。

最后，商业银行可以利用差别定价的方式，为不同的收入群体实行有差别的理财服务。例如，对于高收入的客户可以由专门的理财人员全程协助，进行"一对一"的理财业务办理服务，并在允许的条件下提供免排队等多项福利。而中低收入的客户可以由级别一般的理财人员协助办理业务，也可以自行在前台柜员区或自助服务区进行办理。

（四）加强金融机构之间的合作，降低分业管理的影响

目前，受政策限制，我国银行只能进行分业管理和经营，客户资金流动范围较小、投资产品组合方式太少，理财人员无法自如地推荐综合的理财服

务给客户。所以说，必须加强银企之间的合作力度，并全力推进银行跨行业开展与其他金融机构之间的合作，积极快速地向混业经营转变。与此同时，要尽可能地利用各种金融资源及网络优势，将现有的投资理财产品进行合理整合，组合开发出具有混合型、自主型特点的理财产品，并从产品创新的过程中获得更有价值的综合效益，增加理财业务的发展方向，促进理财业务的多元化发展。

（五）注重品牌效应，塑造个性化品牌

同国外银行强烈的理财品牌意识相比，我国银行品牌意识不强、理财产品过于同质化是个不容忽视的问题。因此，我国商业银行有必要从广度、深度、关联度这三个要素重新进行考虑，严格分析现有理财产品的种类及特色，改善业务结构，实时关注市场动向，第一时间面向金融市场及客户推出差异化、个性化的理财产品，塑造出凸显自家特色的理财品牌。与此同时，还要利用多样的营销手段对推出的业务新品进行广泛宣传，增强业务的影响力和产品、服务的吸引力，引起更多的消费者进行投资的兴趣，从而建立起良好、个性的品牌效应。

（六）提高理财人员素质，培养专业理财队伍

大致来看，我国银行的理财人员基本以前都是银行的柜台员工，对理财业务的了解十分有限，个人理财技能过于单一。然而，一流的理财人员不能只会单纯地推销理财产品，还需要他们分析判断不同客户实际的投资需要，运用不同的理财产品，设计出一套符合客观情况的理财套餐。因此，提高我国银行理财人员的专业素养、培养专门的理财人才团队这个任务刻不容缓。

如果要提高我国专业理财人员的素质，一方面，要加强业务能力培训，并选拔优质专业的理财精英。为了保证所选的理财精英拥有远期效能，银行必须首先完善人才选拔系统，建立起严格的筛选制度与程序，并对每位员工的综合素质进行考察，然后选择一批业务操作熟练、责任感强的先进员工，对他们进行各方面金融专业知识的培训，并在培训完成后，严格遵循筛选程序选拔出理财专用人员。另一方面，个人理财业务的开展需要多重的理论知识和熟练的实务操作手段，一般只有长期从事理财业务的人员才会拥有这种综合性专业素养。所以，我国银行可以不断优化自己的人才引进机制，通过

引进外部的理财高素养人才，提升本银行整体的理财能力。

如果要组建高素养的理财团队，就要利用不同渠道与方式有效地吸收外部人才，加快内部人才培养的速度，创建专业理财的高素养队伍，并对该理财队伍定期进行金融信息更新、业务培训及考核。国外银行的理财业务有很多我们所缺乏的发展优势，所以我国银行可以组织本银行的理财人员进行对外交流学习，借鉴国外成功的理财经验。同时，我国的银行之间也可以合作开展专题研讨等活动，这可以帮助理财人员清晰认识相关的金融市场及其交易机制，掌握不断变化发展的理财需要，准确地分析相关金融产品的收益和风险之间的关系，更高效地进行团队之间的合作，从而进一步提升更好更快发展本银行理财业务的能力。

六、结　语

即使个人理财业务在其发展过程中存在各种风险，并在2016年出现了小小跌势，但这丝毫不能阻挡理财业务成为广大居民关注的热点和银行竞争的焦点，也丝毫不能阻挡理财业务往好的方向发展，2017年各月的收益率已经证明我国商业银行个人理财业务的发展势不可当。

综上所述，本文认为个人理财业务有很大把握能成为我国银行业务发展的新优势。即使目前它还处于努力扭转颓势的阶段，即使未来它的发展还会遇到层出不穷的风险，但是只要研究制定好相应的对策，它会是促使我国银行利润出现大范围、大幅度上涨的又一个领域。

参考文献

[1] 陈鸿志. 关于商业银行个人理财业务风险控制的探讨［J］. 中国乡镇企业会计，2016（12）.

[2] 段雅丽. 银行理财产品跟踪［J］. 财富管理，2013（11）.

[3] 宏章教育银行业从业资格考试研究院. 个人理财［M］. 北京：中国财政经济出版社，2012.

[4] 刘星. 商业银行个人理财业务客户满意度提高途径［J］. 时代金融，2012（11）.

[5] 刘宇红. 个人理财投资［M］. 北京：经济管理出版社，2014.

［6］沈和斌. 商业银行个人理财业务的风险及对策［J］. 北方经贸，2016（2）.

［7］谭晓新. 商业银行个人理财业务风险及对策分析［J］. 商业经济，2017（7）.

［8］田维玮. 商业银行个人理财产品风险及其防范对策［J］. 信息记录材料，2017（11）.

［9］王婧. 我国商业银行个人理财业务风险控制研究［J］. 中国市场，2016（6）.

［10］吴莉云. 我国商业银行个人理财业务发展现状与对策［EB/OL］.（2011 - 03 - 03）［2017 - 01 - 03］. https：//wenku. baidu. com/view/7a73944ef7ec4afe04a1dfbf. html.

［11］郑鑫. 我国商业银行个人理财业务中的风险及其防范对策［J］. 金融经济，2016（4）.

环境友好农业技术创新与农业经济增长的耦合原理研究

姚延婷[*] 王英鸽

摘要：资源与环境约束下，面向环境友好的农业技术创新是实现农业经济可持续增长的必然选择。本文从理论角度讨论环境友好农业技术创新与农业经济增长的耦合原理，认为二者之间存在相互促进、相互制约的正向耦合关联关系，并在此基础上，从搭建政府主导创新模式、促进技术创新成果转化、提高农业全要素生产率等方面提出环境友好农业技术创新促进农业经济增长的对策建议。

关键词：环境友好；农业技术创新；农业经济增长；耦合原理；对策建议

一、引　言

科学技术是农业的第一生产力，农业技术创新是解决好"三农"问题、促进农业增长方式转型的有效途径。然而，伴随着中国经济发展进入"新常态"，农业经济增速放缓，以前依靠大量要素投入来促进经济增长的农业发展模式，在取得巨大成就的同时也付出了惨重的环境代价，化肥、农药、塑料薄膜等造成的土壤和水体污染不断加剧，农业生态环境所面临的挑战和压力前所未有。显然，在这样的现实条件下，追求单一经济效益的传统农业技术创新不得不把环境因素纳入考虑范围，使得我国逐步进入依靠环境友好农业技术创新推动农业经济发展的新阶段。

在人类漫长的经济与社会发展历程中，技术创新与经济增长总是相伴而

---

[*] 姚延婷，西北政法大学商学院副教授。

行。环境友好农业技术创新强调环境和资源变量在技术创新中的重要性，以低投入、绿色、可持续性为目标来带动农业经济的持续增长。虽然国内外学者基本认可环境友好农业技术创新对农业经济增长的推动及促进作用，但由于视角和方法的原因还缺乏系统研究。鉴于此，本文以农业技术创新理论、农业经济增长理论、技术创新与经济增长的关系理论、农业技术扩散理论等相关理论为研究基础，从理论研究角度讨论环境友好农业技术创新与农业经济增长的耦合机理，为政府部门相关决策提供依据。

从理论角度来讲，耦合理论早期应用于物理学中，表示两个（或两个以上）系统之间的相互影响、相互协调的作用关系。由于耦合理论及其相关模型能够较好地解释与度量两个（或两个以上）系统之间的协同作用进而被广泛应用到宏观经济领域的要素或系统之间关系的研究中。从世界农业发展历史来看，农业技术创新为每次农业技术革命奠定了基础，现阶段，以"环境友好与资源节约"两型农业为主的现代农业模式更成为高科技含量的农业，高新技术对传统农业资源的替代和高效利用，使通过技术创新来协调和解决经济发展与保护资源、环境的矛盾成为可能。农业技术的每一次大的革新突破，都使农业生产可能性曲线大扩展，从而使得农业资源的利用率大幅度提高，促进了农业经济的增长。

二、环境友好农业技术创新促进农业经济增长

1. 环境友好农业技术创新是实现农业经济增长中农业技术进步的基本途径

无论是新古典经济增长理论，还是内生经济增长理论，都把对经济增长的影响因素归结为资本、劳动力与生产资料之外的技术进步。从本质上来说，农业技术发明、农业技术创新和农业技术扩散三个阶段依次构成了广义的农业技术进步的过程。其中，农业技术创新是农业技术进步最重要的部分，可以说，农业技术进步是各种农业技术创新活动累积性经济体现。我国农业经济发展在自然资源与生态环境约束的背景下进行的面向环境友好的农业技术创新活动，根植于整个农业经济运行系统中。因此，环境友好农业技术创新首先驱动了农业技术进步，对农业技术进步起到主导推动作用，然后农业技术进步再次促进或推动了农业经济增长，这种传导的途径如图1所示。

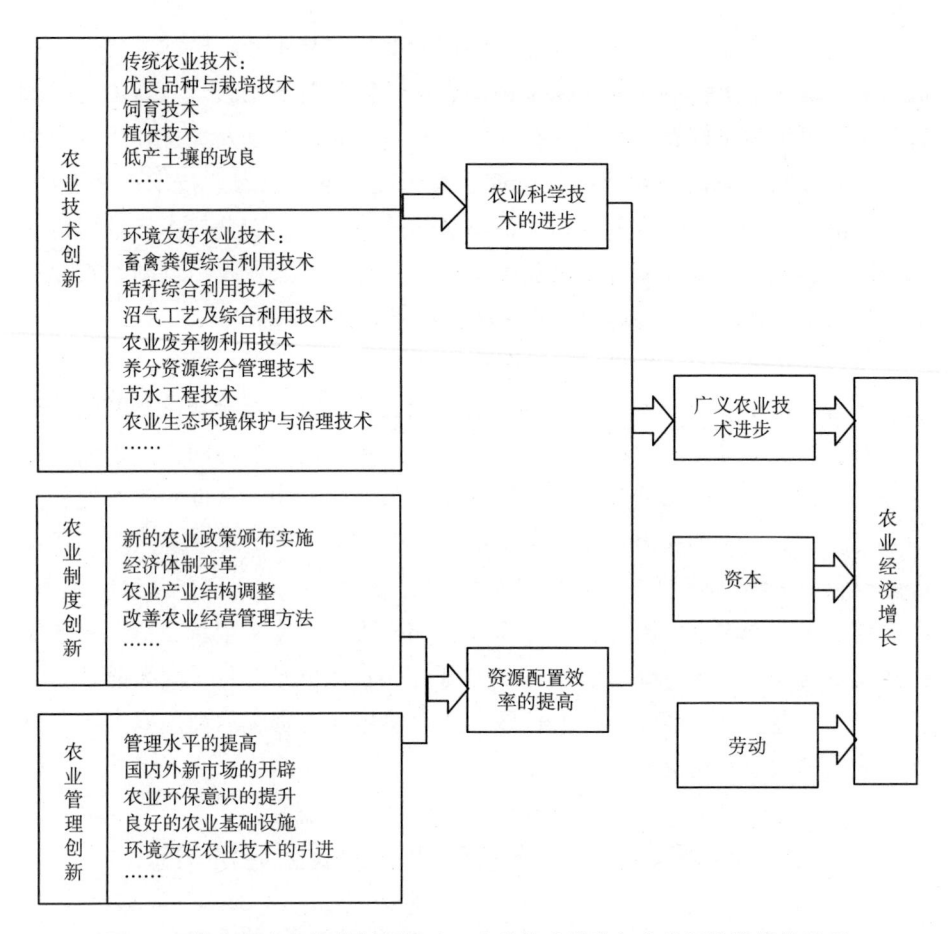

图1 环境友好农业技术创新活动、农业技术进步与农业经济增长的关系

由图1可知，推动农业经济增长的三个重要因素是广义的农业技术进步、劳动与资本；而广义农业技术进步又是由面向环境友好的农业技术创新、制度创新与管理创新三个方面的创新活动相互重叠组成的。因此，可以看出，农业经济增长中除去资本、劳动的贡献后，便是广义农业技术进步对农业经济增长的贡献。在资源与环境的约束下，通过传统农业技术与环境友好农业技术的发明、创新与扩散来实现农业科学技术的进步，农业制度创新通过制定并实施新农业政策、调整农业产业结构与改善农业经营管理方法等来改变农业技术进步的方向，而管理创新活动则以农业环保意识的提升、搭建良好农业技术设施、开辟新市场等方法影响着农业生产率。正如图1所示，通过提升农业科学技术和资源配置效率，最终和资本、劳动力共同促进农业经济增长。基于此，从宏观经济学的视角出发，农业技术进步是环境友好农业技术创新活动的积累，通过持续不断地将先进的生产要素和劳动工具融入农业生产，改造劳动对象，最终推动农业生产力水平、改善农业生态环境，促进农业经济的可持续增长。

2. 环境友好农业技术创新为农业经济增长中产业结构的升级提供技术支撑

在资源与环境约束下，原有的农业生产结构（需求结构、中间投入结构等）在市场需求的导向下按照环境友好农业技术创新的要求发生变化，即经过创新生产的农业技术成果不仅能够有效促进农业资源的高效利用，而且能够有效地避免对资源和环境的技术负效应，最终促进产业结构的升级和新的产业的形成。例如，推广沼气综合利用技术（如图 2 所示），把沼气以及沼气发酵产物（沼液、沼渣）运用到农业生产过程，在农业沼气建设中降低生产成本、提高经济效益，最终不仅促进农业废弃物的综合利用，而且为农业生产和农民胜过提供了新的能源、实现了沼液的综合利用、减轻环境污染。在此基础上，环境友好农业技术创新通过更新、完善原有的农业生产流程和产业技术，促进农业产业结构优化，进一步带动可持续的新兴农业。以此凝聚形成环境友好农业技术创新能力，使得农业创新主体有了更多的技术选择与技术支撑，从而加快创新成果扩散，更有效地推动农业经济增长。

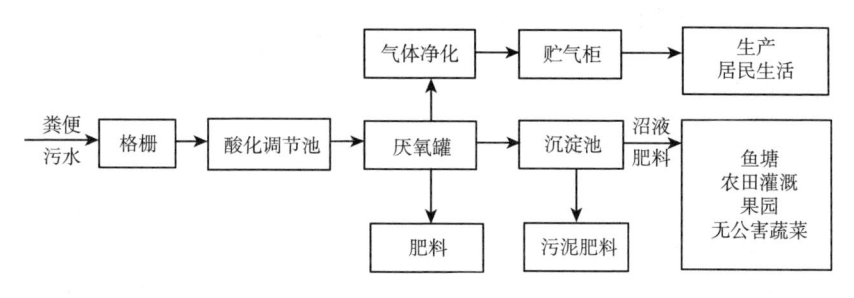

图 2 沼气工艺及其综合利用技术

3. 环境友好农业技术创新是提升农业经济增长中资源配置效率的关键

经济学家们通常认为高效的资源配置能力是经济增长过程中必不可少的要素。首先，环境友好农业技术创新能够突破现有农业资源的限制，通过秸秆能源化技术、沼气综合利用技术等不断地获得可替代资源，从而减少农业生产要素投入；其次，环境友好农业技术创新能够优化生产要素的组合方式，进一步实现同等要素投入条件下农业生产总值的增加；最后，环境友好农业技术创新会促使更精细化的农业产业分工，促进农业企业或农户结合自身资源专注于某一技术领域，让这些创新主体有更多的时间提高自身的专业知识水平，促进农业企业或者农户素质和技能的提升，从而提高劳动者生产率，加速农业产出促进农业经济增长。

三、农业经济增长支撑环境友好农业技术创新

农业经济增长促进了创新资源的投入。与国民经济的其他领域相比，环境友好农业技术创新具有实施的高风险性与时滞性、空间上的地域性与分散性特征，在资源与环境的约束下，环境友好农业技术创新前期需要大量的要素投入，尤其是研发经费与农业技术人才。而这些要素投入直接来自于农业经济运行系统中的科技投入，其在促进农业经济增长方面具有重要作用。纵观各国农业经济发展，农业科研投入与经济总量直接相关。经济总量决定农业创新资源投入的多少，尤其研发经费的投入量。我国农业总产值从2000年的24916亿元增长到2015年的107057亿元，相应地，农业科技攻关计划中央财政拨款从2000年的15169万元增长到2015年的15.3亿元，由此可见，农业经济持续增长能为环境友好农业技术创新提供有利的物质支撑和经费保障。

农业经济增长产生了拉动技术创新的需求。农业经济增长会增加和累积更多的社会财富，这就意味着会引起新的市场需求，如居民新的农产品消费形式、消费结构变化等，拉动创新主体尤其是农业企业和农户为了获得更的利润而生产更多产品去满足市场需求。与此同时，农业发展所面临的资源枯竭、环境污染与生态恶化的威胁，也使得整个社会对环境友好农业技术有着强烈的期盼。市场需求与社会对环境友好农业技术需求的共同拉动，必然要求创新主体进行全新的知识更新和技术发明才能满足新的需求。因此，在新的需求拉动下，环境友好农业技术创新主体开展各种研发活动，促进新的环境友好农业技术（畜禽粪便综合利用技术、节水工程技术、农业生态环境保护与治理技术等）的产生，以致能生产出全新的产品，从而推动农业技术进步。

农业经济增长强化了技术创新的动力。技术推动理论认为，农业技术创新主要是由技术进步推动和广义需求拉动共同作用的结果。新经济增长理论认为，内生的技术进步是经济保持增长的决定因素，提出经济增长的要素来自于知识资本、技术进步和人力资本，认为这些综合要素不仅能产生递增效

益，而且能突破增长的极限，从而推动经济增长。农业经济增长之后，能够为环境友好农业技术创新活动的开展提供更多的资源要素，促进农业创新人才的培养，增加创新主体的知识积累，促进农业技术进步，并使得创新动力得到强化。

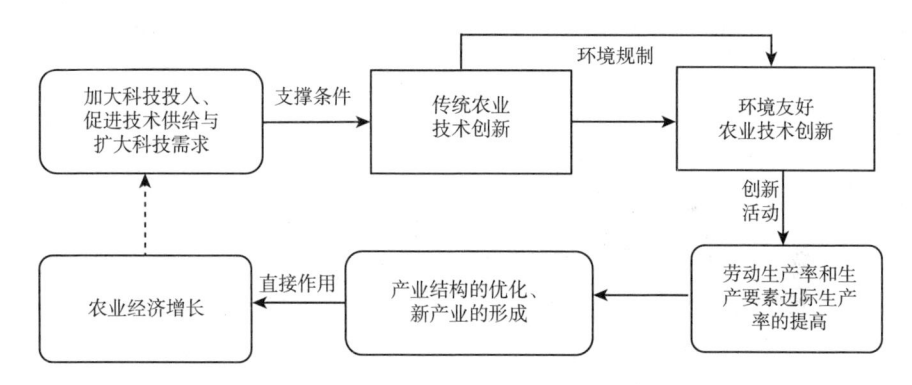

四、环境友好农业技术创新与农业经济增长的耦合关系

环境友好农业技术创新与农业经济增长是两个开放的有机互动联系的系统，环境友好农业技术创新推动农业经济增长，农业经济增长为环境友好农业技术创新提供了必要的支持，两个系统之间相互促进、彼此影响，因此，两个系统之间的耦合就是指这两大系统之间实现互动与共同促进的正向关联关系，如图3所示。

图3 环境友好农业技术创新与农业经济增长的耦合关联

传统农业技术创新的出发点和根本动力即是市场需求拉动和技术推动，而环境友好农业技术创新加入环境规制的驱动因素。在对传统农业技术创新"突破"与"融合"的基础上，通过环境友好农业技术创新活动推动农业技术进步，农业技术进步加速提高农业企业、农业合作组织、农户等的劳动生产率，提升农业生产要素的边际效率，改善与优化农产品的质量、产量，从而带动农业产业优化升级和诸如旅游农业、休闲农业、生物科技等新兴产业的形成，最终直接或间接地促进农业经济增长。而农业经济的增长会引起新的市场需求，促进更多创新资源的投入，在新需求引导下可能会进一步促进农业技术水平的提高，并由此展开新一轮的循环过程。如此往复，环境友好农业技术创新与农业经济增长之间就形成了良性循环。

五、环境友好农业技术创新促进农业经济增长的对策建议

如前文所讲，环境友好农业技术创新与农业经济增长之间存在正向耦合关联，二者相互促进、相互影响。然而，环境友好农业技术创新对农业经济增长的推进作用是缓慢与滞后的，在资源与环境约束下，探讨环境友好农业技术创新促进农业经济增长的路径选择成为必然。本文认为，应从以下几个方面来实现。

（1）构建政府主导创新模式，提供创新促进增长的制度环境。作为农业可持续发展的必然选择，我国环境友好农业技术创新能力虽逐年呈现上升态势，然而，与国民经济中其他产业相比，我国环境友好农业技术创新能力整体水平较低，且投入、支撑、运行与产出能力四个系统的能力状况差异较大。显然，这样的现实状况与环境友好农业技术创新主体的特征密不可分，由于我国农业发展正处于传统农业向可持续农业的转型时期，农业企业、小规模经营农户和发展不成熟的中介组织并存，市场竞争压力小，因此环境友好农业技术创新主体的自行组织能力极其微弱，导致环境友好农业技术创新的市场刺激不强，难以成为环境友好农业技术创新的主导角色，支配整个创新活动。在可持续发展理念的指导下，充分发挥政府在环境友好农业技术创新方面不可替代的特殊优势也是必然选择。

（2）促进技术创新成果转化，缩短创新对增长的滞后期。环境友好农业技术成果转化是环境友好农业技术创新成为农业现实生产力的桥梁，因此环境友好农业技术扩散是农业可持续发展的重中之重。虽然环境友好农业技术的发明和创新是重要的"源头"，但从农业经济、生态、社会效益的实现与产业结构的调整来看，环境友好农业技术创新推广程度更为重要。在资源与环境约束下，促进环境友好农业技术的转化和应用，逐步缩短环境友好农业技术创新对农业经济增长的滞后期，是政府主导环境友好农业技术创新模式下实现农业可持续发展的关键途径。

（3）提高农业全要素生产率，促进创新对经济的贡献份额。实现农业经济可持续性和有质量的增长，最终的落脚点就是要依靠农业全要素生产率的持续快速提高。过去十几年里，我国农业生产率平稳波动且较为缓慢地上升，

对农业经济增长的贡献份额为 2.87%，且从增长源泉看农业前沿技术进步率年均 2.56%，技术效率年均增长 0.31%，表明这种增长主要是依靠农业技术进步驱动的。国外的经验已经证明，农业技术进步与农业技术效率共同推动下的农业全要素生产率增长是实现可持续农业的最优模式，即在严格环境约束条件下，中国农业在要将来持续健康增长，必须通过农业技术创新和技术效率两种主要途径。因此，提升农业技术创新和农业技术效率是重要的突破口。

参考文献

[1] 姜玲，叶选挺，李磊．我国农业科技"技术—知识"创新的空间耦合协调格局研究 [J]．管理评论，2017，29（9）：122 - 132．

[2] 蒋天颖，刘程军．长江三角洲区域创新与经济增长的耦合协调研究 [J]．地域研究与开发，2015，34（6）：8 - 13．

[3] 刘敦虎，赖廷谦，王卿．农业科技投入与农业经济增长的动态关联关系研究——基于四川省 2000—2015 年的经验数据 [J]．农村经济，2017（10）：118 - 122．

[4] 鲁继通，张晶．京津冀城市群耦合协调发展及时空演化研究 [J]．工业技术经济，2017（8）：26 - 34．

[5] 纳尔森．经济增长的源泉 [M]．北京：中国经济出版社，2001．

[6] 王班班．环境政策与技术创新研究述评 [J]．经济评论，2017（4）：131 - 148．

[7] 徐晔，陶长琪，丁晖．区域产业创新与产业升级耦合的实证研究——以珠三角地区为例 [J]．科研管理，2015，36（4）：109 - 117．

[8] 杨发庭．绿色技术创新的制度研究——基于生态文明的视角 [D]．北京：中共中央党校，2014．

[9] 张淑辉．山西省农业科技创新的动力机制研究 [D]．北京：北京林业大学，2014．

[10] 周端明．中国农业技术创新路径研究 [M]．北京：社会科学文献出版社，2016．

[11] Albrizo, S., T. Kozluk, V. Zipperer. Environmental Productivity Growth: Evidence across Industries and Firms [J]. *Journal of Environmental Economics and Management*, 2017 (81): 209 - 226.

资源约束视角的股份制商业银行社会责任投资研究

——以交通银行和中国银行为例

张荣刚　杨　瑞[*]

摘要： 金融机构将社会责任作为投资对待目前尚难尽人意。通过对中国银行与交通银行相关年度社会责任报告梳理比较，发现我国商业银行社会责任投资取得了金融服务水平提升、绿色信贷保证可持续发展、加快社区银行应用、支持公益事业等进展，但同时面临的人力资源变化、新技术应用、放松金融管制等挑战。结合我国银行业实际情况并借鉴海外经验，提出加大创新和服务力度、扩展业务品种、改善农村金融发展环境、加快战略转型和实施可持续发展等改进我国商业银行进行社会责任投资的对策。

关键词： 商业银行；社会责任投资；可持续发展

一、引　言

企业一经建立就意味着它已经承担了相应的社会责任，并将持续地承担。企业的社会责任源于其社会权利，企业的每一项活动、产品和服务，都必须在考虑经济效益的同时考虑社会的成本与效益，也就是企业的经营决策必须要考虑此决策对社会的长、短期影响，不能只考虑技术可行性与经济利益。商业银行是特殊企业，是现代金融与经济的核心，在资源分配中扮演着重要的角色。商业银行所具有特殊的社会性和公众性要求其承担更多的社会和自然环境的责任。目前，已有的研究大多局限于商业银行企

---

[*] 张荣刚，西北政法大学商学院教授，管理学博士；杨瑞，交通银行股份有限公司咸阳分行职员。

业社会责任定性分析，缺乏将社会责任履行与商业银行投资两者进行有机结合的研究。因此，在此基础上，要寻求一种最佳的投资方式，使得履行社会责任与收益最大化兼得；既能提升品牌知名度、深化品牌形象，促进商业银行健康快速发展，推动商业银行走向国际化；又能积极的履行社会责任，对整个社会负责。

二、目前我国商业银行社会责任投资的现状

将企业社会责任与可持续发展理念扩展到传统商业道德涉及的领域，丰富了公司治理的内容，促进了企业利益与社会效益的平衡。作为特殊的公众企业，商业银行的社会责任具有特殊性，其体现在为公众与社会提供金融服务和工具，为客户增加价值，并且是现代社会重要的经济载体，是宏观调控政策的主要执行者。商业银行的社会责任不仅关系到自身，更关系到整个社会利益的健康可持续发展，从而对其社会责任提出了更高的要求。因此银行在进行投资时不仅仅只注重业绩、财务方面的增长，更要对环境、社会道德和公共事业进行综合考量。以下是中国银行与交通银行近几年在社会责任方面投资的表现。

（一）提升全球金融服务水平

作为新兴经济体国家中唯一连续5年入选全球系统重要性银行的金融机构，中国银行依托全方位的金融平台和全球化的服务网络，深化人民币跨境结算，创新人民币资金产品，打造全球化人民币清算网络，成为推动人民币国际化最主要的市场力量。

1. 推进人民币国际化

中国银行发挥集团整体优势，成为人民币国际化的积极推动者与践行者，海内外分支机构加强联动，推动人民币国际化持续稳定健康发展。不但提升人民币在跨境贸易、对外投资中的计价使用，并且在全球合理布局跨境人民币市场基础设施建设，同时创新离岸人民币产品，推动金融市场深化改革与创新。

2. 构建全球网络金融

向跨境电子商务提供清关、支付一体化服务，全程电子化数据传送和交

换，实现全自动支付和跨境资金账目往来结算，提升跨境电子商务业务处理的效率。2015年12月举办的"中国—新西兰跨境电商洽谈会"上，中国银行创新性的提出跨境电子商务网络金融服务解决方案。中国银行充分利用境外分支机构庞大的客户资源，为海内外企业提供可靠、高效率的资金结算平台。将网络金融服务于跨境电商有机地结合起来，实现了针对跨境电商平台、海关、物流、国内消费一站式综合服务。发挥全球化服务优势，提供更加方便快捷的金融服务。

3. 服务企业"走出去"及个人跨境业务

搭建企业跨境服务平台，为企业全球化布局拓宽渠道，加大跨境业务与海外联动，助力中小企业"走出去"和"引进来"，为中小企业提供跨境业务撮合等多种金融服务。并且发挥品牌、产品和网络布局优势，创新个人金融跨境产品，为居民海外留学、劳务及商旅需求提供"一站式"服务。2015年中银香港联动总行、中银国际、悉尼分行为中交建集团提供11亿美元银团并购贷款，使其成功收购澳洲大型基建公司John Holland 100%股权，成功牵头跨境并购项目。

（二）发展绿色信贷保证可持续发展

商业银行承担社会责任主要是通过特殊的信贷政策来保护环境、增加社会公共福利，进而支持环境、经济的持续稳健发展。为了促进环境的健康发展，更大程度地降低垃圾对环境的污染及破坏，交通银行福建省分行积极对垃圾焚烧发电项目提供信贷资金支持。该项目综合采用先进技术与设备，实现"零排放"目标，对生活垃圾进行全天候处理，年节约煤炭14043吨。交通银行根据不同项目及不同客户的具体情况，制定绿色信贷管理办法，从生态保护、耗费资源、污染程度等方面评估项目及客户的社会、经济与环境风险，实施分类别具体管理，进一步完善绿色信贷体系（见表1）。在信贷业务流程中贯彻落实绿色信贷办法要求，在授信与贷后管理中及时跟踪，全面评估客户的社会与环境表现，建立社会风险、环境责任风险"一票否决制"。从发展目标、分类管理、优先支持等方面提出了深化绿色信贷的具体措施，有利于基层单位和信贷人员在信贷过程中有效落实绿色信贷要求。

表1　　　　　　　　　　交通银行历年绿色信贷

年份	绿色类客户数占比（%）	绿色类授信余额占比（%）	"两高一剩"行业贷款占比（%）	支持节能减排授信余额（亿元）
2012	99.46	99.80	2.83	1440.28
2013	99.56	99.80	2.21	1658.36
2014	99.58	99.78	2.15	1524.31
2015	99.64	99.79	1.83	2047.95

资料来源：《交通银行2015年社会责任报告》，http://www.bankcomm.com/BankCommSite/default.shtml。

（三）逐步加快社区银行的建设及投入使用

发展社区银行不仅仅是市场经济的呼唤，更是完善金融体系的必然要求，社区银行主要针对当地居民家庭和中小型企业，决策灵活，服务周到，贴近客户群体。并且发展社区银行一定程度上避免县域中的信贷资金外流，有助于引导、合理规范民间借贷，促进其向正规金融转换。以交通银行咸阳分行为例，建有六家社区银行，主要服务当地居民家庭及中小企业，社区银行的员工通常对本地市场有较深的了解，这对中小企业高风险贷款有着十分重要的作用，识别风险的能力强，这使得社区银行在对中小企业贷款安全盈利方面一定程度上超过大银行。中小企业的健康发展有助于扩大就业，进一步有利于促进社会的稳定与和谐发展。

（四）解决微小企业贷款难问题

根据交通银行的2015年度社会责任报告显示，该行深入贯彻落实国务院下发的关于支持小微企业发展的文件精神，在目前复杂的经济环境下，全方位多角度支持大众创业万众创新。单独设立小企业金融部，明确小微业务的发展目标及发展战略，加强团队的建设，通过搭建小微企业贷款平台、拓宽小微企业融资渠道、多项举措大力支持小微企业。截至2015年，交通银行为小微企业贷款余额为123020.28亿元人民币。

（五）支持公益事业

商业银行的资金主要源自于客户，最终用于客户并回馈于客户，失去客户信赖，商业银行也就失去了其生存与发展的空间与先决条件。商业银行积极参加旨在提升社会福利的公益事业，能够赢得社会及客户的信赖，如积极投身于扶贫助困，支持教育、科学、文化事业等。中国银行紧紧围绕"担当社会责任，做最好的银行"这一发展战略，始终坚持服务社会、奉献社会、回馈社会，截至2015年年末已经连续定点帮扶咸阳市长武、永寿、旬邑、淳化四县13年。2015年4月25日尼泊尔发生8.1级地震，我国的西藏自治区也受到影响，中国银行立即启动重大突发性事件的应急处置机制，第一时间向西藏地区捐款500万元，并同时组织员工开展救援工作，全力保障灾区的金融服务。商业银行积极承担社会责任更有利于打造培育自身品牌、赢得客户、社会信赖与支持、提高市场占有率与份额。践行社会责任更能使商业银行注重长期利益，使商业银行走出国门，得到国际市场的认可。

三、商业银行社会责任投资面临的挑战

（一）内部挑战

1. 人力资源变化对社会责任投资的挑战

人力资源外包可能给商业银行投资带来新挑战。例如，商业银行将原由自己员工担任的工作外包给专业程度更高的其他公司，这样提高效率的同时也降低了成本，但是就意味一部分正式员工离开自己以前的工作岗位从而失业。

2. 商业银行服务于新农村建设中的挑战

商业银行虽然在支农惠农方面取得了一定的成绩，但与新农村建设的新形势相比还存在较大的差距，主要存在于经营理念陈旧、信贷能力不足、金融产品单一。另外商业银行在服务新农村建设中受政策限制、现行金融体系等的影响，面临着资金支持力度偏小，开展业务范围受限等现实问题。我四大商业银行自从1998年开始将县级及县级以下网点进行了大规模的撤并行动。因此，商业银行必须采取有效措施，加快金融创新步伐，在新农村建设中获得自身的不断发展。

（二）外部挑战

1. 新技术应用对社会责任投资带来的挑战

当今，科学技术突飞猛进，出现的新型技术新产业已经取代了以前的

"劳动密集型"产业,特别是办公自动化的应用,使得办公效率迅速提升,节省了大量的人工成本。商业银行高效的机器设备和电子清算网络正在代替人工存款、贷款、现金清算,ATM 机可以 24 小时不间断为客户提供优质服务,POS 机可以方便客户的消费和购物,电子银行和网上结算正在一步步地取代银行网点服务。新兴技术的出现大大提高了服务质量和服务效率,与此同时,银行的剩余人员不能参与到服务中去,势必会造成机构人员的精简、银行裁员,导致结构性失业这一问题的产生,失业会造成家庭、地区的动荡,这一社会问题难以避免。2016 年上半年中国工商银行、中国建设银行、中国农业银行与中国银行的员工数量减少了 2.5 万人,其中中国银行减少了 6881 人,一些柜员直接被裁减,这是自 2011 年以来首次出现这一现象,这与电子银行替代率密切相关。据银行业协会提供的数据,中国银行 2016 年电子渠道交易金额达到 160.69 万亿人民币,同比增长 4.72%,电子渠道对网点业务的替代率达到 90.74%。这些大多数都是发展网上银行以及安装自动柜员机等人工智能装备的结果。

另外,新技术给社会责任投资带来的问题是:信息安全问题。银行如何能够确保客户的信息保密不被泄露,如果银行不能确保对客户的服务是安全保密的就意味着没有对客户履行好社会责任。

2. 网络金融发展对银行可持续发展带来的挑战

一方面,当今时代,金融竞争愈来愈激烈,全球化趋势在加快,在金融市场中商业银行的竞争压力越来越激烈,争夺市场份额,银行必须优化服务、开拓创新才能取得发展。另一方面,网络金融的发展对商业银行传统业务的冲击也是巨大的,近几年兴起的阿里金融、微信金融等新兴工具占领了很大的市场份额,第三方支付平台可以为客户提供收付款、结算汇款、贷款等更加方便快捷的服务,与传统的银行业务形成替代关系。激烈的竞争给银行带来了挑战,因此商业银行必须加快战略转型,实施可持续发展策略。例如,阿里金融以支付宝作为基础开发了一项余额增值服务——余额宝,用户通过余额宝不仅可以得到较高的收益,还能随时随地消费、转出等,对银行存款造成一定冲击。

3. 金融管制放松对社会责任投资带来的挑战

放松金融管制从法律法规层面扩展了银行的业务领域,使银行可以开展多种经营,增加银行业务的收入来源和盈利水平。但是金融管制的放松使得银行与非银行的业务出现交叉,竞争愈来愈激烈,从而导致闲置资金流向服务质量高、收益率高、回报率高的金融产品之上，换言之，哪里的利率高资金就会流向哪里，哪里的客户资源就会丰富；哪里的优惠待遇多哪家金融机构的客户就会逐渐增多，这样使得客户的忠诚度就会降低。此外，利率的市场化将会使客户变得成熟和理性起来，对利率的变化也会逐渐敏感，哪家金融机构的利率高就会将自己的"金库"存放在哪里，出现了"唯利是图"的形势。但是我国的优质客户资源本来就有限，为了抢夺优质客户各金融机构就会绞尽脑汁，难免会出现走后门、请客送礼等违背社会道德的做法，以换取非常久的并不牢固的客户关系，这样就更会增加银行的授信与贷款风险，金融管制的放松给商业银行的社会责任道德价值观带来严峻的挑战。

另外，混业经营会促使银行成为庞大的利益集团，出现垄断，为了追求自身的利益可能会对政府的政策产生影响，从而导致政府的管理能力削弱、下降。这样会使银行的道德风险增加，这样不仅侵害了客户的利益，甚至破坏国家的经济秩序，严重时甚至导致金融危机，危及国家的长治久安。

四、我国商业银行社会责任投资策略

（一）内部优化

1. 加大创新和服务力度，扩展业务品种

商业银行履行社会责任能促进商业银行的创新与改革，社会责任是一种强制性的约束力，使银行不能只考虑短暂的利益，要考虑长远，从而上升到可持续健康发展的战略高度，大力拓宽金融业务、加大金融产品创新、走出一条特色经营化道路。可以促进流程、产品、管理和制度的创新。产品的创新和服务质量的提高，产品种类的丰富、体系的健全，通过研发使得产品升级，提升了产品的市场竞争力，进一步提高了商业银行的市场知名度。

新形势下，商业银行应抓紧机遇，集中资源加强重点领域的产品创新，不断提升产品的价值创造能力和市场竞争力。例如，瞄准"一带一路"政策下京津冀协同发展等战略需求，创新中长期融资产品和服务。

2. 合理确定微小企业信贷投放，拓宽融资渠道

针对小微企业贷款的"小、急、零、散、频"的特点，专门开发相应的贷款品种。可以充分利用抵押、保证、中介机构担保等有效的信贷政策，有效缓解小微企业融资难问题，在完善信贷的风险内控制度、规范信贷管理的基础上、深化合作，大力支持小微企业的生产消费贷款、生产贸易等多元化贷款，支持高科技、绿色产业、扶持县域特色资源，支持农副产品企业。

3. 坚持"绿色信贷"

随着我国经济的快速发展，生态环境退化、资源过度开发等问题逐渐显现出来，为了改变这一局面，2007年我国环保局、银监局和中国人民银行提出"绿色信贷"，在中国新的经济形态下，建立健全商业银行绿色信贷业务的运行机制、提高产品创新能力，加强社会责任感、提高竞争力、促进金融、经济与环境的健康可持续发展。笔者认为可以从以下几个方面坚持实施"绿色信贷"：其一，完善商业银行的约束机制。确保银行与政府的信息及时准确交换；规范银行的信息责任披露、严格把控银行准入。其二，完善商业银行的激励机制，对不同类别的项目实行评估，实施阶梯利率优惠，中央银行则给予商业银行补贴，分散、降低其风险。其三，商业银行的自我完善。绿色信贷业务的评估体系较为专业，对环境、经济与社会造成的风险难以评估，这意味着绿色信贷业务的难度增大，因此需要专业人才及团队对其进行专业评估，商业银行应当加强国际交流合作，培养专业人才团队。

4. 加快战略转型和实施可持续发展

商业银行业务的发展从"以自我为中心"转变为"以客户为中心"，快速的进步是值得肯定的，然而，科技在发展，人类在进步，单单依靠服务是难以抓住客户的，营销也变得更加重要。金融非中介化是经济发展的必然趋势，怎样借助这股潮流、趋势，为传统的商业银行插上翅膀，是我国银行业主体值得思考的地方。企业社会责任的含义和可持续发展的内在精神是相辅相成。可持续发展是指把企业的种种活动融入特定的社会环境中，共同发展、共同进步。公司决策不仅仅要考虑成本、利润、所有者权益，也要充分考虑社会和环境的因素，分析公司的活动会给环境带来哪些影响。可持续发展要求银行业在进行未来战略分析时，不仅要把近期盈利目标考虑在内，也要充分考虑长远目标，把整个公司战略考虑在内。只有如化才能实现银行、客户、社会、环境共赢。

5. 社会责任投资多样化

银行的社会责任不仅包括经济责任、环境责任，还包括对社会发展与社会文明进步的广义支持。比如，在男女权利平等的今天，女性在就业时如果遭到各种歧视，不仅会影响到一个家庭的收入水平，甚至会影响到地区的经济发展。因此对妇女的关怀也成为许多企业社会责任战略中的一部分，商业银行也应该借鉴高盛银行成功经验推行妇女教育计划，主动为经济欠发达地区的妇女提供商业教育和管理培训。妇女教育水平的提高将会带来一个国家经济发展水平的提升，商业银行可以利用自己的专业知识与专业能力为贫困地区的妇女普及商业和金融知识，为她们开展务实的商业教育。

（二）外部环境优化的需要

1. 政府提供平台，中央银行和银监会提供窗口指导

政府机构要切实加大对微小企业、绿色金融的投入，构建一个经济与金融协调发展的平台。制定有利于小微企业、绿色行业社区投资建设的政策方针，加大对服务于小微企业、绿色行业与社区投资的商业银行的风险补偿力度，提供支持绿色行业、微小企业等商业银行税收减免的优惠政策，在风险共担原则下开展各种业务，形成政府、企业、银行担保机构共赢的格局。中央银行和银监会及时传输经济金融信息，通过风险提示、信贷指导方式，及时向商业银行传导信贷支持重点，从而影响商业银行信贷的投放方向和总量。另外对商业银行申请社区银行网点和市场准入给予优惠，有效指导商业银行发展绿色金融、社区金融。

2. 改善农村金融发展环境

随着金融体制改革，商业银行经营理念转变，国有银行逐渐将农村机构网点撤离，农村地区金融网点覆盖率大幅下降，商业银行对农村地区金融投资大幅减少。目前农村产业多元化，对资金的需求量较大，商业银行在农村金融领域具有巨大潜力，在我国，许多农村地区经济发展水平较高，农民的生产需求、消费需求等多元化需求等不断增大，而且这类需求对贷款的额度比较大。农村的资金需求与金融机构的资金供给之间存在巨大差距，因此，为适应农村各经济主体对商业性金融的需求，可以在法律政策允许的范围之内稍微放宽对农业借贷的利率限制，从而使商业银行和农户都有利可图。而

且各类商业银行可以增加农村网点，进一步扩大小微贷款，提供全方位的农村金融服务，有效满足农村多元化金融需求。

五、结　　语

综上所述，本文从我国商业银行目前社会责任投资现状和商业银行进行社会责任投资时面临的挑战进行剖析，并针对以上挑战结合我国的现实情况与高盛银行的成功经验，给出了我国商业银行进行设会责任投资的几条对策，应尽快完善贷款结构，加强对农村金融的扶持，社会责任投资多样化，实施"绿色信贷"，增强可持续发展能力。这样可以在一定程度上改善商业银行社会责任投资效果，对银行的可持续发展有利，促进社会效益的提高。

参考文献

［1］白贵玉，徐向艺等．基于财务绩效变化的企业社会责任战略决策倾向及权变思考［J］．财会月刊，2017（12）．

［2］产业集群内中小企业融资环境实证分析［J］．生产力研究，2007（11）．

［3］陈雷．我国商业银行社会责任研究——以A银行为例［D］．西安：陕西师范大学，2015．

［4］陈向阳，林良旭．商业银行社会责任的现状与路径选择［J］．广州大学学报，2012（1）．

［5］陈占武．社会责任投资探究［J］．财会通讯，2015（26）．

［6］方芳．法律视角下商业银行社会责任与社区发展［J］．新疆社会科学，2014．

［7］李明波．做最适合的企业社会责任［Z］．北京：科学出版社，2012．

［8］李伟阳等编译．企业社会责任经典文献导读［M］．北京：经济管理出版社，2010．

［9］孙硕．全球企业社会责任与社会责任投资的理论辨析［J］．中国物价，2011（9）．

［10］唐鹏程等，企业社会责任投资模式研究：基于价值的判断标准［J］．中国工业经济，2016（7）．

［11］田虹等. 国外社会责任投资的中国借鉴——一个批判性学习视角［J］. 华东经济管理，2016（2）.

［12］王怀明等. 社会责任投资基金业绩与投资者选择［J］. 财经问题研究，2016（2）.

［13］肖红军，李伟阳. 国外企业社会责任研究新进展［J］. 经济管理，2013（9）.

［14］杨谦. 我国商业银行社会责任问题研究［J］. 山东经济学院学报，2011（5）.

［15］杨薇等. 媒体关注与企业的社会责任投资：基于消费品行业的证据［J］. 投资研究，2017（9）.

［16］朱文忠. 国外商业银行社会责任的良好表现与借鉴［J］. 国际金融，2008（7）.

［17］朱忠明，祝健. 社会责任投资［M］. 北京：中国发展出版社，2010.

共享单车风险管理的对策研究

蓝 莎　苗泽雁[*]

摘要：本文研究共享单车发展中存在的诸多风险，通过实际案例，分析、研究了共享单车风险产生的原因，目的在于综合国家政策和企业社会责任，分别从宏观层面、产业层面和企业层面对这些风险提出合理的对策及建议，以鼓励和规范共享单车行业健康发展。

关键词：共享单车；风险；对策

一、引　言

共享单车是一种基于现代互联网的高速发展，企业和政府合作在校园内、公交站点、地铁站点、公共服务区等地点提供自行车共享租赁服务的新型公共交通租赁业务，交通部对共享单车的定义为"互联网租赁自行车"。共享单车最初的设想是国外兴起的公共自行车模式。第一代自行车系统出现于1965年的荷兰，因互联网通信业在技术与移动网络方面快速发展、计算机技术不断的升级改进，公共自行车与互联网相结合的新模式迅速在国外流行起来。在我国，党的十八届五中全会首次提出共享经济的理念和实施网络强国战略。于是随着互联网通信业快速发展，以"互联网自行车租赁""解决最后一公里出行"为指导思想的共享单车于2015年兴起，目前得到迅速发展。共享单车的快速发展给人们的出行带来了极大的方便，但是由于单车属性、公民素质以及经济体制等方面的原因，我国共享单车行业的发展中不可避免地出现了许多问题。因此为了促进共享单车行业的健康、可持续发展，我们对共享单车行业发展中面临的风险进行识别，同时分析共享单车风险产生的

---

[*] 蓝莎，西北政法大学商学院副教授，管理学博士研究生；苗泽雁，西北政法大学商学院硕士研究生。

原因及影响因素,并基于此提出合理的风险管控对策及建议,以鼓励和规范共享单车行业健康发展。

二、共享单车现状及风险问题分析

(一)共享单车兴起原因

自2015年兴起开始,共享单车在国内部分城市得到迅速发展,用户规模也呈现几何式增长,其兴起的原因可以归结为以下三方面。

首先,从消费者的角度来看,消费者的环保、健康的思想和共享单车的便利性及低成本,是共享单车发展的重要原因。随着全球人口数量的不断增长和经济的快速发展,气候变化、全球变暖等环境问题已经对地球的环境造成了巨大的威胁,也对可持续发展提出了巨大的挑战,"低碳环保"已经成为全世界每个公民的义务。共享单车的出现,使出行方式更加低碳环保,有利于构建低碳社会,发展低碳经济。在大力发展体育经济的今天,全民健身热情高涨,共享单车已不再仅仅是一种交通工具,而且是可以帮助人们健身的工具。同时共享单车极大地方便了人们短途出行,这种便利特别体现在上下班高峰期,共享单车为人们节约了时间。而且共享单车的企业经常会做一些活动,比如1元包月活动、红包活动等,对于消费者来说更能节省成本,而且共享单车的所有权并不是消费者的,不用担心停放问题和被偷问题,在给消费者打消顾虑的同时还节省了成本。

其次,从投资者的角度而言,投资于共享单车也有利可图。共享单车虽然前期投资巨大,但是前期大部分的资金都用来生产单车,以便迅速占领市场,在发展中企业会提高技术,控制单车的制造成本和后期运营成本,不影响其成本的回收,这样利润逐渐增大,共享单车会逐步盈利。同时,投资者企业的社会责任感也是共享单车兴起的原因,在大力提倡环保发展的大背景下,企业有义务有责任为国家的低碳经济做贡献。

最后,良好外部环境也为我国共享单车发展提供了有利的条件。根据PEST外部环境分析模型的分析,我国政治法律环境、经济环境、社会文化环境、技术环境皆利于促进了共享单车的发展。从政治法律上看,国家"十三五"规划明确提出要完善现代综合交通运输体系,发展智能化出行,共享单车的出现弥补了现代交通运输体系的部分空缺;2016年3月,发改委等十部委发布《关于促进绿色消费的指导意见》,鼓励共享经济发展。从经济环境来看，据中华人民共和国国家统计局资料，2016年我国的国内生产总值为744127亿元，同比增长6.7%，国民人均可支配收入为23821元，大众消费收入的提高和消费观念的提高促进了共享单车的发展；资本市场认为互联网出行市场还有利润提升空间，大量投资以实现盈利。从社会和文化层面来看，据中国互联网络信息中心（CNNIC）的第39次《中国互联网络发展状况统计报告》，截至2016年年底，我国网民数量已经达到7.31亿人，其中手机网民的数量更是高达6.95亿人，互联网普及率为53.2%，互联网及移动互联网渗透力持续增大，为共享单车平台提供了广泛的用户基础，且共享单车的出现实现了资源的合理分配和利用。从技术层面来看，大数据以及互联网软硬件技术的快速发展，我国的征信体系进一步完善，互联网网络速度的提升等因素，都在不同程度上促进了共享单车的兴起。

（二）共享单车发展现状

2014年12月OFO在北京成立，OFO首创"共享单车"模式，是全球第一个无桩共享单车出行解决方案，由此宣告共享单车这一行业正式进入互联网出行市场，实现无桩单车模式，用户可以随骑随停。据不完全统计，截至2017年上半年，共享单车企业已经达到30多家，市场规模急剧扩大，市场融资总额巨大，超过百亿人民币。其典型特征如下。

1. 共享单车平台融资规模巨大

在资本市场的催化下，共享单车市场规模急剧扩大，企业数量由最初的只有OFO小黄车和摩拜单车2家到现在的30多家，融资总额巨大（马强，2016）。2015年10月，摩拜单车获得愉悦资本数百万美元A轮融资；2016年9月，滴滴出行以数千万美元战略投资共享单车平台OFO；2016年10月，小鸣单车宣布完成1亿元人民币A轮融资，并在上海首发，OFO宣布完成1.3亿美元的C轮融资；2017年1月，摩拜单车宣布完成D轮2.15亿美元的股权融资；2017年2月，小蓝单车获得4亿元A轮融资，正式进入北京市场；2017年3月，OFO完成4.5亿美元D轮融资等，共享单车市场融资总额巨大，累计超过百亿人民币[1]。

---

[1] 汪浚源. 共享单车：经营现状、盈利模式与经营前景——以摩拜和OFO为例[J]. 领导科学论坛, 2017 (7): 78-80.

2. 共享单车行业用户规模快速增长

据 QuestMobile 2017 共享单车市场报告披露，共享单车的月活跃用户数在 2016 年 7 月达到 54 万人次，随后用户规模持续快速增长，月活跃用户数到 2017 年 1 月时已经突破 1000 万人次，再到 2017 年 5 月接近 7000 万人次，由此可见，共享单车行业用户规模快速增长，平台发展迅速。

3. 共享单车行业梯队层次逐渐清晰

共享单车行业的用户规模决定行业梯队层次，到 2017 年 5 月为止，依靠先发优势和规模优势，从共享单车的用户规模和 APP 用户活跃渗透率（某 APP 用户活跃渗透率＝该 APP 的用户规模/APP 所在行业用户规模）这两个指标分析看来，共享单车行业梯队层次逐渐清晰，OFO 和摩拜单车当之无愧为共享单车行业的第一梯队，将主导我国共享单车市场的发展。据 QuestMobile（贵士移动公司）提供的数据显示，OFO 和摩拜单车的用户规模分别为 3770 万人次、3454 万人次，用户渗透率分别为 54.1%、49.5%；第二梯队为：酷骑单车、小蓝单车、哈罗单车、永安行，用户规模分别为 450.5 万人次、437 万人次、310 万人次、240.8 万人次，用户渗透率分别为 6.5%、6.3%、4.4%、3.5%；第三梯队以优拜单车、小鸣单车为代表，用户规模分别为 72.8 万人次、79.6 万人次，用户渗透率分别为 1%、不到 1%。

（三）共享单车管理中的风险问题

共享单车在带来巨大便利的同时，由于单车属性、公民素质以及经济体制等方面的原因，我国共享单车行业的发展不可避免地存在许多风险。

1. 政策性风险

从国家宏观管理的层面来看，在鼓励共享经济发展的工作中，各地颁布的政策不尽相同，其中的许多条款表述不明朗，国家还未在法律层面对共享单车进行立法保护，共享单车在发展中可能会遭受政策性阻碍。由此可能会在押金、保险、隐私、安全等方面对企业提出新要求，会使共享单车企业进驻城市门槛要求提高。

2. 管理风险

共享单车自兴起以来，呈现爆发式增长的同时显现出许多负面问题，如因为共享单车的无桩停放模式而出现的乱停乱放问题。正是因为共享单车在交通问题上出现的种种问题，造成马路慢行系统的一大新堵，让各地的政府和交通部门意识到，即使是提倡绿色环保，便利出行的共享单车也存在问题，对各地的政府部门和交通部门的有效管理提出了新的挑战。

3. 资金风险

资金风险主要来自两方面，一方面是共享单车的发展过度依赖于资本，另一方面是共享单车的押金的占有与流失风险。

共享单车自兴起以来，主要是靠资本快速扩大规模，占领市场，到2016年上半年融资总额已达百亿元人民币。企业可以在刚发展时或者特殊的时期负债经营，但不能长期如此。2017年6月，悟空单车官方宣布退出共享单车市场，成为国内首家倒闭的共享单车企业。之后，3Vbike和小鹿单车相继退市，酷骑和小鸣单车也身陷押金困局，这些企业的前车之鉴为共享单车的发展敲响警钟。

共享单车的使用基本都是先缴纳押金，再享受骑行服务，而且在使用过程中需要先充值，再扫码骑行，相当于一种预付费服务。退押金时，如果不点击押金退还，押金就会一直处于共享单车企业的平台控制之下，资金存在占有风险。共享单车企业收取的押金数量庞大，缺乏监管，这些资金的去向就会产生问题，可能会产生资金流失风险。且当企业因经营不善而破产的时候，就会导致用户余额和押金面临极大的风险。

4. 商业模式风险

共享单车的出现，呼应了国家要求绿色出行，发展低碳环保经济，坚持走可持续道路，建设资源节约型、环境友好型社会的要求。但是由于共享单车的准入门槛低，技术性要求不高，导致行业竞争激烈。共享单车市场格局看似百家争鸣，共享单车各企业的实力和运营能力却相距颇大。由于共享单车是互联网通信技术和自行车租赁行业的结合，也是我国市场经济的新兴产业，其商业模式易于复制且还不成熟，极有可能出现商业模式风险，从而导致市场中共享单车企业数量急剧增加，供大于求，陷入恶性竞争环境，对我国环境、经济等方面造成不良影响。

5. 信息泄露风险

在用户注册使用共享单车时，要进行实名认证，且要用手机绑定押金，在使用过程中还会显示位置信息，这些用户个人信息、个人账户信息、位置信息都有可能泄露。之前支付宝、京东、携程都被爆出过用户信息泄露事件，这更有理由让我们从理论层面认为共享单车平台用户信息泄露是存在可能的。

6. 财产损失风险

共享单车企业的单车成本主要为单车的成本价加内置的 GPS 定位设备的价格，如 OFO 共享单车的价格为 200 元/辆，摩拜单车的价格为 2000~3000 元/辆，所安装的 GPS 定位设备价格在 2000 元以上，共享单车企业单车投放成本较高（还不包括后期运营维护的成本和人工成本）[1]。在共享单车迅速发展的背后，人为损坏损毁单车现象严重，损耗率居高不下，共享单车行业面临极大的财产损失风险。

7. 产能过剩风险

2017 年预计投入市场的单车总数为 3000 多万辆，超过我国以往国内自行车投入市场总数 500 多万辆，面临严重的产能过剩风险。

8. 人身安全风险

随着共享单车的快速发展，其用户规模也呈几何式增长趋势，用户在骑行过程中发生意外事故导致受伤、死亡的情况时有发生，由此，共享单车企业就面临着要赔偿用户的损失或医疗费用的损失，增加企业的成本。

三、共享单车风险的影响因素分析

（一）宏观层面

1. 法律法规的缺位是政策性风险产生的主要因素

政策风险存在是因为国家还没有针对共享单车出台专门的法律法规，在法律层面，单车平台未受到保护和制约。目前规范共享单车发展的法律法规只存在地区性的法律法规，例如，2017 年 3 月 3 日，成都市出台了《关于鼓励共享单车发展的试行意见》，在表明成都市鼓励支持共享单车发展的同时，也对共享单车的秩序管理、经营管理做出规范规定；2017 年 11 月 9 日，上海市出台《上海市鼓励和规范互联网租赁自行车发展的指导意见（试行）》，明确了政府、企业和用户各自的责任，在保证用户资金和信息安全、慢行交通路权保障、违法处罚机制及退出机制等方面予以明确和规范。共享单车目前的主要盈利模式为用户押金的收取，客观的押金收入形成巨大的资金池，

---

[1] 黎桂婷，胡成玉. 共享单车制造成本管理问题的思考［J］. 中国管理信息化，2017（24）：18–19.

对于单车平台是否有权使用押金、押金利息的所有权问题以及押金的盈利模式现阶段在法律上还处于空白状态，也没有相应的监管措施，因而给用户的押金和信息安全、企业的盈利模式带来了很大的风险。

2. 管理制度和机制的缺失是管理风险产生的核心因素

管理风险主要存在的原因为许多城市的共享单车管理做得不到位，没有颁布正式的管理规范政策，使之处于无序发展状态。共享单车目前在国内的三十多个城市投放，除了成都市和深圳市建立了较为健全的共享单车管理机制，颁布了一系列的管理政策，如成都市出台的《关于鼓励共享单车发展的试行意见》和深圳市出台的《关于鼓励规范互联网自行车发展的若干意见》，其管理做得比较规范以外，其他城市的管理都存在许多弊端，导致共享单车在运营过程中出现乱停乱放、损害损毁、押金难退还等一系列的负面问题。出现负面问题时没有明确的管理机制和处罚条例，为城市管理带来一定的困难。

（二）产业层面

1. 未形成盈利模式和押金缺乏监管是资金风险产生的重要因素

资金风险中过于依赖资本这一问题的风险主要是因为共享单车平台眼下并未形成盈利模式。自共享单车兴起以来，截至 2017 年上半年，据不完全统计，共享单车企业已达到 30 多家，市场规模急剧扩大，市场融资总额巨大，投资者在共享单车平台投入巨额的资本。据 QQ 快报与土豆观察家的《共享单车简史第一季》资料显示，从 2015 年至今，随着摩拜和 OFO 融资轮数的推进，融资金额大幅增加，两家的融资金额占比已超过九成，OFO 小黄车的融资总额达 47.63 亿元人民币，摩拜单车的融资总额达 40.87 亿元人民币，其余共享单车品牌融资额合计也达近 20 亿元人民币，共享单车市场融资总额巨大，累计超过百亿人民币。而投资者主要目的是盈利，目前巨额资本投入共享单车这一平台，急速扩大了共享单车的市场规模，却还没有盈利。

资金风险中押金问题的风险主要存在是因为共享单车平台企业众多，押金总额数目可观，如 OFO 小黄车押金 199 元，摩拜单车押金 299 元等，保守估计平台押金总量在 60 亿左右[①]，已形成相当规模的资金池，且押金利息也是一笔可观的收入，但是缺乏监管，权责不明，同时在法律上也处于空白状

---

① 刘亚楠. 共享单车发展研究分析［J］. 时代金融，2017（8）.

态，对于单车平台是否有押金使用权也没有明确规定和监管措施，存在极大的风险。例如在 2017 年 9 月，酷骑单车就出现押金退还困难，身陷押金困局，而在 11 月 20 日，酷骑单车宣布倒闭，30 亿押金退款成难题①。这一事件的发生给共享单车平台敲响了警钟。

2. 低准入门槛和低收费标准是商业模式风险存在的核心因素

商业模式风险存在的主要原因是共享单车平台的准入门槛低，对于共享单车企业来讲，只需开发一款共享单车移动客户端，并将客户端与共享单车绑定，即可进入共享单车的市场当中去。另外，共享单车本身的技术性要求较低，并不具有太多创新的东西，至少从目前来看是这样的。可见，共享单车的商业模式实质只需将共享单车与客户端联系在一起，这样就能够实现共享单车应用。这种简单的移动客户端与单车租赁相结合的方法就导致了其商业模式易于复制，将会有大量共享单车企业涌入市场，竞争激烈，实力较差的企业就会面临淘汰风险。

商业模式风险存在还因为共享单车的盈利模式除押金外主要为充值后按次收费，且费用较低，而且常有红包和 1 元包月卡的活动，更是大大降低了共享单车的利润。虽然一定的充值金额可以为共享单车企业提供暂时周转营运资金，但是在共享单车发展的前期是因为有巨额的融资资本作为支持，一旦融资金额枯竭，现在的收费标准将无法保证企业的正常运行，因为在后期，共享单车企业的运营不仅要支付共享单车的成本，还有线下管理成本、车辆维护成本和人工成本等，对于企业来讲这将是一笔巨大的支出，由此可见，像共享单车现在的商业模式在未来将很难继续进行下去，也可能会像在线打车软件市场中的滴滴打车和优步两家企业，进行合并，强强联合，共同主宰市场，让其他的在线打车软件再无生存空间。

3. 员工监守自盗、平台自身安全防范措施有限和被黑客攻陷是信息泄露风险存在的可能性因素

信息泄露风险存在的主要原因可能有以下三种：员工监守自盗、平台自身安全防范措施有限、被黑客攻陷。客户在使用共享单车软件前，需要进行实名认证，包括个人身份信息、个人账户信息等。平台员工可能会受到利益的诱惑，监守自盗，出卖平台客户信息，包括个人和账户信息以及地理位置

---

① 资料来源：http://www.sohu.com/a/195094815.118792.

信息等，赚取高额利润。例如，在2017年的3月份破获的京东员工监守自盗，泄露50亿公民信息的案件①，让人不禁重新审视电商平台对个人信息的重视程度，也对共享单车平台对于客户个人信息的保护提出了更高的要求。共享单车作为新型的"互联网+交通"模式的一种，平台自身安全防范措施对于客户信息的安全具有重要作用。在共享单车的APP业务流程中，平台可以通过校验短信的响应包，越权查看登录用户的姓名及身份证号等敏感信息，所以平台自身安全防范措施有限也很可能导致用户信息被盗取泄露。黑客攻陷也在另一个侧面说明了网络安全的重要性，在一些共享单车APP中，存在任意文件上传漏洞，一旦该高风险漏洞被利用，可能导致恶意代码上传传播、整个系统瘫痪和用户被攻击、用户信息泄露等严重风险发生。综上所述，共享单车平台依然同许多的移动客户端软件一样存在极大的信息泄露风险。

（三）企业层面

1. 道德缺失和诚信体系不健全是财产损失风险产生的重要因素

财产损失风险存在的主要原因是道德缺失，诚信体系不健全。由于共享单车属于一种公共物品，具有非竞争性和非排他性，所以在其快速发展的同时不可避免地出现许多负面现象，如单车遭到破坏、公开在网上叫卖单车，甚至偷窃单车留作私用等。据互联网分析指出，共享单车企业的损耗率居高不下，如OFO小黄车的损耗率大概是20%，而摩拜单车的损耗率大概在10%。共享单车的租用模式是通过移动客户端进行自行车租赁服务，无法对用户进行检测与选择，在用户人为损坏损毁单车时，也无法对用户进行惩戒。还有用户为了自己的方便，将单车据为己有；由于OFO小黄车与一些私有自行车的零件相同，也有用户拆卸单车零件，人为损坏单车。小黄车多为机械锁，开锁存在漏洞，同一辆小黄车，只要知道了密码，及时将其锁住，也能不用通过移动客户端扫码就可以通过输入密码再次使用。加之社会的诚信体系不健全，公民素质亟待提升，损坏共享单车的不文明现象时有发生，企业的财产损失风险巨大。

2. 大量投入单车以占领市场是产能过剩风险产生的核心因素

在共享单车行业的快速发展中，产能过剩风险存在的主要原因是共享单

---

① 资料来源：http://finance.sina.com.cn/chanjing/gsnews/2017-03-11/doc-ifychihc6166716.shtml.

车企业都在进行大规模融资，进行"圈地"，以求快速占领市场。作为共享单车行业第一梯队的OFO小黄车和摩拜单车，都在市场快速增加落地城市数量，大量投入单车：从2017年开年至今，OFO小黄车已覆盖全球17个国家和地区，共计200多座城市，摩拜单车也已经进入全球11个国家的超过190个城市；在共享单车市场中，现有30多个品牌，而仅OFO小黄车和摩拜单车两家的年投入市场的单车总数就高达3000万辆，而据统计局数据显示，以往中国自行车年投入市场的单车总数仅有2500万辆，从而必定引发产能过剩风险。

3. 市民骑行安全意识不足是人身安全风险产生的主要因素

人身安全风险存在的原因为共享单车在城市大量投放，市民骑行安全意识不够，容易发生安全事故。虽然共享单车明令禁止12岁以下未成年人骑行，但是因为小黄车旧版开锁存在漏洞，未成年人能够轻易开锁，且未成年人用车安全意识薄弱，安全隐患极大，正如新闻时有报道小学生骑行共享单车发生交通事故，造成人身伤害。人身安全风险存在的另一个原因是共享单车的刹车失灵、零部件松动等问题极易引发安全事故，后果将不堪设想。

四、共享单车风险防范对策及建议

共享单车作为我国市场经济的新兴产业，具有良好的发展前景。针对以上存在的风险问题，要针对不同层面，结合国家相关政策和企业社会责任，采取不同的防范对策，以鼓励和规范共享单车行业健康发展。

（一）宏观层面

1. 完善相关政策

共享单车市场出现的负外部性证明，只靠市场来调节行业的发展是远远不够的，政府还应完善相关政策，鼓励和引导共享单车行业健康发展。针对共享单车行业呈现爆炸式增长，用户规模快速扩大的共享单车行业现状，国家应该出台相关政策约束和规范共享单车市场的运行，提高准入门槛，而作为主管共享单车地区发展的各地人民政府，应该因地制宜制定发展政策与策略，找到一条适合自己城市的共享单车发展路径，引导和规范共享单车平台，健全城市交通慢行系统。

2. 健全法律法规

国家应该出台共享单车市场相关的法律法规，在法律层面保护扶持和鼓励引导共享单车行业的发展。严格规范共享单车市场，包括：平台的使用规范、押金规范、押金利息的所有权问题、用户的信息管理、资金安全等，以保护用户和企业的合法权益，使共享单车模式合法化，引导和规范共享单车行业健康发展。

（二）产业层面

1. 资金第三方监管

由于共享单车平台的押金总额巨大，资金存在占用和流失风险，因此需要建立独立的银行账户，供押金收取和退回使用，不能用于其他任何形式的商业活动和投资活动，且独立的银行账户可以引入独立的第三方进行存管，如政府或银行平台也可以利用用户的大数据，引入第三方进行监管，但前提是共享单车企业需声明用户数据会交给什么样的第三方公司，第三方公司又会用这些数据做什么，并且第三方公司要承担一定的责任；或者也可以将押金纳入金融监管部门之中，以降低共享单车行业的资金风险。

2. 改变商业模式

共享单车的盈利来源主要为押金收入和预存费。庞大的押金收入总额和预存费带有一定的金融性质，但押金收入缺乏监管，资金去向令大众一无所知。如果将来政府出台政策或法律法规对押金收入做出相关监控规定之后，这一盈利方式便不复存在，而在融资资金不足以支持企业高昂的成本时，企业需要改变商业模式，如提高使用费、和其他企业合作收取广告费等。

3. 完善征信体系

共享单车企业应当组建本企业自身的征信体系，明确共享单车使用者的信用状况，或者同国家合作，将用户信用状况纳入国家征信体系中来，用征信来调节用户的不良行为，并给予一定的处罚，如增加其使用成本等，由此为共享单车行业提供更为良好的发展环境。

（三）企业层面

1. 控制单车损耗率，降低成本，实现盈利

企业应该控制单车的损耗率，降低投入成本，以便实现盈利的基本目的。企业可以通过短信、微博、微信等平台对使用者进行宣传教育，倡导文明用车，以减少单车的损耗率；也可以聘请路边的修车师傅自主对小黄车进行维

修,然后拍照赚取收益,减少后期维修成本。

2. 提高相关技术,建立自行车友好型城市

共享单车行业作为中国市场经济下的新兴行业,也要承担企业的社会责任,不仅要提高单车技术水平,降低单车回收率,提升用户体验好感度,还要提高相关的技术水平,如建立智能停车点、电子围栏等,减少对交通和社会的负面影响,健全完善城市交通慢行系统,建立自行车友好型城市。

3. 完善保险体系

因为共享单车用户在骑行中意外事故频发,共享单车企业可以与保险公司达成合作,开发一系列针对用户人身安全的保险,用户骑行前购买保险,在事故发生后共享单车企业可以将企业应赔偿的费用转移给保险公司,降低企业的风险;同时可以针对单车损坏开发保险,在单车损坏发生后降低成本,规避风险。

参考文献

[1] 董成惠. 共享经济:理论与现实 [J]. 广东财经大学学报,2016(10):4-15.

[2] 郭建明. 共享单车的经济学思考 [J]. 改革与开放,2017(3):73-75.

[3] 刘静辉,肖扬,薛恒. 共享单车押金的性质及其法律风险研究 [J]. 法治与社会,2017(7):265-266.

[4] 吕红星. 共享单车产能过剩风险不能忽视 [N]. 中国经济时报,2017-04-12(6).

[5] 马强. 共享经济在我国的发展现状、瓶颈及对策 [J]. 现代经济探讨,2016(10):20-24.

[6] 王菲. 共享单车盈利模式成焦点 [N]. 上海金融报,2016-12-13(B15).

[7] 徐晨曦. 共享单车发展中遇到的问题及对策建议 [J]. 中国战略新兴产业,2017(8):31-34.

[8] 郑渝川. 如何规避共享单车押金风险 [N]. 中国商报,2017-2-22(P02).

商品房买卖合同中购房者面临的风险及对策建议研究

穆 杰[*]

摘要：购房者在商品房买卖活动中大多处于弱势群体，其面临很多风险。为了让购房者充分认识到商品房买卖中的各类风险，提高风险防范意识，了解合法有效的维权途径，本文归纳了商品房买卖中存在的各类风险，并从法律角度提出了风险防范措施及对策建议。

关键词：商品房买卖；风险防范；对策建议

一、引　言

在商品房买卖活动中，根据购房者是否具有过错，可以将购房者面临的风险分为可以归责的风险和不可归责的风险。对于可以归责的风险，我国法律规定了当事人应当承担的违约责任；对于不可归责的风险，我国法律规定了相应的风险负担原则。商品房买卖作为一种特殊的不动产买卖，存在履行期限长，标的金额高的特点。面对实力雄厚的房地产开发商企业，购房者往往处于弱势地位，其不仅面临可归责的风险，也面临不可归责的风险。本文试图对商品房买卖中，购房者所面临的各类风险进行简要分析，并提出相应的防范措施和救济途径。

二、购房者在商品房买卖活动中面临的风险

（一）自然灾害风险

购房者在取得房屋所有权之前，因地震、水灾等自然灾害造成房屋毁损

---

[*] 穆杰，西北政法大学商学院讲师，计算机系统与结构硕士。

灭失的风险在现实生活中并不多见，但是我国法律对于商品房买卖风险转移所持的立法态度是交付主义。即房屋一旦交付，将由购房者承担所有风险。此类风险一旦发生，对购房者产生的影响将是无比巨大的。

（二）合同本身的风险

商品房买卖合同本身主要存在两类风险。一是合同无效，二是订立合同之后无法取得房屋所有权。

在商品房买卖过程当中，商品房买卖合同是房地产交易活动的根本前提，规避无效合同是保障买卖双方合法权益的保证。因此，订立合法有效的房屋买卖合同应该是开发商和购房者必须注意的问题。

购房者与开发商订立合法有效的商品房买卖合同，并不意味着必然能取得房屋所有权。《中华人民共和国物权法》第十五条规定："当事人之间订立有关设立、变更、转让和消灭不动产物权的合同，除法律另有规定或者合同另有约定外，自合同成立时生效；未办理物权登记的，不影响合同效力。"换言之，合同效力与物权属于两个不同层面的问题。即使开发商向购房者交付了房屋，购房者也无法立刻取得房屋所有权。在房屋交付之后，办理产权登记之前，购房者只是合法占有房屋，但并未取得房屋所有权。只有办理了产权登记才是法律认可的所有权人。如果已经交付了购房款，却无法取得房屋所有权会对购房者造成交易、继承等处分障碍。

（三）来自开发商的风险

在商品房买卖活动中，开发商处于强势群体，购房者自然会面临来自开发商的风险。其主要有开发商虚假承诺和一房数卖的情形。

购房者在购房过程中，除了关心房屋本身的质量，也会关心小区环境及相关配套设施。一些缺乏诚信的开发商为了能吸引购房者或者抬高房价，不惜做出虚假宣传，最终实际交付的房屋可能与当初的宣传及承诺相去甚远。

所谓一房数卖是指开发商就同一房屋订立多份买卖合同的行为。针对开发商一房数卖的行为，虽然我国法律规定了严厉的惩罚性措施，但是一些实力和信用较差的开发商为了回笼资金推动项目继续进行，仍然会冒此风险。甚至会存在某些开发商，根本不是为了开发房地产项目，而仅仅是为了骗取购房款。

三、购房者针对商品房买卖活动的风险防范措施及对策建议

（一）针对自然灾害的风险防范措施及对策

2003年6月，最高人民法院颁布了《关于审理商品房买卖合同纠纷案件适用法律若干问题的解释》（以下简称"《商品房买卖纠纷司法解释》"）。《商品房买卖纠纷司法解释》第十一条规定："对房屋的转移占有，视为房屋的交付使用，但当事人另有约定的除外。房屋毁损、灭失的风险，在交付使用前由出卖人承担，交付使用后由购房者承担。"即是说，除了购房者在接到出卖人书面交房通知后无正当理由拒绝接收房屋的情况以外，开发商转移占有之日也就是商品房风险移转之时。该条规定表明，只要开发商向购房者交付了房屋，即使尚未办理产权登记，房屋的毁损灭失的风险也全部由购房者承担。该规定虽然不符合"利益之所在，风险之所在"的原则，但在立法没有修改之前，购房者只能在法律框架下尽可能避免风险。

购房者具体可以有两种风险防范方法。第一，购房者与开发商另行约定风险负担方式。该条规定并非完全封闭，其存在例外情形，即"法律另有规定或者当事人另有约定的除外"。换言之，针对取得房产证之前的房屋毁损灭失问题，购房者可以与开发商协商风险如何负担。第二，购房者可以通过购买保险的方式将风险转嫁给保险公司。

（二）针对合同本身的风险防范措施及对策

我国法律对于商品房买卖合同无效的情形作出了明文规定。例如，开发商未取得商品房预售许可证明，与购房者订立的商品房预售合同无效。如果开发商故意隐瞒没有取得商品房预售许可证明的事实或者提供虚假商品房预售许可证明，购房者可以请求返还已付购房款及利息、赔偿损失，并可以请求开发商承担不超过已付购房款一倍的赔偿责任。但是在司法实践中，开发商若在购房者起诉前取得商品房预售许可证明，一般认为该合同是有效的。

购房者为了能确保取得房屋所有权证，在签订房屋买卖合同之前应当了解开发企业的资质、信誉度等。查看开发商企业"五证"是否齐全，即《国有土地使用权证》《建设用地规划许可证》《建设工程规划许可证》《建设工

程施工许可证》《商品房预售许可证》，其中最为重要的是《商品房预售许可证》。交购房款和网签要同步进行。签订的购房合同必须选用国家工商管理总局和国家住房和城乡建设部的《商品房买卖合同》。

（三）针对开发商的风险防范措施及对策

商品房的销售广告和宣传资料为要约邀请，但是开发商就商品房开发规划范围内的房屋及相关设施所做的说明和允诺具体确定，并对商品房买卖合同的订立以及房屋价格的确定有重大影响的，应当视为要约。该说明和允诺即使未载入商品房买卖合同，也应当视为合同内容，当事人违反的，应当承担违约责任。据此，购房者在订立商品房买卖合同前，应当留意开发商对于小区环境及相关设施的宣传，并留存证据，以便于维权。

一房数卖的购房者分为善意与恶意之分。《商品房买卖纠纷司法解释》第十条规定："购房者以出卖人与第三人恶意串通，另行订立商品房买卖合同并将房屋交付使用，导致其无法取得房屋为由，请求确认出卖人与第三人订立的商品房买卖合同无效的，应予支持。"虽然在法律层面恶意第三人不能取得房屋所有权，但对于恶意和串通的认定是个难点。合同双方主观上是否存在恶意，属于内心活动范畴，被侵害人难以窥视得到；客观上是否存在串通，往往只有行为人知晓，被侵害人难以取得证据。因此在实践中，通常根据订立合同时的具体情况、合同约定内容以及合同的履行情况，综合判定是否存在恶意和串通。

如果购房者对先买卖合同不知情、以合理价格受让房屋并办理了产权登记，则该购房者被认为是善意的，可以取得房屋所有权。取得房屋所有权的后购房者对房屋享有物权，未能取得房屋所有权的先购房者只能享有对开发商的债权。根据我国《物权法》的规定，物权优先于债权。在这种情况下，享有债权的先购房者只能向开发商主张退还购房款、违约金等债权，但无法向后购房者主张物权。

市场房价的不断飙升和社会诚信的日渐式微，使得"一房数卖"现象层出不穷，由此而引发的诉讼也与日俱增。购房者可以通过预告登记的方式防范该风险。预告登记指当事人签订买卖房屋或者其他不动产物权的协议，为保障将来实现物权，而按照约定可以向登记机关申请预告登记。购房者可以就尚未建成的住房进行预告登记，以制约开发商把已出售的住房再次出售或者进行抵押。对此，《物权法》第二十条规定："当事人签订买卖房屋或者其他不动产物权的协议，为保障将来实现物权，按照约定可以向登记机构申请预告登记。预告登记后，未经预告登记的权利人同意，处分该不动产的，不发生物权效力"。

根据目前的房屋买卖交易设置，网签可以使房产交易透明化，通过规范合同文本，充分保障买卖双方的合法利益；通过备案有效防止一房数卖。

四、结　　语

购房消费是我国大多数居民的必然消费，商品房买卖中购房者的风险防范已经成为当今社会热点问题。本文立足法律规定，提出了规避风险的建议以及救济途径。消费者有效防范风险的最好方法还是从自己做起，充分利用法律武器保护自身合法权益。

参考文献

[1] 韩松. 同一房屋多重买卖情况下购房者取得房屋所有权的顺序确定[J]. 政法学刊, 2012 (6)：5-12.

[2] 胡海荣. 我国商品房买卖合同中的风险负担研究[J]. 江淮论坛, 2008 (4).

[3] 最高人民法院民事审判第一庭. 最高人民法院关于审理商品房买卖合同纠纷案件司法解释的理解与适用[M]. 人民法院出版社, 2015.

商务买卖合同中的风险防范

裴 莉[*]

摘要：在商务买卖合同中，企业为了追求经济利益，往往只注重其中的商务条款而忽略其中的法律条款。但是当双方商务合作过程中发生争议时，合同条款尤其是其中的法律条款就显得格外重要，本文通过逐个分析组成合同的八个要素所存在法律的风险，提出了企业订立商务买卖合同的风险防范措施。

关键词：合同；要素；风险；防范

一、引　言

根据《中华人民共和国合同法》（以下简称《合同法》）的规定，企业在不违反法律、行政法规，不违背社会公德，不扰乱社会经济秩序，不损害社会公共利益的前提下，可以遵循意思自治原则自由订立合同。同时，《合同法》也规定，合同由当事人的名称或者姓名和住所（即合同主体）、标的、数量、质量、价款或者报酬、履行期限地点和方式、违约责任、解决争议的方法八个要素组成。这些要素看似简单，但其中每个要素都会存在风险。

二、存在的风险

（一）主体及标的风险

合同主体合格是合同得到法律充分保护的必备条件之一，也是商务活动的起码要求。如果主体资格存在瑕疵，将会成为商务合同无法弥补的法律风险源。

---

[*] 裴莉，西北政法大学商学院讲师，行政管理硕士。

标的必须明确化、特定化。标的约定不明的法律风险经常出现，只是有时双方确定不明的法律风险因对方的实际交付行为完成而消失。但该法律风险的数量远比因标的发生的纠纷要广泛得多。

（二）数量及质量风险

当数量直接表述为特定数字时，该条款几乎不会产生法律风险。但是当数量不是简单用数字表示时，则可能因该条款约定不当产生严重影响。

并非每一类产品都存在国家规定的质量标准，即使合同约定了质量标准也往往不够详细。因质量问题产生的争议在合同纠纷中非常普遍。

（三）价款或报酬风险

价款的计算方法、支付方式约定不明或者仅约定合同总价，都会为价款支付带来风险。若只约定总价，当出现合同部分解除的情况，双方关于未履行部分所占合同总价的比例往往难以达成一致意见。尤其在标的较为复杂，履行期限较长的合同中表现得更为突出。

（四）履行风险

合同双方履行期限、履行地点约定不明，均可以导致合同双方产生争议。例如债权人随时可以请求债务人履行为债务人带来履行不能的违约风险；对履行地点约定不明，会使履行成本变得不确定。同时，对于涉及具体货物的买卖合同，对货物包装约定不明，一旦货物在装卸运输途中受损，买卖双方极易对货物受损原因产生分歧，导致合同纠纷。

（五）违约责任及争议解决方式的风险

不履行合同、延迟履行合同、不适当履行合同都要承担违约责任。一旦违约将面临支付违约金甚至合同被解除的风险。

面对争议，最佳处理方式是友好协商，这是成本最低的解决办法。如果协商不成可能会面临以仲裁或者诉讼的方式解决纠纷。仲裁与诉讼存在较大差异，仲裁庭和管辖法院如果选择不慎，会使当事人增加成本和风险。

三、风险防范措施

（一）主体及标的风险防范措施

对于合同主体的风险防范，至少应从四个方面进行防范。一是审核合同主体的企业登记的注册类型，审核企业是否通过年检。不同的注册类型意味着不同的权利义务，未通过年检会严重影响交易安全。二是审核合同主体的经营范围和经营资质，虽然超越经营范围未必导致合同无效，但可能招致工商管理部门的处罚，违反经营资质的行为甚至会被追究刑事责任。三是审核合同主体对于标的物是否具有合法处分权。四是审核是否涉及代理，如果涉及代理，应当审核代理人的代理权限。超出代理权限需要得到被代理人的追认，否则合同中超出权限的部分无效。

为防止因合同标的不明引起纠纷，企业订立买卖合同应使用标的物的正式名称，尽可能使用符合国际标准或行业习惯的商品名称即标准学名，而且要用全称。对于某些商品，必须写明商品商标、规格、型号、花色、品种和配套件。因标的约定不明导致合同目的无法实现，是严重的法律风险。

（二）数量及质量风险防范措施

首先，要对计算数量的方法必须予以明确。对于不能直接用数字表述数量的合同，需要约定计算方法，避免双方由于对计算方法产生歧义而引发纠纷。其次，合同某一时期内的总数量应予以明确。在一些长期供销合同中，常约定每次的实际交货数量以买方的书面通知为准。如果不对总数量进行约定，双方因其他问题产生纠纷时，买方可以利用该条款，突然加大需求量，造成卖方违约。

质量条款是合同中容易出现纠纷的条款，多数情况下质量都很难用特别明确的方式界定，一旦发生争议才发现合同约定不明。因此，至少应从三个方面明确质量条款。一是明确约定质量验收事项。例如约定验收地点、验收不合格的处理方式及责任承担方式，涉及第三方验收的应当明确约定第三方或第三方的资质。二是明确约定质量认定的最终途径。如果双方就质量问题发生争议，需要质量检测机构予以认定，则应当在合同中明确约定，以避免诉讼成本的增加。三是明确委托检验费用承担。费用承担不明，必然出现谁委托谁负担的情况，即使最终责任明确后可以要求对方承担，但企业资金的占用同样是将要面临的风险。

（三）价款或报酬风险防范措施

在合同中明确约定商品价格，如果确实无法约定具体价格，可约定按订立合同时履行地的市场价格履行或者约定按政府定价或政府指导价履行。同时，对于涉及标的较多的合同，尽量拆分合同，或者约定每项标的的价格。

（四）履行风险防范措施

在合同中明确约定履行期限和履行地点，明确产品包装材质和方式。如果对于产品包装未做明确约定，则应当对货物受损风险分担做出明确约定。对于分期付款，应当明确约定各期付款期限，付款方式可以现金、汇款、票据等方式，但对于未经银行承兑的远期汇票，则应当特别注意对方的信用，因为很可能因为账户余额不足被拒绝承兑。另外，买方虚开支票利用时间差套取货物，是卖方面临的另一商业风险。

（五）违约责任及争议解决方式的风险防范措施

虽然可以通过以上几点防范措施在一定程度上规避风险，但也并非绝对。因此一旦出现上述情形，违约责任的明确就显得尤为重要。企业在订立商务买卖合同时应明确一方违约时应当根据违约情况向对方支付一定数额的违约金，或者约定因违约产生的损失赔偿额的计算方法。违约金的约定不宜过高，原则上不宜超过合同标的额的30%，同时对于违约造成的损失，应固定好、保存好相关证据。对于倒签合同，还要注意自身的财务制度，避免付款方式与财务制度冲突而造成违约。

订立合同的双方发生争议时，应尽量协商解决，协商不成的可采用仲裁或诉讼的方式解决。相对于诉讼而言，仲裁具有一裁终局、容易执行的优点。但也存在成本较高的缺点。为增加司法透明度，诉讼的裁判文书都要上网公布，而仲裁裁决书并不公布，从某种程度上可以保护当事人的隐私。企业在选择争议解决方式时要审慎考虑，避免由此带来的风险。除此之外，还应确定管辖地，应尽量就近选择，避免诉累。

四、结　语

《合同法》对合同规定了构成合同的八个基本要素，其中每一项都可能带来商务风险。除此之外，签订合同的手续、保证期间、订金、定金、保密等条款都会带来风险。商务买卖合同是买卖双方合意的体现，订立合同的双方都要受合同的约束，因此其中的每一项条款都应审慎对待。

参考文献

［1］顾雯. 浅析买卖合同风险负担规则［J］. 东南大学学报（哲学社会科学版），2017（S1）.

［2］王丽荣. 企业合同管理流程及其风险与控制［J］. 中国外资，2013（22）：172-173.

［3］杨慕青. 买卖合同转让担保法律问题探究［J］. 北京邮电大学学报（社会科学版），2017（4）.

［4］郑金河. 企业经济合同管理和风险防范措施［J］. 中国市场，2015（13）.

信息安全与商务风险管理

中国与中亚国家经贸合作、行为和风险研究：基于文献分析视角[△]

郑海平　王慧杰　张　楠[*]

摘要：从文献计量分析和文献内容分析两方面，对中国与中亚国家经贸合作研究进行了文献梳理和分析，发现国内学者对该选题的研究正处于稳步上升阶段，文献数量逐年增加，但文献所载刊物的层次不一，文献集中程度不高，影响力不强，没有形成稳定的作者群。以中国与中亚经贸合作的动机、行为、风险三方面为逻辑主线进行文献内容分析，发现相关文献研究领域主要集中在能源合作、区域经济竞争与合作及区位选择等战略层面的探讨；研究方法仍具有局限性，缺少跨学科交叉研究和实证分析。本文提出相关建议，在为学者未来的研究提供方向与参考借鉴的同时，为中国企业西进中亚跨国经营活动提出指导。

关键词：文献计量；中亚五国；区域合作；综述

一、引　言

2013年，国家主席习近平在出访中亚期间提出的"建设新丝绸之路经济带"这一宏伟构想，得到新丝绸之路经济带沿线国家的积极响应。新丝绸之路经济带，以中亚为腹地，东边牵着亚太经济圈，西边系着具有现代文明的欧洲经济圈，辐射周边40多个国家和地区，被认为是"世界上最长、最具有发展潜力的经济大走廊"。中国作为新兴大国，在国际舞台冉冉升起，主动与中亚友邻开展经贸合作与文化交流，在上海合作组织合作机制不断完善和

[△] 基金项目：本文为陕西省社会科学基金项目（建立和完善陕西企业西进中亚的风险防范与预警机制研究）[13SC008] 阶段性成果。

[*] 郑海平，西安外国语大学商学院副教授，管理学博士；王慧杰，西安外国语大学商学院企业管理硕士研究生；张楠，西安外国语大学商学院本科生。

双边合作领域不断深化的背景下，中国与中亚国家的经贸关系持续升温，双边贸易规模、贸易结构均获得前所未有的扩大与优化。蓬勃发展的中国中亚经贸合作促使学术界对此进行理论思考，从而指导实践。当前有关"中国—中亚经贸合作"研究的文献数量逐渐递增，越来越多的研究机构参与其中，可是各种有关该选题的研究角度既具一致性又具差异化。因此，通过文献计量分析和内容归纳分析对中国与中亚经济合作研究文献进行文献分析，能够对近年来学术界研究的整体状况作以宏观概括与展示。通过兼具外部统计特征和内容探讨两方面的归纳与整理，以文献综述的方式在繁杂的学术文献中，找出现有学术研究的脉络和观点，探究学界对该问题的研究成果与不足，为学术界有关中国与中亚经贸合作的研究做出系统性总结，全面系统地了解企业已有的现状和问题，提出解决对策，为学者未来的研究提供方向与参考建议。

二、文献来源与处理

由于针对中国与中亚经贸合作问题的国外研究文献还较少，所以我们主要搜索中文文献。借助中国知网（CNKI）的"中国学术期刊网络出版总库"作为中文文献数据库，以"中亚"作为关键词，核心期刊以及 CSSCI（2008~2016）来源期刊目录为选择标准（CSSCI 已被教育部作为高校机构与基地评估、成果评价、项目立项、名优期刊的评估、人才培养等方面的重要指标，以此体现出文献的学术含量），统计 2008~2016 年的中国与中亚经贸合作研究文献，共获得 408 篇期刊文献。通过对文献次要关键词（"经济合作""合作""投资"）的进一步筛选，获得与相关度较高的 118 篇文献作为本文分析的样本文献。

三、文献的计量分析

采用文献计量分析方法，从 CNKI 提供的文献知识节点中分别提取作者、发表时间、基金资助、发文机构、被引频次等信息内容，通过 Excel 电子表格对搜索到的结果进行数据统计，即将摘录的主题词记录逐条导入 Excel 电子表格，并对其进行图表分析。主要通过文献计量方法以及进一步的内容分析，对 118 篇样本文献从各年份文献总量的变化趋势、被引频次、发表期刊、发文机构、研究方向、研究方法、作者信息等方面对中国与中亚五国经贸合作研究领域的总体研究趋势、研究方法、研究对象及研究主题进行统计分析。

（1）由图1可知，2008~2016年，国内研究者在该领域的研究热度呈逐步上升的波动趋势。自2013年起，发文数量逐年递增，2016年达到最高值（19篇）。随着"丝绸之路经济带"的蓬勃发展预计在未来几年该领域研究热度会有愈来愈热的趋势。

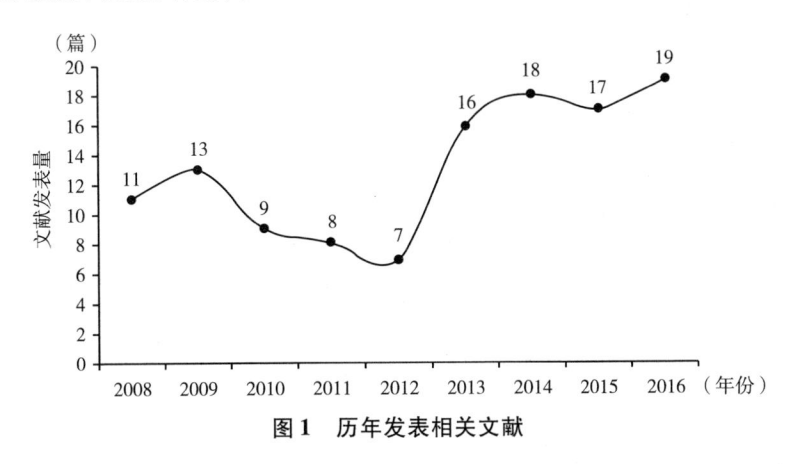

图1　历年发表相关文献

（2）从"被引频次"来看，通过对检索结果的整理可知，被引次数最多的文献为新疆石河子大学经济贸易学院的李豫新所著的《农业"走出去"背景下中国与中亚五国农业合作前景分析》，被引次数为67。被引次数分布在10次以下的文献最多（71篇），其次是被引次数分布在11~20这一区间的文献（24篇），而被引次数在40次以上的文献只有4篇。总体上被引次数不高，反映出我国学者在该研究领域的研究结果响应程度不高，所著文献的影响力不大，这也与文献发表年份和发表刊物有关，多数为新近发表文献并且发表于高影响力刊物的文献数量较少。

（3）从"发表期刊"来看，由表1可知，发表在复合影响因子3.0以上的刊物文献数量最少（11篇），尽管发表刊物分布广泛共有63本刊物，但刊登在高影响因子的刊物上的论文尚少，对于该选题的重视有待提升。

表1　　　　　　　　　　发表刊物分布统计

发表刊物名称	复合影响因子	文献数量（篇）
农业经济问题	3.345	3
国际问题研究	3.430	2

续表

发表刊物名称	复合影响因子	文献数量（篇）
国际贸易问题	3.315	3
资源科学	3.007	2
地理研究	3.002	1
世界经济与政治	2.913	1
改革	2.885	1
东北亚论坛	2.725	2
新疆师范大学学报	2.568	6
宏观经济研究	2.320	1
外交评论	2.310	2
世界经济研究	2.128	1
干旱区地理	2.039	2
国际经贸探索	2.000	2
财经问题研究	1.979	1
中央财经大学学报	1.904	1
经济纵横	1.808	5
国际观察	1.629	3
世界地理研究	1.578	2
理论探索	1.551	1
亚太经济	1.537	1

（4）从"发文机构分类"来讲，高校的发文量最多（69篇）占总文献量的百分比为58%，国内科研院所（35篇）次之，所占百分比为30%。其中发表数量最多的高校机构主要分布于西北地区，如新疆财经大学、新疆大学、西北大学等地方性学府（见表2），这反映出不同地方背景下的学术研究对于当前经济的关注点和侧重点有所差异，在此选题方面西部地区高校的文献研究明显多于东南部省份。

表2　　　　　　　　文献高产机构分布统计

机构名称	发文量（篇）
新疆财经大学	16
新疆大学	12
新疆农业大学	8

续表

机构名称	发文量（篇）
兰州大学	6
新疆师范大学	5
中国地质大学	5
西北大学	4
陕西师范大学	3
东北财经大学	2
西安交通大学	2

（5）从"基金资助类型"来看，在118篇样本章献中有68篇文献获得不同等级的资助，占文献总量的58%，获得国家社会科学基金的文献数量最多（38篇），其次是地方省级市级及高校基金（24篇），而受到国家自然科学基金的文献数目最少（4篇），未获得基金的文献数量（50篇）也颇具份额，占比将近50%。

（6）从"研究方向"来看，经济学、国际贸易学、政治学等人文社会科学研究较多（94篇），占比为80%，而其他自然科学学科如地质学、地理科学、农业科学等研究较少（24篇），仅为20%。

（7）从"研究方法"上看，以定性分析类研究居多（102篇），而实证研究类（16篇）较少。此外，国内研究多集中于经济与管理科学的视角，国际政治领域的研究相对较少，也有一些零星的文献是基于农业、地理等自然科学视角。究其缘由，这是因为与本综述的研究主题相关的主要理论源于经济学领域的国际贸易理论和管理学，其中部分涉及国际政治与外交理论，而鲜少会涉及自然科学领域中与中国—中亚经贸合作有关的理论，但是这并不能表明该主题在自然科学领域毫无研究价值，它在如农业、地质地理领域同样具有进一步研究发展的空间。

（8）从作者信息统计看。首先是合作度分析。从表3统计结果可以看出，中国与中亚经贸合作相关文献九年来的平均合作度为1.50人/篇，平均合作率为55.9%。在合著中，2人合著的文献最多（45篇），占合著总量的68.2%。由此可见，有关经贸合作文献研究的作者合作程度较高，这也说明研究成果大多是集体智慧的结晶，同时也表明在科学研究领域必须以开展良好的合作为前提，同心协力才能取得创新成果。

表3　　　　　　　　　　　　　　文献合作度情况　　　　　　　　　　　　单位：篇

1人	2人	3人	4人	5人	课题组	合著总量	作者总数	文献总数	平均合作度	平均合作率
52	45	17	1	1	2	66	178	118	1.50	55.9%

如图2所示，将作者合作度与合作率分散到2008~2016每一年来看，可以发现合作规模随着时间推移有递增的趋势，合作率也同样具有整体递增趋势，仅有2011年出现明显下滑，推测是由于过于集中取核心期刊以及CSSCI期刊为对象研究，致使该年度数据源出现差异造成。

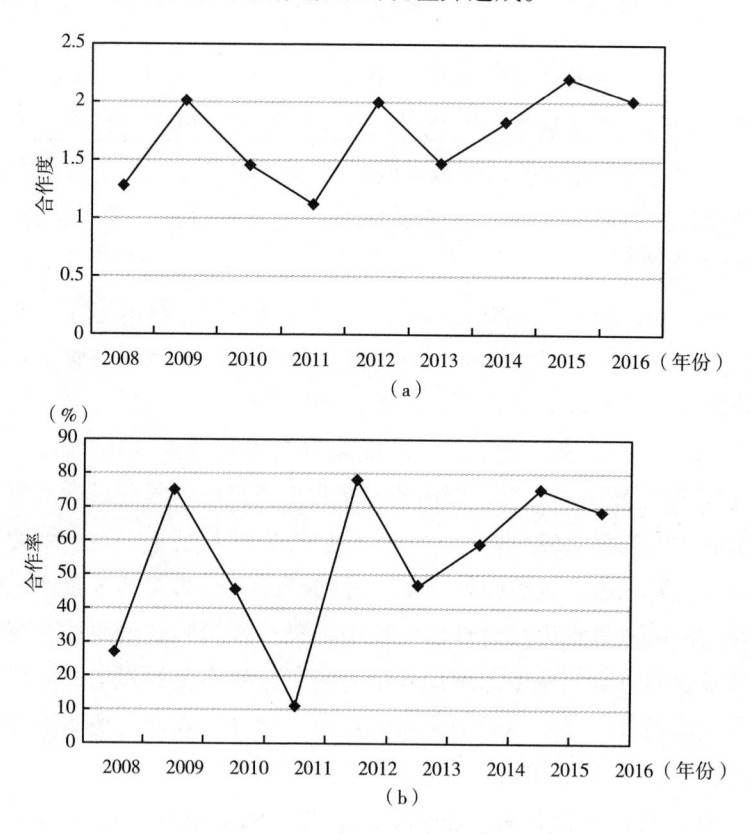

图2　历年合作度及合作率变化情况

其次是第一作者分析。第一作者，即是名字位次排第一的科研人员的名字，对文章的发表贡献最大，也是文章的第一责任人。在每种学科领域中，都有一个发表论文较多、影响较大的作者集合，称为核心作者群。核心作者群是形成文献流的骨干力量，同时也是期刊学术影响力、竞争力的重要贡献者，他们发挥着导向作用，不断地将学科研究推向新的水平。根据普赖斯定律，核心作者的最小发文量（M）等于最高产作者文献数（N）平方根的0.749倍，即$M = 0.749 \times \sqrt{N}$[①]。

由统计数据结果可知，新疆大学经济与管理学院的孙文娟发文量最多（5篇），代入普赖斯定律公式可得M≈1.68（四舍五入后值为2）。将发文量在2篇及以上的作者确定为该研究领域的核心作者并将这些作者的姓名及发文量列入表4中，数量共计8位，这些作者便形成本领域的核心作者群。通过进一步计算可知，这些核心作者共发文23篇，占文献总量的19.4%。可见，核心作者所著文献量所占百分比不是很大，因此该领域内的核心作者群仍有待发展壮大。

表4　　　　　　　　第一作者发文量分布

第一作者	发文量（篇）	第一作者	发文量（篇）
孙文娟	5	秦放鸣	2
李豫新	3	王晓峰	2
李红强	2	袁胜育	2
潘志平	2	赵华胜	2

四、文献的内容分析

文献计量分析仅仅是从文献的外部特征入手进行分析，尚缺少内容上的深层次分析。基于此，下面以"动机—行为—风险"为逻辑主线，对中国与中亚经贸合作研究文献展开内容方面的进一步分析，归纳国内学术界在相关领域的文献研究成果，具体比较其研究对象与研究思路的异同。

（一）有关中国—中亚国家经贸合作动机研究

21世纪世界政治经济格局发生巨大变化，和平与发展成为时代主题，但是1990年后获得独立的中亚才刚刚起步，工业化方面由于苏联时期片面的地区专业化分工模式，致使中亚地区至今未建立起能够满足自身发展需求的轻

[①] 贾向春，戎文慧，李娜. 国内循证医学文献计量学分析［J］. 华西医学，2012, 17 (2)：151－153.

工业体系。尽管各国国内服装、建材、生活物品等工业制品匮乏，水利水电、路桥、铁路、通信等基础设施落后，但中亚地区拥有着丰富的石油、天然气、矿产等自然资源，因此中国多年来不断深化同中亚五国在经贸投资、能源矿产、旅游文化等领域的合作。由于国家背景、社会背景、企业类型的不同，企业对外投资动机各有不同。根据邓宁（John H. Dunning）对国家对外直接投资动机的划分类型，将国内学者在中国—中亚国家经贸合作的动机这方面的研究文献进行梳理，并且依据其他相关学术文献，合作动机主要表现为：

一是国家利益动机。首先，中国经济快速发展，能源需求量持续增加，石油资源供需间的矛盾加剧，而我国企业在中亚油气领域仍有进一步的发展空间，还需要加强合作（王晓梅，2008；高飞，2013；苏祖梅，2013；徐海燕，2013；王磊，2014；程贵等，2014；袁胜育等，2015；余晓钟等，2016）。其次，国家宏观政策方针扶持，积极推动"走出去"战略和"丝绸之路经济带"建设计划的实施，促进区域经济一体化，实现战略平衡，为"西进"企业提供了政策保障（努尔兰别克·哈巴斯等，2013；刚翠翠，2015；袁胜育等，2015；李大伟，2014）。最后，中亚五国与中国毗邻，人均土地资源丰富，各国在以土地密集型为主的农产品生产上有较强的比较优势，但在以资本和技术密集型为主的农产品生产上依然欠缺，而中国是农业生产大国，农业生产水平高且产品种类丰富。因此，中国与中亚五国在农业开发合作领域，尤其是农产品贸易方面存在非常大的合作潜力（布娲鹤，2008；李豫新，2010；李婷，2011）。

二是市场寻求动机。中亚国家发展正在稳步上升，中亚成为新兴消费市场，其空缺的市场需求吸引中国企业纷纷开展商业贸易，作为国内企业，在面对中国激烈的市场竞争环境压力下，转向拓展海外市场成为企业战略选择。并且中国与中亚国家经济互补性较强，贸易结合度高，具有良好的经贸合作基础，开展经贸合作前景广阔（保建云，2008；柴利，2011；王强，李志翠，2014；余晓钟，高庆欣，辜穗，2016；伊万·沙拉法诺夫，2016；等等）。

三是资源寻求动机。中亚因其丰富的自然资源逐渐得到国内资本的青睐，积极开展对中亚各国的投资合作，加强中亚各国资源开发合作与综合利用，以缓解我国油气供需紧张的矛盾，以及发展外向型能源市场（李婷等，2011；武晗等，2012；杨殿中，2013；努尔兰别克·哈巴斯等，2013；苏华等，2014；刘志中，2014）。

四是区位优势选择动机。中国西部地区毗邻中亚，与哈萨克斯坦的边境线长达1700多公里①，同时中亚是连接亚欧的腹地，独特的地缘政治优势使其成为大国博弈的关键因素，丝绸之路经济带进一步推动了中国同中亚地区经济合作（王晓梅，2008；高飞，2013；苏祖梅，2013；徐海燕，2013；程贵等，2014；袁胜育等，2015；余晓钟等，2016）。

五是效率寻求型动机。保建云（2008）等认为在双方经济转型和对外开放过程中，彼此间存在双边贸易与投资的比较优势。受全球金融危机影响，我国实体经济下行明显，产能过剩问题突出，仅靠内需已无法消化过剩产能，因此需要借助国际产能合作来化解产能过剩的矛盾。中亚五国作为中国产成品和劳务出口市场的重要性日渐增强，中国作为中亚国家进口商品来源国的地位也同样得到巩固。国内企业可以通过将边际产业如劳动力密集型产业转移到中亚国家的方式，提高生产效率，增加经济利益。

（二）有关中国—中亚经贸合作行为的研究

目前，新丝绸之路经济带建设的基础包含资源、技术、产业和交通等领域互补以及亚欧大陆桥建设的共识；建设的内容包括能源与安全、交通运输、基础设施、贸易与投资、科技文化及旅游等领域；加强政策、贸易、能源的互通互联，建立新的合作理念与模式，开创区域经济互利共赢新格局是丝绸之路经济带的实现路径。自2000年以来，中亚各国依次过渡了独立初期的社会、经济危机，不同程度地实现较快稳定的国内经济增长。中国同中亚国家经贸关系在上合组织推动下不断发展，贸易规模逐年扩大，能源、矿产、电信、交通、基础设施建设等领域的合作逐步深入，双边各领域合作取得了显著的进展。中国对中亚地区发展直接投资和对外贸易的条件逐渐成熟，双方未来的合作前景也愈发明朗。经过前一小节对相关经贸合作动机的文献梳理，我们了解到中国与中亚五国开展投资和贸易合作的主要目的十分明确，即获取自然资源、开拓境外市场、转移边际产业和维护国家地缘政治经济利益。通过对中国在中亚五国的投资路径选择和贸易策略选择进行文献梳理，从所涉及的行业领域、进入方式和投资经营期限这三大方面整理归纳当前的研究成果。

一是涉及的行业领域。中国与中亚地区主要的投资合作领域集中在农业

---

① 中哈两国签署了《中哈国界协定》（1994年）、《中哈国界补充协定》（1997年）、《中哈国界补充协定规定》（1998年）。

和能源化工行业。党的十八大以来，双方的能源合作实现了从合作开采到收购油气公司、从资源开发到管道建设的跨越式发展，能源合作领域从石油拓展至油气并存，并与哈萨克斯坦、土库曼斯坦、乌兹别克斯坦等国建立了更广泛的能源合作关系（杨殿中，2012；秦放鸣，2012；武晗，2012；努尔兰别克，2013；徐海燕，2013；苏祖梅，2013；李大伟，2014；程贵，2014；马斌，2014；袁胜育等，2015）。此外，中亚国家普遍把非能源领域的基础设施建设作为经济多元化与可持续发展的起点。基础设施建设也是中国与中亚地区合作的重要领域，这给国内大型通信设备企业和路桥企业"西进"提供契机（杨殿中，2012；李东阳等，2012；苏祖梅，2013；李大伟，2014；谢锋斌，2014；袁胜育等，2015；刚翠翠等，2015）。农业领域、制造业和其他行业的相关研究结果表明，中国实行对外直接投资（OFDI）与中亚五国自然资源的禀赋呈正相关关系，即中国对中亚五国的直接投资与双边贸易之间存在显著的互补关系。但由于中亚国家轻工业基础薄弱，人民生活水平不高，这些行业贸易规模总体处于一般水平，我国与中亚国家在农业制造业等方面存在诸多的合作领域和发展潜力（保建云，2008；李豫新等，2010；李婷等，2011；秦放鸣等，2012；李东阳等，2012；丁晓星，2014；谢锋斌，2014；刘志中，2014；杨立卓等，2015；穆沙江等2016；伊万·沙拉法诺夫等，2016）。

二是投资经营的期限。中国对中亚投资以直接投资为主，主要领域涉及通信、电力、基础设施建设等，因此，投资期限也以中长期投资经营为主，开展长期有效合作，巩固合作关系，同时少部分以短期经营为主的投资大多是民营企业，与中亚国家进行着商品贸易往来（凌激，2010；雪合来提，2013；热依汗，2014；闫琰，2016；伊万·沙拉法诺夫，2016等）。

三是进入的方式。在进入方式的选择方面，中国对中亚国家以直接投资方式为主，投资企业又以国有企业类型为主，民营企业数量较少。在工业化程度较低的中亚，政府对中国收购本国企业有着程度不同的限制，中国企业屡屡受挫，因此，国内企业更多采用绿地投资方式进入，而以经济贸易和并购方式进入中亚地区的企业相比于中国在其他地区投资数量较少（王晓梅，2008；王志飞等，2009；段秀芳，2010；凌激，2010；杨殿中，2012；秦放鸣，2012；武晗，2012；依玛木阿吉，2012；徐海燕，2013；谢锋斌，2014；李大伟，2014；程贵，2014；郭可为，2015；刚翠翠等，2015；雷汉云等，2015；龙涛等，2015；全浙玉，2016）。鉴于中国主要进入方式为对外直接投资，且主要经营领域在能源矿产行业和基础设施建设行业，因此，我国跨国企业会与中亚国家政府机构建立长期合作关系,而短期贸易规模相对较小。在政府不断推进"丝绸之路经济带"建设的背景下,为了更好地推动中国对中亚五国的投资与经贸合作,国内学术界的研究成果分别从如下三点给出建议。一是在未来与中亚五国经贸合作的过程中,中国应注重与中亚五国在非资源领域的合作,在已有的能源资源合作基础上建立全方位的经贸合作关系。从双方经济结构互补性出发,充分利用中亚五国自然资源优势,扩大在农业、轻工业、信息技术产业的合作,深化能源矿产领域合作,同时加强对中亚地区基础设施建设行业投资。二是考虑中亚国家对外商独资和并购方面均有各种限制,建议投资者选择新建企业和合资方式,用技术优势如资金、技术、机器设备等作为资本入股,这样既有可以利用当地企业的市场开发优势尽快占领市场,又可以有效促进合作,加强双方联系,实现互利共赢。三是研究同时发现,中国对中亚地区往往是国家层面的投资,缺少有实力的民营企业为双方贸易发展注入活力(王晓梅,2008;王志飞等,2009;段秀芳,2010;武皓,2012;秦放鸣,2012;依玛木阿吉,2012;艾赛提江,2013;李大伟,2014;雷汉云等,2015;苏华等,2014;穆沙江等,2016;张少峰,2012)。

(三)有关中国—中亚经贸合作风险研究

目前,中国与中亚五国的经贸合作仍处于贸易投资便利化的初级阶段,投资和对外贸易是双方现阶段经贸合作的主要方面。正因"小国在大国间,不两属无以自安"的特殊地缘位置,中亚一直以来都是大国博弈的重要地区。随着中国企业对中亚国家的投资规模日益加大,既面临着难得的发展机遇,又面临着巨大的投资风险。在这种环境下,企业更应识别西进中亚市场可能遇到的问题和挑战,并对其进行合理有效的防控。学术界认为中亚地区当前的投资环境较为复杂,涉及政治、经济、法制、人文等诸多方面的问题。在上述中亚地区投资风险划分中,政治环境为最主要的风险源,并且在能源合作领域体现尤为明显。政治暴力风险一直以来都是学术界关注的热点,而第三国干预风险、基础设施风险近年来已成为学者们新晋关注的风险因素。中亚作为中国第三大能源来源地,中国能源企业不同程度地受到了大国博弈、"三股势力"的破坏、中亚各国内部政治局势动荡等因素的影响。中亚国家仍是威权政治,领导者的行动对国家政治形势影响大。国家稳定过于依赖领导人和强力部门,具有很强脆弱性和不确定性;并且近年周边国家地区形势不利,对中亚各国内部稳定造成很大的威胁,受外部因素影响的程度有所增强，中国在中亚地区的战略利益、地缘利益及政治利益受到挑战。对此，学者们提供了如下风险应对对策。

一是政治风险的应对。我国应当充分利用上海合作组织的协调作用，维护自身安全；加强政治互信，增进彼此沟通与理解；强化国家境外政治风险的处置能力，做好政治风险评估；发挥新疆地缘优势，促进地方经贸合作，完善政府服务体系（许云霞，2010；肖洋，2011；努尔兰别克等，2013；苏畅，2013；丁晓星，2014；李琪，2014；刘志中，2014，2016；伊万·沙拉法诺夫，2016；等等）。

二是经济风险的应对。经济安全是中资企业"西进"投资的又一大问题，其中的制约因素有很多，比如中亚各国国内市场价格形成机制不完善，监管混乱，市场竞争环境不平等，且中亚各国保护国内市场意识极强。因此政府应当加强双边贸易畅通，推动贸易投资便利化；搭建双边信息交流平台，建立双边协调与交流机制；加强基础设施建设，构建中国与中亚国家间的立体运输网络；构建与完善双边金融风险评估系统；企业应加强汇率风险规避，采取多种形式的汇率结算（许云霞，2010；刘志中，2014；卢周来等，2015；高志刚等，2015；王志飞等，2009；伊万，2016；全浙玉，2016；等等）。

三是人文风险的应对。中亚国家进入政治风险上升期，尽管政权可能保持稳定，但并不意味着社会稳定；其内部民族宗教问题突出，容易导致社会矛盾激化。中国在与之进行投资合作的过程中应深入了解中亚投资国家的文化，尽量降低风险及损失（肖洋，2011；丁晓星，2014；李琪，2014）。

四是技术风险的应对。鉴于中国与中亚以能源合作为主，项目建设大多周期长、不确定因素和突发情况多，工业基础薄弱，设备落后，又缺乏技术型人才，因此双方应共同研发、技术创新，还要加强人才合作与培养（肖洋，2011；李琪，2014；余晓钟等，2016；王志飞，2009；等等）。

五是法律风险的应对。这也是近期引起国内学者较多关注的方面。近些年来，中国对哈萨克斯坦国的直接投资额迅猛增长，由此带来的投资争议风险越来越高。主要体现在政策法规更改频繁，执法随意性大和贸易壁垒较多这三个方面。面对上述风险，王晓峰、陈建萍（2013）以及王婧（2010）等认为中国应提前做好准备并积极应对，一方面中资企业应熟悉对应投资争议解决机制，另一方面中国政府积极与中亚投资国政府建立法律风险跟踪监测机制，并促进制定和完善相关的法律法规和双边协定。

六是企业内部风险的应对。伊万·沙拉法诺夫、任群罗（2016）认为中资企业在中亚五国的主要内部风险因素有公司注册风险、企业公账开户风险、征税制度和纳税会计风险以及雇佣外国高技术水平劳动力风险。中国企业应当充分了解当地公司法、税务法和投资法；聘请较高水平的官方语言或者本国通用语翻译，确保沟通渠道畅通。

五、结论与展望

（一）结论

本文聚焦于有关中国与中亚经贸合作相关文献的外部特征分析以及内容分析。从发表年份、被引频次、发表期刊、发文机构、基金资助、研究方向、研究方法、作者信息分析八个方面的情况进行统计，对中国与中亚经贸合作问题研究进行文献计量分析。通过文献计量分析可以得到几点结论：一是国内学者对该选题的研究正处于稳步上升阶段，文献数量逐年增加，研究热度呈现出愈来愈热的趋势；二是不同地方背景下的学术研究对于当前经济的关注点和侧重点有所差异，高校成为研究的主力军，目前新疆维吾尔自治区、陕西省的优秀高等院校在该研究领域占有重要位置；三是我国对该领域研究的支持力度较强，超半数文献或不同级别的基金资助，有助于研究水平的提升；四是我国学者在该领域的研究中比较重视合作，研究人员的专业背景有一定跨度，作者间合作度及文献合作率均较高。

对文献进一步归纳研究发现，学者们所采用的理论基础、数据来源、计量方法等方面都大同小异，但是各类文献研究领域分布广，基础理论研究也较为全面，研究范畴比较广，因而产生了较为丰富的具有理论性的研究结果。有关动机研究方面，国内学者对中国同中亚经贸往来动机已有深入的了解，既关注外在诱因、社会环境的影响，又关注我国企业自身的内在原因。有关投资合作行为方面，可以看出，对于中国与中亚五国经贸合作的基本现状，国内学者的认识基本上一致。研究领域既有关于某一行业的专门研究，又有总揽全局的整体研究。同时，学者们对于中资企业面临的制约因素和挑战的研究十分丰富，且风险涵盖范围全面，既有针对性的风险评估，又有综合性的风险评估，并且对已经识别的风险因素和未来几年可能在中亚国家面临的主要挑战均做出了阐述。可以说，我国已在中国中亚经贸合作研究领域已经取得了较为明显的研究进展，为未来学者在合作契机、合作领域和风险防控研究方面奠定了一个良好的开端，也为其提供了研究思路或研究视角的借鉴。

（二）未来研究展望

2017 年国际经济政治环境面临较大不确定性，增加了形势研究判断和政策审势抉择的难度。尽管如今共建丝绸之路经济带已成得到我国周边沿线国家的积极响应，但由于中亚长期以来是历史上和现今大国的争夺之地，如何在面临各种挑战、风险和机遇的大环境下，稳步推进区域经济全面合作，以及如何创新"中国—中亚合作"模式是未来学术界可能研究的视角。

（1）切合实际的特色合作模式不仅有助于推动双边合作，维护我国地缘利益与边境安全，同时"有助于丝绸之路经济带"战略得到全球更多国家的支持和参与。

（2）新亚欧大陆桥的开通大大缩短过境运输成本和时间，为双边经济合作提供现实需要和强劲的推动力，并且通过了解已有文献中多指标的综合分析，可见中国和中亚五国经济的互补性强，双方在产能上极具合作潜力，加快推进区域产能对接无疑是双赢的选择，因此基于我国国内地区差异化特点，探索与中亚各国展开产能合作的行业选择，也可能是成为以后学者研究的新选题，为我国西北地区乃至全国其他区域与中亚国家开展产能合作指明方向并提供借鉴。

（3）当前文献研究将中亚五国视为一个整体，实则，五国内部国情存在较大差异，开展针对某一国的深入性研究也将是未来的研究方向之一。

（4）中国与中亚的经贸合作发展水平还处于促进投资和贸易便利化的初级阶段，存在着相当的关税和非关税壁垒，如何利用上合组织以及国家政策方针为我国企业西进中亚提供合理化的建议，深化双边合作领域，进一步提升区域经济一体化水平也应该成为国内学者们的重点探索方向。

参考文献

[1] 阿布都瓦力·艾百，吴碧波. 中国新疆与中亚国家农产品贸易发展研究 [J]. 世界农业，2016（7）：217 - 221.

[2] 阿布都伟力·买合普拉，李婷，潘浩. 面向中亚的新疆外向型农业发展的思考与建议 [J]. 亚太经济，2014（5）：101 - 105.

[3] 艾赛提江·艾拜都拉. 中国企业在哈国石油、天然气领域的投资与发展 [J]. 新疆大学学报哲学人文社会科学版，2013（5）：93 - 98.

[4] 安尼瓦尔·阿木提,孙文娟. 国际能源地缘格局视角下的中国与中亚能源合作 [J]. 开发研究, 2009 (5): 30-33.

[5] 班固. 汉书 [M]. 北京: 中华书局, 1962.

[6] 保建云. 中国与中亚五国进出口贸易特点及存在的问题分析 [J]. 国际贸易问题, 2008 (7): 40-46.

[7] 毕燕茹,秦放鸣. 面向中亚,新疆外向型经济跨越式发展的实证分析及思考——基于产业视角 [J]. 新疆大学学报 (哲学·人文社会科学版), 2010 (5): 101-105.

[8] 布娲鹤·阿布拉. 中亚五国农业及与中国农业的互补性分析 [J]. 农业经济问题, 2008, 29 (3): 104-109.

[9] 柴利. 后危机时代我国外贸企业面临的中亚市场困境——以新疆为例 [J]. 现代管理科学, 2011 (12): 67-69.

[10] 陈俭,布娲鹤·阿布拉,陈彤. 中国与中亚五国农产品贸易模式研究 [J]. 国际贸易问题, 2014 (4): 78-89.

[11] 陈浪南,洪如明,谢绵陛. 我国企业跨国市场进入方式的选择战略 [J]. 国际贸易问题, 2005 (7): 85-90.

[12] 陈文新,谢婷婷. 中国新疆与中亚国家金融合作的可行性及对策 [J]. 会计之友 (上旬刊), 2010 (4): 31-34.

[13] 程贵,丁志杰. "丝绸之路经济带"背景下中国与中亚国家的经贸互利合作 [J]. 苏州大学学报哲学社会科学版, 2015 (1): 119-125.

[14] 程琳,李莉. 浅析新疆与中亚经济合作及其发展战略 [J]. 新疆大学学报 (哲学人文社会科学版), 2009 (3): 90-93.

[15] 刁莉,罗培,史欣欣. 我国对中亚五国的直接投资效率与对策 [J]. 经济纵横, 2016 (3): 69-75.

[16] 丁晓星. 丝绸之路经济带的战略性与可行性分析——兼谈推动中国与中亚国家的全面合作 [J]. 人民论坛·学术前沿, 2014 (4): 71-78.

[17] 董秀成,曹文红. 经典跨国经营理论与中国石油企业跨国经营"综合动力场论" [J]. 石油大学学报: 社会科学版, 2003, 19 (4): 27-31.

[18] 段秀芳. 中国对中亚国家直接投资区位与行业选择 [J]. 国际经贸探索, 2010 (5): 37-42.

[19] 范晔. 后汉书 [M]. 北京: 中华书局, 1965.

[20] 封永平. 地缘政治视野中的中亚及其对中国的影响 [J]. 国际问题

研究，2010（2）：56 - 61.

[21] 刚翠翠，任保平. 丝绸之路经济带背景的中亚五国发展模式［J］. 改革，2015（1）：109 - 118.

[22] 高常水，于源. 中国参与和推动中亚区域经济合作的战略［J］. 经济研究参考，2013（58）：72 - 75.

[23] 高飞. 中国的"西进"战略与中美俄中亚博弈［J］. 外交评论，2013，30（5）：39 - 50.

[24] 高科. 地缘政治视角下的美俄中亚博弈——兼论对中国西北边疆安全的影响［J］. 东北亚论坛，2008（6）：15 - 20.

[25] 高新才，王一婕. 丝绸之路经济带背景下中国与中亚国家贸易互补性研究［J］. 兰州大学学报（社会科学版），2016（2）：14 - 20.

[26] 高志刚，韩延玲. 基于层次分析的中国新疆与中亚区域竞争力比较研究——以哈萨克斯坦为例［J］. 新疆师范大学学报（哲学社会科学版），2012（1）：56 - 60.

[27] 古丽娜尔·玉素甫，安尼瓦尔·阿木提. 中国与中亚油气资源合作现状与展望［J］. 经济导刊，2009（11）：41 - 42.

[28] 郭可为. "一带一路"战略下中国与中亚的经贸金融合作［J］. 国际经济合作，2015（11）：59 - 66.

[29] 郭亚雨，胡新，惠调艳. 我国西北地区与中亚区域开展产能合作研究——以陕哈对接为例［J］. 西安电子科技大学学报（社会科学版），2016（6）：45 - 56.

[30] 海力古丽·尼牙孜，阿丽娅·阿尔肯. 新疆与中亚地区高等教育领域合作现状及前景［J］. 新疆大学学报（哲学·人文社会科学版），2012（6）：88 - 92.

[31] 海米提·依米提，黄蓉蓉，潘志刚. 上合组织框架下中国与中亚区域经贸合作制度建设［J］. 新疆大学学报（哲学人文社会科学版），2009（4）：96 - 100.

[32] 韩东，王述芬. 中国对中亚五国直接投资影响因素实证研究［J］. 商业经济研究，2015（4）：75 - 77.

[33] 韩隽. 中亚地缘政治视角下的"丝绸之路经济带"构建：问题与思考［J］. 新疆大学学报（哲学·人文社会科学版），2013（6）：9 - 13.

[34] 淮建军，王征兵，赵寅科. 新丝绸之路经济带研究综述［J］. 学术

界，2015（1）：219 - 228.

[35] 惠宁，杨世迪. 丝绸之路经济带的内涵界定、合作内容及实现路径 [J]. 延安大学学报（社会科学版），2014（4）：60 - 66.

[36] 贾建飞. 新中亚大角逐及中国的应对策略 [J]. 云南师范大学学报（哲学社会科学版），2011（4）：43 - 50.

[37] 贾利军，刘宜轩. 丝绸之路经济带建设在中亚遇到的问题及对策建议 [J]. 理论探索，2016（4）：106 - 112.

[38] 康·瑟拉耶什金，陈余. 丝绸之路经济带构想及其对中亚的影响 [J]. 俄罗斯东欧中亚研究，2015（4）：13 - 24 + 95.

[39] 雷汉云，张忠俊. 中国新疆与中亚地区矿产资源合作模式研究 [J]. 新疆师范大学学报哲学社会科学版，2015（3）：77 - 83.

[40] 李东阳，杨殿中. 中国对中亚五国直接投资与双边贸易关系研究 [J]. 财经问题研究，2012（12）：90 - 95.

[41] 李红强，王礼茂，郎一环. 能源地缘政治格局的演变过程与驱动机制研究——以中亚为例 [J]. 世界地理研究，2009（4）：56 - 65.

[42] 李红强，王礼茂. 中亚能源地缘政治格局演进：中国力量的变化、影响与对策 [J]. 资源科学，2009，31（10）：1647 - 1653.

[43] 李辉，张未广，刘亿. 中国对中亚五国农产品出口增长的二元边际及影响因素分析—基于丝绸之路经济带建设背景 [J]. 商业经济研究，2016（3）：140 - 143.

[44] 李娜，顾海旭，荣冬梅. 关于我国与中亚国家矿产资源合作的思考 [J]. 中国矿业，2014（S2）：4 - 7.

[45] 李琪. 中国与中亚创新合作模式、共建"丝绸之路经济带"的地缘战略意涵和实践 [J]. 陕西师范大学学报哲学社会科学版，2014（4）：5 - 15.

[46] 李婷，李豫新. 中国与中亚5国农产品贸易的互补性分析 [J]. 国际贸易问题，2011（1）：53 - 62.

[47] 李豫新，朱新鑫. 农业"走出去"背景下中国与中亚五国农业合作前景分析 [J]. 农业经济问题，2010（9）：42 - 48.

[48] 凌激. 中国与中亚国家经贸合作现状、问题及建议 [J]. 国际观察，2010（5）：17 - 22.

[49] 刘瑞，高峰. "一带一路"战略的区位路径选择与化解传统产业产能过剩 [J]. 社会科学研究，2016（1）：45 - 56.

[50] 刘艳. "丝绸之路经济带"语境下的中国中亚安全合作 [J]. 新疆社会科学, 2015 (5): 67-71.

[51] 刘再辉. 中国与中亚国家能源合作的若干法律问题 [J]. 新疆社会科学, 2009 (2): 72-77.

[52] 刘志中. "新丝绸之路"背景下中国中亚自由贸易区建设研究 [J]. 东北亚论坛, 2014 (1): 113-118.

[53] 龙涛, 于汶加, 代涛等. 中国在吉尔吉斯斯坦区域资源产业开发布局分析 [J]. 资源科学, 2015, 37 (5): 1096-1105.

[54] 陆俊元. 中亚地缘政治新格局及其对中国的战略影响 [J]. 世界地理研究, 2011 (2): 8-14.

[55] 马斌, 陈瑛. 新形势下中国与中亚的能源合作——以中国对哈萨克斯坦的投资为例 [J]. 国际经济合作, 2014 (8): 79-82.

[56] 慕绣如, 李荣林, 孟寒. 中国对非洲直接投资动机分析——兼论东道国制度因素的影响 [J]. 经济经纬, 2016 (6): 66-71.

[57] 穆沙江·努热吉, 方创琳, 何伦志. 丝绸之路经济带中国—哈萨克斯坦国际合作示范区经贸合作重点与模式选择 [J]. 干旱区地理（汉文版）, 2016, 39 (5): 979-986.

[58] 聂志强, 刘婧. 新疆同中亚各国开展技术转移的重点领域与主要路径分析 [J]. 科技进步与对策, 2012 (17): 72-75.

[59] 努尔兰别克·哈巴斯, 孙国辉. 我国石油企业对中亚投资的动因、制约因素与对策建议 [J]. 现代管理科学, 2013 (4): 18-20.

[60] 欧阳向英. 中亚交通一体化与丝绸之路经济带政策的协调 [J]. 俄罗斯东欧中亚研究, 2016 (2): 63-74+157.

[61] 潘志平. "丝绸之路经济带"与中亚的地缘政治 [J]. 西北民族研究, 2016 (1): 42-50+41.

[62] 潘志平. "一带一路"愿景下设施联通的连接点——以"中国—中亚—西亚"经济走廊为例 [J]. 新疆师范大学学报（哲学社会科学版）, 2016 (3): 40-46+2.

[63] 裴长洪, 樊瑛. 中国企业对外直接投资的国家特定优势 [J]. 中国工业经济, 2010 (7): 45-54.

[64] 齐晓飞, 关鑫, 崔新健. 政府参与和中国企业 OFDI 行为——基于文献研究的视角 [J]. 财经问题研究, 2015 (5): 117-123.

[65] 乔刚, 袁铁江, 阿力马斯别克·沙肯别克. 中亚5国电力发展概况及合作机遇探析 [J]. 电力电容器与无功补偿, 2015 (3): 81-85.

[66] 秦放鸣, 张力民, 毕燕茹. 从投资角度看中国与中亚国家区域经济合作 [J]. 开发研究, 2012 (2): 1-5.

[67] 秦放鸣, 张飘洋, 孙庆刚. 基于经济周期同步性的中国与中亚国家金融合作可行性研究 [J]. 新疆师范大学学报 (哲学社会科学版), 2015 (2): 41-49.

[68] 秦鹏. 中国与中亚国家石油合作的历史与现状 [J]. 新疆大学学报 (哲学·人文社会科学版), 2013 (4): 87-95.

[69] 全淅玉. 我国与中亚五国经贸金融合作的现状、障碍及对策 [J]. 对外经贸实务, 2016 (11): 58-61.

[70] 热依汗·吾甫尔. 关于新疆如何进一步提升对中亚各国投资的思考——资源互惠和市场互补的视角 [J]. 对外经贸实务, 2014 (9): 78-80.

[71] 任双平. 浅析中亚的地缘态势及对中国的影响 [J]. 新疆大学学报 (哲学人文社会科学版), 2008 (6): 101-103.

[72] 施锦芳. 中国的中亚经贸战略思考——基于"新丝绸之路"框架下与大国战略博弈视角 [J]. 宏观经济研究, 2015 (9): 32-39.

[73] 石岚. 中国中亚能源通道与中国能源安全 [J]. 东南亚纵横, 2011 (10): 86-89.

[74] 苏畅. 中亚国家政治风险量化分析 [J]. 俄罗斯东欧中亚研究, 2013 (1): 31-41.

[75] 苏华, 王磊. 论我国与中亚国家能源合作互补性 [J]. 经济纵横, 2014 (10): 63-67.

[76] 苏祖梅. 中国企业在中亚五国经营环境的比较研究 [J]. 国际观察, 2013 (2): 66-72.

[77] 孙兰凤, 安尼瓦尔·阿木提. 新疆与中亚区域经济合作问题研究 [J]. 开发研究, 2008 (4): 33-36.

[78] 孙庆刚, 师博. 中国与中亚区域经济合作——多边合作还是双边推进? [J]. 新疆大学学报 (哲学·人文社会科学版), 2013 (1): 83-86.

[79] 孙文娟, 安尼瓦尔·阿木提. 我国西部地区参与中亚区域经济合作的战略选择 [J]. 开发研究, 2008 (4): 37-40.

[80] 孙文娟, 安尼瓦尔·阿木提. 中国新疆参与中亚经济合作的战略

选择 [J]. 新疆大学学报（哲学人文社会科学版），2008（6）：97-100.

[81] 孙文娟. 中亚能源合作演化博弈分析 [J]. 开发研究，2011（3）：133-136.

[82] 孙霞. 中亚能源地缘战略格局与多边能源合作 [J]. 世界经济研究，2008（5）：37-43+88.

[83] 孙壮志. 上合组织区域定位与安全合作的优先方向 [J]. 兰州大学学报（社会科学版），2013（2）：56-61.

[84] 汤一溉. 再论中国通向中亚的石油天然气能源战略通道 [J]. 干旱区地理，2008（4）：615-623.

[85] 童生，成金华. 我国资源型企业跨国经营的政治风险及其规避 [J]. 国际贸易问题，2006（1）：90-95.

[86] 王广宇，张倩肖. 中国对中亚5国OFDI的实证研究——以"丝绸之路经济带"为背景 [J]. 国际商务：对外经济贸易大学学报，2016（5）：88-99.

[87] 王婧. 中国企业投资哈萨克斯坦的法律风险防范及解决途径 [J]. 中国商贸，2010（17）：203-204.

[88] 王军，宋岭. 乌鲁木齐构建中亚金融中心的策略研究——基于上海合作组织区域经贸合作框架 [J]. 新疆大学学报（哲学人文社会科学版），2009（4）：101-103.

[89] 王琪. 撰写文献综述的意义、步骤与常见问题 [J]. 学位与研究生教育，2010（11）：49-52.

[90] 王倩，王夔，胡颖. 丝绸之路经济带加强货币金融合作的经济基础和可行性分析——基于SVAR模型的研究 [J]. 西南金融，2014（12）：19-22.

[91] 王强，李志翠. 中国企业对中亚投资的区位选择研究——基于跨国经营区位选择模型的分析 [J]. 管理现代化，2014，34（4）：110-112.

[92] 王铁山，贾莹，徐玲. 我国推动"丝绸之路经济带"贸易便利化的对策 [J]. 经济纵横，2015（8）：91-95.

[93] 王维然，朱延福. 中亚区域一体化进展及大国作用研究 [J]. 国际经贸探索，2013（4）：50-61.

[94] 王晓峰，王林彬. 中国在中亚直接投资所面临的法律及其风险探讨——以哈萨克斯坦共和国为例 [J]. 江西财经大学学报，2013（1）：113-119.

[95] 王晓梅. 中亚石油合作与中国能源安全战略 [J]. 国际经济合作, 2008 (6): 41-46.

[96] 王永静, 程广斌. 中国（新疆）与中亚五国经济合作研究——一个文献综述 [J]. 商业研究, 2009 (3): 193-196.

[97] 王志飞, 李豫新, 陈淑嫱. 中国新疆与中亚五国区域经济合作研究 [J]. 经济与管理, 2009, 23 (2): 71-75.

[98] 武晗, 史军, 李光伟等. 浅议我国企业赴中亚国家矿业投资形势 [J]. 矿床地质, 2012 (S1).

[99] 肖文, 周君芝. 国家特定优势下的中国 OFDI 区位选择偏好——基于企业投资动机和能力的实证检验 [J]. 浙江大学学报人文社会科学版, 2014, 44 (1): 184-196.

[100] 肖洋. 中国油气管道在中亚地区面临的风险与应对 [J]. 当代世界, 2011 (9): 52-54.

[101] 谢锋斌. "一带一路"背景下中国与吉尔吉斯斯坦战略合作探讨 [J]. 商业经济研究, 2014 (34): 37-39.

[102] 谢婷婷, 陈文新. 中亚金融中心的构建与设想 [J]. 会计之友（中旬刊）, 2010 (6): 36-39.

[103] 徐海燕. 中国与中亚的能源"双轨"合作 [J]. 国际问题研究, 2013 (6): 90-99.

[104] 雪合来提·马合木提, 奥斯曼·玉散. 新疆与中亚国家对外贸易发展现状与问题 [J]. 人民论坛, 2013 (A11): 254-255.

[105] 闫琰, 王秀东. "一带一路"背景下我国与中亚五国农业区域合作的重点领域 [J]. 经济纵横, 2016 (12): 67-72.

[106] 杨成. 形成中的中亚地区格局：尚存的单极残余、不稳定多极和其他选择 [J]. 俄罗斯研究, 2009 (6): 15-42.

[107] 杨殿中. 中国企业对中亚五国直接投资的产业分布及产业选择建议 [J]. 中央财经大学学报, 2012 (9): 66-71.

[108] 杨立卓, 刘雪娇, 余稳策. "一带一路"背景下我国与中亚国家贸易互补性研究 [J]. 上海经济研究, 2015 (11): 94-103.

[109] 杨丽丽, 徐小杰. 新形势下中国与中亚油气合作面临的挑战和前景展望 [J]. 中国矿业, 2016 (S2): 12-16.

[110] 杨恕, 王琰. 论上海合作组织的地缘政治特征 [J]. 兰州大学学

报（社会科学版），2013（2）：49 – 55.

[111] 杨宇，刘毅，金凤君. 能源地缘政治视角下中国与中亚—俄罗斯国际能源合作模式［J］. 地理研究，2015（2）：213 – 224.

[112] 依马木阿吉艾比布拉. 中国与哈萨克斯坦直接投资合作［J］. 欧亚经济，2012（3）：35 – 43.

[113] 于树一. 论中国中亚经贸合作与我国地缘经济安全的关系［J］. 新疆师范大学学报（哲学社会科学版），2011（4）：56 – 61.

[114] 余晓钟，杨洋，魏新. 新疆石油企业中亚竞合能力研究——基于"综合双钻石模型"的分析［J］. 新疆师范大学学报哲学社会科学版，2016（1）：140 – 145.

[115] 袁丽君，高志刚. 依托"跨国丝绸之路"加强区域经济合作［J］. 开发研究，2014（1）：55 – 58.

[116] 袁胜育，汪伟民. 丝绸之路经济带与中国的中亚政策［J］. 世界经济与政治，2015（5）：21 – 41.

[117] 袁胜育，金胤静. 中亚能源地缘政治析论［J］. 河南师范大学学报（哲学社会科学版），2012（5）：81 – 85.

[118] 袁胜育，汪伟民. 丝绸之路经济带与中国的中亚政策［J］. 世界经济与政治，2015（5）：21 – 41.

[119] 张超. 丝绸之路经济带研究综述［J］. 理论月刊，2015（5）：112 – 115.

[120] 张薇. "丝绸之路经济带"建设背景下深化中国与中亚经济合作探析［J］. 经济纵横，2016（5）：90 – 93.

[121] 张耀. 中国与中亚国家的能源合作及中国的能源安全——地缘政治视角的分析［J］. 俄罗斯研究，2009（6）：116 – 128.

[122] 张晔. 面向中亚，发挥优势，打造新疆战略性矿产资源产业基地［J］. 新疆大学学报（哲学人文社会科学版），2008（6）：11 – 13.

[123] 张芸，杨光，杨阳. "一带一路"战略：加强中国与中亚农业合作的契机［J］. 国际经济合作，2015（1）：31 – 34

[124] 赵刚. 新疆与中亚继续教育合作发展战略［J］. 教育学术月刊，2010（7）：78 – 81.

[125] 赵华胜. "丝绸之路经济带"的关注点及切入点［J］. 新疆师范大学学报（哲学社会科学版），2014（3）：27 – 35 + 2.

[126] 赵华胜. 形象建设：中国深入中亚的必经之路 [J]. 新疆师范大学学报（哲学社会科学版），2015（4）：65-75.

[127] 赵丽莉. 中国企业面向中亚国家贸易的知识产权保护困境与对策分析 [J]. 科技管理研究，2016（24）：117-120.

[128] 周明. 地缘政治想象与获益动机——哈萨克斯坦参与丝绸之路经济带构建评估 [J]. 外交评论：外交学院学报，2014（3）：136-156.

[129] 祝辉. 中亚的地区特点与中国的中亚能源外交 [J]. 新疆大学学报（哲学·人文社会科学版），2011（2）：93-96.

网络环境下风险控制的关键因素与有效渠道研究[△]

——基于媒介互动的思考

王 静[*]

摘要： 在分析网络环境下媒介互动内涵和特性的基础上，以空间构成与时间交互过程的动态视角剖析了媒介互动构成，提出媒介互动降低风险的关键因素与有效渠道，研究表明：信任是媒介发展的关键因素，媒介互动是建立在线信任减少不确定性和控制风险的有效渠道。

关键词： 风险控制；关键因素；有效渠道；媒介互动

一、媒介互动的特征分析

目前，媒介互动常被认为是以互联网为主的新型媒介，在互联网中以网站为媒介的沟通媒介互动过程与以计算机为媒介的沟通媒介互动过程有一定的联系和区别。在互联网中以网站为媒介的沟通媒介互动过程是用户与商品生产商、在线信息、网站，以及其他在线用户等之间的关系。在互联网中以网站为媒介的沟通媒介互动过程极大地提高了媒介互动的水平和内容。随着互联网的普及与电子商务的发展，对以互联网为中介的媒介互动研究得到深入发展。媒介互动的特点包括：媒介互动是一个以沟通为基础的概念；媒介互动与媒介互动双方沟通有关；媒介互动反映了用户个性化特点。

因此，互联网中的媒介互动关系不仅仅是用户与计算机媒介的媒介互动，

[△] 基金项目：本文为陕西省教育厅专项科研计划项目（基于RFID技术的物联网在制造企业供应链物流系统的开发应用）[16JK1803] 阶段性成果。西安市科技计划项目（"品质西安"建设重大现实问题研究——科技型企业信用评级研究）[2017108SF/RK022－（7）] 阶段性成果。

[*] 王静，西北政法大学商学院教授，马克思主义理论博士后，管理科学与工程博士后，主要从事物流工程与管理、信用管理理论与实务研究，西北政法大学商务信用风险研究所所长。

这种媒介互动使媒介互动双方可以进行同步的双向信息沟通与交流，并能满足对媒介互动情景的个性化要求，而且能为用户提供完整的在线购物服务。在以互联网为基础的消费者参与的媒介互动关系中，控制性、双向性、同步性构成媒介互动最主要的特征。

（1）控制性是在媒介互动过程中影响媒介互动参与者的主观体验感受的主动性的行动。在广播式的传统媒体中的消费者，其控制行为几乎是不存在或很少的。如面对户外广告，我们只能被动地接受广告信息内容。互联网使媒介互动过程的广泛的主动控制行为成为可能而且其成本及其低。互联网用户根据自己的意愿和喜好通过搜索引擎容易地找到自己需要的信息，个性化地控制信息流动方向。

（2）双向性是媒介互动双方之间的双向沟通和交流。传统的广播式信息传递模式难以直接实现双向沟通。互联网使双向沟通成为现实，而且其成本大大降低。在线公司通过其网站向对其产品或服务感兴趣的客户传递信息，并且消费者可以方便地通过在线系统及时把信息反馈给在线公司。互联网使信息发布和信息反馈收集变得十分容易，促进在线公司与客户的双向沟通。此外，在线客服人员可以即时地与客户进行信息交流。越来越多的商品交易可以直接通过互联网在线完成。从商品信息售前咨询、产品在线展示、购买方式选择，及货款支付等都可以在线进行。在线交易极大地提高了在线公司与消费者之间的双向沟通水平。

（3）同步性是媒介互动者在沟通过程中得到反馈的即时性程度。传统媒介的销售渠道中，客户的媒介互动比较少而且一般是被动的，从信息获得到反馈需要很长的响应时间。互联网使信息沟通的同步性极大增强。在线公司网站的智能化设计和媒介互动的个性化的页面不仅使信息搜索、获取更加容易，而且在很短的时间里可以得到反馈信息。对于互联网，媒介互动的同步响应性非常重要。在线公司网站、网络即时通信软件工具，电子邮件服务器等都必须能对在线用户的请求作出及时响应。保持媒介互动的同步时间响应对消费者在线感知体验十分重要。

二、媒介互动的构成因素

在线消费者面对的直接媒介互动对象是在线公司的网站和互联网，而实际的媒介互动对象包括在线公司的网站、互联网、代表在线公司的客服系统、交易方式系统、其他消费者等。目前文献对在线媒介互动的研究关注比较多的是互联网中网站的媒介互动性，往往把媒介互动理解为用户与互联网浏览器页面之间进行信息沟通和信息交换的能力。而不同研究者关注的重点不同，对互联网中媒介互动研究的构成因素分析往往侧重一个方面；由于研究媒介互动的不同角度，对媒介互动因素的实证研究缺乏一致性认识。如国内有代表性的文献分析了网络交易环境下消费者与在线公司及其网站的媒介互动。

媒介互动是以互联网为媒介的消息交流媒介互动中的一种媒介互动形式，主要包括三个方面的媒介互动关系：消费者与在线公司网站的媒介互动、消费者与在线公司的媒介互动，消费者与互联网交易环境和其他在线消费者的媒介互动。其中消费者与在线公司网站的媒介互动是在线媒介互动的直接形式。消费者与在线公司网站的媒介互动是消费者在访问和浏览在线公司网站的过程中，熟悉网站功能，进行熟练操作并得到网站响应，能够通过对网站导航进行信息浏览、搜索以获得消费者个体所需信息和服务。消费者与在线公司的媒介互动是消费者在在线购买商品的整个过程中，与在线公司客服人员相互沟通和交流。消费者与互联网环境的媒介互动是消费者在浏览在线公司网站和在线购买的过程中，了解互联网相关技术和法律，掌握在线交易的能力，在虚拟社区中与其他消费者相互交流、相互帮助，使消费者获取信息和得到帮助的过程。下面具体分析这三方面的媒介互动因素。

（1）与网站的媒介互动。媒介互动是互联网媒介互动的一种具体形式。由于在线购买和传统的在店面购买过程的感知体验不同。店面购买可以直接形成对商品的感知体验，而在线购买则通过在线公司所提供的网站对在线公司以及其商品进行展示，网站为消费者提供新的体验渠道。与网站的媒介互动研究，使用最多的两个因素是消费者对网站的感知易用性和感知有用性。

（2）与在线公司的媒介互动。消费者与在线公司的媒介互动主要通过公司的客服系统进行，客服人员是消费者的具体媒介互动对象。这个过程主要是人与人之间的媒介互动。因此，在分析该媒介互动时人际媒介互动的因素可以借鉴。影响人际媒介互动的主要因素有客服媒介互动双向性和客服媒介互动响应性。

（3）与在线购买环境的媒介互动。与环境的媒介互动包括与其他在线消费者和与互联网环境的媒介互动。对消费者而言，媒介互动除了交易对方，还包括与交易环境的媒介互动。这与互联网在线媒介互动的本身特点有密切关系。关于与其他消费者的媒介互动，本文借鉴文献提出互助性因素，认为消费者之间的互助性是指消费者通过在线公司网站虚拟社区中的信息交流，获得其他消费者有关知识和经验等方面的帮助程度的感知和评价。

三、信任是媒介发展的关键因素

消费者与在线公司及其网站、其他在线消费者以及互联网环境的媒介互动对认识在线公司和了解其商品信息有重要作用。同时，媒介互动对浏览者或潜在消费者产生积极的主观体验有重要作用。

在当今的体验经济时代，商品的使用价值不仅表现为满足消费者的生理需要，尤其以信息形式的出售的商品，消费者在浏览和购买商品时由主观感知过程产生心理愉悦体验可能是消费者购买商品的动机，而媒介互动是主观感知过程的重要组成部分。再者，有效的媒介互动过程使在线消费者容易熟悉购物环境和购买方式。消费者不愿意在线购买的原因除了对在线购买的信任和风险担忧之外，不熟悉在线购买方式也阻碍了在线购买。在线媒介互动可以给予消费者以宽松的购物环境，使消费者容易地掌握在线购买程序。在媒介互动过程中，不仅存在商品交易的经济交换关系，也存在大量的社会交换关系。社会交换的两个特性，即时间差异和责任不清使信任在社会交换中具有重要作用。

由于交换中存在时间差异，交换双方都可能采取机会主义行为而带来风险。社会交换要正常进行就必须信任他人能够履行义务和责任。时间差异带来更大的不确定性和风险。消费者向在线公司提供个人相关的信息并期望得到个性化的服务和满意的商品，但是在线公司是否能提供相应的回应是不能确定的；这时，消费者必须相信在线公司能够提供满意的服务和商品。因此，信任成为媒介发展的关键因素。

四、媒介互动是建立在线信任，降低风险的有效渠道

由于网络虚拟环境中信息不对称性剧增，使得媒介发展的风险增大，消费者对公司及其商品之间的信任是降低这种不确定性和风险的关键所在。媒介互动关系影响消费者对在线公司及其网站以及所销售商品的感知体验和评价结果，并最终影响消费者的信任态度和购买决策，这是一个基于交互的信任建立过程。在交易过程中可采用货到付款的方式表现出在线公司的可信度，

逐步建立消费者对在线公司的信任。获得信任之后，消费者可能愿意进行风险较高的交易。过去良好的交换经历中获得的信任使交换关系持续下去。在线公司会充分利用互联网具有的媒介互动性，从网站风格设计到网站内容展示等方面，通过与消费者进行在线媒介互动逐渐建立消费者的感知信任。

消费者通过互联网与在线公司建立媒介互动的交换关系。伴随媒介互动的交换关系发展，逐渐形成消费者对在线公司的信任。其中含有对互联网等环境的信任。以互联网为媒介的媒介互动是社会媒介互动的虚拟表现形式。通过与在线公司及其网站的媒介互动，消费者得到有效的信息和服务、身心愉悦的体验，将提高消费者的感知信任，并积极影响其后续消费行为。因此，媒介互动是一个建立和强化在线信任并减少降低不确定性和风险的过程。

参考文献

［1］程华，宝贡敏. 网上购物意向决定因素的实证研究［J］. 数量经济技术经济研究，2016，19（11）：150－153.

［2］鲁耀斌，周涛. B2C 环境下影响消费者网上初始信任因素的实证分析［J］. 南开管理评论，2015，8（6）：96－101.

［3］宋晓兵，董大海. 消费者与网络商店的关系价值研究［J］. 管理科学，2015，21（1）：72－82.

［4］唐嘉庚. 媒介互动性对 B2C 环境下信任及购买行为倾向影响［M］. 北京：经济科学出版社，2015：214－217.

［5］王全胜，姚砚清，吴少微. 在线购物环境下的信任与风险：理论回顾与概念模型［J］. 科技进步与对策，2016，24（6）：40－44.

［6］Chung H. and Zhao X.. Effects of perceived interactivity on Web site preference and memory: Role of personal motivation［J］. *Journal of Computer-Mediated Communication*，2014，10（1）：1－30.

［7］Egger F. N.. Consumer trust in e-commerce: from psychology to interaction design［C］. In. Prins JEJ（ed.）Trust in Electronic Commerce, Kluwer，2013：11－43.

［8］Kim D. J., Ferrin D. L. and Rao H. R.. A trust-based consumer decision-making model in electronic commerce: The role of trust, perceived risk, and their antecedents［J］. *Decision Support Systems*，2013，44（2）：544－564.

[9] Lee E. J.. Factors influence consumer trust in human-computer interaction: an examination of interface factors and the moderating influences [D]. Doctoral Dissertation, Tennessee University, 2012: 108 – 115.

[10] Liu Y. and Shrum L. J.. What is interactivity and is it always cuch a good thing. Implications of definition, person and situation for the influence of interactivity on advertising effectiveness [J]. *Journal of Advertising*, 2012, 31 (4): 53 – 64.

[11] Mark T.. Lessons learned from experiments with interactivity on web [J]. *Journal of Interactive Advertising*, 2015, 5 (2): 21 – 31.

[12] Merrilees B. and Fry M. L.. E-trust: the influence of perceived interactivity on e-retailing users [J]. *Marketing Intelligence & Planning*, 2013, 21 (2): 123 – 128.

汇率变动对跨境电商经营风险的影响及防范建议

张夏恒*

摘要：伴随中国跨境电商蓬勃发展，各类风险问题凸显，而汇率变动给跨境电商经营带来诸多风险。通过文献分析法，结合实践领域反映具体素材，重点分析汇率变动给中国跨境电商经营带来的风险。汇率变动会直接地与间接地作用于中国跨境电商活动，汇率变动会影响跨境电商的利润、成本与资金等，并带来诸多经营风险。不仅如此，汇率变动还会影响到中国跨境电商的利润、市场、经营与金融策略，汇率变动带来的经营风险视企业规模、经营模式、产业类型的不同存在一些差异。为有效防范与规避汇率变动风险，本文从宏观层面、产业层面、企业层面提出一系列政策建议，为中国跨境电商防范与降低汇率变动风险提供依据与参考。

关键词：汇率变动；跨境电商；经营风险

一、引　言

与国内商品贸易相比，跨境电商面临的经营环境更为复杂。在跨境电子商务蓬勃发展的同时，隐藏的各类风险逐渐显现。关于跨境电商的研究成果较多，涉及面较广，但是关于跨境电商风险的研究较少，现有的研究主要围绕经营风险、法律风险、支付风险、物流风险等，比如，柴宇曦等（2017）从跨国比较的视角分析了跨境电商企业的经营风险；朱韶斌和王宁玲（2016）对中国跨境电商企业的知识产权风险进行了研究；张友棠和彭颖（2016）提出了跨境电子商务经营的"三维"风险预警指标体系及指数模型，指出跨境电商企业经营风险的控制路径；倪程等（2016）重点分析了跨境电

---

* 张夏恒，西北政法大学商学院副教授，博士。

子商务涉及的信用风险问题；周莉萍和于品显（2016）、陈伟东和朱建明（2016）重点研究了中国跨境电子商务涉及的支付风险问题；郑小雪等（2016）重点研究了中国进口跨境电商涉及的物流风险问题；张夏恒（2017）重点分析了跨境电子商务涉及的法律风险。整体上，关于中国跨境电子商务相关风险的研究成果较少，研究深度与广度仍有很大的发展空间。

在跨境商品交易中，汇率是一个重要的要素。在汇率变动影响下，跨境电商经营无法回避汇率变动带来的许多风险。近几年，人民币在不断贬值中仍表现出波动态势，汇率变动风险也传递到跨境电商经营活动中。在人民币贬值时，商家已备商品在不提价时利润变少，人民币海外购买力下降，出口备货成本将增加。随着商品库存量的增大，汇率变动带来的这些风险将加剧，从而制约跨境电商发展。在传统研究领域中，已有的研究成果大多是从汇率变动对净出口贸易额、贸易结构、贸易条件、商品价格、经济发展、投资等方面的影响的角度来研究，很少涉及汇率变动对跨境电商经营风险的研究。在跨境电商涉及的风险研究方面，也很少涉及汇率变动风险。本文旨在分析汇率变动会对跨境电商经营风险带来哪些影响，针对如何防范汇率变动带来的风险给出一些对策建议。

二、中国跨境电子商务经营风险

中国跨境电子商务交易活动复杂，经营风险繁多。在全球经济一体化背景下，中国跨境电子商务无法脱离汇率变动的影响。汇率变动直接地或间接地作用于跨境电子商务，为中国跨境电子商务直接地或间接地带来诸多经营风险。

（一）支付风险

支付是跨境电子商务经营风险的重要来源之一，且危险性很高。支付风险涉及交易真实性识别风险、资金非法流动风险、资金管理及外汇管制风险等。汇率变动同样会作用于支付环节。由于跨境电子商务交易具有时滞性，且跨境支付存在付款与回款的时间差，这将导致跨境电商企业的大量资金在第三方支付机构、银行等账户上有一定时间的停留，从而形成沉没资金。在跨境支付业务中，支付机构需在不同备付金账户之间，包括境内外不同备付金账户间进行资金调度。由于结算周期长、业务操作复杂等因素，还会形成很大的资金流动风险。这些沉没资金会受到汇率变动的影响，会应汇率变动而产生资金损失。

（二）汇率风险

跨境电商经营无法回避汇率变动问题。汇率变动表现形式是不同国家（地区）之间的货币兑换比率的变化，这也代表了某种货币的贬值或升值状态。中国跨境电商在商品交易涉及的资金流环节，都会面临汇率风险的挑战。这类经营风险多发生在与汇率变动幅度大的国家或地区，如日本、俄罗斯、英国，以及尼日利亚、东南亚等发展中国家或地区。尤其这些国家或地区货币出现贬值，会导致中国跨境电商出口企业的销售额减少、利润下滑，还会出现消费者实际购买力下降，消费需求减少。付款与结算货币间汇率的变动，会加剧中国跨境电商经营的不确定性。

（三）备货风险

中国跨境电商模式目前多以保税进口与海外直邮两种经营模式为主。以天猫国际为代表的跨境电商采用品牌方官方入驻保税进口的模式。以洋码头为代表的跨境电商采用海外直邮为主、保税进口为辅的模式。由于商品销售价格灵活浮动，海外直邮模式受到汇率变动的影响表现得并不太显著。保税进口模式则不同，该模式需要提前将商品运至国内仓库，由于汇率变动导致这些商品在保持原价时利润减少，进口备货成本增加，从而导致汇率变动带来较高的经营风险。近几年，人民币在不断贬值中仍表现出波动态势，汇率变动风险也传递到跨境电商经营活动中。在人民币贬值时，商家已备商品在不提价时利润变少，人民币海外购买力下降，出口备货成本将增加。随着商品库存量的增大，汇率变动带来的这些风险将加剧，从而制约跨境电商发展。

（四）产品风险

汇率波动是常态，利润率对抑制汇率风险有很大作用。在我国跨境电商商品交易活动中，以跨境出口为主，又以劳动密集型产业为主。基于我国制造产业的综合成本优势，劳动密集型产业在全球市场占有相对的竞争优势，但劳动密集型产业的利润率又很低。虽然通过跨境电商渠道，能够降低商品的许多流通成本，但就利润率而言，技术密集型产业利润率较高，而劳动密

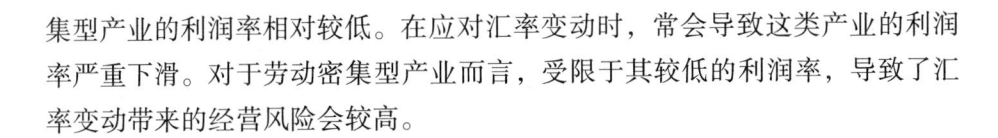

集型产业的利润率相对较低。在应对汇率变动时，常会导致这类产业的利润率严重下滑。对于劳动密集型产业而言，受限于其较低的利润率，导致了汇率变动带来的经营风险会较高。

（五）市场风险

由于跨境电商业务涉及不同国家或地区，以及不同的关境，导致市场的准入与退出障碍较高。对于一些汇率波动比较频繁与幅度较大的市场，中国跨境电商会面临进入还是退出的选择性困难。尤其一些国家因政治或经济等原因，导致该国货币汇率波动剧烈，如乌克兰、非洲、东南亚等国家和地区，汇率波动导致中国跨境电商在这些国家利润严重受损，市场经营环境严重恶化。即便在短期内，中国跨境电商企业可以退出该市场，但仍要面临重大的损失，甚至会导致企业入不敷出。

三、汇率变动对跨境电商经营风险的影响

（一）影响企业净利润率

汇率变动后，立刻对跨境电商商品的价格产生影响，还会影响本国货币在海外市场的购买力，影响到跨境电商企业的生产成本与经营成本，进而影响到跨境电商企业的利润。以人民币汇率变动为例，近两年人民币整体呈贬值走势，尤其在我国积极开展"走出去"战略的背景下，人民币贬值降低了人民币购买力。由于人民币的贬值，使得跨境电商出口企业已购商品的利润空间变小，直接降低了这些企业的净利润率。跨境电商进口企业因人民币的贬值，同一商品价格下需要付出更多的采购成本，从而会降低商品的净利润，如果通过增加商品销售价格转嫁人民币贬值带来的利润损失，则会降低商品的市场竞争力，从而间接降低了跨境电商进口企业的净利润率。无论是跨境电商进口企业，还是跨境电商出口企业，由于人民币贬值会带来企业资金压力的提升，会增加跨境电商企业的财务成本，从而间接影响到这些企业的净利润率。

（二）影响企业市场策略

汇率变动直接影响到跨境电商商品的定价策略。当货币贬值时，跨境电

商企业常常通过提高商品价格来转嫁风险。在产品定价时，跨境电商企业会预留足够的利润区间，以应对汇率变动带来的利润损失。有的企业还会与上下游企业签订固定期限固定价格协议，借此将汇率变动风险最大限度地转嫁到其他企业。不同币种间汇率变动会呈现不同态势，单一币种对不同币种的汇率变动趋势也会存在不同的情况。跨境电商企业通过采用合适的价格策略，决定将其商品与哪些国家或地区实现交易，通过多种币种间的汇率风险转移，降低汇率变动带来的风险。此外，还会影响到跨境电商企业的商品销售区域策略，汇率波动显著的区域将会引起跨境电商企业的关注，适时减少这些地域的商品交易，向一些汇率波动不显著的区域转移。由于跨境电商贸易时间具有滞后性，不同跨境电商平台具有不同的币种使用规则与结算规则，跨境电商企业需要综合权衡不同平台的业务规模，考虑不同平台规则的差异对汇率结算的影响，从而制定适合自身业务需求的渠道策略。

（三）影响企业经营策略

汇率变动的方向与幅度都会影响到跨境电商企业经营策略。目前很多跨境电商企业尚未意识到汇率风险，只有20%的企业建立了外汇管理系统。一些规模较大的跨境电商企业，具有一定的抗击汇率变动风险的工具，可以通过自身组织或能力降低汇率变动带来的风险；对于中小型跨境企业而言，对汇率变动风险的抗击能力较弱，多通过银行或跨境电商平台来应对汇率变动风险。数量庞大的中小型海淘企业对于汇率变动风险意识度不够，通过汇率变动可以促进跨境电商行业洗牌，淘汰一些盈利水平低、综合实力弱的企业，这也是市场竞争的方式之一。汇率变动还会倒逼跨境电商企业、跨境电商平台及提供相关服务的机构，转变企业经营方式，注重汇率风险防范意识，提高汇率风险管控能力。对于中小型企业，可以依托跨境电商平台形成企业集群效应与规模效应，提高抗击汇率变动风险的能力。对于跨境电商平台，可以进一步挖掘兑汇业务，从而增加平台服务的综合水平与效益。

（四）影响企业金融策略

汇率变动给跨境电商企业会带来许多金融风险，不能单纯将其视为货币兑换数量的变化，不同的支付工具、支付时间都会导致商品占用资金的差异。为了应对汇率变动，一些跨境电商企业纷纷推出具体措施，旨在降低汇率变动风险，如敦煌网是第一家实现打通跨境支付的平台，充分利用其跨境支付业务，帮助中小型跨境电商企业结汇与汇款，实现了定点预期的预兑换，通过结汇宝等产品，为中间商实现结汇作用。汇率变动还会驱动跨境电商企业尝试着量化汇率风险，由于币种属性与波动率不同，对于相同的跨境电商交易额而言，汇率风险也将不同。跨境电商企业可以充分利用金融衍生工具作为降低汇兑风险的有效手段。结合实际需求，灵活地选择交易结算的货币种类，采用一系列方式可以分散或降低汇率变动带来的风险，如即期结售汇、远期结售汇、外汇买卖等。利用金融产品的不同模式，围绕不同跨境电商平台的支付与放款政策差异，进一步挖掘平台的汇率业务。如亚马逊欧洲站、英国站、德国站等，不同平台可以采用不同的货币，跨境电商企业应及时关注美元兑欧元、兑英镑的汇率，根据汇率变动情况采用最适宜的货币方式。

四、汇率变动对不同范畴跨境电商经营风险的影响

（一）对不同规模企业的影响

企业规模不同，防范与抵抗风险的能力不同。对于规模较大的企业，受益于其规模优势，在市场中拥有较大的话语权，在商品交易活动中占据主导地位。大型企业经营多种商品，面向全球多个国家或地区市场，单一市场的体量也较大。这些企业组织结构健全，企业经营经验丰富，具备相应人才掌握与熟悉外汇风险规避工具与方式，具有一定的抗击汇率变动风险的工具与经验。大型企业在跨境电商交易中，对汇率变动带来的经营风险具有较高的敏感度与防范意识，它们可以通过自身能力降低汇率变动带来的诸多经营风险。

在跨境电子商务市场中，中小微企业居多，这些企业多聚焦单一商品，或聚焦单一地域市场，在商品交易中话语权较小，且多处于弱势的竞争地位。企业规模较小，组织结构不完善，人才储备不足。这些企业更多依托跨境电商平台来运行，对于汇率变动的关注度仍不够。汇率变动给这些企业带来较大的经营风险，直接影响着商品价格、企业利润与资金需求。中小型企业缺乏专业的人才，无法了解与掌握外汇风险规避工具，基本通过银行来解决，对汇率变动带来的风险抗击能力弱。

（二）对不同经营模式的影响

采用不同的分类口径，可以将跨境电商分为不同的类型。几种常见的跨

境电商模式，有跨境进口电商与跨境出口电商，自营型跨境电商与平台型跨境电商，综合型跨境电商与垂直型跨境电商。不同的跨境电商表现出不同的经营模式。由于经营模式的不同，导致跨境电商在汇率变动时将面临不同的经营风险。

以跨境电商进口平台为例，目前多以保税进口与海外直邮两种经营模式为主。以天猫国际为代表的跨境电商采用品牌方官方入驻保税进口的模式。以洋码头为代表的跨境电商采用海外直邮为主、保税进口为辅的模式。由于商品销售价格灵活浮动，海外直邮经营模式的跨境电商受到汇率变动的影响并不很显著。保税进口模式提前将商品运送到国内，由于汇率变动导致这些商品在保持原价时利润减少，进口备货成本增加，从而导致汇率变动带来较高的经营风险。

（三）对不同产业类型的影响

在我国传统国际商品交易活动中，出口业务多以劳动密集型产业为主，进口业务多以技术密集型产业为主。劳动密集型产业与技术密集型产业的差异直接体现为利润率不同。汇率变动影响商品价格，也直接影响到商品利润。汇率变动对不同产业类型的影响程度也将不同。汇率变动对于劳动密集型产业与技术密集型产业产生的冲击方向不尽相同，但是冲击程度不同。

汇率波动是常态，利润率对抑制汇率风险有很大作用。在我国跨境电商商品交易活动中，以跨境出口为主，又以劳动密集型产业为主。基于我国制造产业的综合成本优势，劳动密集型产业在全球市场占有相对的竞争优势，但劳动密集型产业的利润率又很低。通过跨境电商渠道，能够降低商品的许多流通成本。就利润率而言，技术密集型产业的利润率要远高于劳动密集型产业。在应对汇率变动时，常会导致这类产业的利润率严重下滑。对于劳动密集型产业而言，受其较低利润率的影响，汇率变动对其带来较高的经营风险。

五、汇率变动风险的防范策略

（一）宏观层面

1. 金融政策

国家加快推动金融制度改革，依托人民币进入直接提款权的优势，加快

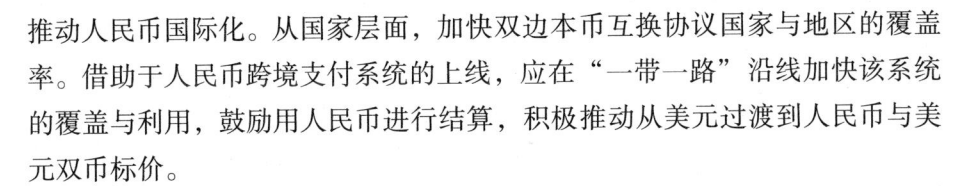

推动人民币国际化。从国家层面，加快双边本币互换协议国家与地区的覆盖率。借助于人民币跨境支付系统的上线，应在"一带一路"沿线加快该系统的覆盖与利用，鼓励用人民币进行结算，积极推动从美元过渡到人民币与美元双币标价。

2. 汇率政策

在汇率管理方面，建议采用小幅渐进方式对汇率变动进行管理。该措施的实施，既有利于增强汇率弹性，在一定程度上还利于稳定市场对人民币的预期。长期来看，有利于促进我国跨境电商企业，尤其是中小微企业慢慢适应并培养汇率变动带来的风险防范意识与能力。

3. 贸易政策

依托我国"一带一路"倡议，制定积极的贸易政策，旨在鼓励中国企业"走出去"。聚焦我国跨境电商整体偏弱的市场现状，通过适当的金融或税收杠杆效应，鼓励制造型企业、贸易型企业积极参与跨境电商交易活动。通过主观意识的引导，鼓励新兴产业的发展，引导资源通过更有效与更合理的方式实现配置，推动产业的转型升级，为中国企业"走出去"保驾护航。

4. 数据政策

依托大数据技术，整合政府、行业及企业资源，建立中国跨境电子商务指数，完善动态发布机制。充分发挥政府部门在数字平台搭建工作中的主体责任，建立起长效机制，确保数据的可获得与可使用，实现业务数据化与数据业务化，并积极推动中国跨境电子商务指数的价值实现。

（二）产业层面

1. 规模结构

大力发展产业集群战略，加快我国跨境电商现有产业链的整合与完善，加快现有产业结构优化升级与产业重组。依托跨境电商平台，同一产业或关联产业内积极推动企业联合，形成中小企业集群效应。旨在实现规模效应与产业集群效应，以提高产业竞争力与市场集中度，提高汇率变动风险的应对能力。

2. 生产方式

借助劳动力为主导的传统型优势，通过产业内研发与设计，向新兴技术为主导的新兴产业优势转变。积极发展跨境服务业务,如教育服务进出口、医疗服务进出口等,围绕商品的微创新,实现差异化、定制化、柔性化。通过产业生产方式转变,提高商品的价值附加值,为商品预留足够的利润空间。以生产方式为抓手,回归到商业本质,回归到商品本身。

(三) 企业层面

1. 经营策略

中国跨境电企业以经营策略的转变为着力点,在提高商品质量的同时,还应关注对中高端市场,尤其经济环境稳定、市场接受度高、利润空间高的市场进行扩展,以确保较高的市场竞争力。根据实际市场需要,适时调整跨境电商企业的产品结构,努力推行品牌战略,通过品牌溢价增加商品的利润空间,增加高附加值的商品比重,进而实现转嫁汇率损失的目的。中国跨境电商企业还可以通过多元化经营,多产业、多商品、多市场、多平台等方式,分散汇率变动风险。关注汇率变动,增强汇率风险管控与对冲意识,构建汇率变动风险防范与预警机制。

2. 管理策略

从提高企业生产效率入手,科学地管理与控制商品产量与质量,通过流程化、科学化、系统化的管理体系,降低商品的间接成本。借用科学方法,量化汇率风险。自建风控部门,或依托跨境电商平台或银行机构,建立汇率变动联动机制,实现汇损转嫁。将汇率风险考核纳入高管的管理机制、激励机制及财务人员的考核机制,增强企业相关人员的汇率风险防范意识。

3. 金融策略

依托中国跨境电子商务指数数据,利用金融衍生工具降低汇兑风险。积极推行人民币业务结算,积极推行人民币国际化。根据实际需求,采用适合的货币种类,尤其要选择最佳的支付与结算币种,综合利用多种手段降低汇率风险,如即期结售汇、远期结售汇、外汇买卖等。利用金融产品的不同模式,围绕不同跨境电商平台的支付与放款政策差异,进一步挖掘平台的汇率业务。

参考文献

[1] 柴宇曦,黄炫洲,马述忠. 跨境电商经营风险的跨国比较及政策建

议［J］．浙江经济，2017（7）：48-49．

［2］倪程，孙珂，翟帅．跨境电子商务信用风险问题研究［J］．传播与版权，2016（1）：165-167．

［3］伟东，朱建明．跨境商务中的支付风险分析与对策建议［J］．管理现代化，2016（2）：91-94．

［4］张夏恒．跨境电商类型与运作模式［J］．中国流通经济，2017，31（1）：76-83．

［5］张夏恒．跨境电子商务法律借鉴与风险防范研究［J］．当代经济管理，2017，39（3）：29-34．

［6］张友棠，彭颖．跨境电子商务企业经营风险预警定位研究［J］．财会月刊，2016（24）：72-75．

［7］郑小雪，李登峰，王莹，等．我国出口跨境电商的物流风险评估［J］．商业经济研究，2016（23）：68-69．

［8］周莉萍，于品显．跨境电子商务支付现状、风险与监管对策［J］．上海金融，2016（5）：73-78．

［9］朱韶斌，王宁玲．化解跨境电商知识产权风险［J］．中国外汇，2016（10）：17-19．

技术创新网络中核心企业领导风格与网络创新绩效关系研究

——基于环境动态性的调节作用

王 方[*]

摘要： 本文以中国高科技企业为研究对象，探讨核心企业不同类型的领导风格（变革型、情境型）对网络创新绩效的影响，以及环境动态性对核心企业的不同类型领导风格与网络创新绩效的调节作用。结果表明，核心企业的变革型领导风格对网络创新绩效有显著的负向影响，情境导向型领导风格对网络创新绩效有显著的正向影响作用；环境动态性对变革型与网络创新绩效间关系有显著的正向调节作用，而对情境型领导风格与网络创新绩效间关系具有负向调节作用。

关键词： 技术创新网络；核心企业领导风格；网络创新绩效；环境动态性

一、引　言

在日益激烈和复杂的竞争环境中，单一企业仅仅依靠自身力量难以取得成功，企业参与合作技术创新活动已变得越来越普遍。技术创新网络已经成为企业进行技术创新活动的重要组织形式。核心企业的网络管理能力和网络领导能力对于有效组织和治理技术创新网络越来越重要。

近年来关于联盟网络中核心企业的领导风格研究越来越受到学者的关注。为普洱和弗兰克尔（Wipple and Frankel，2000）指出，对于联盟领导风格的研究是一个关系到联盟成功或失败的重要因素。博林格和史密斯（Bolinger and Smith，2001）认为，研究联盟网络中领导风格可以为网络组织提供信息

---

[*] 王方，西北政法大学商学院讲师，管理学博士。

共享、建立信任、保证不同组织文化的适应性和构建承诺。学者都强调了领导风格对于联盟网络发展的重要性，但是关于核心企业领导风格如何影响网络创新能力的增强和创新绩效的提升仍未得到进展。梳理相关文献，我们发现还存在以下两个问题。首先，尽管有学者提出核心企业的领导风格是影响联盟成功的一个重要因素，但是在这一领域的相关研究方法和实验工具仍很缺乏。已有的实证研究主要集中于CEO个人领导风格和组织领导风格对组织绩效的影响，而对联盟网络中核心企业的领导风格影响网络创新的路径与方式及其外部影响因素等问题的研究还很鲜见。根据这些问题，本文将从环境动态性视角，研究其在核心企业领导风格对网络创新绩效影响关系中的作用。

其次，我们认为环境动态性在联盟网络中领导风格的有效性和网络创新绩效间的关系中可能具有调节作用。目前还没发现直接探讨环境动态性对联盟网络中核心企业变革型领导风格和情境型领导风格与网络创新绩效间关系的调节作用的研究。以往的研究主要针对组织情景进行，艾斯利（Ensley et al.，2006）指出，交易型和变革型领导行为的有效性对组织绩效的影响会随着环境动态性水平的变化而发生改变。D. A. 瓦尔德曼等（Waldman et al.，2001）研究表明，变革型领导和交易型领导对企业绩效的影响是建立在认知环境不确定性和波动性情景上的。因此，可以看出环境动态性是调节企业有效领导风格与创新绩效关系的关键要素，但是，领导风格在组织情景和联盟网络情景中的研究显然有所差别，而关于环境动态性对于"核心企业领导风格——网络创新绩效"关系影响的研究还很缺乏，尤其是在不同环境下，变革导向和情境导向对网络创新绩效的影响以及环境动态性的调节作用等问题尚缺乏深入的实证研究。

本文在探讨变革型和情境型领导风格对网络创新绩效影响的不同作用的基础上，揭示环境动态性的调节机制，为核心企业有效治理技术创新网络提供有益的理论指导。

二、理论基础与假设提出

1. 核心企业领导风格对网络创新绩效的影响

关于领导理论的研究非常丰富，但是对于在网络组织这种新兴的组织形式中的领导理论研究还十分匮乏。目前已有学者开始关注网络组织中的领导风格研究。巴拉吉和约翰（Balaji and John，2006）认为，核心企业有效领导风格是网络创新成功的保证，能够组织管理复杂的创新项目、协调网络冲突以及处理和传播信息资源。党兴华和王方（2014）的研究将技术创新网络中核心企业的领导风格定义为：网络合作创新背景下，核心企业为了激励网络成员的承诺和行动、协调网络成员间的合作冲突以及建立广泛的合作创新基础所采取的控制手段。R. N. 奥斯本（Osborn，2009）明确地提出技术创新网络中核心企业的两种领导风格，即变革型领导风格和情境型领导风格，其中具有变革型领导风格的核心企业通过激发成员的愿望和需求，使得成员意识到所承担任务的重要意义和责任。具有情境型领导风格的核心企业主要关注网络活动的有效注意模式和网络发展两个方面。核心企业与网络成员相互接触去辨别什么是重要的，并将主次问题分开，以此来保持网络处于新的发展状态，有利于网络整体创新。

大多数学者均认为核心企业领导风格对网络创新绩效有显著的正向影响。格多恩（Hagedoorn，2006）认为，技术创新网络中创新主体之间的研发协议促进了相互之间知识的分享、行动的自由和柔性，有利于核心企业各种领导行为的实施。内曼尼希和维拉（Nemanich and Vera，2009）认为，技术创新网络中核心企业的情境型领导行为对探索式创新和利用式创新都具有正向影响。由此可以看出，由于技术创新网络本身的非正式组织和复杂组织的特征，尤其是在具有松散耦合结构的网络中，领导者需要更多的扮演辅助、协调、组织等角色。

H1：核心企业变革型领导风格对网络创新绩效有显著的正向影响。

H2：核心企业情境型领导风格对网络创新绩效有显著的正向影响。

2. 环境动态性对核心企业领导风格与网络创新绩效关系的调节作用

B. S. 帕瓦尔和 K. K. 伊斯门（Pawar and Eastman，1997）已指出了创新网络中存在的情景因素的重要性，如有效的战略导向、技术核心成员、网络结构、市场或网络组织治理模式等都会提高领导风格的有效性。但是关于联盟网络中变革型和情境型领导的研究都没有考虑这些因素中可能存在的调节作用。联盟网络中变革型领导风格和情境型领导风格并不是在所有条件下都对领导结果起作用，因此需要探讨不同类型领导风格起作用的边界条件。王凤斌和陈建勋（2011）通过对中国297家企业样本的实证检验，发现企业高层领导者的变革型领导行为对组织绩效具有正向的影响，且环境动态性对变革型领导行为与组织绩效之间的关系具有调节作用，但在这种调节作用产生效应的过程中，探索式技术创新起了完全中介的作用。具有情境型领导风格的核心企业能够通过与网络成员的有效沟通，使得网络成员清楚网络技术创新过程中的各个关键点，并且针对这些关键点努力突破。但是当环境动态性高时，核心企业在复杂环境下辨别网络组织创新过程中的关键问题和重要信息的难度将大大增加，这个过程需要花费大量的精力和时间去寻求，从而不利于网络创新绩效的提升。

H3：环境动态性对核心企业变革型领导风格与网络创新绩效间关系具有正向调节作用。

H4：环境动态性对核心企业情境型领导风格与网络创新绩效间关系具有负向调节作用。

3. 概念模型

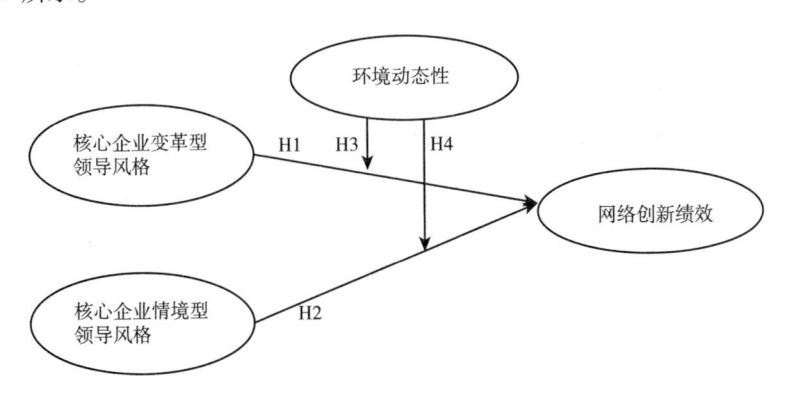

环境动态性对核心企业领导风格与网络创新绩效的调节作用的概念模型如图1所示。

图1　环境动态性对核心企业领导风格与网络创新绩效的调节作用的概念模型

三、研究方法

1. 调查程序与样本情况

本研究选择样本时首先确定技术创新网络的行业分布，包括生物制药、电子信息技术、高端制造业、IT通信行业；其次将被调查者定位为样本企业或事业部的中高层管理者。在问卷设计形式方面，采用李克特（Likert）等距量表。问卷通过两种途径发放，通过向上述产业集群地区企业直接发放并当场填写及回收,共获得307份企业的相关数据。对明显存在错误的问卷以及无效问卷进行剔除,最终获得263份有效问卷。

2. 研究量表及其信度效度分析

本研究尽量采用国内外研究中的成熟量表,再根据本研究的目的进行适当的调整,以此来保证效度和信度。在正式发放问卷之前,请几位企业家进行了预填写,根据他们的反馈及专家意见对问卷进行了调整。本文对问卷题项都使用了李克特5点计分法测量(1代表"完全不同意",5代表"非常同意")。

量表分四部分。第一部分在核心企业领导风格的衡量方面。本研究主要借鉴R. N. 奥斯本和R. 马里昂(Osborn and Marion,2009)对于联盟网络中核心企业领导风格划分的二维模型,从变革型和情境型这两类领导风格进行测量。

表1　　　　　　　　核心企业领导风格观测变量的定义

变量	题项
变革型	• 核心企业与合作企业交流时可以清晰地描述可完成或实现的愿景 • 核心企业总是可以提出新的和有创造力的想法来改善产品、服务和流程 • 核心企业在技术创新活动中总是展现出高度的能力 • 核心企业经常与合作伙伴进行协商,以得到实施变革的必要认可和同意 • 核心企业可以从长远角度看待集群组织所面临的问题和机遇 • 核心企业提出变革的设想时表现得乐观和有信心
情境型	• 核心企业对合作技术创新过程中其他成员所提出的期望、担忧和问题都进行回应并且做出行动 • 核心企业积极倾听合作技术创新过程中其他成员或者利益相关者的意见 • 核心企业对合作技术创新过程中其他成员表达积极的期望 • 核心企业帮助合作技术创新伙伴建立一个积极的态度和对技术创新成功的自信 • 核心企业经常和其他合作技术创新伙伴在一起讨论未来的发展 • 核心企业经常和其他合作技术创新伙伴在一起讨论对网络组织非常重要的事情

第二部分在环境动态性的衡量上。为了从更广泛的角度反映环境动态性,在借鉴其他学者研究的基础上适当作了修改(Dess and Beard,1984;Keats and Hitt,1988;马文聪和朱桂龙,2011),具体有个五个测量题项:与三年前相比,企业所在创新网络技术改进频率;与三年前相比,企业所在创新网

络的研发频率；与三年前相比，企业所在创新网络产品和质量的变化程度；与三年前相比，企业所在创新网络中消费者个性化需求变化程度；与三年前相比，企业在其所处创新网络中的市场地位变化程度。

第三部分在网络创新绩效的衡量方面。本文通过结合现有网络创新绩效评价的两个方面，即网络创新对成员企业、行业、宏观经济带来的各种影响方面和技术创新网络组织的客观产出方面（例如创新产品品质的提升、市场份额的扩大和创新专利数量等），主要从网络创新能力（专利数）、网络成员满意度和网络稳定性三个方面对网络创新绩效进行量表开发。问项主要包括七个题项：技术创新网络所产生的新技术的数量；可编码智力资产（包括专利和书面商业秘密数量）；对网络成员产品线的影响；新技术的市场接受程度；由于新技术导致的网络组织结构的显著改变；由于新技术导致的网络整体绩效的显著改变；网络成员对网络创新绩效的满意度。

第四部分为控制变量，采用了企业年龄、员工人数和企业规模三个控制变量，主要采用 G. 约翰和 B. A. 韦茨（John and Weitz, 1988）、M. A 韦斯特和 N. R. 安德森（West and Anderson, 1996）等相关研究中的问项设置并加以调整而得。

上述量表均采用李克特 5 点式量表，统计结果显示，各量表的 Cronbachs'α 均超过 0.7，项目的 CITC 均超过 0.40，表明量表的信度较高。而验证性因子分析显示，除了少数测量项外，绝大多数的标准化载荷均高于 0.6，并在统计上显著（$t>6.50$），表明各测量项在其所有测量的变量上均具有较高的会聚有效性，可以看出调查问卷具有良好的信度与效度。另外，验证性因子分析结果显示，RMSEA 在 0.8 左右，各因子负荷均大于 0.5，GFI、CFI、NNFI 等指标均高于 0.9，说明假设的模型因子结构与实际数据的拟合较好。

四、研究结果

1. 描述性统计分析

本研究首先对未标准化前的核心企业变革导向领导风格、情境导向领导风格、环境动态性、网络创新绩效等变量进行了简单的描述性统计，得到上述各个变量的均值、标准差和相关系数。由表 2 可知，各个变量间的相关系数均具有显著性。

表2　　　　　　　　　变量的均值、标准差和相关系数

变量	均值	标准差	变革型领导风格	情境型领导风格	环境动态性	网络创新绩效
变革型领导风格	3.637	0.613	1.00			
情境型领导风格	3.535	0.742	0.68	1.00		
环境动态性	3.481	0.671	0.61	0.65	1.00	
网络创新绩效	3.598	0.709	-0.72	0.67	0.58	1.00

注：表中所有的相关系数都具有显著性（P<0.001）。

2. 假设检验

本文将检验核心企业变革型领导风格和情境型领导风格对网络创新绩效的影响，以及环境动态性在核心企业变革型和情境型领导风格对网络创新绩效影响过程中所起的调节作用。

如表3所示，分别检验变革型和情境型对网络创新绩效的影响以及环境动态性在上述影响过程中的调节作用。由模型1、模型2可知，变革型的回归系数为-0.437（P<0.001），表明变革型对网络创新绩效有显著的负向影响，H1未获支持。而由模型1~模型4可知，当变革型和环境动态性的乘积项进入方程后，乘积项的回归系数为0.119且具有显著性（P<0.001），R^2的改变量ΔR^2为0.027（P<0.001）。因此，环境动态性对变革型领导风格影响网络创新绩效有显著的调节作用，H2获得支持。

表3　　　　　　　　　　分层回归分析结果

因变量	网络创新绩效							
	模型1	模型2	模型3	模型4	模型1	模型5	模型6	模型7
常数项	3.818***	3.764***	3.730***	3.805***	3.818***	3.700***	3.677***	3.765***
控制变量								
企业年龄	-0.092	-0.018	-0.001	0.002	-0.092	-0.054	-0.031	-0.039
员工人数	0.311***	0.084	0.105	0.114*	0.311***	0.214***	0.218***	0.223***
企业规模	-0.072	-0.003	-0.009	-0.041	-0.071	0.027	0.011	0.003
自变量								
变革型		-0.437***	-0.467***	0.483***				
情境型						0.531***	0.391***	0.372***

续表

因变量	网络创新绩效							
	模型1	模型2	模型3	模型4	模型1	模型5	模型6	模型7
调节变量								
环境动态性			0.142***	0.139***			−0.134***	−0.153***
乘积项								
变革型×环境动态性				0.119***				
情境型×环境动态性								−0.151***
R^2	0.079	0.524	0.561	0.573	0.089	0.512	0.506	0.581
ΔR		0.441	0.017	0.027		0.397	0.028	0.036
AdjustedR^2	−0.071	0.570	0.549	0.577	0.073	0.491	0.423	0.514
F	7.536***	389.778***	14.543***	28.691***	7.536***	303.683***	15.435***	24.095***

注：*表示 $P<0.05$，**表示 $P<0.01$，***表示 $P<0.001$。

同理，由模型1、模型5可知，情境型领导风格的回归系数为0.531（$P<0.001$），表明情境型对网络创新绩效有显著的正向影响，H3获得支持。而由模型1、模型5～模型7可知，当情境型和环境动态性的乘积项进入方程后，乘积项的回归系数为−0.151且具有显著性（$P<0.001$），R^2的改变量ΔR^2为0.036（$P<0.001$）。因此，环境动态性对情境型影响网络创新绩效有显著的调节作用，H4获得支持。由上述分析可知，除H1未获支持，H2、H3和H4均获得支持。

五、结果讨论

分析结果表明，核心企业不同类型的领导风格对网络创新绩效的影响不尽相同，变革型领导风格对网络创新绩效具有显著的负相关关系，而情境型领导风格对网络创新绩效具有显著的正向影响；环境动态性对变革型领导风格和网络创新绩效的关系具有显著的调节作用，但是对情境型领导风格和网络创新绩效间关系具有负向调节作用。本文的创新在于揭示了环境动态性在核心企业领导风格和网络创新绩效关系间的调节作用。本研究的结论为我国核心企业在动态环境下的领导有效性提供了理论依据。

一方面，国外学者关于联盟领导风格对网络创新绩效的关系结论还不统一，对于中国情境下的联盟网络领导问题的实证研究更加缺乏。而本文则根据 R. N. 奥斯本的研究将联盟网络中核心企业领导风格划分为变革型和情境型，并通过实证研究发现核心企业不同类型的领导风格对网络创新具有不同的影响作用，其中变革型领导风格对网络创新绩效具有显著的负向影响，情境型领导风格对网络创新绩效具有显著的正向影响。

另一方面，关于环境动态性在核心企业对于技术创新网络治理中的调节作用，缺少相关的实证研究。在理论分析上，一般认为，在动态环境下联盟网络更需要变革型领导，因而变革型领导风格对网络创新绩效的促进作用在动态环境中将更显著；而动态环境下具有情境型领导风格的核心企业寻找网络中存在的关键问题的难度将大大增加，不利于网络组织辨别技术创新活动的重要问题。而本文的研究结果则表明，虽然在环境动态性高时，核心企业的变革型领导风格可以带来更高的网络创新绩效，情境型领导风格会降低网络创新绩效的提升，但是与环境动态性高相比，环境动态性低时变革型领导风格的边际产出更高，情境型领导风格反而会对网络创新绩效产生影响。主要原因有以下两方面。其一，由于核心企业的变革型领导风格为网络成员提供了远程领导，这种领导行为强调了与网络组织成员的交流，这更加需要深化网络成员的现有能力，加强关于现有领域的能力和应用现有知识。而当环境动态性高时，变革型领导行为会更多地关注于变化，这和技术创新目标是为了开发现有的客户基础和技术以及增加可靠性背道而驰，同时将会化解和分散现有知识。相反，在环境动态性低时，变革型领导行为和指令对于提高合作质量或者减少交易成本的效果最显著，这可以给予网络成员更大的自由性，这样他们会设计改进系统，提高其质量，并且将其创新活力重新激励起来。其二，由于核心企业的情境型领导风格可以通过与网络成员讨论技术创新活动中的重要方面，从而将网络成员连接起来成为一个大范围的潜在的信息来源。而高环境动态性不利于具有情境型领导风格的核心企业准确寻找网络发展中存在的主要问题，相反，当环境动态性低时，具有情境型领导风格的核心企业会促进网络成员间的社会网络的出现，这种社会网络会增加网络成员知识共享的意愿，促进网络组织成员间现有知识源的整合和扩散，因此，环境动态性低将有利于情境型领导风格对网络创新绩效的提升。

参考文献

[1] 党兴华, 王方. 核心企业领导风格、创新氛围与网络创新绩效关系研究 [J], 预测, 2014, 33 (2): 7-12

[2] 马文聪, 朱桂龙. 环境动态性对技术创新和绩效关系的调节作用 [J]. 科学学研究, 2011, 29 (3): 454-460.

[3] 王凤彬, 陈建勋. 动态环境下变革型领导行为对探索式技术创新和组织绩效的影响 [J]. 南开管理评论, 2011, 14 (1): 4-16.

[4] 温忠麟, 侯杰泰, 张雷. 调节效应与中介效应的比较和应用 [J]. 心理学报, 2005, 37 (2): 268-274.

[5] Balaji R. Koka, John E. Prescott. The evolution of interfirm networks: environmental effects on patterns of network change [J]. *Academy of Management Review*, 2006, 31 (3): 721-737.

[6] Bolinger, A. S. and Smith. Managing organizational knowledge as a strategic asset [J]. *Journal of Knowledge Management*, 2001, 5 (1): 8-18.

[7] Dess, G. G., Beard, D. W.. Dimensions of organizational task environments [J]. *Administrative Science Quarterly*, 1984 (29): 52-73.

[8] Ensley, M. D., Pearce, C. L., & Hmieleski, K.. The moderating effect of environmental dynamism on the relationship between entrepreneur leadership behavior and new venture performance [J]. *Journal of Business Venturing*, 2006, 21 (2): 243-263.

[9] Hagedoorn, J.. Understanding the cross-level embeddedness of interfirm parnership formation [J]. *Academy of Management Review*, 2006, 31 (3): 670-690.

[10] John G., Weitz B. A.. Forward integration into distribution: an empirical test of transaction cost analysis [J]. *Journal of Law, Economics & Organization*, 1988: 337-355.

[11] Keats, B. W., Hitt, M. A.. A causal model of linkages among environmental dimensions, macro organizational characteristics, and performance [J]. *Academy of Management Journal*, 1988 (31): 570-598.

[12] Louise A. Nemanich, Dusya Vera. Transformational leadership and ambidexterity in the context of an acquisition [J]. *The leadership Quarterly*, 2009

(20): 19 –33.

[13] Pawar, B. S., Eastman, K. K.. The nature and implications of contextual influences on transformational leadership: a conceptual examination [J]. *Academy of Management Review*. 1997, 22 (1): 80 – 109.

[14] R. N. Osborn, R. Marion. Contextual leadership, transformational leadership and the performance of international innovation seeking alliances [J]. *The Leadership Quarterly*, 2009 (20): 191 – 206.

[15] Waldman, D. A., Ramirez, G. G., House, R. J., & Puranam, P.. Does leadership matter? CEO leadership attributes and profitability under conditions of perceived environmental uncertainty [J]. *Academy of Management Journal*, 2001 (44): 134 – 143.

[16] West M. A., Anderson N. R.. Innovation in top management teams [J]. *Journal of Applied psychology*, 1996, 81 (6): 680.

[17] Wipple, J. M. and Frankel, R.. Strategic alliance success factors [J]. *The Journal of Supply Chain Management*, 2000 (7): 1 – 13.

基于区块链技术的供应链信息平台的重构与现实应用

戚艳军[*]

摘要：从供应链管理过程中面临的采购、运输等信息的有效传输以及交易数据的安全性着手，分析了区块链技术的基本原理和体系结构，探讨了采用哈希加密的区块链形成过程，并从数据完整性、数据防篡改、数据信任方面提出了集供应链联盟、监管机构、金融机构于一体的供应链信息管理平台，形成了一个集共享程度高、信息流转效率高、信息可靠、可溯源的供应链互信共赢生态体系。并深入分析了平台的安全性、可信问题、产品追溯等问题，并分析了它们的实现原理。最后，探讨了采用区块链技术，供应链企业的大数据应用方向，为区块链在供应链行业的应用提供了新的思路。

关键词：区块链；供应链；随机交叉验证；大数据

面对供应链中的零碎化、复杂化、地理分散化等特点，如何从供应链管控的角度提升供应链的效率和安全性是业界研究的主要内容。管理学科、金融学科、信息学科的研究者从不同的角度对供应链协调优化、供应链信息、供应链效率评估、供应链风险应急、供应链设计重构、供应链中的物流管理等方面进行了研究。巴干哈（Baganha）采用分层模型框架，对比分析了供需双方补货订单的方差，从库存管理政策可能会通过增加需求的波动性而产生不稳定影响因素着手，分析库存在多层次制造/分销供应链中的稳定效应。阿贝拉泰（Abeyratne）等以区块链技术为底层技术，构建了制造业供应链管理的概念模型，用以实现信息的透明性和可溯源性，并基于纸盒供应链管理场景讨论了区块链各节点权限和作用，降低了供应链管理成本和运营风险。曹二保等研究了收益共享合约在稳定条件下能实现该供应链协调问题。朱建明

---

[*] 戚艳军，西北政法大学商学院副教授。

等提出了基于区块链的 B2B + B2C 供应链各主体交易结构及动态的多中心协同认证模型,并结合煤炭企业供应链分析了电子交易流程及认证过程。沃尔玛、京东、大众等企业从信息化角度着手,借助于信息技术,对各自的供应链实现了信息化改造以提高供应链效率,实现信息共享、成员之间共同防范风险。

但是,供应链信息化建设过程中,供应链主体之间的数据共享需要从核心企业获得相关数据,数据中心建设集中,交易数据同步复杂。本文从去中心化、交易共享、信息安全、防篡改等角度,研究区块链技术在供应链安全管理中的应用,以及与相关职能部门(监管部门、金融部门)之间如何建立透明的、安全的、可信的信息流、资金流、商流平台,为供应链管控提供一种新的思路。

一、问题剖析与区块链

(一)供应链信息化建设带来的问题

就目前供应链管理方案及应用来讲,供应链信息化着实能够从不同层面解决运作与效率、风险与策略方面的问题,但是也带来了如下一些问题。

(1)中心化数据库:无论何种供应链,供应链上的企业都建设有各自的数据中心,而核心企业的数据中心尤为重要。所有企业与中心数据库之间紧密耦合,一旦数据中心出现故障,整个信息流就会受到影响,包括数据共享、数据同步、数据安全等问题。同时,数据中心的所有负载依赖于高成本的服务器性能,服务器的安全、服务器的性能都是衡量数据中心能力的关键指标。

(2)信息共享问题:传统供应链的信息系统分布在各个不同的参与方手中,生产、物流、销售、流转、原料、监管等信息完全割裂,各参与者的数据中心建设的目标是实现信息在本企业之间的流动和共享。通过开放的数据接口,不同企业业务系统之间能够共享交易数据,但是数据的开放需要企业间协同配合,平台、架构、开发语言、数据库等异构问题导致了该过程实现的复杂性,而改造原有老的业务系统更是困难重重,技术性要求比较高。

(3)数据安全性问题:数据中心一旦遭受攻击,用户信息、交易信息等关键信息的泄露将会给企业带来严重的影响。而交易数据的准确性是维系企业间合作的重要纽带。保证数据安全,防止数据做假和被篡改的风险、提高供应链溯源能力都是企业在供应链管理中急需思考的问题。

(4)上下游之间的信任问题:供应链管理的最高境界是内外协同,而协同的前提是信任。传统的供应链管理强调"中心化"管理模式,以解决上下游的协作协同问题，供应链上的大小事务，例如，采购、计划、生产、物流、退货等通常由链主（核心企业）进行"中心化"的设计、协调和管理，甚至是CPFR、JIT、VMI、供应链金融"1＋N"等工具方法也是围绕链主进行统一的规划和协调，由于链主管理幅度、影响力以及管理能力有限，有效的信用保障无法在整个供应链上实施。没有一个围绕商品的完全可信的集合所有商品信息的平台。

"区块链"是分布式数据存储、点对点传输、共识机制、加密算法等计算机技术的新型应用模式，本文针对传统供应链中的上述问题，探讨"区块链"技术在供应链中的解决方案。

（二）区块链技术

1. 区块链概述

区块链（block chain）是比特币的底层技术和基础架构，作为一种分布式共享数据库技术，已经引起学术界和产业界的高度重视，并且在金融领域有了一定的应用。2016年5月，货币区块链研究中心出版了国内第一本介绍区块链的书籍《区块链：定义未来金融与经济新格局》，其中介绍了区块链技术对未来金融与经济带来的影响。它可以通过去中心化的分布式账本、加密技术、共识机制保证数据的安全、透明和共享。从本质上看，区块链技术是一种不依赖第三方、通过自身分布式节点进行网络数据存储、验证、传递和交流的一种技术方案。从金融会计的角度，它是一种分布式、开放性的去中心化大型网络记账簿，任何人任何时间都可以采用相同的技术标准加入自己的信息，延伸区块链，持续满足各种需求带来的数据录入需要。

区块链利用块链式数据结构来验证与存储数据，链接信息用于验证其信息的有效性，起到防伪作用；利用分布式节点共识算法来生成和更新数据，实现数据同步；利用密码学的方式保证数据传输和访问的安全；利用自动化脚本代码组成的智能合约来编程和操作数据保证业务自动准确执行。

2. 区块链构成原理

区块链中记录了交易的信息，一台运行区块链程序的电脑代表一个节点，也可以表示一个企业的服务器，每一个方块代表区块链账本的一个区块，每一个节点 N_i（i=1，…，n）都存有区块链的副本。如果有新的交易发生，系统将会以广播的形式告知所有节点交易正在发生，每一个节点收到广播后，将新的交易收集到一个区块中；然后，每一个节点开始生成一个随机数，然后根据加密算法计算这个随机数的哈希（Hash）值，与系统随机数进行匹配；当有一个节点得出的答案与系统随机数匹配时，就广播通知其他节点停止计算哈希值，表示该节点抢到了记账权利；抢到记账权利的节点对交易进行验证，将包含交易的信息写入到自己的区块中，然后将这个区块广播给其他的节点；其他节点接收这个区块，然后把这个区块添加到区块链的链上，形成正式的区块。由于所有的节点都将交易信息添加到自己的链中，也就是说所有的节点都给这个交易作证，不需要中间机构或中介机构，即实现区块链中的去中心化。

区块链将全部交易加上时间戳的方法随机散列后形成区块链间的指针，该指针用于区块之间的链接。时间戳能够证实某数据在特定时刻是真实存在的，只有在该时刻存在数据才能获取相应的随机散列值。每个时间戳将前一个时间戳纳入其随机散列值中，每一个随后的时间戳都对之前的一个时间戳进行增强，这样就形成了一个链条。假设数据块产生的顺序是 A、B、C，$h0$、$h1$、$h2$ 分别为数据 A、B、C 的哈希头（链指针），$Nonce0$、$Nonce1$、$Nonce2$ 分别为 A、B、C 交易产生的随机数，符号"$\|$"代表连接，那么：

$$h0 = Hash(A \| Nonce0) \tag{1}$$

$$h1 = Hash(B \| h0 \| Nonce1) \tag{2}$$

$$h2 = Hash(C \| h1 \| Nonce2) \tag{3}$$

由式（1）~式（3）可知，每一个区块的头部都是由上一个区块的头部＋随机数而产生，由于 Hash 函数不可逆，如果根据函数输出而去反推输入形式，在 A、B、C 已知的情况下，只能不断更改 Nonce 值来穷举计算使得 $h0$、$h1$、$h2$ 符合要求。在这个过程中，如果所有节点遵守协议且在最长的哈希链后计算新的头部，那么区块链工作机制正常。如果要篡改交易数据，就需要拥有强大的计算能力，在诚实者都遵守规则的情况下，重新计算一个链条分叉甚至直接计算出一个新的链条，让所有节点都承认是非常困难的事情。因此，这就保证了交易信息完整性。区块链形成原理如图 2 所示。

随机数加密链接解决了交易的信任和安全问题，由于分布在不同地方的多个节点共同参与交易记账，且每一个节点记账都是完整的账目，因此这种分布式账本技术使得节点可以参与监督交易的合法性，同时也可以为交易作证，防止了中心化数据库（单一记账）交易数据造假。从另一方面来说，诚实节点计算出新的哈希头的概率 p 和不诚实节点计算出新的哈希头的概率 q 后，算出一

个 N 值。此 N 值是给出了当一个新的哈希头部 $h1$ 计算出来在其后追加 N 个头部（$h2$，$h3$，$h4$，…）后，网络才应该承认这个新的头部 $h1$。因为，攻击者要想成功发动攻击，至少需要计算出一个长度大于 N 的分支，这个概率在攻击者没有掌握全网算力 50% 的时候是很难达到。即在记账节点足够多且每一个节点上的数据都是完全备份的，所有节点数据全部被篡改的可能性几乎没有，也就不存在交易数据丢失和篡改问题，极大地保证了数据的安全性。

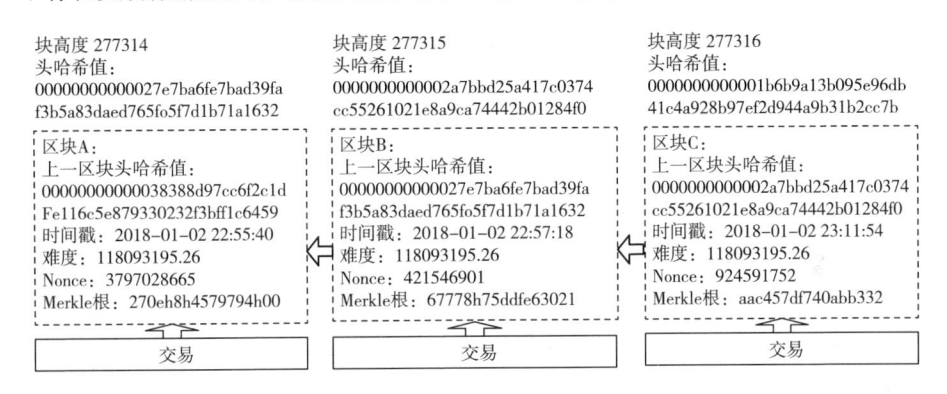

```
块高度 277314                    块高度 277315                    块高度 277316
头哈希值：                        头哈希值：                        头哈希值：
0000000000027e7ba6fe7bad39fa    00000000000002a7bbd25a417c0374  000000000001b6b9a13b095e96db
f3b5a83daed765fo5f7d1b71a1632   cc55261021e8a9ca74442b01284f0  41c4a928b97ef2d944a9b31b2cc7b

区块A：                          区块B：                          区块C：
上一区块头哈希值：                上一区块头哈希值：                上一区块头哈希值：
00000000000038388d97cc6f2c1d    0000000000027e7ba6fe7bad39fa    00000000000002a7bbd25a417c0374
Fe116c5e879330232f3bff1c6459    f3b5a83daed765fo5f7d1b71a1632   cc55261021e8a9ca74442b01284f0
时间戳：2018-01-02 22:55:40      时间戳：2018-01-02 22:57:18      时间戳：2018-01-02 23:11:54
难度：118093195.26               难度：118093195.26               难度：118093195.26
Nonce: 3797028665                Nonce: 421546901                Nonce: 924591752
Merkle根：270eh8h4579794h00     Merkle根：67778h75ddfe63021     Merkle根：aac457df740abb332

     交易                             交易                             交易
```

图 1　区块链形成原理

时间戳的重要意义在于其使数据区块形成了新的结构，区块按时间的先后顺序排列使得"账簿"的页与页的记录也具有了连续性。通过给交易印上时间标签，使得每一笔交易都具有了唯一性，这就使交易在区块和区块上的哪个位置上发生可以精确定位且可回溯，解决了数据回溯问题。

二、供应链信息平台

供应链行业往往涉及诸多实体，包括物流、资金流、信息流等，这些实体之间存在大量复杂的协作和沟通。传统模式下，不同实体各自保存各自的供应链信息，严重缺乏透明度，造成了较高的时间成本和金钱成本，而且一旦出现问题（冒领、货物假冒等）难以追查和处理。以区块链为底层技术，构建供应链、金融机构、监管部门的高度自动化供应链信息平台，能够围绕核心企业搭建一条包括制造商、供应商、分销商、零售商、物流公司、终端用户、售后服务等在内的联盟链，将资金流、信息流、货物流都记录在链上，货物流上链可以结合物联网技术，进一步简化协同工作。保障供应链各环节的信息高效、自主地流转，提高供应链各环节信息的透明度，在不确定环境下建立互信共赢灵活的供应链生态系统。

针对上述问题，采用以区块链为基础架构的供应链信息平台可以实现去中心化、交易共享、信息安全、防篡改。平台自上而下一般可以分为六层：应用层、合约层、共识层、网络层、数据层和基础设施层。其中，数据层、网络层、共识层是实现区块链技术的基本保障，数据层封装了底层数据区块以及数据加密和时间戳技术；网络层分布式组网机制、数据传播机制和身份验证机制等；共识层封装了整个系统的共识算法，负责提供能让高度分散的节点在去中心化的系统中高效地针对区块数据的有效性达成共识。常见的共识机制包括POW（工作量证明）、POS（权益证明）、DPOS（董事会决策）等，是实现区块链去中心化特性、保证网络不被恶意节点攻击的关键。合约层封装区块链系统的各类脚本代码、算法以及供应链实体、金融机构、监管机构之间信息流、商流、资金流复杂的智能合约，用以完成供应链上的交易行为和交易细节。应用层用于实现去中心化的协议，即供应链实体、金融机构、监管机构通过接口形成分布式数据管理，进而实现数据共享。系统架构如图2所示。

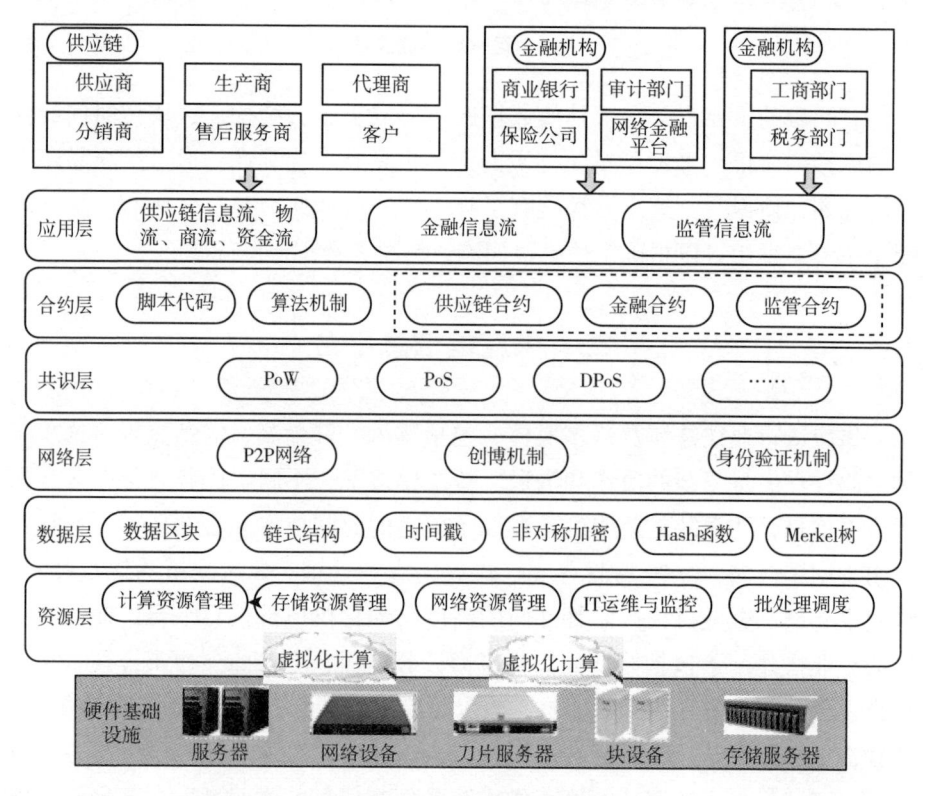

图2　供应链信息管理平台架构

基于应用层，供应链联盟、金融机构、监管机构可以有效利用区块链上记录的商流信息、资金流信息、物流信息，解决金融机构、监管机构与供应链企业之间的信息不对称问题，通过合约层的智能合约，自动执行诸如供应链实体之间的商品交付、资金流转、金融服务、监管条例的执行等问题，打破部门之间的信息壁垒，形成一个共赢的信息化供应链生态体系。在该平台基础上，对传统供应链上有关数据安全、实体信任、产品溯源等问题，提出了解决对策。

1. 信息共享及安全问题

图3中，各个交易实体以区块链为接口，企业可以直接上传其产品在生产、流通过程中的全部数据，建立自己的记账节点，也可以与其上下游企业合作，整合数据，共同建立一个节点，且不同节点之间能够共享全链数据，根据参与实体的签名，判断是否具有数据共享权限，这样可以解决供应链企业信息共享问题，通过区块链共识机制，防止参与实体对交易数据的更改。可以随机产生记账受托人，在所有委托记账人随机交叉验证共识机制（RVD-PoS）互相验证身份，然后选择一个满足记账条件的记账人生成区块，所以，整个信息平台具有动态性和多重身份验证的特点。如若某一主体有问题，则该主体将从平台剔除，为供应链上发展较好的中小企业提供记账的权利，同时，缓解投票者冷漠的问题。随机记账模式还进一步防止记账人提前作弊，多重验证改变了单一记账人的验证模式，多个记账人同时验证，提升了交易信息的可靠性。

2. 信任问题

区块链技术可通过构建分布式共享的联盟链，在供应链联盟企业间提供更加高效的信息共享机制，使下游各节点之间构建完整且流畅的信息流，从而快速建立信任。区块链采用非对称加密算法解决供应链上用户的信任问题，采用非对称加密算法，每个实体拥有一对密钥（pk, PK），即公钥 PK 和私钥 pk，其中专属公钥公布给全网用户，全网用户采用相同的加密或解密算法，而私钥只有用户本人掌握。用户用私钥加密交易信息，其他用户用公钥解密信息。区块链技术使用哈希算法生成交易数据，并在数据尾部使用私钥 pk 数字签名，其他用户通过公钥解密可验证数据来源的真实性。由于 Hash 函数不可逆，那么供应链上用户不可能篡改数据，信息的不对称性大大降低，数据可以在供应链的上下游之间无损流动，企业之间的沟通成本也随之降低，解决了信息失真扭曲的问题。

3. 产品溯源

产品从供应链源头生产到供应链末端的消费者手中，相关的信息以交易的形式记录在区块链中。供应链上的产品 p_j 由工厂 f_i 生产并检验发货，p_j 的密钥对为 $(pk(p_j), PK(p_j))$，其中 $pk(p_j)$ 为产品 p_j 的私钥，$PK(p_j)$ 为公钥。同理，工厂 f_i 的密钥对为 $(pk(f_i), PK(f_i))$，如果 p_j 检验合格，则 p_j 的生产信息记录为 $\text{Rec}(p_j)$ 和 $\text{Rec}(f_i)$，表明产品的产品及产地信息。产品发货给下一级厂商 s_w，则 f_i 对交易信息进行签名，$pk(f_i)(hash(p_j \| Nonce))$，$s_w$ 使用 $PK(f_i)$ 对签名信息进行验证，即 $PK(f_i)(pk(f_i)(hash(p_j \| Nonce)))$，从而可以判断是否是工厂 f_i 的发货信息。

在运输阶段，单品在各个机构（储运商、零售商等）的内部供应链中流动，部门与产品流动的验证可以采用"部门签名+产品签名"这种联合签名的方式实现信息验证及区块的生成，即 $pk(p_i)(hash(p_j \| Nonce))$ & $pk(A_i)(hash(p_j \| Nonce))$，其中 $pk(A_i)$ 为产品接收部门的私钥。这样，后续部门依次进行签名，$pk(p_i)kpk(p_1)(hash(p_j \| Nonce))$ & $pk(A_i)kpk(A_1)(hash(p_j \| Nonce))$，不但可以追溯到产品的流动过程，而且还可以对产品的真伪进行判断。使用交易主体公开密钥，不断验证前序交易，就可以对供应链产品进行溯源。

4. 防伪验证

目前，供应链商品管理的颗粒度只能到 SKU 层，具体到每一个产品没有 ID，采用区块链技术的供应链可以将商品 ID 注册到链上，使其拥有一个唯一的数字身份，再通过共同维护的账本来记录这个数字身份的所有信息，达到验证效果。用户可以得到包括产地、厂商、材料质地、设计理念、品牌故事等信息。

三、区块链对大数据分析的作用

区块链是一种不可篡改的、全历史的分布式数据库存储技术，巨大的区块链数据集合包含着每一笔交易的全部历史，随着区块链技术的应用迅速发展，数据规模会越来越大，不同业务场景区块链的数据融合会进一步扩大数据规模和丰富性。

（1）区块链以其可信任性、安全性和不可篡改性，让更多数据被解放出来，推进数据的海量增长。区块链的可追溯性使得数据从采集、交易、流通到计算分析的每一步记录都可以留存在区块链上，使得数据的质量获得前所未有的强信任背书，也保证了数据分析结果的正确性和数据挖掘的效果。

（2）区块链能够进一步规范供应链数据的使用，精细化授权范围。脱敏后的数据交易流通，有利于突破信息孤岛，建立数据横向流通机制，形成"社会化大数据"。区块链提供的是账本的完整性，数据统计分析的能力较弱。大数据则具备海量数据存储技术和灵活高效的分析技术，极大提升区块链数据的价值和使用空间。

（3）区块链技术通过多签名私钥、加密技术、安全多方计算技术来防止数据隐私及核心数据泄露情况的出现。当数据被哈希后放置在区块链上，使用数字签名技术，能够让获得授权的实体才可以对数据进行访问。通过私钥既保证数据私密性，又可以共享给授权研究机构。数据统一存储在去中心化的区块链上，在不访问原始数据情况下进行数据分析，既可以对数据的私密性进行保护，又可以安全地提供给需要的部门。

（4）对于个人或机构有价值的数据资产，可以利用区块链对其进行注册，交易记录是全网认可的、透明的、可追溯的，明确了大数据资产来源、所有权、使用权和流通路径，对数据资产交易具有很大价值。

四、结 束 语

供应链参与主体多、地域分布零散、时间跨度长等特点要求供应链参与主体必须相互信任以进行高效的信息交互。本文在充分研究现有供应链系统，结合区块链技术设计了随机交叉验证共识机制（RVDPoS），以保证数据的安全性，分层密钥管理实现产品的溯源及交易实体信任方案。其中供应链信息平台充分利用了区块链技术的去中心化、交易共享、信息安全、防篡改特点，为供应链信息化提供了新的思路。通过构建集供应链联盟、金融、监管一体的互信共赢的信息化平台，将不同职能部门有效地连接起来，形成了一个集共享程度高、信息流转效率高、信息可靠、可溯源的供应链互信共赢生态体系。但是，区块链技术在供应链系统中还面临许多挑战，如开发成本大、主体多等，通过解决这些问题能够推动区块链在供应链体系中发挥更大的作用。

参考文献

[1] 曹二保,赖明勇.成本和需求同时扰动时供应链协调合约研究[J].管理科学学报,2010,13(7):9-15.

[2] 顾彦.区块链+大数据:给数据"加戳"、"加密"[J].中国战略新兴产业,2016(19):38-40.

[3] 郁莲,邓恩艳.区块链技术.中国计算机学会通讯,2017,13(5):10-15.

[4] 周立群,李智华.区块链在供应链金融的应用[J].信息系统工程,2016(7):49-51.

[5] 朱建明,付永贵.基于区块链的供应链动态多中心协同认证模型[J].网络与信息安全学报,2016,2(1):27-33.

[6] Abeyratne, S. A., Monfared, R. P.. Blockchain ready manufacturing supply chain using distributed ledger [J]. *International Journal of Research in Engineering and Technology*,2016,5(9):1-10.

[7] Baganha, M. P., Cohen, M. A.. The stabilizing effect of inventory in supply chains. [J]. *Operations Research*,2017(46).

[8] Feng Tian. An agri-food supply chain traceability system for China based on RFID &. blockchain technology [C]/2016 13th International Conference on Service Systems and Service Management [M]. Kunming, 2016.

[9] Kim, H. M., Laskowski, M.. Towards an ontology-driven blockchain design for supply chain provenance [J]. *Social Science Electronic Publishing*,2016.

[10] Korpela, K., Hallikas, J., Dahlberg, T.. Digital supply chain transformation toward blockchain integration [C]// Hawaii International Conference on System Sciences. 2017.

[11] McConaghy, T., Marques, R., Müller, A., De Jonghe, D., McConaghy, T. T., McMullen, G., Henderson, R., Bellemare, S, Granzotto, A.. BigchainDB: A Scalable Blockchain Database. 2016.

[12] UK Government Chief Scientific Adviser. Distributed ledger technology: Beyond block chain, UK government office for science. 2016. https://www.

gov. uk/government/uploads/system/uploads/attachment _ data/file/492972/gs-16-1-distributed-ledger-technology. Pdf.

［13］ Vincenzo Morabito. Business Innovation Through Blockchain ［M］. Springer International Publishing, 2017.

［14］ Wright, A. , De Filippi, P. . Decentralized blockchain technology and the rise of lex cryptographia ［J］. *Social Science Electronic Publishing*, 2015.

［15］ Zyskind, G. , Nathan, O. , Pentland, A. . Decentralizing privacy: using blockchain to protect personal Data ［C］// IEEE Security and Privacy Workshops. IEEE Computer Society, 2015: 180 – 184.

我国第三方电子支付风险及管控研究

方丽娟[*]

摘要： 近年来，我国第三方电子支付发展迅速，但其蓬勃发展的背后隐含着诸多问题和风险。第三方电子支付存在的主要风险有非面对面交易模式风险、操作风险、信息与网络风险、金融安全风险等。政府监管部门、第三方电子支付机构及相关组织需采取有效措施进行风险管控，具体措施包括完善相关的法律法规、加快我国信用体系建设、完善第三方电子支付机构安防措施及相关制度、构建监管组织体系进行协同管控、采取静态与动态结合及线下与线上结合的监管模式等。

关键词： 第三方电子支付；风险；安全；管控

近些年来，第三方电子支付在我国"异军突起"，第三方电子支付不仅降低了交易成本，而且方便了社会公众交付结算，用户群体不断壮大。但第三方电子支付的发展与风险并存，如果风险管控不当或不到位，会给国民经济的稳定造成极大隐患。目前我国对第三方电子支付的管控在相关制度、机制、模式等方面尚不完善。从企业、政府及相关参与者自身的不足出发，分析第三方电子支付存在的风险并提出有效的管控措施，对第三方电子支付行业的发展和国民经济的稳定具有重要意义。

一、我国第三方电子支付的发展现状

目前，我国第三方电子支付已深入网络购物的支付、缴纳水电气费以及转账、手机充值、驾照违章查询、社保查询、滴滴出行等人们生活的方方面

---

[*] 方丽娟，西北政法大学商学院讲师，理学硕士。

面。据央行对外发布的《2016年第三季度支付体系运行总体情况》显示，三季度社会资金交易规模持续扩大，全国支付体系平稳运行，支付业务量稳步增长，其中非银行支付机构处理网络支付业务8440.28亿笔，金额26.34万亿元，同比分别增长106.83%和105.82%。而第三方电子支付高速发展的数字背后隐藏着此行业的诸多问题，如违规转让、存在大量虚假商户、未实质开展支付业务、支付业务不符合标准要求、擅自转让以及违规挪用、占用客户备用金，侵害消费者权益等。央行共发放了八批270张支付牌照，但4家机构因涉嫌挪用备付金、非法吸储、伪造交易等被注销牌照，在今年央行公布的三批支付牌照续展结果中，10家机构被要求合并，以此计算，截至目前市场仅存255张支付牌照。另外，利用第三方电子支付机构进行诈骗、洗钱，因使用第三方电子支付造成个人隐私信息泄露的案例频发，这些问题的存在极大地影响了第三方支付行业的健康发展。

二、我国第三方电子支付存在的主要风险

（一）非面对面交易模式的风险

第三方电子支付通常基于各种支付平台进行交易，采用的是非面对面的交易模式。第三方支付平台是指和国内外各大银行签约，并具备一定实力和信誉保障的第三方独立机构提供的交易支持平台。相对于面对面的交易，这种交易方式的买卖双方以第三方支付平台为中介完成交易，交易过程以信息网络为媒介。这种非面对面交易模式具有以下风险。

1. 身份验证难以做到名实相符的风险

一是在账户开立环节存在风险。第三方支付平台对用户身份的确认主要依据用户在平台中提供的身份证号码、手机号码等信息，但对身份信息的提供者是否与本人一致没有进一步认证。如果用户身份一旦泄露便存在被不法分子冒用的风险。二是在交易环节存在风险。在一些委托扣款等无卡支付业务中身份验证更为简单，仅凭持卡人姓名、身份证号、电话号码等信息，甚至只凭验证码来完成客户的支付，对支付操作是否是本人实施的行为没有相应的安全措施，这进一步加大了支付的风险。例如，2016年某用户的支付宝账户被盗刷25000元就是名实不符的案例。由于我国没有对未授权支付风险的承担进行相应的规定，加之第三方支付机构往往在预先协议或在事后的处

理中将损失转嫁给受害者，从而损害了第三方支付服务主体的利益。

2. 信用风险

第三方支付过程是在虚拟的空间中完成的，在电子商务交易中通过资金托管的方式，解决了买卖双方的信任问题。但是第三方支付平台并未提供真正意义上的信用担保服务，而是一种货币转移活动。买卖双方在进行交易后的一段时间才完成支付，支付行为与交易行为的分离使支付风险从交易风险中独立出来。即使买卖双方没有实际的交易，资金流动依然能完成。加之我国目前没有一套完善的约束个人、企业的诚信体制，信用风险依然是威胁第三方支付的最大风险。

（二）操作风险

随着电商的发展和普及，使用第三方电子支付的用户群体无论从地区、年龄、受教育程度等方面差别很大，因此对各种支付平台的甄别、操作的熟练程度、安全防范意识等方面参差不齐，据统计中老年人成为遭受欺诈的重灾区。他们在进行操作时，易被引诱登录陌生网站，重要信息泄露、遭受欺诈的风险随时存在。

（三）信息与网络系统风险

1. 个人信息泄露风险

第三方电子支付中的个人信息主要是支付服务客户的个人数据，包括两类：一是个人基本信息，例如，姓名、年龄、联系电话、住址、电子邮箱地址、证件号码、收入状况、健康状况、消费习惯等；二是交易信息，例如，银行账户和密码、交易趋向等。这些信息在用户使用第三方电子支付的过程中被收集并掌握，而客户对这些信息的使用范围及去向无法控制。除第三方支付系统本身会导致客户个人信息泄露外，第三方支付机构的工作及管理人员交易违规的情况时有发生，更有甚者将个人信息出售给其他个人或机构，个人信息面临非法交易的风险。电子支付类敏感信息的泄露，将给客户造成更为严重的金融损失。

2. 信息网络系统安全风险

首先，第三方电子支付需要依赖计算机系统和网络设施，由于系统本身存在缺陷、漏洞或后门，当支付系统本身出现故障或密码被入侵者破译，第三方电子支付将面临巨大的安全风险。其次，第三方电子支付的各种信息或数据被保存在数据库中，数据库系统成为黑客攻击的重要目标。此外，信息系统随时有遭受病毒攻击的风险。一旦这些风险出现，不仅使该支付业务无法进行，甚至波及整个支付体系。最后，第三方电子支付网络面临黑客的恶意攻击、拒绝服务攻击、病毒等安全威胁。黑客通过扫描网络中系统及应用程序的漏洞，并使用攻击工具对网络进行攻击，非法入侵网络并获得资源的使用和管理权。拒绝服务攻击是指攻击者首先利用计算机病毒控制网络上大量的"傀儡主机"，然后控制"傀儡主机"在短时间内发送大量的请求到某台指定的服务器，因访问量超过服务器的承载能力，而导致目标服务器崩溃，不能提供正常的网络服务。

（四）金融安全风险

1. 洗钱风险

一是隐蔽的资金转移风险。由于第三方电子支付机构参与结算业务中，改变了银行与交易双方原有的联系，银行无法确定买卖双方的真实关系，为资金转移提供了隐蔽渠道。同时，第三方电子支付机构整合了不同银行间的支付方式，资金在不同银行机构之间的流转切断了银行对客户资金的追溯，进一步增加了利用第三方电子支付机构洗钱的风险。二是便捷的资金套现风险。第三方电子支付平台具有的提现功能，使付款人可以选择事前绑定的账户，也可重新选择回转账户，这为信用卡套现提供了便捷渠道。三是资金跨境支付风险。由于支付机构作为两次割裂交易的发起人，能够方便地运用两地平衡的方法，人为改变资金流向，从而将其收到的境内汇出资金转入境外汇入的境内目标账户，从而使得银行基本上无法对这部分跨境资金交易进行监控。

2. 支付与金融业务跨界融合产生的风险

第三方电子支付在"互联网＋金融"的发展中，创新出一些跨行业交叉的投融资产品，因其具有的普惠性在短时间内可涉及上亿消费者。而不同平台的交易流程具有差异性，监管部门难以核实交易过程，控制交易程序，对这些产品的风险评估与监管可能尚不到位，风险一旦爆发，危害程度及影响范围较大。

除以上风险外，第三方电子支付还面临着市场垄断格局的风险。在支付业务规模或者关键的支付技术大量集中于少数几家支付提供者手中时，如果单一支付提供者出现经营风险或信用风险，将可能影响整个支付体系的正常运行。此外，第三方电子支付还面临政策风险、法律风险等。

三、我国第三方电子支付风险的管控措施

（一）完善相关的法律法规

1. 完善第三方电子支付服务信息披露的相关法律

我国第三方电子支付服务信息披露的立法尚不完善。例如，2015年5月，支付宝出现全国性的网络故障，历时2个多小时，影响3亿用户。针对如此巨大的事件，支付宝公司并未正式发布报告披露事件发生确切原因、影响以及相关处理方案。由于第三方电子支付机构相对用户来说处于明显的优势地位，往往通过滥用格式条款维护自身利益而损害客户利益。完善第三方电子支付服务的信息披露制度，需对《非金融机构支付服务管理办法》进行充实，对信息披露的种类、方式、方法进行系统规定。可借鉴美国的经验，美国将第三方电子支付的民事法律调整纳入小额电子支付的法律体系，其中《电子资金划拨法》和联储E条例有关信息披露的制度设计值得借鉴。

2. 完善我国网络个人信息的保护

我国个人信息保护领域主要存在没有专门立法或立法模糊，制度内容、法律责任机制等不足。应明确第三方电子支付个人信息保护立法的规制对象、例外情况、用户对个人信息的权利、设立统一的个人信息保护执行机构等。

3. 完善我国第三方电子支付市场准入制度

应适度促进银行与第三方支付机构的竞争，从审查期限、通知程序、救济机制等方面完善准入制度和监管机构的程序控制。

4. 完善第三方电子支付的资金监管

2017年1月13日，央行发布《关于实施支付机构客户备付金集中存管有关事项的通知》称，自4月17日起，支付机构应将客户备付金按照一定比例交存至指定机构专用存款账户。这样可以解决客户备付金面临的大多数风险问题，但我国第三方电子支付资金监管仍面临立法和相关制度不健全等问题。因此，我们要通过健全第三方支付机构的内部控制机制来防范、控制资金风险，加强中国人民银行在第三方支付市场的监管机制，构建完善风险准备金、客户备付金风险保障制度、明晰备付金收益分配渠道等。

5. 强化第三方电子支付反洗钱的监管

转变第三方电子支付反洗钱的监管理念，平衡监管与第三方电子支付的创新。借鉴国外第三方电子支付反洗钱监管实践的经验，完善我国第三方电子支付反洗钱的监管内容和监管体系。

（二）加快建立我国信用体系建设

通过立法立规，建立行业发展的基础许可与信任。在国家层面建立相配套的数据隐私及安全保护体系，明确个人信息采集与使用的原则及边界，特别是数据拥有者和使用者各自的权责利，促进行业法制化的健康发展。制定行业标准，建立统一的信用信息采集、共享与使用机制，制定统一的信用评估指标。动员金融机构、增信服务机构、第三方数据平台、市场化征信机构、个人等多方力量共同参与建设信用数据库，实现商务诚信信息、行业、企业、政府部门信用信息共享。促进诚信文化建设，加强信用意识，提高征信主体自律与信用制度的约束。

（三）第三方电子支付机构的自我完善

1. 第三方电子支付机构不断完善自身安防制度和监管措施

第三方电子支付机构应建立完善的信息管理及保密制度。一方面，支付机构对支付平台中的重要信息，如客户身份信息、交易信息等，建立严格的保密制度，对管理人员、保管方式、使用、传递、销毁等制定严格的管理制度。另一方面，支付机构还应采取自查自纠等措施来防范平台的服务客户和终止客户的信息泄露。

2. 第三方电子支付机构不断完善改进自身安防技术和措施

第一，确保核心支付系统的实体安全。对核心支付系统中的设备及工作环境按照国家标准甚至高于国家标准进行防范，并进行定期维护和检修。对核心支付系统的运营及管理人员的活动、安全处理进行详细记录和保存。第二，确保核心支付系统的应用和数据安全。对支付核心主机的系统或软件更改配置、安装升级进行内部管理控制，保留审计日志及相应记录。对应用程序开发过程进行质量和安全控制。制定研发规范和协调制度，由专门的测试人员进行测试，并运用仿真模拟运行环境对程序测试运行。支付机构还需对核心支付系统数据制定备份恢复计划，备份信息和恢复信息必须保存相应记录。第三，完善改进第三方支付平台信息网络系统的安全防范技术。除了运用加密技术、安全电子交易协议、黑客防范技术、虚拟专用网技术、反病毒等技术外，对身份认证技术及操作流程进行改进，做到名实相符，提高账户监控的精准度。还应运用智能防控系统为核心的实时监控技术，提高风险事件的响应速度。另外，将大数据技术应用在安防中，通过对人的行为状态记录的搜集、存储和综合分析可体现信息间的协同，从而提高风险的识别和判断能力。第四，建立完备的应急响应机制。制定应急处理预案，建立灾后恢复系统，保障系统故障恢复能力。

3. 强化教育，加大宣传，提升安全意识

第三方电子支付的风险有很大一部分来自内部，因此对内应加强员工职业道德教育和安全教育；对外应加大客户安全宣传力度，提升客户的安全知识和防范意识，从源头上降低信息泄露、遭受诈骗的风险。

（四）建立第三方电子支付监管组织体系协同管控机制

1. 第三方电子支付监管组织体系的构成

第三方电子支付监管组织体系主要由政府监管部门、行业自律机构、第三方电子支付机构内部监管组织、社会公众监督等组成。第一，由于第三方电子支付创新性、普惠性强，衍生的监管问题较多，由中国人民银行主导的单一监管模式无法适应监管的现实需要，因此第三方电子支付的政府监管部门应由中国人民银行、商业银行、银监会、信息产业部门、公安部、外管局等组成。监管由中国人民银行主导，商业银行协作，银监会协助，信息产业部门、公安部、外管局辅助进行。第二，中国支付清算协会是我国支付清算服务行业自律组织。行业协会应当以职业道德为支柱，通过自律性行规对会员进行管理，形成自检、互检制度，对政府监管起重要的补充作用。第三，第三方电子支付机构内部监管组织通过制定相应的制度和措施，使其经营活动合法合规，采取有效风险防控措施。第四，充分发挥社会公众的舆论监督作用，强化社会公众的参与意识和监督意识，保障公开、公平、公正的监督。

2. 第三方电子支付监管组织体系协同管控机制及措施

首先，建立第三方电子支付监管组织体系协同监管机制，提高部门之间快速反应和高效协同能力。各部门风险管控人员建立长效沟通机制，优化协调程序，有效控制风险。建立横向、纵向信息快速沟通机制，各部门协同配合防止监管漏洞、降低监管成本、提供监管效率。其次，建立跨地区支付系统协同监管机制。建立跨地区支付监管联系工作制度，明确划分支付机构法人所在地人民银行分支机构和支付机构支付服务行为发生地人民银行分支机构的监管职责，适度增加支付机构服务行为发生地人民银行分支机构的监管权限，授权支付行为发生地人民银行分支机构对支付服务主体具有跨地区的实施行政执法检查和行政处罚的权力。此外，还要建立异地快速查询冻结机制，完善风险事故补救措施。

（五）静态与动态结合、线下与线上结合的监管模式

首先，对第三方电子支付的静态监管一般根据历史性资料进行监管，动态监管是对其发展过程进行持续性、全面的监管。静态监管因时间间隔较长，难以迅速、准确地检测出第三方支付机构的风险。动态监管比较适应第三方支付产品多样化的特点，但监管成本较高，因此，将静态监管与动态监管有效地结合起来，采取以动态监管为主，静态监管为辅的监管方式。为保证动态监管的有效实施，应改变银行与第三方电子支付机构的竞争关系为合作关系，设立独立的动态监管部门，对接银行与第三方电子支付机构的系统，以合作共赢的方式实施监管。

其次，线下监管是监管部门的工作人员进入第三方支付机构，查阅相关资料，核实、检查相关凭证和报表，评价其经营状况、风险管理及内控制度。线下监管容易发现一些隐蔽性问题，但时间间隔较长，费时费力。线上监管是基于监管机制，利用网络或信息手段，及时、连续性收集支付机构的经营管理资料和财务数据，进行评测和监管的方式。其具有成本低、便利性、高效性等优势，但难以发现一些隐匿问题。因此，应以线上监管为主，线下监管为辅，将线下与线上监管有效结合起来，相互补充、相互完善。

四、结　　论

作为互联网发展的产物，第三方电子支付基于长尾理论定位于小微支付领域，因而具有较高的便利性和普惠性。然而，第三方电子支付良莠不齐，政策法规还不完善，相关制度和技术有待提高，第三方电子支付的发展仍存在诸多问题和风险。监管部门应提高自身的监管水平，制定合理的监管制度，

协调相关部门进行有效的监管。在合理的管控之下，扶持第三方支付机构走向规范化发展的道路。

参考文献

［1］蒋先玲，徐晓兰．第三方支付态势与监管：自互联网金融观察［J］．改革，2014（6）：113－121．

［2］雷兵，司胜林．电子商务典型案例分析［M］．第2版．北京：电子工业出版社，2016：153．

［3］李莉莎．第三方电子支付法律问题研究［M］．北京：法律出版社，2014：123，117．

［4］零壹财经．中国个人征信行业报告（2015）|BCG［EB/OL］．［2016－04－02］．<http：//www.01caijing.com/article/3164.htm>．

［5］孟显勇．电子商务安全管理与支付［M］．北京：清华大学出版社，2014：43－44．

［6］中国电子商务研究中心．【金融研究】第三方支付洗钱风险及监管建议［EB/OL］．［2016－11－07］．<http：//www.100ec.cn/detail-6367932.html>．

［7］中国电子商务研究中心．关于增强零售支付领域身份验证安全性的对策［EB/OL］．［2015－11－16］．<http：//www.100ec.cn/detail-6292111.html>．

［8］中国电子商务研究中心．盘点：2016年移动支付行业值得关注的14组数据［EB/OL］．［2017－01－13］．<http：//www.100ec.cn/detail-6380251.html>．

内部审计与财务风险管控

我国大型企业财务风险及其防范的思考

国创锋* 李翠翠

摘要：随着经济发展，企业承受着市场竞争加大而带来的财务风险。本文以长安汽车为例，从筹资、投资、经营、利益分配四个方面分别对外部宏观环境和内部自身进行分析，提出了发展贵于"精"、均衡投资渠道、注重企业财务管理系统建设、坚强企业财务信息建设、注重分配方式等防范大型企业财务风险问题的措施。

关键词：大型企业；财务风险；成因；措施

一、引　言

随着市场经济的发展，现代企业大都开始转型成为市场型企业。随着市场因素越发灵活多变，金融环境就变得更加不可控制。企业要想在行业内争得一席之地，就必须注重对财务管理这个问题的掌控。回顾国内关于财务方面的研究，郭仲伟（1987）借鉴国外的风险相关理论，运用定性和定量相结合的研究方法，系统全面地阐述了风险分析与决策的理论[1]。刘思录、汤谷良（1989）第一次从财务风险的定义特征管理步骤与方法等方面作了全面论述。于川（1994）立足于我国国情对我国的经济风险作了深刻的剖析，这对于我国的财务管理来说是一个里程碑式的发展[2]。无论国内还是国外，在研究财务风险时都比较注重理论性，提出的方法都是共用的，缺少具体问题具体分析的能力。本文着重于大型企业财务风险问题的研究，首先也从理论上明确财务风险是指企业在经营过程中所涉及的诸多不确定因素，包括筹资、

---

* 国创峰，陕西省通信管理局财务部部长。
[1] 郭仲伟. 风险分析与决策 [M]. 机械工业出版社，1986.
[2] 于川. 风险经济学导论 [M]. 中国铁道出版社，1994.

使用和利润分配等，这些不确定性可能给企业带来一些意想不到的控制损失，实际的财务收入和预期收益在盈利能力和偿债能力方面均会下降；继而通过对长安汽车这个实际案例入手希望能在共性之中找到个性，让企业能够准确认识分析财务风险，制定高质量的财务风险措施，降低财务风险，提高企业的经营管理能力。

二、大型企业财务风险的内容及表现形式

财务风险作为一个企业必须面对的命题，贯穿于一个企业全部的经营管理过程。但不同行业不同阶段的企业所面临的财务风险不同，为了更具有典型意义，本文以长安汽车为例进行分析。长安汽车作为中国汽车的领先品牌，是四大集团阵营企业之一，其辉煌战绩不容小觑，在汽车业界的地位也不可撼动。但是从长安汽车对外披露的上一个周期的财务报表来看，长安汽车在财务管理方面的决策有好的一面，但也出现了一些问题。我们要仔细分析，找出问题，把财务风险的隐患扼杀在萌芽期。

（一）筹资风险

随着金融市场越发变化多端，大型企业筹资决策时会受到相关筹资决策环境和金融衍生工具的影响，加大了筹资活动中的财务风险。大型企业资金的来源除了实收资本外，还包括债务筹资。在债务筹资中，由于债务的还款期限，还款方式以及还款金额都是一定的，所以如果大型企业的资产负债比过大，即负债资金占所有资金的比重过大，那么当发生经营和现金流方面的危机时，大型企业就无法按期还本付息，从而导致偿债风险，如果不能及时化解，则有可能会导致大型企业破产清算。从表1和表2中的数据来看，长安汽车的投资流入在2012年有一个小高峰，这表明长安汽车在这一年投资收益比前几年好。从筹资流入来讲，2011年和2012年的流入都比较大，但是这两年的筹资活动中借款所占的比例反而减少了，这表明长安汽车在这两年充分利用财务杠杆，扩大了再生产能力。从以上分析来看，长安汽车的发展前景还是比较好的。

表1　　　　　　　　　　　　资金流入　　　　　　　　　　　单位：%

相关比率	2009年	2010年	2011年	2012年	2013年
经营流入占比	85.77	93.44	80.87	78.14	90.16
投资流入占比	5.38	3.73	3.91	6.02	3.94
筹资流入占比	8.85	2.83	15.23	15.84	5.90
经营活动流入中销售收入所占比例	98.42	98.77	96.68	97.14	96.58
投资活动中投资和其他与投资活动有关的现金所占比例	99.58	96.00	96.15	99.87	98.92
筹资活动中借款所占比例	94.67	88.27	29.66	61.15	89.78

资料来源：百度百科。

表2　　　　　　　　　　　　资产周转

项目	2009年	2010年	2011年	2012年	2013年
应收账款周转率	93.62	121.64	58.37	62.41	94.04
存货周转率	9.68	10.83	6.77	5.31	6.59
固定资产周转率	7.21	8.04	4.24	2.96	2.94
总资产周转率	1.27	1.2	0.79	0.71	0.77
流动资产周转率	2.57	2.19	1.65	1.67	1.87

资料来源：百度百科。

（二）投资风险

投资风险一般表现为企业在进行投资时预估计划会产生偏差，比如预期收益率降低，甚至还存在本利皆失的可能性。一般有以下两种可能性：其一，投资项目无法按预期投入生产或者已经投入生产，但是结果发生亏损；其二，投资项目的利润率还比不上银行的存款利率，这就使得机会成本加大，企业反而产生亏损。

大型企业中存在投资风险的原因主要有两点。第一，流动资产引起的风险。流动资产分为现金、应收票据、存货、预付账款、交易性金融资产等。流动资产是大型企业变现能力和偿债能力的保障，如果流动资产存在结构不合理、政策错误以及价格波动等问题，那么不仅投资的获利性不足，还会影响资金的周转，从而产生投资风险。第二，非流动资产引起的风险。非流动资产由固定资产、长期债券等构成，具有投资数额巨大，时间跨度大等特点，回收周期也相对较长。所以，即使这类项目的收益可观，但是由于货币的时间价值、现金流量及周转周期等因素的影响，也会引致投资风险。从表1和表2中的数据中分析出长安汽车在这几年的权益负债率是非常大的，特别是2011年和2012年，借款所占比例较少，那么相应的权益负债就比较大。一方面，这说明长安汽车的长期偿债能力下降。其中，2012年比2011年的权益比率上升，而且还是大幅度的增加，这说明长安汽车在利用负债来提高再生产能力，扩大生产规模。另一方面，从2010~2012年的短期偿债能力指标来看，在这三年里，长安汽车的流动比率都小于安全值2，而且非常接近2，这证明长安汽车的短期偿债能力也非常差。而且比流动比率更能反映短期偿债能力的还有一个指标就是速动比率。速动比率的标准值是1。从速动比率来看，长安汽车这几年都是小于1的，所以这更加证明了长安汽车的短期偿债能力是非常低的。从偿债能力来分析的话，长安汽车是存在财务风险隐患的。

（三）经营风险

一个大型企业的生产经营活动不是一个封闭式的活动，会有很多不确定的因素对其产生影响。一旦企业的资金运动迟缓，就容易造成资金链混乱。目前，我国大型企业都是偏实物类的企业，比如汽车、机械等，存货在流动资产中所占的比重比较大。而且这些存货大都是超储存积压存货，流动性是非常差的。所以一旦大型企业的经营理念采用长期库存存货，迎面而来的就可能是存货的市价下跌和保管出现差错等问题带来的损失。另一个潜在问题就是，大型企业为了抢占市场，采用赊销方式销售产品，以增加销量，但是，企业在这一过程中没有仔细认真地了解客户的信用等级，从而造成应收账款失控，无法收回这些应收账款，这些资产不仅无法在本企业中发挥作用，还会成为坏账，引起财务风险。从表2的数据可知，长安汽车的流动资产在2012年的周转速度比2010年和2011年慢，这表明长安汽车流动资产的利用效率低。特别是应收账款的周转率、存货的周转率都应该格外注意。存货周转率是指营业成本与存货平均余额的比值。存货周转率越快，公司的变现能力就越好，相应地，营运能力就越强。从表1和表2可知，长安汽车的管理效率也值得重视。

（四）利益分配风险

大型企业是一个自负盈亏的组织，在遵守国家相关法律法规的前提下，有权自主分配其剩余盈利。大型企业可以自主决定发放多少利润作为股东权利和留存多少利润作为企业今后扩大生产规模的资本。利益分配作为企业风险管理的最后一环，用什么方式分配剩余利益、在什么时间进行分配都会对企业的偿付能力和再生产能力产生一定的影响。如果股利较少，投资者得利较少，则企业声誉和股价都会受到损害，而且投资者的积极性被挫伤，对今后的融资活动也不利，企业无法长期发展。如果大型企业的留存收益过少，就会影响企业的偿债能力和扩大再生产的能力。所以要求大型企业在利益分配时要兼顾股东利益和公司长远发展的需要。

根据前文我们对长安汽车案例的分析可以得出，大型企业的财务风险内容和表现形式多样。资金来源、投资方式、经营理念和利益分配，环环相扣，无论是哪一部分，我们都不能忽视。为了企业的发展，我们要从局部入手，逐一分析解决。

三、大型企业财务风险成因分析

（一）自身因素

1. 经营决策失误

目前，有些大型企业为了获得更大的利益，扩大生产线，追求更快地发展速度，涉足不同的行业方向，即所谓的"不把鸡蛋放在同一篮子"投资原则。但是如若不量体裁衣，只一味盲目地往前发展，不仅不会获利，还会遭受更大的损失。从表1和表2可以分析得知，长安汽车2012年的盈利能力与2010年和2011年相比是大幅度降低的，主营业务收入也越来越小，从而导致各项指标在2012年都陷入了低谷期。这说明长安汽车在其发展战略上过多地追求发展速度，比如加速拓宽新市场，在其余领域实施投资计划，试图做到多管齐下，注重"快"而忽略"精"，从而导致其主营业务反而受到了影响，盈利能力变差。

2. 资金结构不合理

资金结构是指各项资金所占的比例。而负债、流动资金在各项资金中所占的比重是最受大家关注的。负债过多，流动性过小，容易使企业的资金链断裂，陷入金融危机，造成财务风险。根据前文我们的分析得出，长安汽车短期偿债能力是非常弱的，远远够不上行业标准，这就容易造成长安汽车的资金结构陷入危机。

3. 企业财务管理方式与财务管理系统不够科学和完善

长安汽车作为一个大型企业，经过了几十年的风雨，管理人员的思想相对落后，不能与时俱进，做出了不少不科学的决策，给生产经营带来了许多不必要的麻烦，形成了管理风险。而且，没有形成一个相互制衡的管理系统，故企业在不断变化的环境面前，应对企业财务风险的能力比较欠缺。

4. 财务决策不科学

当前，不少大型企业在进行财务决策时采用经验决策和主观决策，而没有依照满意原则，根据财务的分析和论证来进行决策。显然，这样作出的财务决策，无法保证其正确性，很容易造成财务风险。根据表1和表2可以看到长安汽车在2012年营运也有一个低谷期，主要是因为2012年的存货积压太多，周转率下降，并且流动资产的周转率也越来越低，所以导致长安汽车的营运能力大幅度地减弱。

5. 财务人员知识储备不足，风险意识薄弱

财务风险可能存在于企业经营管理的各个环节，但是绝大多数的相关工作人员在工作过程中根本没有意识到财务风险的严峻性，相关财务风险的知识储备不足。故而他们在工作过程中，并没有注重相关抵御风险知识的学习培训，应对财务风险的能力不足。只有做好财务人员的培训，才能促进发展。

6. 财务信息化运用效率不高

信息在财务管理中处于关键地位。但是，在实际运用中，信息还存在传递不及时、不安全的现象，使得信息没有在决策中发挥其最大的作用。

（二）外部环境

企业作为个体存在于市场中，与外部环境保持着各种联系，我国任何一个企业的发展都离不开政府和市场。所以，国家的政策、法律，金融市场的利率和货币汇率的变动都会给企业的财务管理带来影响。

1. 经济环境的影响

影响企业经济发展的因素很多，社会经济发展也有低谷，如果在企业的环境中没有把握社会经济的发展曲线，不遵循规律发展，那么就把企业的发展置于危险的境地，给企业财务活动带来了危机。

2. 法律环境的影响

中央关于企业发展制定出台了各种各样的经济法规与政策，以确保社会经济健康有序发展。企业的财务活动，必须符合相关法律法规，应该准确认识违法财务活动给企业带来的损失。

3. 利率、汇率的影响

这个主要是针对进出口企业以及对外资有依赖的企业。利率下降，汇率的多变性都会在某种程度使企业成本增加。

四、大型企业财务风险的应对措施探索

（一）背靠政府面向市场寻求发展机会

首先，对于国家宏观经济环境带来的财务风险，企业是无法完全克服的。大型企业只有发挥主观能动性，采取相应的措施对瞬息万变的宏观经济环境进行非常仔细、及时、全面的分析和研究，才能提高企业的应变能力和适应能力。长安汽车应该审时度势，抓住时代发展的大势，背靠政府面向市场顺势发展。比如，当国家出台新的经济法规来保障推动社会经济健康发展时，长安汽车组织员工进行学习；当货币升值或者汇率变动时，根据企业自身的发展状况和财务状况，采取相应的应对措施。

其次，政府应该加强对大型企业的信贷支持。我国商业银行必须采取正确可行的信贷评价体系，对诚信、回报可靠、健康的企业放宽放贷条件，大力支持企业的资金需求。

最后，政府部门应加大政策扶持。政府各级部门应该加快商业银行相关贷款审批程序的改进，建立健全提供融资服务的信贷机构，出台有利于企业健康发展的政策。

（二）发展贵在"精"而不在于"多"

大型企业一旦采用收购、兼并、新建的方式开发新的经营领域，就会分散企业的财务资源，所以如果企业在这个过程中没有形成足够的市场竞争力，不仅不能提高企业的盈利能力和抵御风险的能力，而且还会有大幅度下降的危机。所以，长安汽车应该提高研发能力，发展推出更加节能环保的车型，加强与国内外品牌的合作，做跨国生意，不要一味想着去收购兼并；可以聘

请世界级的代言明星，适当加大广告经费，从而打开世界市场，提高在世界市场上的占比率。

（三）加强资金管理保持良好的财务状况

根据企业的财务报表，制定符合企业自身状况的资金比例，优化资金结构，调整资产负债率、流动比率、存货周转率、应收账款周转率等，以达到最好的比例。比如在进行应收账款的管理时，长安汽车事前应该对和其有业务往来的公司进行相关的一系列信用调查，制定科学合理的信用政策，事中应该加强会计核算和监控，事后应该执行合理的清对和催收办法。而对于负债而言，因为长安汽车的长期偿债能力比短期偿债能力好，所以长安汽车完全可以通过长期借款来代替短期借款，比如向银行借贷或者是向大众发行债券。

（四）注重企业财务管理系统的建设与发展

为了解决企业在变化多端的经济环境中所面临的财务风险问题，长安汽车应该吸纳一批有新思想的财务管理人员来推动企业内部财务层面的改革，必须建立健全机构制度，整顿财务从业人员的职业道德，提高他们的职业能力；重视财务管理工作的每一个细节问题，从小处做起，为财务管理展开相关工作营造一个严谨、规范的环境，建立健全财务管理制度，完善企业财务风险制度。

（五）提高财务决策水平做出科学决策

长安汽车的决策者在进行财务决策时应该在研发上加大财务投入，提高技术，或者是在采购体系方面下功夫，又或者是调整产品营销策略从而降低产品成本。总之，在进行重大投资项目的决策时，决策者要收集准确可靠的经济信息，把握影响决策的相关因素，寻求专业人员的意见，运用科学的计算方法，从而使决策者提高决策能力，减少决策失误，做到科学决策。

（六）加强财务人员的风险管理意识和能力的培训

长安汽车的财务人员必须认识到财务风险的严峻性，增强风险意识，把财务风险防范措施落实到每一个环节上。而且也应该树立创新意识，在面对机遇和挑战时，能有更好地环境应变能力和适应能力。

（七）加强企业信息化建设，提高会计信息质量

为了确保企业做出科学的经营决策，更好地规避财务风险，长安汽车应当建立健全信息系统，提高信息搜集能力，注重会计信息质量。

五、结　　语

综上所述，企业虽然无法杜绝财务风险的发生，但是可以从各个环节之中采取正确的措施以求将财务风险带来的损失降到最低。本文以长安汽车为例，对大型企业的财务风险进行了讨论。首先分析了大型企业财务风险的内容和表现形式，主要是筹资、投资、经营和利益分配四个环节，然后从外部宏观环境和内部自身原因分析它们发生的原因，最后从原因入手，找出一一对应的解决措施。本文涉及了财务风险的大部分方面，试图做到全面，同时也具有独特性。但是因为涉及长安汽车的内部机密，所以无法找到其最新的财务报表，只能找到上一个周期的，而且因为个人学识和实践经历的限制，文章内容还是过于表面化和理论化，没有做到和实际的接轨，防范措施的可操作性还不强。我以后会继续努力，希望能站在巨人的肩膀上吸收理论，脚踏实地促发展。

参考文献

[1] 查梦汐. 浅谈中小企业财务风险形成的原因和防范措施 [J]. 现代营销，2015 (7).

[2] 陈亚. 企业财务风险成因及其防范 [J]. 合作经济与科技，2016 (3).

[3] 郭仲伟. 风险分析与决策 [M]. 北京：机械工业出版社，1986.

[4] 李朝璇. 企业财务风险的分析与防范 [J]. 经营管理者，2016 (8).

[5] 李瑞. 长安汽车股份有限公司财务报告分析 [J]. 商场现代化，2016 (7).

[6] 林琳. 企业财务风险评价研究 [J]. 北方经贸，2014 (12).

[7] 龙小梅.企业财务风险的成因及其防范措施 [J].经营管理者,2015 (2).

[8] 王彬,丁晓莉.长安汽车公司财务报表分析 [J].新西部,2014 (1).

[9] 文甜.长安汽车公司的财务报表分析 [J].商,2014 (2).

[10] 武培业.对企业财务风险若干问题的探讨 [J].商场现代化,2013 (13).

[11] 杨宏丽.企业财务风险的成因 [J].内蒙古科技与经济,2012 (13).

[12] 翟华.企业财务风险及其防范对策 [J].智富时代,2016 (4).

[13] 朱蓓莉.企业财务风险成因与防范对策 [J].现代营销,2013 (11).

风险导向审计模式下的内部审计质量控制研究

刘鹏伟 张 秦*

摘要：内部审计质量的提高有利于增强审计报告的科学性和合理性，提高审计效率，完善企业内部控制。从风险管理视角，找出目前影响内部审计质量的影响因素主要有：内部审计法律法规问题，内部审计制度构建问题、内部审计人员素质问题和内部审计内容方法问题，并提出提高内部审计质量控制，需要完善内部审计法规、提高内部审计部门独立性、提高内部审计人员独立性以及创新审计方式方法的措施。

关键词：风险；内部审计；审计质量；控制

一、引　言

内部审计，在完善内部控制、监督受托经济责任、提高企业治理能力等方面有着重要作用，被称之为企业自身的"免疫系统"。然而，这些重要作用必须在审计质量的基础之上才能更好地发挥，企业管理者在内部审计报告的基础上判断企业管理薄弱点，分析受托责任履行情况以及制定一系列管理方案。可以说内部审计直接影响着企业管理的发展方向和侧重点，内部审计质量如何，直接关系到企业治理效率与水平。

在实际操作中，由于企业自身的内部审计制度设计缺陷以及审计人员胜任能力不足或独立性受影响等固有问题，导致内部审计质量始终存在风险。在此情况下，如何找出内部审计存在的固有问题并解决以防范审计风险、提高审计质量就成为理论和实务界共同关注的问题。

---

* 刘鹏伟，西北政法大学总会计师，硕士生导师；张秦，西北政法大学商学院硕士研究生。

二、内部审计风险与内部审计质量的逻辑联系

（一）内部审计风险

1. 内部审计的产生与发展

我国审计发展起步很早，在西周时期就出现了国家审计的萌芽，在之后的朝代中不断发展，至宋时设立审计院，"审计"正式出现。宋朝以后的封建王朝再未设立专门的审计部门。直至辛亥革命后，北洋政府和南京国民政府才正式颁布《审计法》。中华人民共和国成立后的三十多年内鉴于特殊的国情，国家审计工作一直由财政部主持，1983年审计署正式成立，新中国的国家审计主管单位终于正式确立。

随着国家审计制度的建立与完善，我国内部审计制度也得到了发展。1985年8月审计署颁发了《内部审计暂行规定》，为内部审计提供了法律依据。1989年审计署又颁布了《关于内部审计的规定》，通过行政法规形式确定了内部审计的基本管理制度。1994年颁布的《审计法》中又提出"国务院各部门和地方人民政府各部门、国有的金融机构和企业、事业组织，应当按照国家有关规定建立健全内部审计制度。"至此，在法律中明确了国有企事业单位的内部审计工作。之后审计署又于1995年颁发了《关于内部审计工作的规定》，该规定进一步细化了内部审计的职责，明确了内部审计的方向。为适应新时期新的发展情况，以及我国加入WTO的新环境，中国内部审计师学会在审计署的安排下更名为中国内部审计师协会，成为内部审计行业的全国性组织。进入21世纪后，我国内部审计工作开始了更加全面的发展阶段，2003年审计署颁布的《审计署关于内部审计的规定》，将内部审计从国家审计的管理体系中划分出来，内部审计开始步入了法制化发展轨道。

从职能上看，在2003年6月中国内部审计师协会发布的《内部审计基本准则》中，也将内部审计职能从单纯的监督职能扩展到监督和评价两项职能，这无疑加强了内部审计的权力范围，扩展了内部审计边界。鉴于增加了内部审计的职能，2013年中国内部审计师协会又修订了《中国内部审计准则》，将内部审计定义为："内部审计是一种独立、客观的确认和咨询活动，它通过运用系统、规范的方法，审查和评价组织的业务活动、内部控制和风险管理的适当性和有效性，以促进组织完善治理、增加价值和实现目标。"

准则明确规定了内部审计的目标是实现价值增值，并将内部审计职能从监督评价转变为确认和咨询，也对内部审计提出了风险管理的要求。2018年1月12日，审计署公布了最新的《审计署关于内部审计工作的规定》，该规定对内部审计的机构人员管理、职责权限、程序、审计结果运用、工作监督和责任追究等方面进行了详细的规定，并在附则中明确表示不属于审计机关审计监督对象的企业也可以参照该规定执行内部审计工作。至此，审计署对于企业内部审计的规定基本实现了全覆盖。短短数十年间，我国内部审计就有了长足的发展，为后续的内部审计理论和实务打下了坚实的基础。

2. 内部审计风险的概念和实质

根据2018年审计署公布的《审计署关于内部审计工作的规定》中第三条的规定："内部审计是指对本单位及所属单位财政财务收支、经济活动、内部控制、风险管理实施独立、客观的监督、评价和建议，以促进单位完善治理、实现目标的活动。"当审计工作或审计结果偏离了其目标或职能，风险就产生了。

具体来看，内部审计风险是指，企业内部审计部门或工作人员在审计工作中有意或无意对存在重大错误的财务报表或其他对企业经营存在重大影响的事件发表不正确审计结论，从而造成了被审计对象及其利益相关方的利益损失，并由审计主体承担责任的风险。

可见，审计风险实质上包含着客观和主观两个方面的内容。一方面可能是审计师认为被审计对象是公允的，但实际中存在着重大错误，审计人员并未发现而产生重大错报漏报。另一方面可能被审计对象实质上是正确的，而审计人员在工作中判断失误而认为是错误的。

内部审计作为企业内部控制的一种方法和手段，是为内部控制服务的，其目的也只是为了完善企业内部管理，实现价值增值，满足企业利益相关人的审计需求。2008年5月22日，财政部会同证监会、审计署、银监会、保监会等部门联合制定了《企业内部控制基本规范》，该规范与2009年7月1日在上市公司范围实行，并鼓励未上市的大中型企业实行。此次基本规范的发布，规定了内部控制的基本原则和基本要素等内容，并专门强调企业应在董事会下设立审计委员会，加强内部审计工作，保证内部审计部门和内部审计人员的独立性；内部审计机构要对内部控制有效性进行监督检查，发现控制缺陷有权直接报告。在企业风险控制中要求全面系统持续地收集相关信息，结合实际情况，及时进行风险评估、控制和评价。2017年9月29日财政部又印发了《小企业内部控制规范（试行）》的通知，亦规定小企业内部控制应当遵循风险导向原则。鉴于小企业自身情况，不设置专门内部审计部门，但可聘请外部专家进行咨询。

因此，内部审计风险主要是指，内部审计人员在审计活动中由于审计方法不当而对会计报表或经营活动发表不当审计报告，或未发现重大错误，而使企业受到损失的风险。

（二）内部审计质量控制

1. 审计质量

从广义上来看，审计质量是整个审计工作总体的质量，它包括审计过程的管理和审计业务的质量；而在狭义上，审计质量主要是审计业务的质量，重点是审计的工作效果以及审计结果与目标的达成程度。也即从狭义上来看，审计质量包括审计业务的质量和审计结果的质量，审计业务质量是审计结果质量的基础，审计人员在审计工作中将审计业务进行得好，审计结果才能好。然而审计质量不是一种可以直接用数据测量的变量。因此学术界在研究审计质量的过程中，一般会通过一些可观察的审计产出或者审计行为来设计可替代的指标，据此来衡量审计质量的优劣（刘峰，2007）。从不同角度研究审计质量，会得出不同的结论。蔡春等（2008）指出，审计质量的衡量指标主要有审计品牌、事务所的规模、盈余管理及审计收费这四项。经过多年不断的发展，目前的学者从更多不同角度对审计质量的衡量因素做了研究。刘斌等（2014）研究认为，审计制度环境和审计市场集中度是影响审计质量的重要变量。而周兰等（2015）从社会和审计师角度做了研究，认为媒体的负面报道与审计师的变更是衡量审计质量的重要指标。可见衡量审计质量的指标很多，从任意角度都能设计指标来衡量审计质量。

而在内部审计领域，作为企业的"免疫系统"，其质量主要是内部审计工作在企业经营控制中发挥作用的大小。一方面，鉴于不同企业对内部审计部门的设置不同，审计效果和质量也有差异，一般来讲，内部审计部门制度设计的独立性和审计质量呈现正相关关系；另一方面，内部审计工作主要是人的工作，审计人员的工作胜任力会显著影响内部审计质量。内部审计工作的质量亦与企业整体组织设计和管理高层态度有关，内部审计部门与其他部门联系紧密，相互配合，审计报告才更加具有说服力；同时，高层的支持也会提高内部审计工作的动力,促进内部审计部门的建议落到实处,更好发挥内部审计作用,提高内部审计质量。

2. 内部审计质量控制

在内部审计中,审计质量主要是指审计过程和结果的优劣程度,审计质量是审计工作有效性的基础,对审计工作的效果和审计工作的发展有直接影响。审计质量控制是审计部门运用制度或其他方法对审计工作过程和审计结果的合规性、真实性和效率性进行的管理和监督。内部审计质量控制重点是找出影响内部审计质量的因素并将其发生的可能降至最低,也即是控制影响内部审计质量的因素发生的风险。

(三)内部审计风险与内部审计质量的关系

内部审计质量作为审计工作人员和内部审计报告的需求者共同关注的问题,其质量的优劣直接影响到内部审计工作的存在和发展。从风险管理角度来看,内部审计风险和内部审计质量存在着辩证关系。通过运用风险控制方法对内部审计中的风险进行管控,能够有效降低和控制内部审计风险发生的概率,从而提高内部审计质量;内部审计质量的提高又能降低内部审计的风险,因为内部审计质量高间接说明了内部审计人员在审计工作中严格按照审计规定工作,运用了科学的审计方法,得到的审计结论准确。如果内部审计质量水平低,则说明内部审计人员的审计工作没有做好,内部审计产生风险的可能性大,风险发生概率高。因此,内部审计风险与内部审计质量二者相互促进,内部审计风险控制越好,越有助于提高内部审计质量;内部审计质量高,则有利于降低内部审计风险的发生。

三、内部审计质量的主要风险

我国内部审计发展较为迅速,但由于起步较晚,还存在很多问题。实践中披露的不少企业虚假财报和其他作假案例中,很大程度上是由于内部审计质量控制不佳造成的。通过文献的搜集整理以及现实中发现的问题,归纳出目前我国内部审计质量影响因素有以下几点。

(一)内部审计法律法规风险

内部审计法律法规不够完善是导致审计风险的重要原因之一。由于法律规定和行业规范不健全，导致出现大量灰色区域。在任何社会任何行业，只有将行为人的行为放在法律和规则的范围内才能高效管理，社会和行业才能良性运行。我国内部审计相关法律法规和行业规范以及从业人员道德准则虽然已有发展，但未能跟上内部审计发展的速度。目前我国对内部审计相关法律问题的规制主要是《审计法》《会计法》以及其他相关财经法规，并无专门的内部审计法。就《审计法》来看，其主要规制国家审计，并没有专门的章节对内部审计加以规制，仅有附带性法律条文要求内部审计要接受国家审计的监督。这种规定不具有强制性和可操作性，没有实际意义。对内部审计的规制主要是行政性法规、地方性法规和一些行业准则。在没有专门的内部审计法律时，行政性法规和行业准则对内部审计管理规制发挥着重要作用。但其发挥的作用始终无法比拟专门的法律规范。

国家审计署于 2003 年颁布了《审计署关于内部审计工作的规定》，制定了 19 条关于内部审计工作的规定。中国内部审计师协会也于同年制定了《内部审计基本准则》和《内部审计人员职业道德规范》，列出了内部审计人员具体的工作规范和道德准则。在各项准则制定后，中国内部审计师协会又根据实际情况对准则内容做了经常性的修改，一定程度上提高了内部审计相关规范的科学性。然而在我国改革不断加深的背景下，内部审计立法工作和相关行业规范依旧没能跟上变化并发挥最大作用。

（二）内部审计制度构建风险

提高内部审计质量最首要的关注点应该是保证内部审计人员独立性的问题。审计中只有保证审计人员的独立性才能使审计人员工作不受外部影响，公正客观地给出审计报告，这种独立性要求并非某个审计人员或管理人员所能决定，需要制定符合内部审计独立性要求的规章制度，以制度保证内部审计独立性。在目前的实践中，无论国有、私有的大中型企业中虽设有内部审计制度，然而其内部审计机构设置多数与其他机构处于平级地位，内部审计部门直接受董事会领导，部分企业受监事会或总经理领导，企业上层管理部门均可影响到内部审计部门，严重影响了审计部门的审计独立性和客观性。

在企业内部审计部门的制度构建上不仅要考虑内部审计部门的职责权力安排问题，也需要落实内部审计人员的职责权限，并进行相应的违规追责机制。对于内部审计的制度构建来说，没有确立内部审计独立性的制度必然不利于内部审计作用的发挥;奖惩制度不规范,同样会引起内部审计风险的发生。

(三) 内部审计人员素质风险

审计工作终归是人的工作,审计人员在工作中能否发现和披露问题以及披露程度如何,都直接影响着审计报告的质量高低。一方面,审计人员在工作中必须包括审计专业知识和技能、职业道德以及积累的内部审计经验。另一方面,在如今信息化快速发展的时代,审计人员还需拥有解决问题、创新方法、风险管控等方面的管理素质。

审计人员的审计过程中必须要依法依规办事,自觉践行审计职业道德。实践中审计工作人员能运用知识技能发现问题,然而一旦面临被审计对象的威逼利诱,会直接导致审计风险的产生,严重影响审计质量。尤其在如今审计对象与审计环境复杂化的情况下,审计从业人员工作中面对新情况,没有经验辅助和新方法的支撑,容易对被审计对象产生误判,从而产生审计风险。

另外,在目前的环境下,内部审计已经不再单纯地要求财务审计,更多的要将内部审计结果作为企业决策的参考,如果审计人员不能整体把握企业经营的整体思想和风险管控手段,将会使内部审计效果与内部审计目标产生偏离,内部审计质量将大大降低,无法发挥应有的作用。

(四) 内部审计内容方法风险

在如今国企改革进入深水区的背景下,内部审计面临的风险也在加大。党的十八大报告指出,要毫不动摇巩固和发展公有制经济,推行公有制多种实现形式,深化国有企业改革,完善各类国有资产管理体制,推动国有资本更多投向关系国家安全和国民经济命脉的重要行业和关键领域,不断增强国有经济活力、控制力、影响力[①]。党的十八大以来,国企改革深入推进,暴露出国企改制中审计面临的一系列重大问题。转制过程中审计环节缺失,审计流于形式,或是将本该进行审计的内容采用资产评估的方法处理,将企业资产的合法性和真实性至于不顾。不少人利用管理混乱和转制漏洞,大量中

---

① 十八大报告全文,人民网。

饱私囊，造成国有资产流失，这种情况下仅依靠旧的审计方式方法，必然产生审计风险，内部审计质量严重不达标。习近平总书记在 2017 年的十九大报告中再次强调要深化国有企业改革，内部审计面临的新环境为审计内容和审计方法提出了新要求。

随着信息时代的到来，企业在财务收支上有了新的方式方法，非现金业务逐渐增多，金融产品和金融衍生品不断丰富，投融资方式日益多元化，伴随的不确定性也逐渐增多，进一步提高了审计难度。同时，由于企业经营管理是一个全面的过程，企业经营中某个环节出现差错将会导致企业整体利益受损，因此内部审计也应当注重全面性。目前的审计中主要还是对各个审计对象或项目分别审计，查处某处问题就解决某项问题，不能综合全面地看待问题或风险的发生存在的关联性，内部审计效率与效果不佳。

传统的审计方法不能有效解决全部问题，面对新的审计内容以及"审计全覆盖"的要求，如没有新的审计方法，必然不能有效进行监督和审核，更不能发现问题，披露问题，内部审计风险将大大提高。

四、提升内部审计质量的措施

内部审计质量的提高是全面的过程，任何问题得不到有效解决都会导致审计质量下滑，风险导向的内部审计质量控制中，需要重点考虑并实施如下措施。

（一）健全内部审计法律法规，完善行业自律准则

内部审计所处的环境随时代不断变化而变化，在完善审计法规和行业准则时必须紧跟内部审计职能目标，顺应内部审计发展需要，不断更新审计准则以完善内部审计管理规范。

我国内部审计在 2003 年才从国家审计的管理体系中划分出来，在与之相关的法律问题上受《审计法》《会计法》及其他相关财经法规规制，然而《审计法》主要规制国家审计，对内部审计效力有限；其他财经法规也只有部分法律效力，内部审计在立法上有很大不足。因此，规避内部审计法律风险，目前最重要的是加快内部审计的立法工作，广大内部审计工作人员及与内部审计相关的利益全体要积极将内部审计立法的提案交全国人大审议，尽快形成专门的内部审计法律，以对我国内部审计工作进行全面的法

律规范。

建议中的《内部审计法》应规制包括国有企业、私营企业、合资企业、中小企业等全部类型的企业单位。内部审计部门机构的设置，首先要保证内部审计工作的独立性和权威性，在制度上确保内部审计对风险控制能力和对企业经营管理活动的监督能力；在内部审计工作程序方面要强调持续审计和全过程审计，从内部审计工作开始到结束的各项工作都需涉及；在内部审计人员规制方面，应明确内部审计师权利职责和奖惩、内部审计工作方法、内部审计师职权、法律责任、保密制度等规范。

在《内部审计法》未颁布之前，对《审计法》做适当修改是可取之法，可增加版块以规制内部审计问题；对《公司法》做适当修改和完善，确立内部审计在公司中的地位和制度安排，亦可增加对内部审计规定的章节。另外，要进一步完善行业自律准则和规范，法律尚不完善的情况下，行业协会制定的行业自律准则和规范对整个行业发展至关重要。根据环境变化不断添加和调整准则，以期提高内部审计工作的效率，发挥内部审计社会效益，防范内部审计风险。

法律的规定对内部审计来说无疑是权威且有强制性的，它为内部审计各项工作指明了可行的道路和范围。在有明确的法律规定下，审计人员自由裁量权少了，外部干扰也减少了，可以防止审计人员错误操作。由此降低内部审计风险，提高内部审计质量。

（二）依规设置审计机构，保障审计工作的独立性

由于内部审计机构设置没有专门的法律规范，《企业内部控制基本规范》的规定的指导性意见也不能囊括所有企业。因此，对企业内部审计来说，企业的高层权力机构如股东会或股东大会、董事会、监事会等的重视和支持就显得十分重要。保证内部审计质量最重要的一点就是保证内部审计的独立性，审计没有独立性，审计质量就大打折扣，因此必须设置独立的审计部门，不仅在隶属关系上需要独立，审计部门预算、人员、工作等方式也要独立于被审计部门，审计部门工作人员独立行使审计职权。保证审计过程不受公司经理、股东和外部人员干涉。另外，还需注意审计部门的设置需要体现出内部审计权威，以减少审计工作中的阻力，提高审计效率，降低审计成本。因此，企业内部审计部门应该受董事会的直接和唯一领导，审计部门经费由董事会管理，最大限度地保证内部审计独立性。根据《企业内部控制基本规范》的

规定，上市公司应在董事会下设立审计委员会，并鼓励未上市的大中型企业参考该规范设置。董事会作为公司的决策机构，领导审计委员会有利于保证审计委员会的独立性，加强内部审计工作的权威，并且审计委员会发现问题可以直接向董事会报告，有利于董事会提高决策的科学性。

为最大限度地保证内部审计机构的独立性，甚至有学者提出在股东会或股东大会下设置内部审计机构。作为企业最高权力机构，内部审计机构设立在股东会或股东大会下必然会提高其独立性。然而现实问题是股东会和股东大会是一种非常设的最高权力机关，在其下设置内部审计机构必然会产生日常管理的问题，审计机关在发现问题后报告至股东会或股东大会需要在定期或不定期的会议上，不如在董事会管理下的灵活性高。因此，在股东会或股东大会下设置内部审计机构需要进行更加详细科学的制度设计。

内部审计独立性得到提高，其审计工作过程受到的干扰少，在没有利益纠葛的情况下，审计人员才能更自主地做出公正客观的审计意见，审计质量才能得到保障。

（三）提高内部审计人员素质，树立风险管理意识

加强内部审计人才队伍建设，是防范和控制内部审计风险最行之有效的举措。内部审计质量最重要的保证就是审计人员保证，建设高水平高效率的审计人才队伍是提高内部审计质量的基础。一方面，要严格审计人员进入机制，选拔有水平有能力的审计人才进入审计队伍；另一方面，要加强对审计人员的技能培训，通过定期和不定期的培训学习，实施继续教育，不断强化审计从业人员职业道德修养，使其在加强基础技能的提高时拓展企业管理、风险防控、投融资等方面的知识，培养企业管理思想。有利于审计从业人员从宏观上把控审计风险，不断适应内部审计环境变化。

在对审计人员的管理上，要建立科学的奖罚机制和激励机制，形成一套行之有效的审计质量指标体系，加强对内部审计人员的考核和评估，通过设立审计工作优秀奖励等制度，运用物质和精神上的奖励来刺激审计工作人员的工作积极性，鼓励工作人员深入审计，披露发现的问题。将评比考核体系纳入审计人员晋升体系，促使审计工作人员规范自身行为。在此需注意的是，对于内部审计人员的考核评估工作应当由董事会或股东会直接进行，不应让其他部门考核以形成权力制衡，降低内部审计独立性。

内部审计人员整体素质得到提高，其审计工作过程和审计结果质量必然

能有效提高，尤其是在风险管理为导向的审计中，审计人员会注重潜在的风险，其审计质量控制必然有效。

（四）创新内部审计方式方法，建立风险评估机制

在新的审计环境下，被审计对象不断复杂化，财经违法违规手段日益隐蔽，无疑增加了内部审计工作查处违法违规问题的难度。以传统的经济核查方法必然会有所遗漏，随着生产经营形式的不断发展，内部审计工作从一开始的财务审计逐步发展，先后出现了经营决策审计、经济责任审计、经营风险审计和投资审计等审计项目，审计对象日益复杂，审计内容日益多样，对审计工作提出了严峻的考验。内部审计需要不断创新方式方法，尤其是在如今的企业经营环境下，风险问题日益突出，风险管控成为企业亟待解决的问题。

在目前信息技术快速发展的背景下，内部审计手段也要跟紧。新环境下审计技术创新，可以重点把握以下方向。

1. 大数据审计

在云计算和大数据技术已经成熟的情况下，将大数据技术引入内部审计工作中，实施大数据审计，可以大大提高审计效率和准确性。通过设立内部审计数据分析平台，将企业审计对象数据化，用大量数据做支撑，通过逻辑严密的计算机语言来综合显示审计结果，并结合实践经验来得出审计报告，一方面可以通过大量的数据信息来提高内部审计的科学性，另一方面由于综合了被审计对象的信息，有利于把握企业内部中各个部门风险和问题的关联性，强化内部审计作用。

2. 网络实时审计

由于目前信息技术已经十分成熟，企业办公大都实现了网络化，在企业经营过程中，管理者不仅需要定期的审计结果以把握企业经营状况，在瞬息万变的商业环境中，管理者更需要时刻掌握运营各种状况，通过网络连接，建立数据库，实时传递信息，审计工作人员根据最新信息做出审计报告，不再需要等待会计期末才根据财务报表和其他信息做出审计建议，在会计期间即可根据实时信息初步判断运营情况和风险发生程度。

企业内部审计部门的审计工作应当在审计过程中突出风险审计的作用，以审计的方法核查生产经营中的各项风险，运用新的审计方式方法能有效查

出被审计内容的差错，提高内部审计质量和效果。尤其是在实践中不断总结方式方法，建立一套行之有效的风险评估机制，将会进一步提高内部审计质量。

内部审计在新环境下采用合适的方法手段，将会进一步减轻内部审计工作的风险，进而提高内部审计工作质量和内部审计结果质量。

五、结　　论

作为企业"免疫系统"的内部审计，在企业防范经营风险、发现企业问题、提高决策科学性等方面发挥着不可替代的重要作用。在如今市场经济进一步深化的背景下，企业在转型过程中面临的问题日益突出，中国经济与世界经济进一步融合，企业生产经营面临的风险也在进一步加剧。在这样的背景下，内部审计的作用显得越发突出，通过内部审计找出企业经营中存在的问题和风险并提供合理建议，是内部审计的职责所在，更是内部审计存在的基础，然而内部审计自身的发展也伴随着风险，任何因素都有可能导致内部审计工作效果与工作目标产生严重偏差。内部审计工作若发生风险，整个企业的各种风险也必然发生，因为"免疫系统"出了差错，无法精确发现企业面临的风险。在这样的状况下需要进一步强化内部审计的风险管控，提高内部审计质量。

在实践中，内部审计虽然已经取得了快速的发展，但内部审计质量控制还存在不少问题，要想内部审计质量得到进一步提高，内部审计风险管控必须加强。要进一步厘清内部审计风险与内部审计质量之间的关系，以风险为导向，在控制内部审计风险的基础上不断提高内部审计的质量。

参考文献

[1] 高子宏. 我国内部审计发展历程及经济全球化环境下的新对策 [J]. 审计与经济研究，2006 (2)：35-38.

[2] 刘斌，王雷. 制度环境、审计市场集中度与审计质量 [J]. 审计与经济研究，2014 (4)：22-29.

[3] 刘峰，周福源. 2007. 国际四大意味着高审计质量吗？——基于会计稳健性角度的检验 [J]. 会计研究，2007 (3)：79-87.

［4］王兵，张丽琴. 内部审计特征与内部控制质量研究［J］. 南京审计学院学报，2015（1）：76-84.

［5］阳杰，应里孟. 大数据时代的审计证据与审计取证研究［J］. 财会月刊，2017（1）：115-124.

［6］张烨，侯雯婧. 基于内部审计风险管理的内部审计质量控制探析［J］. 合肥工业大学学报，2005（10）：71-75.

［7］周兰，耀友福. 媒体负面报道、审计师变更与审计质量［J］. 审计研究，2015（3）：73-81.

大数据审计的发展逻辑与推进路径[△]

徐京平[*] 王欣蕊

摘要：大数据时代的审计监督需要对海量数据进行甄别，而数据分析的精准靶向要求使传统审计无法满足要求。本文基于大数据审计环境，对大数据审计技术和现实问题进行梳理，从数据处理、区块链建设、数据真实性监测等方面，对大数据审计可行性推进路径进行探讨。

关键词：大数据；审计；发展逻辑；推进路径

一、引 言

"大数据"一词，于2009年开始在互联网中流行。一直发展到2012年，大数据才越来越多地出现在人们的生活中，才越来越多地被提及，大数据多作用于与之相关的技术发展与创新，而且通常用来表示和描述在如今的信息爆炸时代中产生的海量数据。而今，"大数据"一词已经上过《纽约时报》《华尔街日报》的专栏封面，并且进入了美国白宫官网的新闻。在2012年2月的《纽约时报》中，就有一篇专栏提到了，"大数据"时代已经降临，在商业、经济及其他领域中，决策将日益基于数据和分析而做出，而并非基于经验和直觉。

大数据时代的发展历程可分为三个时期，分别是萌芽期、突破期和成熟期。20世纪90年代至21世纪初，是数据挖掘的技术阶段，大数据处于发展的萌芽期。此时，对于大数据的研究主要集中于算法（algorithms）、模型（model）、模式（patterns）、识别（identification）等热点关键词。2003～2006

[△] 基金项目：本文受西北政法大学青年学术创新团队资助。

[*] 徐京平，西北政法大学商学院副教授，经济学博士。

年是围绕非结构化数据的自由探索阶段,这段时期是大数据发展的突破期。进而出现了 WeChat、weibo、Facebook、ins 等社交软件,这些 App 的推广和流行直接导致大量非结构化数据的涌现,传统的专业技术处理这些数据十分困难,使得对于数据整合的研发者必须从多角度对数据处理系统、数据库架构进行重新思考和定位,从而带动了大数据技术的快速突破。2006~2009 年,出现并形成了并行计算、分布式系统等大数据技术,而大数据发展也迎来了属于它的成熟期。2010 年以来至今,移动数据急剧增长,数据也愈发的碎片化,其分布式、流媒体等特征也更加明显。

大数据为审计提供了更多的机遇和可能。在"大数据"概念提出之前,计算机、互联网等类似概念早已存在,并且在很大程度上影响、促进了国家审计的发展。之所以特别强调"大数据"概念,是因为大数据的价值并不仅仅局限于拥有巨大的数据资源,而是通过对这些海量数据进行科学处理,给人类社会提供对事物的新的认知方法,可以使问题变得更加透明化,为人类社会认知主体深入、准确地把握事物发展的内在规律提供更有力的数据支持,特别是对事物未来发展趋势做出预测,提供判断基础。大数据为合理预测提供了科学基础,而这种合理预测的可能性,反过来又使得大数据成为必须被加以重视的独特话语背景,所以说大数据审计技术现在已变得尤为重要。

大数据为科学决策提供了客观依据。包括审计在内的权力配属及运作,其现实性并非一种固化的前提预设,而是一种动态的后天证明。这种证明,很大程度上取决于领导者决策的科学性。在大数据时代之前,领导者只能根据意愿或者经验进行决策,而这种决策因为不具有充分、科学的预见性,可能导致决策的执行过程缺乏效率,甚至决策的结果事与愿违。在大数据时代,海量的数据经过迅速处理,将很大限度地弥补决策在科学预见性方面的短板。无论是大的战略决策,还是具体的战术决定,都应该建立在相关数据的提示或判读基础上,从而保障决策的客观性与科学性。

大数据为决策的科学执行提供了技术保障。在大数据时代到来之前,通过借助计算机及网络科技,决策的执行效率有所提高,但在执行过程中,因为决策本身缺乏科学预见性,执行效果很大程度上取决于执行主体的个人能力或经验,执行质量无法保证。大数据的发展推动决策的科学化、资源配置合理化,而且大数据所具有的系统性、协同性、动态性等优点,可成为决策执行效率的倍增器,推动决策执行的高效化。通过大数据技术的应用,能够有效检查各种数据，确定数据关联性，为决策执行提供查错、试错的机会与可能，减少误报和漏报的概率。

二、大数据背景下的审计数据分析技术

（一）挖掘型分析方法

挖掘型分析是利用数据仓库和数据挖掘工具进行的审计分析，主要有分类、聚类、异常、演化等方法。分类分析就是通过训练集中的数据，为每个类别建立分类分析模型，然后用这个分类分析模型对数据库中的其他记录进行分类。聚类分析是将数据分成由类似的对象组成的多个类的过程，由聚类所生成的簇是一组数据对象的集合，这些对象与同一个簇中的对象彼此相似，与其他簇中的对象相异。异常就是指一个数据集中往往包含一些特别的数据，其行为和模式与一般的数据不同，这些数据就被称为异常，异常就是我们所谓的疑点。演化分析是基于数据的类似性和规律性，对数据记录随时间变化的发展趋势进行推断。挖掘型分析方法能高效地对海量数据进行分析，从而发现其中隐藏的疑点和规律。在数据分析中，要将查询型和挖掘型分析方法进行有机结合，从而显著地提高工作效率和成果。

（二）统计方法

审计可以运用统计学的思想和方法，使用统计分析软件，解决审计数据分析问题。一是针对审计数据，运用回归分析等统计方法，分析数据，发现规律；二是运用关联分析，找出数据间的相互联系，分析关联规则，用于发现异常数据，寻找审计疑点；三是分析数据中的离散点，用于发现偏差数据，使审计有着重点进行分析。

（三）云计算技术

云计算（cloud computing）是分布式计算（distributed computing）、并行计算（parallel computing）、效用计算（utility computing）、网络存储（network storage technologies）、虚拟化（virtualization）、负载均衡（load balance）、热备份冗余（high available）等传统计算机和网络技术发展融合的产物。目前，不少地方审计机关均提出构建自己的审计数据中心或分中心，分布相对比较分散。要利用云计算技术将这些分散的计算资源进行整合，互联互通，届时

将会大大提高计算机系统的存储能力和计算能力，以便向外提供统一的数据查询服务和计算服务，不断提升审计数据分析的效率。

从技术上看，大数据必然无法使用单台的计算机进行独立处理数据，而必须采用分布式架构，必须有云计算的分布式计算、分布式数据库和云存储、虚拟化等技术的支持。大数据从数据出发，主要是提供采集和分析数据的技术方法，更加注重的是数据的存储能力；而云计算从计算出发，主要是提供具体的解决方案，更加关注的是数据的处理能力。有了大数据的数据存储，再加上云计算的计算能力才能使得数据处理得更完美，大数据和云计算，二者是相辅相成的，是通过相互联系从而共同促进社会经济的进步的。

三、大数据审计的现状

（一）大数据审计的出现背景

1. 脱离网络审计的局限性

针对传统的审计方法来说，无论是通过运用查账、核对实物的方式，还是通过调取相关资料佐证的手段，都需要耗费掉较长的时间，而从另一方面来看，由于需要确定的审计内容非常巨大，导致审计时间也往往会出现严重不足的现象。再加上当被审计单位在进行实际的审计工作时，往往需要对被审计单位的实际工作时间加以考虑，还要确保审计工作能够在相关人员上班的情况下开展进行。这也就在很大程度上导致审计工作在时间上存在着明显的不自由问题，并进一步使得审计工作不能够灵活高效的进行。

2. 大数据为现代审计带来新机遇

在大数据的环境背景下，我们所要进行的审计工作主要还是以互联网的形式开展的，有相关需要的审计人员可凭借权限来获得数据，并且对数据进行深入的分析之后从而得出结论。在大数据审计过程中，审计信息里面大部分的数据都是在网络数据库当中存储着的，因此，审计人员只需要通过运用一台电脑和一个充足的网络环境，就能够进行工作，而不需要在固定的单位和工作时间当中进行，全面有效地提高了审计效率。

（二）推进大数据审计的必要可行性

1. 推进大数据审计是应对大数据时代到来的重要武器

大数据是全球信息化的必然产物，既源于社会精神物质文化生产和消费，又贯穿于社会精神物质文化生产消费全过程，既包括线性结构数据，又包括非线性结构数据。在当今社会，可以说大数据已经渗透到经济运行、管理决策乃至人们衣食住行等方方面面。大数据时代的到来，既为审计范围的拓展和审计延伸提供了广阔的空间，又对传统审计方式和审计手段提出了前所未有的挑战。目前，随着我国各行各业信息化程度的不断提高，审计部门所需要接触的数据量和种类呈快速增长之势，并且数据的分散性、内外部数据的关联性显著增强，仅仅依靠从单一内部财务账册数据中发现问题是十分困难的，这就迫切需要我们运用大数据思维，通过扩大审计范围和对内外部关联数据的分析比对，从中发现问题，从而对违规行为做出预判，增强问题查处和风险防控的针对性、有效性。

2. 推进大数据审计路径是实现审计监督全覆盖的必经之路

长期以来，各级审计机关尤其是基层审计机关，常常受审计力量不足的困扰，即便是加班加点地进行审计数据处理分析工作，一年能完成的审计项目也非常有限，并且审计监督的盲区无法避免。同时，由于年度审计面过窄，很难从总体上进行分析评价，这在很大程度上制约了审计监督职能的充分有效发挥。所以推进大数据审计，能够充分发挥其高效快捷的优势，正是破解审计力量不足难题、实现审计全覆盖的好方法。

3. 大数据审计有依据

2015年12月8日，中办国办《关于审计制度若干重大问题的框架意见》出台，从国家要求层面上为大数据审计提供了实施依据。其一，大数据审计有智能储备。数字化审计提倡多年，在基层运行多年，一线审计人员对计算机审计的运用能力普遍得到了锻炼和提高。其二，有硬软件支持。除新的系统软件有待政府部门统一研发部署外，原有审计系统软件仍可继续使用，并可通过建模强化其功能。大数据审计所需硬件设施，市场上应有尽有，随时可供选购。其三，有对应条件。随着财政"三化"管理和单位财务、业务管理的信息化，特别是财政、税务、人社等经济、资源主管部门信息化建设的大提速，为审计机关开展大数据审计提供了不可缺少的条件。其四，有渐进选择。推进大数据审计是一个渐进过程，系统建设不强求也不可能一步到位，可以分步走，逐步逼近设计目标。其五，有经验成果借鉴。在大数据审计出现以来，各审计机关都率先对大数据审计进行了一些探索，并且取得了很多经验成果。同时，基层审计机关也参与了上级审计机关组织的某些项目的大数据审计,对大数据审计的功效作用有了切身感受和体验。这些经验成果对基层审计机关推进大数据审计无疑具有启示意义和导航作用,有很多做法可资借鉴。

(三) 大数据审计的系统功能、目标

1. 系统功能

(1) 一大网络。依托电信网络,搭建纵横交织的审计专网,纵向实现署、省、市、县审计机关四级网络互联,横向实现审计机关与被审计单位网络互联,通过所构建审计专网并提高其运行的可靠性、稳定性和保密性,满足审计系统内部数据传输和对被审计单位联网审计数据实行采集的需要,确保数据在传输和使用的过程中不丢失、不泄露、不受损。

(2) 三级平台。由国家审计署构建一级云端平台;由地方审计机关构建二级云端平台;由地市州和县市区审计机关构建终端应用平台,即第三级平台。在硬软件配置上,云端平台以大型审计软件、大型服务器、大机房为其主要特征,基层应用平台以系统软件、分析模块、中小型服务器、小机房或无机房为其主要特征。

(3) 五大中心。审计大数据中心、云计算中心、数字化指挥中心、审计综合分析中心、审计数据备灾中心,这五大中心主要由二级云端平台建立,并为基层审计机关所共享。例如,通过建立审计大数据中心,可为审计机关和审计人员提供跨部门、跨行业、跨领域的各类数据,满足对大规模数据快速和深入挖掘的需求;通过建立云计算中心,满足具备强大运算能力和云端服务能力的需求;通过建立综合分析中心,可满足审计数据分析、远程专家协助、数据申请交换、审计方法检索、法规知识库等功能需求;通过异地建立审计数据备灾中心,可集中备份全省审计管理数据及重要业务数据等。

(4) 六大系统。大数据审计建立了六大系统:审计管理系统(OA)、现场审计实施系统(AO)、联网审计系统、审计结果分析系统、网上审理系统、审计风险电子监控系统。随着这六大系统的建立,基层审计人员可通过登录审计管理系统直接上传数据、下载数据、编制底稿取证和查看审理进度。

(5) 四大功能。其一,全方位的数据采集功能。依靠强大的审计专网,可以在线采集被审计单位财务、业务数据和包括被审计对象个人信息资料在内的各类相关信息数据,实现审计突破时间、空间的限制。其二,可供任意选择的数据分析比对功能。大数据审计更加注重相关性,依靠云端平台强大

的数据计算处理能力，可对采集的各类数据进行多维度的分析比对，从海量数据中迅速锁定疑点，引导现场审计。除分散核实外，审计的大量工作均可在平台上完成，这就便于从根本上把审计人员从高强度低效率的劳作中解脱出来，实现轻松审计。其三，可供实时动态监测的双向预警功能。依靠联网审计系统，能对各类资金运行进行跟踪监测，实时发现异常并发出预警信号；依靠现场审计管理系统和审计风险电子监控系统，可适时向审计人员发出项目风险提示，促其规避审计风险。其四，强大的数据存储、检索功能。通过建立大数据库，对各类数据包括历史数据和现实数据的存储，能做到应有尽有，可供随时提取和分析比对。

2. 可实现的目标

（1）上下审计一体化。大数据审计系统的构建，对许多重特大审计项目，尤其是事关改革和经济社会发展大局的重要领域、重点行业、重点资金的全面审计，均可在全省甚至全国范围统一组织，上下联动，同步实施，并能保障和促进各级各地审计机关在同一时段完成审计任务。

（2）各类专业、专项审计一体化。大数据审计系统功能的发挥，将大大提升审计人力、时间的节省空间，审计效率将成几何级数放大，这既有利于推进审计全覆盖，又有利于打破专业审计分工壁垒，实现财政、税收、社保、经济责任等专业专项审计的有机结合和一体化审计，从而满足"总体分析、发现疑点、分散核实、系统研究"的要求，实现更高审计目标。

（3）审计现场分析与后台分析一体化。大数据审计颠覆了传统意义上现场审计的概念，将其分解为前台审计（现场核实）和后台审计（数据分析）两大块来运作，审计力量按两块工作量的需要进行配置，通过审计现场与远程平台的数据联动和技术互动，实现现场审计与后台数据分析同步进行。

（4）审计作业、管理可视化。大数据审计的一个突出特征就是可视化，不仅各类数据可视，而且通过数据抽象处理，审计项目进展、廉政风险、阶段性成果等审计现场情况也可视。这既便于审计机关领导随时了解审计一线作业情况，加强对审计过程的监督管理，也便于审计人员随时接受指令，修正误差，保证审计质量。

（5）审计资源、成果利用最大化。大数据审计对审计组织模式和管理方式的创新，有利于实现审计任务与审计资源的匹配最优化，实现审计资源利用的最大化。同时，通过审计全覆盖与靶向定位审计，能极大拓展审计的深度和广度，为深入进行总体分析、系统研究提供更加全面、翔实的数据支持。

在此基础上所形成的审计成果,无疑将更具决策参考价值而被决策层、管理层最大限度利用。

四、推进大数据审计目前存在的问题

1. 大数据审计的数据问题:数据的真实性无法保证,关联对比性不足

随着财务电算化的普及,被审计单位账务处理手段越发高明,违法违规行为隐蔽性、欺骗性不断加大。面对海量的审计数据,根本无从下手,难以寻找突破口。随着社会经济的快速发展,被审计单位业务与日俱增,产生了更多的待核算数据,在时间、人力有限的情况下,审计工作必将事倍功半,甚至无功而返,审计对于数据问题处理的难度不断增大,很有可能无法实现审计目标。如果对于被审单位提供的数据不加验证地进行审计,可能造成假账真查。大数据审计工作应当考虑用做审计证据的信息的可靠性,被审单位提供的数据可能是经过粉饰的,如果以其作为审计对象,必然形成错误的审计结论。由于数据之间的关联性差,使审计数据取证的角度过于单一,具有一定的片面性。由于数据的关联性不足,可能会使各部门之间的数据传递出现滞后的问题,可能会使报账产生错报或者漏报,而被审计单位的财务数据能够反映部分审计事实,如审计取证仅限于被审单位财务数据,未将财务数据与其他相关的非财务数据结合起来比较、分析,获取的审计证据可能会与客观事实存在一定的差异,会出现隐藏审计风险。

2. 数据中心建设:大数据集中力度不足,数据管理机制不完善

经过调查研究,发现我国的审计数据资源的采集主要有以下四种方式。一是联网采集。通过审计机关与被审计单位的网络互联、配置数据接口或采集模板、设置采集时间和数据采集控制等,将被审计单位数据以动态、连续的形式采集到数据中心。二是一次性采集。通过数据接口或数据库备份方式获取的被审计单位数据,装入移动硬盘等介质,一次性拷贝装载到数据中心。三是 AO 数据包采集。被审计单位数据经《现场审计实施系统》(AO)处理为 AO 数据包,装载到数据中心。四是手工录入采集。按照设定的录入表,将被审计单位数据,通过手工录入方式,装载到数据中心。我国目前的数据中心建设,数据的集中力度还有所欠缺,应进一步完善数据管理机制。做到对数据进行集中存储、统一集约化管理机制还有待完善。大数据审计应建立数据连续积累、集中存放的工作机制,注重原始数据与审计标准数据、结构

化数据和非结构化数据的同步积累,进一步提升电子数据的数量、质量和延续性。只有规范了数据采集、存储和使用流程,才能保障审计数据安全。

3. 技术工具的缺乏使大数据审计效果不理想:做好数据的横向整合分析

各行业审计之间的联系并不密切,对于统筹规划重点行业和关联性部门之间数据的工作进行得并不顺利,现在的数据方面并没有将各行业复杂、海量业务数据实现有机融合,消除信息孤岛现象。对于构建跨行业、跨部门、跨地区、跨年度的大数据集,还有一定的难度。要建立对数据信息和业务进行全面深层次综合分析平台,争取早日实现多专业融合、多角度分析的大数据审计分析模式。

4. 大数据审计的发展:区块链审计有待完善

现行的大数据审计中,虽然有审计预警机制,但仍然需要审计人员对于异常记录的手工判断与处理,而区块链可以改进审计中的数据记录方式。区块链可以通过各个节点是否对区块和其内的交易信息进行验证并认可,检测和检查网络节点是否受到攻击,各节点的账本是否完整等信息,对异常记录进行自动处理,使实时审计成为可能。区块链可以改变审计数据的存储方式,在传统审计中,都将数据存储于一台审计中心服务器上,不仅存在负载高、运行速度慢等问题,而且容易受到攻击。现今,区块链技术慢慢成熟,区块链审计技术也应慢慢进行完善。

5. 大数据审计的数据分析人员:分析技术有欠缺

大量的审计人员是学习财务等管理类专业的,并不是数据挖掘专业,在大数据审计愈演愈烈的今天,对于数据的挖掘和深入研究变得越来越重要。并非数据挖掘专业的审计人员,对于海量的数据,难以抓住重点,在将审计数据进行提取和结合研究的过程中,很有可能会出现问题,对审计结果造成一定的影响。

五、大数据审计的可行性推进路径

(一)加强数据真实性的检验:加强数据的关联对比性

审计人员注重内外部数据的比对,确保取证数据的可靠性。用作取证的数据可以由被审单位提供,也可以从其他单位获取。审计人员应尽量获取并充分利用外部数据,通过内外数据的比对,对取证数据加以验证。要把握好

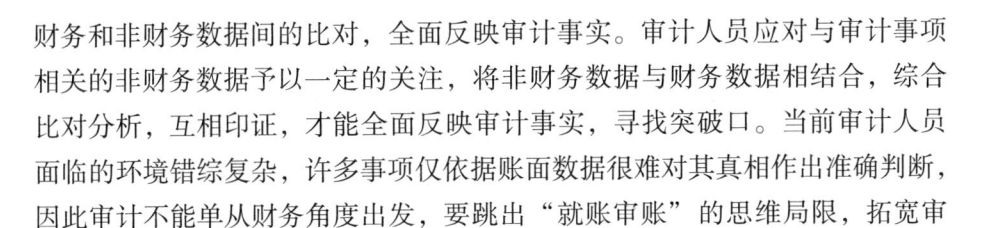

财务和非财务数据间的比对，全面反映审计事实。审计人员应对与审计事项相关的非财务数据予以一定的关注，将非财务数据与财务数据相结合，综合比对分析，互相印证，才能全面反映审计事实，寻找突破口。当前审计人员面临的环境错综复杂，许多事项仅依据账面数据很难对其真相作出准确判断，因此审计不能单从财务角度出发，要跳出"就账审账"的思维局限，拓宽审计视角，才能提高审计成效。

（二）整个审计团队要树立"数据先行"思想

随着信息技术的广泛应用，被审计单位的经营、管理普遍采用高效的信息系统，信息化程度非常高。我们所面临的原始资料不再只是手工凭证、账簿等，更多的是具有高度概括性、模糊性、关联性的大数据，故审计人员应牢固树立数据先行的思想，坚持以数据为核心，力求将数据分析和现场核查相结合、相融合，使数据分析工作提前于审计实施，避免数据分析工作滞后于审计工作。

（三）组织攻关团队先行破题

围绕推进有重点、有深度、有步骤、有成效的审计全覆盖，可以组织大数据审计攻关团队，聚焦重点行业、领域，确定分析主题，以项目审计为抓手，以关联分析为突破，以摸清行业领域大数据审计规律为重点，为我国的大数据审计工作发展做出有效的经验积累。

（四）注重区块链审计的建设

区块链审计系统则是典型的分布式存储，每个节点均有相同备份，不仅可以节省服务器的高额成本与维护费用，更重要的是保障了数据的完整性，可以采用半公开私有链做到实时审计。区块链分为公有链、半公开私有链、完全私有链三种形式，而考虑到审计行业的特点，适宜采取半公开私有链模式。对于被审计单位、企业内部分商业机密信息不予以公开，而在其集团内部的预选节点来决定区块的生成，外部供应商等可以参与交易但不过问记账过程。对外则提供第三方查询节点，通过开放的 API 来进行查询。这样，既可以保证企业内部的私密性，又可以使外部审计人员实施实时审计查询。审计人员可以直接访问查询区块链上的有效信息，判断处理是否合理并进行修正，区块链中采用时间戳来记录各项交易与操作，可以实现历史溯源与追踪，极大地提高审计质量与效率。

（五）加强审计人员的数据挖掘能力

数字化审计要求审计人员不仅要熟悉审计业务，还要会运用现代电子信息技术，大数据平台的搭建、实施、运行乃至后期的维护都需要既懂计算机、网络、数据库技术，又懂专业审计的复合型人才。为确保审计力量充足，审计机关在数据集中管理的基础上，应大力培养具备宏观思维、辩证思维、精通业务和计算机技术、综合数据挖掘和分析能力强的人员组成数据分析团队，培养专业的数据审计人才。大数据审计是数字化审计人才的天下，人才队伍建设至关重要。通过相关机构办班互教互学、邀请业内专家学者授课或者组织外出学习考察等多种途径，对审计人员进行大数据审计数据挖掘技术知识培训，提高审计人员对大数据审计数据挖掘技术的应用能力。

综上所述，大数据审计具有产业实效性和现实可行性。解决大数据审计中存在的数据分析、数据整合、区块链建设等问题，才能够着力构建和完善我国的大数据审计体系。虽然必须承认，在大数据处理过程中也会存在数据不准确、不完整、不及时或者出现错误等数据质量问题，但这只是技术性问题，完全可以通过数据处理方法的完善加以解决。况且，大数据时代的决策者依然是人，而非数据处理的结果。从这个意义上，大数据时代的决策者，也面临更大的挑战，需要以大数据为客观依据，在科学甄别、判读海量数据的基础上，作出科学决策。

参考文献

[1] 陈伟. 大数据环境下的电子数据审计：机遇、挑战与方法 [J]. 计算机科学，2016（1）.

[2] 顾洪菲. 大数据环境下审计数据分析技术方法初探 [J]. 中国管理信息化，2015（3）.

[3] 韩强. 大数据背景下开展数据式审计的思考 [J]. 郑州师范教育，2015（4）.

[4] 刘鸽. 联网审计实践研究 [J]. 审计署网站，2016（2）.

[5] 刘建寒. 关于大数据时代地方审计机关建立审计数据中心的思考

[J]. 审计署网站, 2016 (1).

[6] 审计署. 中华人民共和国审计署文件: 审计署关于印发国家审计数据中心系统规划 (审计发〔2010〕142号)[R][2017-11-10]. https://wenku.baidu.com/view/cddd4d78168884868762d6c3.html.

[7] 吴震雄, 王隆啸. 探索大数据平台下预算执行审计全覆盖的思路与方法[J]. 审计署网, 2016 (12).

[8] 杨晓峰, 黄鑫. 大数据审计环境下审计方式方法改进研究[J]. 审计署网站, 2016 (10).

[9] 张兆信. 大数据环境下的审计问题研究[J]. 内蒙古科技与经济, 2015 (5).

内部审计、治理机制互动与公司的风险管控

蓝 莎 杨文倩[*]

摘要：本文从内部审计及其与公司其他治理主体互动的视角，运用文献阅读和因素分析相结合的方法，研究了内部审计对公司风险管控的作用机理及影响因素，然后基于此提出了加强内部审计职能促进风险管控效率的对策。本文的创新之处在于从企业内部审计职能与其他治理机制互动的视角来研究企业风险的管控。目的在于通过强化内部审计质量提升及与其他治理机制的互动，以加强内部审计对公司风险管控和价值创造的作用。研究表明，内部审计质量越高，内部审计对风险的管控作用越大。内部审计与其他治理机制的良性互动越强，对风险管控的作用越大。外部审计质量越高，内部审计质量越高，对风险的管控作用越大。因此我们应当建设良好的治理环境和治理机制，同时提高外部审计的质量，从而加强内部审计职能，提升内部审计质量，促进企业的风险管控效率。

关键词：内部审计；风险管控；治理机制

一、引　言

内部审计与外部审计一样，经历了经营审计、内部控制审计、风险导向审计三大阶段。现阶段随着内部审计职能向"增值和改善"拓展，内部审计在组织的风险管控和价值创造中的作用越来越受到重视。我国2013年的《内部审计准则》中指出内部审计对实现风险管控和促进企业价值增值方面发挥着重要作用，于是内部审计由传统型发展为增值型，内部审计职能由传统的

---

[*] 蓝莎，西北政法大学商学院副教授，管理学博士研究生；杨文倩，西北政法大学商学院硕士研究生。

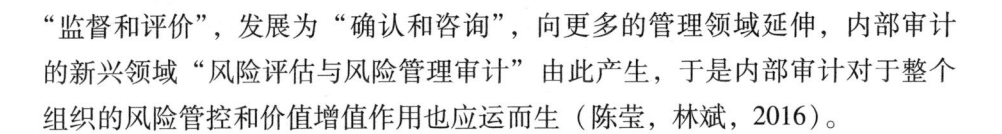

"监督和评价",发展为"确认和咨询",向更多的管理领域延伸,内部审计的新兴领域"风险评估与风险管理审计"由此产生,于是内部审计对于整个组织的风险管控和价值增值作用也应运而生(陈莹,林斌,2016)。

二、内部审计发挥风险管控作用的机理

(一)内部审计与风险管控的关系

随着科学技术的迅猛发展和全球经济金融一体化程度加深,尤其是随着互联网的应用,企业的内外部环境发生了翻天覆地的变化,电子商务、互联网金融等新兴业务的兴起,使企业处在了技术网络、社会网络、组织网络交织的结点,企业的发展面临了更多的不确定性因素,风险加剧。所以,对企业风险的管控成为企业实现目标的关键。从另一个视角来看,制度经济学的不完备契约论、信息不对称论和"内部人控"代理问题论等,其本质都属于风险问题。针对风险问题的管理,称为风险管理。在我国《内部审计具体准则第16号——风险管理审计》中规定:风险管理是对影响组织目标实现的各种不确定性事件进行识别与评估,并采取应对措施将其影响控制在可接受范围内的过程,风险管理旨在为组织目标的实现提供合理保证。作为公司治理四大基石之一的内部审计,其本质是通过独立、客观的保证与咨询活动,来增加组织价值并提升组织的运作效率(乔瑞红,2006)。目前,内部审计已转向通过监督来达到服务企业之目的,已经广泛参与风险管理、控制和治理过程的评价和改进之中(司原,2009)。因此,从内部审计与风险管理的关系视角来看,内部审计的本质是对单位的风险管理的评价、监督和改进。

(二)内部审计的风险管控机理

企业风险管理的流程一般包括风险的识别、风险的评估和风险的应对(李立红,2006)。内部审计通过确认和咨询的职能参与企业风险管理的过程。

第一,内部审计通过确认职能,能实现企业风险的识别与评估。风险识别是指确认会导致企业风险的因素及种类。风险评估是指运用科学的方法对识别出来的风险进行量化,以确定风险的大小。风险导向的内部审计通过实施风险评估、内部控制测试和报表项目的实质性测试等审计流程,来确定企业可能面临的内外部风险及其大小。首先,内部审计通过风险评估程序了解

企业的外部环境，如行业状况、法律与监管及其他外部因素等情况，从而结合企业本身会计政策的选择和运用、企业的目标和战略及企业的经营和财务业绩衡量和评价等情况，来识别和评估企业的市场风险和系统风险。其次，内部审计通过内部控制的测试来识别和评估企业内部控制制度的风险及大小。最后，内部审计通过对财务报表项目的实质性测试来识别和评估企业违反适应的会计准则而导致财务报表错报的风险及大小。总之，内部审计通过确认职能可以促进企业内部控制的实施和落实，提高财务报告的质量，抑制管理层的不当行为，从而降低控制风险和重大错报的风险，增强控制活动的有效性（陈莹，林斌，2016）。

第二，内部审计发挥咨询功能来帮助公司分析潜在的风险和内部控制的薄弱环节，从而找到应对风险的措施，并与管理层和治理层沟通，以加强内部控制，提高公司的风险管理水平。内部审计在通过发挥确认职能完成风险的识别和评估之后，还必须对识别和评估的风险提出应对的措施。风险的应对包括风险的控制和风险的规避。风险控制是指通过制定积极的措施或方法来降低风险可能发生的概率或减少损失的程度。风险控制的有效方法就是制定多个可行的应急方案。风险规避是指在既定目标不变的情况下，改变方案的实施路径或流程，从而消除特定的风险。内部审计就识别出来的企业外部的市场风险要给出积极的控制建议和措施，对企业内部的控制风险和其他的诸如经营风险、投资风险等要制定积极的规避措施。总之内部审计能够在风险管理和内部控制等方面提出改进建议（宋岩，2013），从而降低和控制企业风险，改善公司运营效率，最终为组织增加价值。

（三）内部审计参与风险管控的过程

首先，内审部门要对企业风险管理组织结构的设置和分工进行评价和建议。如审查企业内部管理层次及管理机构的设置是否利于实现风险管理的目标；审查部门之间权限规定和分工是否明确、是否能相互牵制和配合；评价内部审计风险管理组织与外部风险管理组织能否相互配合等。评价的结果如有问题就提出改进的措施和建议。其次，内审部门要对企业风险管理目标设置的合理性进行评价。企业风险管理的目标是指为风险控制设定一个可接受水平作为风险控制的目标。不同的风险管理目标，决定着具体的损失不同，从而为实现这些目标所进行的风险管理活动也就不同（田丽云，尹钧惠，2004）。内部审计要基于对本企业的风险状况的分析，结合企业的战略目标来评价企业风险管理目标。最后，内部审计要进行风险的识别、评估和应对。风险识别是找出企业的风险点，确定风险种类，同时内部审计也要对原有已识别风险是否充分进行评价，并基于此再找出未被识别的主要风险。风险的评估和衡量是应用各种管理科学的技术和方法，进行定性与定量分析（田丽云，尹钧惠，2004），最终定量估计出风险的大小。然后用因素分析法找出风险的来源和影响因素，并以此为依据为后面制定和实施应对风险的策略做准备，同时内部审计还要确定和检验对已有风险的衡量是否恰当，对不恰当的估计予以更正。风险的应对就是制定并实施一系列措施和方法控制和规避已识别并衡量的风险，也称风险管理工具的选择。同时内部审计对部门的风险防范措施是否充分、得当负有检查和建议修订的责任，以此来提升企业的风险管理水平、降低风险损失。此外，内部审计通过实施内部控制测试的审计流程，对企业在各个业务流程和环节的相关规章制度进行评价并监督实施（田丽云，尹钧惠，2004）。

随着国家对内部审计职能的重新定位，可以看出内部审计在公司治理和风险管控中被赋予了重要的地位和作用。因此，研究内部控制发挥风险管控作用的影响因素，通过强化这些因素的积极影响促进公司治理和风险管控的效率，无论对完善内部审计理论还是引导内部审计的实践都有着重大而深远的意义。

三、内部审计对风险管控作用的影响因素

（一）内部审计质量的高低

内部审计对风险管控作用的大小首先取决于内部审计质量的高低。陈莹、林斌（2016）认为内部审计质量通常由内部审计的独立性、内部审计人员的专业胜任能力及内审经费的投入等因素决定。

内部审计独立性的大小决定了内部审计质量的高低。企业的风险不是孤立地存在于某一个部门或环节的，而是普遍存在各个部门和各个环节。因此，对风险的认识、防范和控制需要从全局考虑。在企业的内部因为职责的分离，审计部门独立于业务部门，同时在我国的审计体系中内部审计也不从属于外部审计，因而内部审计就具备了双向的独立性，这样就利于审计部门从全局的、客观的角度来识别和控制风险，利于内部审计人员独立地充当企业长期风险策略与各种决策的协调人，进而调控、指导企业的风险管理策略，最终

独立地将风险评估的意见和风险应对措施直接报告给董事会,从而加强企业的风险管理水平。内部审计独立性越强,内部审计的质量越能够得到提高(乔瑞红,2006)。

内部审计人员的专业胜任能力的大小决定了内部审计质量的高低。内部审计人员的基本职责是:了解并熟悉本企业的业务流程及关键环节的内部控制制度;然后在此基础上进行企业内部控制制度的测试;最后对企业各流程对应的报表项目进行实质性测试。在这些职责的履行过程中首先内部审计人员要识别和评价企业内部控制制度中存在的风险漏洞和缺陷,并就此提出改进的建议或对策。其次,内部审计人员要利用职业判断和相关信息,对企业的各种筹资、投资、经营项目进行风险评估和决策。总之,在内部审计人员履行职责的过程中,企业风险管控的评价和改进的效果与内部审计人员的专业胜任能力密切相关。

另外,对内部审计部门资源和经费的投入也决定了内部审计质量的高低。对内审部门经费的投入能够直接影响内审的工作效果。王兵和刘力云(2015)调查发现,审计机构规模和资金保障是影响内部审计发挥作用的重要因素。

(二)企业内部治理环境的影响

内部审计部门是否能够独立发挥作用受到企业内部治理环境的影响。企业的治理层和管理层如果重视内部审计,愿意培训和雇佣专业胜任能力强的内审人员,内审人员的专业胜任能力就会得以提升。同理,企业的治理层和管理层如果愿意为企业的内部审计投入更多的资源如经费、资产等,就能激励和提升内部审计人员的工作热情,从而会带来内部审计效率的提升和质量的提高。因此,内部审计质量受到企业内部治理环境的影响,良好的内部治理环境有利于促进内部审计风险管控作用的发挥。

(三)公司内部治理机制的影响

根据委托代理理论,内部审计是维持公司股东与管理层这一受托责任关系平衡的控制机制(王光远、瞿曲,2006)。即"内部审计师一方面要对高管负责,另一方面又要评价管理者的工作,如何开展审计工作将直接影响着内部审计的有效性"(Sawyer et al.,2003)。2002年,国际内部审计师协会(IIA)在《改善公司治理的建议》中指出:内部审计需要寻求与其他公司治理机制之间的协调与合作方能有效发挥其职能。因此，内部审计与其他治理机制的良性互动，会有助于内部审计实现其对风险的管控及价值的增值功能。在组织中如果治理层和管理层重视内部审计，并把内部审计看成是风险管控的有力手段，那么他们就能要求组织中其他层级人员支持、配合内部审计工作，内部审计的职能就会有效地发挥，从而更容易采纳内审人员提出的风险管理的建议。

（四）外部审计的影响

内部审计职能的发挥还会受到外部审计的影响。有效的外部审计会促进内部审计质量的提升。有效的外部审计能够及时发现企业内部控制的漏洞和风险及报表项目的重大错报的风险和可能性，并及时通报给企业的管理层和治理层。于是在这种情况下，内部审计就可以利用外部审计的结果，完善和改进企业的内部控制，制定和实施应对风险的对策和措施，从而提升内部审计质量，提高内部审计对风险管控的效率。

综上所述，内部审计在风险管控中作用的发挥直接决定于由内审独立性、内审人员的专业胜任能力及内审经费的投入等所决定的内部审计质量，同时还受到企业内部治理环境和治理机制及外部审计的影响。因此企业要通过这些因素，强化内部审计职能，发挥内部审计对风险的识别和控制的作用，提升企业风险管控效率。

四、加强内部审计职能促进风险管控效率的对策

（一）加强企业内部治理环境和治理机制的建设，为内部审计提供良好的审计生态

公司应该注重内部治理环境和治理机制建设，治理层和管理层要认识并重视内部审计在风险管控中的作用，积极进行内部审计的生态建设。定期开展内部审计会议，并就会议结果上报给审计委员会，为公司的内部控制和风险管理控制提出针对性的意见。

（二）同时从数量上和质量上着手，扩大内部审计部门的规模

重视内部审计部门的作用，加大对审计部门的资源投入。一方面，根据

企业的规模、经营状况和风险管理水平，及内部审计人员的知识结构和专业胜任能力，引进经济、法律、金融等其他领域的专业人员，适当增加内部审计师数量；另一方面，注重对现有的审计师的培训和考核，以保证其具备相应的职业素质（夏鸿义等，2016），提升其专业胜任能力。

（三）进行内部审计最优资源配置方案的设计

内部审计规模以及内部审计会议对公司风险控制和绩效的影响跟企业的规模正相关。因此企业应该据此展开调查，寻找基于企业规模的内部审计最优资源配置方案，从而提升内部审计对公司治理的效应，提高公司的风险管控和绩效水平（夏鸿义等，2016）。

（四）完善信息披露制度

对内部审计的风险管控的研究，实证偏少，因为对上市公司内部审计质量的相关数据的搜集较难，企业内部审计信息披露不足。所以呼吁有关部门要求企业至少是上市公司对于内部审计部门的人员构成、工作成果以及职称等其他基本情况进行充分披露，以便于在衡量内部审计质量时有更充足的数据支撑，从而更加全面地评价内部审计质量。

（五）加强企业风险评价指标体系的研究和构建

在研究内部审计对企业风险管控作用的影响时，关于企业风险控制的评价指标，综合的可以用标准离差率等，但是二级、三级的指标体系还不健全，这对实证研究有一定的限制。因此，我们在未来的研究中要致力于风险评价指标的研究和构建。

参考文献

[1] 陈莹，林斌．内部审计、治理机制互动与公司价值 [J]．审计研究，2016（1）：101-106.

[2] 李立红．内部审计参与风险管理相关问题研究 [J]．东北财经大学硕士论文，2006（12）10.

[3] 乔瑞红．内部审计参与风险管理研究 [J]．财会通讯（学术版），

2006 (2): 71-73.

[4] 司原. 内部审计参与风险管理的机理分析 [J]. 现代财经, 2009 (4): 70-72.

[5] 宋岩. 加强内部审计防范企业风险 [J]. 北方经贸, 2013 (7): 15.

[6] 田丽云, 尹钧惠. 内部审计参与风险管理的动因及其运作探讨 [J]. 现代财经, 2004 (8): 40-43.

[7] 夏鸿义等. 内部审计质量、公司规模与公司绩效——基于上市公司面板数据的实证研究 [J]. 中央财经大学学报, 2016 (6): 71-78.

审计风险模型演进分析

李丹丹[*]

摘要：随着我国经济的迅速发展，企业经营与外部环境的联系越来越紧密，审计界也正面临着越来越大的审计风险，审计人员在审计过程中遇到的问题也越来越复杂，这就要求审计人员在审计过程中运用合理的审计风险模型。作为审计发展新模式的现代审计风险模型，在现代经济生活中应用的重要性越来越突出。本文在分析审计风险组成成分的基础上，探讨了审计风险的基本模型及其演进，并提出现代审计风险模型在应用过程中存在的问题及解决措施，以期能够切实发挥出现代审计风险模型的优势，推进我国审计事业的有序发展。

关键词：审计风险；审计风险模型；演进

一、引　言

所谓审计风险是指会计报表存在重大错误或漏报，而注册会计师审计后发表不恰当审计意见的可能性。现实生活中由于内部风险管理体系与内部控制体系存在着严重的漏洞而导致企业破产的案例越来越多。因此，增强企业的风险管理能力，实现企业价值增值，已经成为全世界范围监管层与企业的重要任务。审计风险模型直接体现了注册会计师在审计过程中的审计风险，审计风险模型是审计理论应用于实际工作的重要手段之一。审计风险模型分为传统审计风险模型与现代审计风险模型两种。传统审计风险是由控制风险、固有风险以及检查风险决定的。2006年，我国公布了最新的审计准则，新的审计准则推出了新的审计风险模型，这样可以使得注册会计师在审计过程中更好地发现财务报表中的纰漏与错误。正确认识审计风险及审计分析模型，加强风险认识，并积极有效地控制风险意识，已成为目前审计界广泛关注和

---

[*] 李丹丹，西北政法大学商学院讲师，应用经济学博士。

亟待解决的重要问题（时现等，2008）。

二、审计风险的基本模型

在国际审计准则（IAS）框架内形成了以风险为导向的审计方法。根据国际会计准则，审计师应当合理地保证整个财务报表不存在重大错报。审计师的合理保证是基于对审计师必要的审计证据的积累，以得出财务报表是按照适用原则编制的结论。在识别重大错报时存在一些特定的影响因素，这些影响因素可能会阻碍审计师得到绝对确信的结论，主要与以下因素有关：样本检测的应用；会计和内部控制系统固有的限制（例如阴谋、滥用、欺诈）；说服审计证据的特征。此外，审计结论还考虑了审计证据收集（如审计程序的持续时间、性质和范围）方面的专业判断。因此，审计师不能确保财务报表不存在重大错报，因为不可能得到绝对的保证。而审计意见也不能确保组织的未来生存能力和组织管理的有效性。审计师在进行基于风险的审计时，应注意合理保证财务报表不存在由于不正当的做法或不准确而导致的重大错报。这给审计师带来了一定的挑战，给定的挑战分三个阶段进行：其一，评估财务报表存在重大错报的风险；其二，制定和实施审计程序，尽量减少评估错报风险；其三，根据审计结果编制审计报告结论。因此，合理保证的概念假设了风险的存在。如果财务报表存在重大错报，执行无保留审计意见的风险被视为审计风险。

美国注册会计师协会发布的第47号审计标准要求审计师使用审计风险模型（ARM）作为审计计划过程的一部分。国际会计准则将重大错报风险（RSM）视为审计风险（AR）的组成部分。重大错报的风险由两部分组成：一是内在风险（IR），即对任何类型的活动（或业务流程）来说都是自然的风险；二是控制风险（CR），即内部控制系统无效的风险，重大错报风险可以用公式（1）来描述：

$$\text{RSM} = \text{IR} \times \text{CR} \tag{1}$$

即不管财务报表的审计情况如何，内在的风险和控制风险被视为审计主体的风险。审计师应评估声明一定级别的重大错报风险，作为进一步审计程序的基础。审计风险的另一个组成部分是检测风险（DR），即审计师不能根据审计程序检测错报的风险。检测风险取决于审计程序的有效性和审计师的专业性。由于审计人员通常不会进行详细的测试，因此检测风险不能降为零。然而，选择不适当的审计程序或不恰当的审计结果解释会增加检测风险。因此，审计风险可以用公式（2）来表示：

$$AR = IR \times CR \times DR = RSM \times CR \tag{2}$$

将公式（2）进行变形可得：

$$DR = \frac{AR}{IR \times CR} \tag{3}$$

其中，可接受的审计风险（AR）是审计师愿意接受的对重大错报财务报表提出无保留意见的概率，AR 由审核员设定。固有风险（IR）是账户余额或交易类别在考虑内部控制制度的有效性之前存在重大错报的概率，IR 由审核员评估。控制风险（CR）是由内部控制系统及时检测的不能防止重大错报的可能性，CR 由审核员评估。检测风险（DR）是指不会检测到重大错报的审计程序所能容忍的风险水平。重要性是指被审计单位的财务报表中的错漏报的严重程度，这一严重程度在一定情况下可能影响财务报表使用者做出正确决策。由于 AR、IR、CR 和 DR 都取决于预设的重要性水平，实质性影响到 ARM 所有其他元素的水平。根据 ARM，审计师设定重要性并选择 AAR；然后评估 IR 和 CR，这可以推导出 DR 的可容忍水平。通过对过去 20 年审计风险案例进行分析后可知，有几个因素（例如诉讼增多、自我调节更严重、质量控制、为了达到相同的审计目标而改用多重程序以更好地控制成本、向缺乏经验的审计师分配更大的责任等）导致对审查过程的依赖性增加。因此，高效和有效的审查过程是成功审计的关键组成部分，内部审计风险的成分可由图 1 表示。

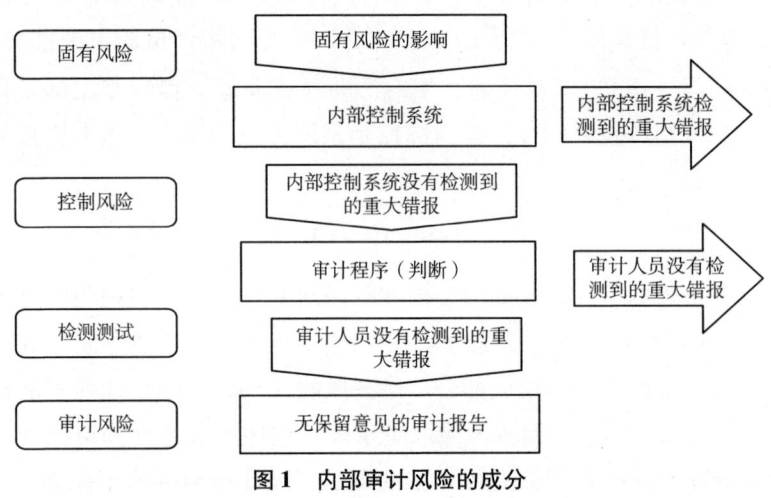

图 1　内部审计风险的成分

根据基于风险的审计概念，审计师应评估重大错报风险，并限制检测风险，以将审计风险暴露降低至可接受的水平。为此，审计师需要了解企业的业务活动，评估风险并执行以下方面的审计程序：第一，潜在的错报、差异及公司财务报表缺乏信息；第二，管理层有可能不遵守财务报表管理办法和操作；第三，控制手段缺乏有效性。我们可以通过改进审计程序、不断控制和监督审计业务执行质量以及发展审计师的专业技能来减少检测风险的暴露。

三、审计风险模型的演进

（一）审计计划模型与审计费用解释

希穆尼奇（Simunic，1980）提出了一个解释审计费用的模型，后来被普拉特和斯蒂斯（Pratt and Stice，1994）使用作为审查审计计划决定的基础。我们修改这个模型如公式（4），以表示审计的预期成本：

$$E(c) = cq + [E(d) \times E(r)] + [E(f) \times E(p)] \quad (4)$$

其中，$E(c)$ 是总预期成本，c 是向审计师提供的外部审计师资源的单位要素成本，包括所有的机会成本。q 是审计师在执行审计检查时使用的资源数量。$E(d)$ 是由客户利益相关者在本期财务报表中与未检测到的重大错报相关联可能发生的未来损失的预期现值。$E(r)$ 是审计师对本期财务报表中未发现的重大错报所引起的客户利益相关方损失的预期可能性。$E(f)$ 是本期财务报表因非检材之外的因素错报被认定的可能的未来损失的预期现值。$E(p)$ 是由于除了未被发现的重大错报以外的其他因素，本期财务报表已经确定，审计师因为被认定而受到损失的预期可能性。

在规划模型中，$E(d) \times E(r)$ 和 $E(f) \times E(p)$ 代表业务风险的预期成本；$E(d) \times E(r)$ 表示与未检测到的重大错报有关的成本，$E(f) \times E(p)$ 表示与未检测到的重大错报之外因素的有关成本。根据该模型，审计计划如下：首先评估商业风险水平；然后投资审计到一个额外审计单位业务风险成本的边际减少等于该审计单位的边际成本的程度。在均衡状态下，审计费用被设置为涵盖审计的总预期成本，其中包括正常的利润。

（二）审计风险模型与商业风险

审计风险模型旨在帮助审计人员管理与发布对含有未检出重大错报的财

务报表的意见不合格相关的风险。因此，通过调整审计风险模型的要素，增加审计投入，以反映与 $E(d) \times E(r)$ 相关的部分商业风险。AR、IR、CR 和重要性变化导致的审计投资变化与审计风险模型和与 $E(d) \times E(r)$ 相关的商业风险变化一致。换言之，与重大错报可能性相关的许多因素同样影响商业风险。例如，高水平的应收账款和存货，以及销售额的过度增长（Stice，1991）。商业风险包含了一个不相关的附加因素即 $E(f) \times E(p)$，这具有未被发现的重大错报风险，因此没有明确反映在审计风险模型中。例如，不良财务状况和高股价变异性已被证明引入了与未被发现的重大错报风险无关的商业风险维度（Abdullatif，2015）。在这些因素的作用下，审计标准提供的指导有限。美国注册会计师协会发布的第 47 号审计标准指出，在商业风险较低的情况下，审计师不应将审计投资减少到审计风险模型所暗示的水平以下。这解释了为什么审计事务所在实施审计风险模型方面遵守相对严格的指导原则，可能是为了实现审计的一致性。例如，有研究表明，审计公司制定了将 AR 设定在预定水平的政策（Koutoupis，2009），无论 AR 是定性的（例如"低"）还是定量的（例如5%）。

现代审计风险模型与传统审计风险模型相比存在一定的优越性。审计师已被证明可以调整审计风险模型，加大审计投入是为了应对客户财务报表存在重大错报风险的增加。商业风险是由于客户关系对审计师专业实践造成损失或伤害的风险。有证据表明，审计师通过增加审计投资和收取高于支付审计费用所需金额的费用来应对商业风险（Colin，2003）。审计风险模型主要处理与发布对含有重大错报的客户财务报表的意见的不合格审计相关的风险。即使审计师遵守公认的审计准则（GAAS）并提出适当的审计意见，也存在商业风险。与商业风险相关的主要成本与诉讼有关，无论风险是否导致审计师对客户利益相关方的损失承担责任。商业风险不仅仅只包括对重大错报财务报表发表无保留意见的风险。例如，内部控制体系薄弱的客户出现财务困难，会带来两种风险：重大错报风险和财务风险，审计风险模型只反映第一个，而商业风险包含这两者。审计风险模型被设计成为审计计划的指导。有的时候，当将商业风险与审计风险模型所捕获的风险并置时，审计风险模型提供的指导是模糊的。戴维（David，1998）认为，对于审计师是否应该为商业风险差异调整可接受的审计风险是存在分歧的，一些审计师认为，对于呈现较高商业风险的客户而言，可接受的审计风险应该较低，而另一些则不然。引起业务和审计风险的基本情况的性质差异会导致审计师的不同反应。在某些情况下，审计师将以审计风险模型完全掌握的方式调整其基本情况的审计计划，但在其他情况下，审计师的响应将不会被审计风险模型捕获。在前一种情况下，审计风险模型将描述审计师的行为，但是在后面的情况下它却不会描述审计师的行为。错报可能来自两个来源即错误（无意的错报）和违规（有意误报），审计师有责任对财务报表提供没有重大错报的合理保证。注册会计师需要认清会计报表中的重大风险的可能性，应杜绝在审计过程中对某些领域的过度审计或者欠缺审计，合理地利用审计资源。

四、审计风险模型在应用过程中存在的问题及解决措施

上述审计风险模型在应用过程存在的主要问题是，作为专业标准，审计风险模型在错误风险高时提供了有用的指导，而在违规风险高的情况下则不提供指导。商业风险涵盖的风险超出了审计风险模型所掌握的风险，而在出现违规情况时，审计师对这些风险做出反应并对其进行定价。审计风险模型的决策理论框架是有效制定的（Linsley，2003），但与违规行为相关的商业风险通过改变审计风险模型的元素来有效地管理也是不可能的，因为违规涉及潜在的成本超出与未被发现的重大错误陈述的可能性相关的成本。在审计费用方面，如果存在违规情况，正常的审计程序不能控制所有相关的风险。因此，审计师收取额外的费用以补偿他们的不受控制的风险。无论如何，审计师应考虑制定旨在评估和管理超出审计风险模型范围的风险的标准，并建立风险溢价来补偿它们承担与业务风险不同方面相关的成本。风险溢价取决于业务风险水平，而不受其来源影响。

在当今的审计领域，现代审计风险模型在当今审计工作中发挥了重要作用，它们在理论与实务中展示出了它自身的有效性，因此对现代审计风险模型的推广应用势在必行。为了应对这种可能性，未来的研究可以考虑其他风险来源，并考察审计师是否通过增加审计投资或风险溢价来控制这些风险。例如，作为接管候选人和遇到财务困难的客户，会给审计师带来额外的和不同类型的风险。这些风险可能会对审计风险模型的描述能力和审计服务的定价产生不同的影响。解决这些问题应该促进对审计的经济角色更好的理解，审计师的责任范围似乎扩大了。同时，在审计风险模型中，高质量的内部审计职能可以降低总体控制风险，内部审计职能的工作可以依靠内部审计职能质量特定指标来降低检测风险。最近的审计法规允许甚至鼓励外部审计师

"在足够合格和客观的人员完成工作时更大限度地利用他人的工作"。根据内部审计师协会（IIA）提出的公司治理模式，有效的内部审计职能、董事会审计委员会、执行管理层和外部审计师是公司治理的四大基石。内部审计师在其所在机构内提供各种服务，包括审计财务记录和流程。内部审计在外部财务报告中起着重要的作用。例如，已有研究表明，当失实陈述相对难以发现时，管理层的预测更加偏离实际，管理层的沟通在未经第三方核实时更可能存在偏见。高质量的内部审计师是全年对管理层行动的额外第三方监督者。因此，随着公司内部审计职能质量的提高，它更可能成为一种可靠的检测和威慑机制（庄飞鹏，2014）。

总之，为了使我国的审计事业更加健康快速的发展，相关的审计人员及其他相关人员应该不断探索研究，不断积累审计经验，切实提高对风险的评估和重大错误的发现能力。今后我们的主要任务是追踪现代审计风险模型的应用情况，根据自身的实际情况并吸收外界的经验，切实发挥出现代审计风险模型的优势，不断提高审计工作的质量，使我国的经济得到健康快速发展。

参考文献

[1] 时现，毛勇．国内外企业内部审计发展状况之比较——基于调查问卷分析 [J]．审计研究，2008（6）：23-26．

[2] 庄飞鹏．风险导向内部审计应用初探 [J]．财务与会计，2014（10）：32-34．

[3] Abdullatif, Kawuq. The role of internal auditing in risk management: evidence from banks in Jordan [J]. *Journal of Economic and Administrative Sciences*, 2015 (31): 30-50.

[4] Asare, S. K., Davidson, R. A., and Gramling. Internal auditors' evaluation of fraud factors in planning an audit: the importance of audit commicommittee quality and management incentives [J]. *International Journal of Auditing*, 2008, 12 (3): 181-203.

[5] Colin Linsley. Auditing, risk management and a post Sarbanes-Oxley world [J]. *Review of Business*, 2003 (9): 11-15.

[6] David Mc Namee. *Risk Management: Changing the Internal Auditor's Paradigm* [M]. Altamonte Springs: The IIA Research Foundation, 1998: 22-25.

[7] Koutoupis Tsamis. A Risk-based internal auditing within Greekbanks: a case study approach [J]. *Journal of Management and Governance*, 2009 (13): 90 – 101.

[8] J. Pratt, and J. D. Stice. The effects of client characteristics on auditor litigation risk judgments, required audit evidence, and recommended audit fees [J]. *The Accounting Review*, 1994, 69 (10): 639 – 656.

[9] Simunic, D.. The pricing of audit services: theory and evidence [J]. *Journal of Accounting Research*, 1980, 18 (4): 161 – 190.

[10] Stice, J. D.. Using financial and market information to identify pre-engagement factors associated with lawsuits against auditors [J]. *The Accounting Review*, 1991, 66 (3): 516 – 533.

浅论我国律师事务所风险防范与控制

杜鹏翾[*]

摘要：近年，我国律师业取得长足的发展，但是由于各律师事务所风险防范与质量控制意识不强、机制不完善，也引发了不少问题，阻碍了我国律师业的进一步发展。律师事务所的风险管理，在我国目前尚属于刚刚起步的阶段，许多律师业内人士甚至对这一理念还不曾认真考虑过。本文从述明律师事务所风险防范与控制出发，针对目前律师事务所执业风险形成的主要原因，得出健全律师事务所执业风险防范与控制机制的初步构想，提出改善建议。

关键词：律师事务所执业风险；风险防范与控制

一、律师事务所的发展现状

根据全国律协的消息，最近5年，我国律师人数以每年2万人左右的速度增长，目前我国律师人数已经突破30万人，律师事务所达到了2.5万多家。律师队伍成为一支较大规模的社会主义法治工作队伍，律师行业成为现代服务业的重要组成部分。在律师业发展良好的形势下，根据党的十九大精神全面推进依法治国的理念和要求，对律师和律师事务所提出了更高和更新的要求和标准。在全国律师行业，除了京、沪、深之外（包括东部沿海、省会城市）广大地区，律师行业整体效率低下，布局不合理，秩序不规范，呈现"小、乱、杂"的局面，发展极不平衡。为了适应新形势下行业的新发展，不仅律师个人和整个行业队伍的业务素质需不断提升，作为律师队伍的行业载体律师事务所也有着更多的责任和要求，因此要加强律师事务所的内

---

[*] 杜鹏翾，西北政法大学讲师，工商管理硕士。

部管理，提升律师事务所的风险防范与控制能力。

我国律师事务所的风险防范意识确实还没有达到应有的高度，尚缺乏有效的风险防范机制。为了应对律师出现类似行为后律师事务所可能承担的巨额责任，一些国家和地区已经建立了比较完善的律师职业保险制度，律师事务所通过投保该险种，从而在律师出现问题时可以由承保人承担全部的或分担部分的赔偿责任，避免了律师事务所整体业务的开展因某一律师的过错而遭受重创。这种保险在美国已经非常普遍，而我国尚没有一家保险公司或组织正式开展此项业务。进行律师事务所风险防范机制的建设成为当务之急，否则如果每个律师的个人行为都可能使一个运转良好的律师事务所面临关门，长远看来必将影响到我国律师行业的健康发展和法律服务市场的竞争。因此，正确认识、判断、把握律师事务所的执业风险，加强对风险的控制、防范及服务的质量管理，以期提高律师事务所的抗风险能力，健全质量控制机制，不单是每一个律师事务所面临的长期任务，更是一个生死攸关的根本任务。

二、律师事务所执业风险形成的主要原因

律师事务所执业风险的表现形式多种多样，但是基本表征均是因律师事务所某环节控制的缺陷、缺失导致其执业预期目的不能实现。主要有以下原因。

（一）律师事务所内部控制环境较差

目前我国律师事务所普遍存在内部控制环境较差的问题。

（1）大部分的律师事务所实行的是主任负责制，在平时的律师事务所内部管理中，合伙人一般具有较强的话语权，对于事务所内部的规章制度视同无视，管理权和监督权集于一身，没有配置独立的机构和人员，有的律师事务所虽然建立了内部风险控制制度，但执行不力，监督缺失，容易出现财务制度不规范，风险管理缺失的问题。

（2）律师事务所各合伙人，跟分所之间经常是各自为政，职责不清，内部控制出现重复管理，空白地带，标准不统一的问题和情况。

（3）律师事务所没有建立学习型团队的良好氛围，律师的职业培训基本上是在外面的独立性业务培训，没有团队和组织内部的规范管理和管理职能培训。

（4）律师本身都具有良好的法律思维和维权意识，但往往会因为法律意识而忽略管理制度和职能的重要性，尤其是内部控制和风险防范意识。更多的律师事务所合伙人把注意力集中在律师事务所和个人业务的发展上，对律师事务所的内部控制和风险防范制度的建设重视程度不够。

（二）律师事务所的制度缺陷

因律师事务所的制度设计缺陷、缺失引发的执业风险，主要有以下几个基本而重要的方面：

（1）律师事务所收案审批制度。收案审批制度是律师事务所一项重要的工作程序，而收案审批的一个重要组成部分就是对受理的案件进行利益冲突审查，以避免利益冲突事项影响当事人、第三人的诉讼权益或者实体利益。空有收案审批制度却没有设立利益冲突审查机制，或者没有科学、严格的利益冲突审查机制，这样会引发律师事务所利益受损，导致执业风险发生的可能性巨大。

（2）律师事务所的委托代理合同。委托代理合同是律师事务所即必不可少又非常重要法律文书，其文本形式和内容对于律师事务所有着极为重要的意义。一份条款完善、内容通俗易懂且权利义务约定明确、公平的合同，不仅能让当事人对律师事务所产生信任感，易于委托关系的建立，更能明确代理人与当事人之间的权利义务，减少案件代理纠纷发生的可能性。而潦草马虎，文本框架设置不合理、不人性化，权利义务约定不明确的委托代理合同可能会给律师事务所带来执业风险。例如，一些以协议收费为权利义务形式的委托代理合同，仅约定律师事务所可按为当事人实际执行的标的额或财产比例收取代理费，却未对当事人在案件诉讼或非诉讼过程中自行和解收回的款项的代理费付款比例进行约定，一旦当事人反悔或提出异议，就可能会使律师事务所无法取得预期的收益，承担不必要的执业风险。

（3）风险告知制度。风险告知制度是律师务所必不可少的一项制度，如没有告知委托人拟委托事项可能出现的法律风险（包括证据风险、法律适用风险、政策风险、程序风险、诉讼结果风险等），最后委托事项的处理结果没有达到当事人的要求，就会对律师事务所产生风险。

（三）律师事务所对律师个体执业行为缺乏规范或约束

律师提供法律服务必须以律师事务所的名义，我国法律禁止律师以个人名义执业。因此，律师的执业行为很大程度上就是等同于律师事务所的执业行为。律师事务所对律师的执业行为缺乏有效的管理与监督，律师在执业过程中出现失误，律师在个人执业生涯中的非正常性的人员流动，也会导致律师事务所执业风险的发生。

（1）律师法律素养、执业素质差异引发的律师事务所的执业风险。律师代理诉讼案件时，因证据原件保管不善而丢失，案件举证期限掌握不好，证据交换或开庭没有携带证据原件，诉讼时效、上诉期限与执行期限的掌握不当等原因，给当事人权益造成影响，同时就给律师事务所带来经济、声誉等损失。

（2）特殊法律服务事项。某些特殊的法律服务，如遗嘱的律师见证业务，依法必须有两名律师共同办理。如律师事务所对此缺乏重视，一名律师办理遗嘱见证，一旦继承事实发生，继承人却因对该遗嘱不满对见证遗嘱提出异议，则该见证遗嘱被判为无效的情况下，当事人及律师事务所的权益均会受到损害。另外还有律师为违章建筑的买卖、城市居民购买农民住宅等违反法律强制性规定的事项给予见证的现象。

（3）律师执业违规、违法。律师出于自身道德修养和业务素养低下，在执业过程当中，故意或是疏忽大意地违背律师执业纪律、职业道德，甚至发生犯罪行为，导致律师事务所遭受经济损失、行政处罚或声誉损失。

（4）律师流动风险。律师职业由于其特有的独立性、专业性的特点，导致执业律师流动性比较频繁的特征。承办律师离职，曾经为客户提供过哪些法律服务，如没有业务日志的记载，接替的律师几乎不能与客户有很好的业务衔接。律师事务所会因律师离职，承受相关业务职责，承担相关法律责任。

（四）律师事务所管理缺陷

律师事务所决策层与管理层对事务所管理的重要性认识不足，缺乏科学的管理模式及管理手段，没有针对律师事务所执业的各个程序，建立完善、科学、有效的制度规范，造成收案、收费、出具法律文书等律师事务所执业的重要环节产生漏洞，进而引发执业风险。

（五）律师事务所缺乏对律师的执业教育

有些律师事务所疏于对律师的业务素质、执业规范加以培训与教育，对律师执业工作的管理缺乏有效的监督落实机制，或者制度虽然建立，但流与形式，导致律师有规不依、有章不循，使律师在执业过程中有意或无意地出现违纪行为。不重视律师法制教育及执业纪律、职业道德的教育，放松对律师执业行为合法性的监督管理。对于律师在执业过程中可能出现的违法、违规行为，事先缺乏有效的引导与防范，事后又无严厉的处罚机制，造成少数业务素养、道德水准低下的律师出于对经济利益的片面追求，不惜采取违法、违纪的执业行为。

（六）我国关于律师执业的法制建设尚不健全

律师职业缺乏社会各方的认同，甚至部分机关和部门对律师的执业行为还设置种种障碍，导致律师业务无法正常开展，律师及律师事务所的社会形象、执业能力受到误解。

三、关于律师事务所执业风险的防范与控制的建议

律师事务所加强风险防范与控制机制主要从提高律师风险意识、健全律师事务所内部管理体制、积极推行专业化分工、加强律师职业道德、执业纪律的教育、改善律师外部执业环境这几个方面加以构建。

（一）提高律师事务所执业风险意识

（1）律师事务所执业过程中，时刻注意培养律师审慎执业的职业操守。现今，我国法治环境尚不成熟，律师不单要在对法律问题提供法律意见时谨慎从事，又要尽量收集和了解各种法律信息和资料，以储备丰厚的相关素材，做到对热点和难点法律问题心中有数。对不能完全确定的法律问题，应当如实向客户披露其中的不确定性以及因这种不确定性可能导致的不利后果。进一步地，在处理复杂的法律业务中，对不确定的法律问题和不确定的事实情况应当出具有条件和有保留的法律意见。

（2）律师事务所应清楚认识法律服务的局限性，分清法律意见和商业决策之间的区别，将商业决策权留给客户行使。法律服务不是万能，一个商业决策最后是否能够顺利推行和获利，除了法律上的可行性之外，还会受到市场环境、竞争对手、营销策略等多种因素的影响。因此，律师事务所对于任

何商业决策的法律设计、文本起草、谈判、诉讼决定等事项提供法律服务时，应该在声明和用语上注意技巧和尺度，以及适当的保留声明。

（二）健全律师事务所内部管理体制

（1）采取科学有效的收案、收费审查管理制度，杜绝律师违规收费、防止利益冲突法律服务事项的产生。积极推行律师事务所办公自动化、网络化，运用相关律师事务所管理软件，有效避免收案、收费程序中的执业风险。促使律师事务所的管理、监督渗透到利益冲突审查、收案审批、收费审查、收费登记的顺序审查、登记制度等各个工作环节。保证案件的受理、收费，保证律师的派遣、执业均在律师事务所的有效监控之下。律师事务所聘用专门人员对案件进行利益冲突审查，主要包括两方面的审查：审查案件是否与本所顾问单位存在利益冲突；审查案件是否与本所已接案件当事人存在利益冲突。

（2）严格律师事务所的公章管理制度。律师事务所公函、调查专用证等在盖章、出具前，应要求律师填妥相关内容，经核对确属已受理案件后，再行登记、盖章、出具。律师出具的律师函、法律意见书等重要法律文书，须设立有效的审查程序，内容简单、无争议的法律文书可由经办律师签字确认后登记盖章出具。较为复杂、存有争议的法律文书须提交集体讨论，并由所主任或业务主管人员审查确认后，方可登记、盖章、出具。以防范律师私自收案，工作失误等执业风险的发生。见证法律业务应当由专人办理，由资深合伙律师专门审批、审查、监督。

（3）日常文本应当具有统一格式，便于操作、规范。律师事务所的《委托代理合同》《法律顾问合同》应当内容全面、条款通俗易懂、权利义务约定公平，特别是在《委托代理合同》中应将客户在诉讼或非诉中可能存在的风险进行提示。有条件的还要设立《证据交接清单》《送达法律文书回证》等程序文本。

（4）设置办案流程卡，对诉讼案件实行流程管理，明确法律服务进程，不单保护委托人的利益，更能够在无形中加强律师事务所对律师的服务管理。

（5）加强档案管理。律师业务档案，是律师进行业务活动的真实记录，反映律师基本的工作情况。根据业务档案，可以体现律师办案质量的高低。搞好律师业务档案的开发利用，对于指导律师办案和引导律师事务所向健康方向发展都大有益处。可以在一定的条件下将业务档案的归档情况及质量与律师年终奖金挂钩。

(6) 建立委托人回访制度。委托人是律师及律师事务所执业活动的基础及根本权利义务来源。委托人需要律师的优质高效服务，律师通过对委托人提供优质的法律服务赢得生存和发展的机会。二者相辅相成，互为依托。委托人回访机制对于我国律师行业现状而言，硬性规定所有的律师事务所均建立委托人回访专门机构似乎有点强人所难。因此，小所可指定专人回访委托人。有一定规模的所可设委托人回访组。上规模、上档次的所可以专设委托人回访部。从而将委托人回访工作落到实处，通过不断积累，从而逐步形成独特的委托人关系管理文化。委托人关系管理文化，就其形式而言有这样几个方面。一是制定方案，做好委托人回访登记。委托人回访可采用定期或不定期的方式进行，如电话联系、问卷调查、定期座谈、个别走访、信息资料积累等，并要建立客户资料库。二是对重大、疑难案件必须回访，对回访中遇到的问题要及时汇报并作个性化处理。三是回访时还要注意了解竞争对手的优势、市场定位、竞争手段和发展趋势等问题，为委托人出谋划策，确保委托人回访工作取得实效。

（三）积极推行专业化分工

市场经济的发展不仅对律师个人提出了专业化的执业要求，也对事务所提出了专业化分工及协作的管理要求。事务所应注重根据律师的个人特点和专业特长，组建不同的专业部门和工作团队，将法律事务按照专业特长而不是案件来源进行分配，安排不同专长和特点的律师来完成案件。推行律师专业化分工能够有效地提高工作效率，保证业务质量，防范执业风险。

（四）加强律师职业道德、执业纪律的教育

通过加强律师职业道德、执业纪律的教育，使律师清楚何种行为属违规违法行为，一旦触及将造成何种后果，对律师的故意违规、违法行为要制定严厉的制裁措施，让律师清楚通过违法、违纪所获得的不法利益远远低于受到处罚所失去的利益，提高律师的违规、违法成本，使律师自觉形成依法执业、遵章守纪的良好执业习惯。

（五）改善律师外部执业环境

通过业务发展、担任政府法律顾问等形式，律师事务所的社会影响力逐

渐增大，一些律师当选为各级人大代表或政协委员，使律师参政、议政的能力得以扩大，借此平台，律师可主动地对律师执业环境的改善提出意见和建议，以有效地避免或减少律师事务所执业风险的产生，从实际上提高律师的工作质量。

四、结　语

现阶段做好律师事务所风险防范与控制，构建各项内部控制机制并保证落实和执行是当务之急，同时也是当前我国宏观经济发展提出的新要求。对于律师事务所的从业者和合伙人，一定要充分了解事务所内部控制的特征和风险防范的问题点，根据第一线的材料，结合工作实践，不断进行可行化方案的优化升级。形成紧密统一的合伙模式、高质量的人力资源管理、真正的专业化分工、职责分明的团队结构等形式，促成律师事务所基础体制的健全，使得律师事务所风险防范与控制能力进一步加强。

参考文献

[1]《中华人民共和国律师法》《中华人民共和国合伙企业法》。

[2] 李超. 浅析律师事务所内部控制的特征 [J]. 财会学习，2016.

[3] 谢鹏. 律师事务所规模与管理：合适的才是最好的 [J]. 中国律师，2015.

[4] 于华忠. 律师事务所职业化管理体系研究 [D]. 中国海洋大学，2013.

浅析内部控制与风险管理

李普玲[*]

摘要：近年来，国内市场机制持续健全并逐步融入全球市场，企业需应对的竞争更加激烈，若想获得更好地发展，健全内部控制就显得尤为重要。目前，我国部分企业的内部控制和风险管理方法难以满足企业经营发展的需要。文章针对内部控制及风险管理的现状及存在的问题，提出了一些建议，以期为企业的内部控制与风险管理工作提供更多的参考。

关键词：内部控制；风险管理

一、引　　言

从国内外经验来看，内部控制是企业、非营利组织乃至政府机构抵御外部风险、防止财务舞弊、提升管理绩效、实现可持续发展的有效途径。《企业风险管理——整合框架》将企业风险管理定义为："企业风险管理是一个过程，它由一个主体的董事会、管理当局和其他人员实施，应用于战略制订并贯穿于企业之中，旨在识别可能会影响主体的潜在事项，管理风险以使其在该主体的风险容量之内，并为主体目标的实现提供合理保证。并提出了风险管理包含内部控制，内部控制是风险管理不可分割的一部分的观点。"[①]

由此看来，只有明确了风险管理与内部控制的关系，才能在风险管理框架的指导下构建企业内部控制体系，为企业长远发展提供保证。本文在阐述内部控制与风险管理关系的基础上，指出企业内部控制与风险管理过程中存在的问题，最后指出完善内部控制与风险管理的建议。

---

[*] 李普玲，西北政法大学商学院副教授，管理学硕士。
[①] 企业内部控制编审委员会. 企业内部控制——主要风险点、关键控制点与案例解析[M]. 上海：立信会计出版社，2017.

二、文献综述

内部控制思想产生于18世纪，经过一个多世纪的飞速发展，到20世纪90年代已经形成较完善的体系，从最初的钱、账、物等实物风险控制，到财务报告风险控制、经营风险控制以及后来的合规性风险控制，随着《企业风险管理——整合框架》的颁布，内部控制已融入企业风险管理工作框架之中。

目前有关内部控制的观点主要有：《构建体现全面风险管理的内部控制新机制》这篇文章中，徐宁提出了全面风险管理涵盖内部控制，内部控制是全面风险管理的必要环节，企业内部控制体系应在风险管理的框架下建设；古淑萍的《基于企业风险管理的内部控制体系研究》在对企业经营管理活动中可能存在的风险分析的基础上，提出了应从完善控制环境、构建风险评估体系、加强控制活动、加强信息与沟通、加强监督与评审五方面来构建以风险管理为导向的内部控制制度。

三、内部控制与风险管理的关系

（一）风险管理相当于内部控制

在企业经营发展过程中，风险管理与内部控制紧密联系，为企业实现可持续发展提供有效途径。具体来说，风险管理与内部控制都是为促使企业完成其战略目标提供保证。内部控制通过具体的手段与方法为企业长远稳定发展提供有力保证，而风险管理则是在内部控制的基础上发展起来的是对内部控制的继承，换言之，如果一个企业的内部控制体系无效或缺失，则该企业的风险管理也将无法实施。

（二）风险管理包含内部控制

企业的风险管理活动包括控制企业的内部环境、识别并分析企业运行过程中的风险、实施有效的控制活动、管理企业的信息与沟通并建立起有效的内部监督等，据此可以看出，企业的风险管理包含内部控制的全部内容。企业在运行过程中，内部控制决定了企业对风险的识别、分析以及应对等内容。另外，企业管理层所掌握的准确的财务信息、风险信息等内容都来源于内部控制的结果，通过这些准确的信息管理者能够掌握企业的整体运行情况，一旦出现风险因素能得到及时的解决。企业若缺少完善的内部控制体系，则在应对风险过程可能会出现问题发现不及时以及发展失衡等风险。

四、内部控制与风险管理过程中存在的问题

（一）企业对内部控制与风险管理的认识水平有待提升

企业构建并实施内部控制体系是企业自身发展的内在需求，但有些企业认为内控制度只是查漏补缺和一些表面的监督管理，没有正确认识风险防范管理给企业带来的好处，导致其开展内控体系建设缺少主动性，企业内控建设人员在建设内控的过程中仅仅表现为理性应付，不精益求精；虽然一些企业设立了内部审计部门和内控领导小组，并由财务部门和其他相关部门主持内控工作，但是内控建设基础投入不足，同时保障措施不够，而且部分企业内控体系流于形式，评价机制严重不到位，内控理念未与企业日常经营管理活动相互联系，缺少对内控的理解和认知，高级管理层也未推动全员范围内的内部控制管理程序。

（二）经营管理者对风险的认识不足，水平不高

许多企业管理者风险意识淡薄，缺乏风险识别、风险评估和应对机制，部分企业的风险管理只能在一些业务部门内实施，范围小、水平不高，容易造成过于重视局部利益而忽视企业整体利益。因为评估风险缺位，无法在企业的经营管理系统和管理过程中进行管理风险渗透。还有一部分企业对风险控制的内在统一性的理解不到位，和风险管理内控建设的要求不相匹配。

（三）内控专业人才缺乏，成为制约企业内控建设的瓶颈

内控建设不是一项简单的项目，需要相关人员了解行业特征以及企业整体的运营管理情况和风险，又要熟悉内控建设的基本方法和方式，也要懂得运用信息技术及相关的财务管理信息。目前部分企业缺少内控建设人才，严重制约了内控建设的有效性。

（四）企业的信息与沟通不通畅

信息与沟通是企业内控实施的重要条件，其可以准确、及时地对内控相

关信息进行收集、传递，保证企业内部相关部门之间以及企业与外部的信息得到有效传递。目前我国很多企业内部信息与沟通的效率不高，主要原因是机制不完善，信息的可靠性不高，导致沟通效果不理想。从纵向方面来看，管理层控制了与企业相关的大部分信息，员工掌握的信息较少，造成员工不能尽职尽责的工作。横向沟通方面企业部门与部门之间的沟通较少，没有重视彼此间的协调。

（五）企业经营过程中缺乏有效的内部监督

我国一些企业内部审计机构缺失，导致内部控制的作用不能很好发挥，而且其自律能力欠缺；一些企业虽然有内审部门，但是因其归总经理机构或者财务部门管理，其独立性、权威性严重不足，很难将内审作用充分发挥出来，缺少规范化、制度化和常态化的内审机制，即便审计查出来一些问题，刚性的执行也不到位。发现的审计问题处理程度不够，造成实际缺少内部监督。

五、完善内部控制与风险管理的建议

（一）提高认识，加强组织领导和资源配备

企业建设内部控制需要领导的大力支持，同时也离不开领导层的高度重视，企业领导应当以身作则地去推行和执行这项工作。同时，还要积极主动地建立健全实施内部控制组织体系，并且合理运用内部控制来领导内部控制机构以及管理日常机构，明确落实各个基层的内控权责，给企业内控建设提供保障。此外企业还应当强化文化建设，培养正能量，倡导爱岗敬业、诚实守信和团队意识，强化风险意识等现代企业管理理念。企业高层管理人员应在塑造良好的企业文化中发挥关键作用。

（二）完善风险管理体系

构筑灵敏的信息系统与监控系统，及时地分类、辨别、控制和评估主要风险因素的不利事项。企业全员都应树立起风险防范意识，并应及时地对信息进行沟通，从而识别和建立起内外部的预警风险机制，而且能够根据内外部因素变化及时地做出调整。企业内部应通过信息沟通与反馈来降低风险隐

患，并应及时做出评价，管理层在开放的环境下能够获得各类信息并且根据有用信息做出分析，以便及时地解决问题。

（三）建立良好的控制制度

实行不相容职务分离制度，形成各司其职、各负其责、相互制约、相互协调的工作机制，有效防范舞弊发生。严格控制各类经济业务的授权审批制度，尤其是"三重一大"的业务和事项，应明确相关的权利与义务，层层落实责任、层层把关，尽最大努力避免经营风险的发生。建立建全会计系统控制制度，确保企业会计信息真实、准确、完整。加强企业实物资产的保管控制，定期或不定期地对实物盘点并与账务核对，及时发现异常现象，保证实物资产的安全与完整。妥善保管涉及资产的各类文件资料并及时备份。未经授权的人员不得对资产直接接触。严格预算控制，预算控制的内容应涵盖从销售预算到预计资产负债表的全过程，通过全面预算控制，可以规范企业组织的目标和经济行为过程，保证各级目标的实现。定期开展运营情况的分析，真实了解经营情况，发现和解决经营过程中的问题，并按照客观规律指导和控制企业经营活动。建立与实施绩效考评控制，科学设置考核指标，对企业全员的业绩进行考核和客观评价，引导规范员工行为。建立合同控制，梳理合同管理的整个流程，有助于防范企业法律风险，维护合法权益；有助于降低企业营运风险，提高经营管理水平；有助于控制企业财务风险，提升资金使用效率。

（四）加强信息与沟通

信息的沟通与传递是实施内部控制企业的重要条件，企业在生产、经营和管理过程中需要不断地、反复地识别、采集、存储、加工和传递各种信息，以使得企业各个层级和各个岗位的人员能够履行企业担负的职责。通过沟通把信息提供给适当的人员，以便他们能够履行与经营、财务报告和合规相关的职责。同时，沟通还必须在更广泛的意义上进行，以便处理期望、个人和团体的职责以及其他重要问题，没有沟通就不可能实现控制。

同时，企业为了进行有效的风险管理，需要使用历史信息和当前信息，历史信息可以为企业提供借鉴与参考，当前信息可以使企业及时地对在某一特定时点的风险进行评估，并将其维持在合理的风险容忍度之内。

（五）优化内部环境，加强内部监督

应强化管理层在内部监督中的主导地位，董事会下设审计委员会，审计委员会向董事会负责。审计委员会的成员必须独立行事，遵纪守法，具有专业胜任能力和良好的职业道德。内部审计需要深入企业的各个业务流程，审查和评价企业经营管理的合理和合规性。根据企业授权和相关规定，内审机构展开审计监督职能，且不应受到人为因素影响，如在审计过程中发现重大问题可以根据情况直接向审计委员会、董事会报告。为了强化内审的效率、独立性以及审核信息的可验证性，企业应将信息化应用到内部审计之中，同时还可以将信息系统嵌入风控体系，这样可有效地将业务流程和审计成果进行结合，提高内部控制和风险防范的水平。

六、结　语

内部控制是企业、非营利组织乃至政府机构抵御外部风险、防止财务舞弊、提升管理绩效、实现可持续发展的有效途径。同时，内部控制的本质是对风险的管理与控制，只有在风险管理框架指导下构建起来的内部控制体系才能促进企业实现发展战略。

参考文献

［1］财政部、证监会、审计署、银监会、保监会．企业内部控制基本规范［M］．北京：中国财政经济出版社，2008．

［2］企业内部控制编审委员会．企业内部控制——主要风险点、关键控制点与案例解析［M］．上海：立信会计出版社，2017．

［3］杨羽．论企业内部控制及其风险防范［J］．财经界（学术版），2015 (33)：90．

［4］张玉霞．对于企业内部控制过程中存在的风险分析及控制措施［J］．财经界（学术版），2013（5）：106．

市场营销与品牌危机管理

人身险营销中大数据
应用风险分析[△]

段坪利　陈梦圆[*]

摘要：大数据的应用与渗透使企业运营模式发生了巨大的变革，目前大数据技术已经运用在人身险营销中，帮助经理人为顾客分析对比产品。在这方面产生的风险主要有：收集信息过程中的侵权风险以及信息不对称而导致的顾客恶意骗保风险等。本文从大数据的视角论述人身险营销新特点，提出大数据在人身险营销中带来的风险，并针对风险产生的原因进行分析，提出了利用大数据可以实施在企业管理中的策略，以期推进大数据在人身险中更好的应用。

关键词：大数据；营销；侵权；风险

一、引　　言

近年来我国保险行业快速发展，2017年第一季度总资产达到16.18万亿元，同比增速为16.83%。根据中国保险监督管理委员会公布的数据，我国居民对人身险的需求逐年上升，截至2017年7月，寿险公司原保险保费收入19171.96亿元，同比增长23.78%[①]。

大数据技术的飞速发展，对我国保险营销，特别是人身险营销产生了巨大的思维上的革新，但大数据在人身险企业的应用尚未有一个完整的监管规范体系，使大数据在我国人身险营销中仍未真正发挥出巨大的潜力，数据的

　△　教学质量工程项目：本文为2016年度陕西普通高校"一流专业"建设项目市场营销专业阶段性成果。

　*　段坪利，西北政法大学教授；陈梦圆，西北政法大学商学院市场营销与危机管理硕士研究生。

　①　2017年我国保险行业发展现状分析【图】_中国产业信息网．http://www.chyxx.com/industry/201707/544471.html．

庞大和错综复杂带来的真实性、安全性难以确定，大数据应用对人身险企业涉及的核保、定价、营销等方面都会产生巨大的冲击和风险。合理规避大数据对人身险企业营销带来的风险，将成为推进大数据在人身险营销中的应用重点。

二、大数据在人身险营销中的应用

2017年8月15日，北京保险行业协会首次向社会公众披露北京地区商业健康保险服务评价指标：包括保单平均出单时效、理赔平均时效和小额简易案件理赔平均时效三个指标[1]，公示了截至2017年6月底的各人身险企业服务评价参数。越来越多的人身险经理人开始利用人身险历年赔付大数据的结果和人身险企业服务评价指标对比来为顾客推荐险种，如北京保险行业协会首次向社会公众披露北京地区商业健康保险服务评价指标（见图1）：截至2017年6月底，个人健康险保单的行业平均出单时效为1.97天，行业理赔平均时效为2.69天，行业小额简易案件理赔平均时效为2.32天[2]。通过这样的平均数据消费者就可以轻松地比较出正在选择的公司是否能够达到平均水平，是否与保险经理人所说的相符。

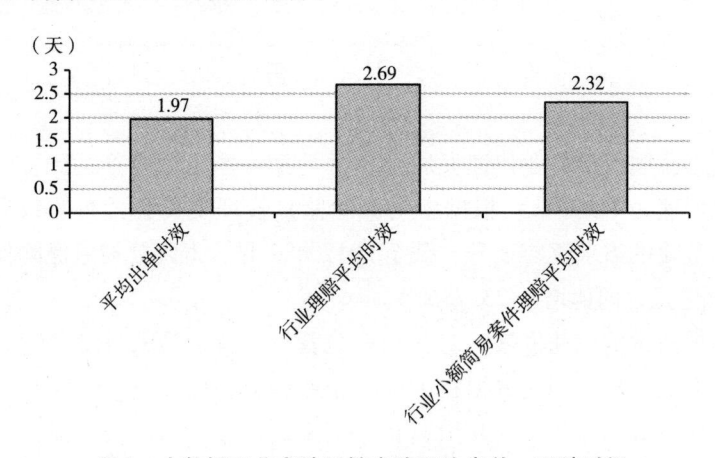

图1 大数据下北京地区健康险平均出单、理赔时间

---

[1] 北京保险行业首次披露北京地区商业健康保险服务评价指标. 中国保监会北京监管局. http：//www.circ.gov.cn/tabid/3599/InfoID/4078812/Default.aspx?type=Apply.

[2] 北京半数险企出单时效不达标 最慢达到21.88天 | 险企 | 出单 | 理赔_新浪财经_新浪网. http：//finance.sina.com.cn/money/lczx/2017-08-16/details-ifyixtym5542822.shtml.

大数据统计出各公司的出单时间、理赔时间等，能成为投保人很好的参考依据，如，中国人寿、平安财险等公司在出单方面效率较高。光大永明人寿、同方全球人寿则要7天以上才能出单，排名垫底。华夏人寿、太平洋寿险、中荷人寿、美亚财险等公司理赔时效低于1.5天，排在这一指标前列。永安财险、长城人寿则需要长达八九天，理赔时效排在末尾。小额理赔时效方面，华夏人寿、光大永明人寿均是1天内完成，长城人寿、阳光财险则需要5天以上才能完成理赔[①]。

大数据的结果不仅给投保人提供了更加直观的消费选择依据参考价值，也将促进各人身险企业更加注重服务营销，从而不断提升服务营销对消费者的体验感受。

人身险的营销重点就在于了解客户真实需求。大数据一方面有利于推进客户需求分析和客户群组细分，丰富客户全景视图，从而通过改善客户体验，进行个性化推荐来提高服务的整体价值；另一方面，有利于准确预测客户的潜在需求，通过交叉销售、精准营销以及整合渠道资源来提升整体价值。

（一）帮助人身险企业了解客户需求

（1）更全面地了解顾客。越来越多的人选择在互联网上通过搜索引擎、数据平台、专用APP上面进行人身险的了解。大数据技术恰巧可以收集这些浏览查询足迹，不仅如此，人身险公司还能通过手机APP授权实时定位，从监控摄像头、感应器等获得的海量客户个人数据，将每个顾客变成可量化的个体。通过实时获取用户个体健康数据，深度介入和参与用户的健康管理流程，提升对客户的关怀和真实需求的深入了解。

（2）更精准定位顾客需求。大数据可以为人身险企建立自己的顾客信息数据库。以客户为中心，按照客户的年龄、性别、地域、职业、家族史、既往病史、当前健康状况等为主要基本存储信息，而以顾客的大数据信息，如每天的运动量、就医历史、活动场所、生活是否规律等方面的各项信息，作为辅助参考信息，为客户建立起完整统一的客户视图。数据库不仅可以作为分析顾客需求的基础，生成的结果还能成为新的数据资料存储在数据库中，以供人身险公司可以精准分析出客户的需求点，为客户制定最适合的保险产品组合。

---

① 大数据成保险投保好参谋. 百度金融商城. https://jin.baidu.com/article/loan/3084056.html.

(3) 挖掘潜在顾客需求特征及潜能。搜索浏览记录更能体现一个人某个时间的兴趣点和潜在需求点，人身险企业可以根据潜在客户的浏览搜索足迹，为潜在客户提供对应需求的线上产品介绍推广，还应根据消费者心理情况，紧紧抓住潜在消费者的感情需求点，推出应景的产品，真正将大数据的优势发挥出来。例如，中国人寿曾推出过一款针对情侣的真爱保险，只需99元，恋爱3年以上并顺利结婚的情侣，即可在婚礼当天获得10000朵玫瑰祝福，广获追捧，正是挖掘到了情侣之间对爱情的美好期待和晒幸福这两个感情需求点。

（二）促进人身险营销员践行服务营销

调查显示，高达79%的消费者不认为购买产品非常符合自身需求，与自身支付能力相匹配（见图2）。[①] 说明目前我国的大多数人身险经理人还是为了完成自己的业绩，在营销中采取了不负责任的短期行为，仍然没有真正践行服务营销。

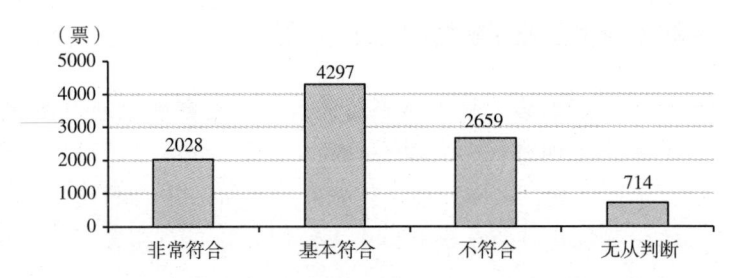

图2 所购买的人身险产品是否符合自身需求、是否与自身支付能力相匹配

资料来源：截至2017年10月数据，中国保险监督管理委员会公开资料。

人身险行业是一个长期的服务型行业，不仅需要营销员坚持不懈的毅力，更需要人身险企业提供更高水平的技术支持和合理的薪资分配制度，大数据技术不仅能够从技术层面支持人身险经理人提高服务水准，还能促进佣金比例的合理化，从而真正形成完整的价值矩阵，使营销代理人能够安心长期用心服务。

---

① 中国保险监督管理委员会 > 互动交流 > 网上调查 . http：// www. circ. gov. cn/tabid/5188/mid/14096/ShowResult/1/Default. aspx? ContainerSrc = % 5bG% 5dContainers% 2f_default% 2fNo + Container&essprintmode = true&SkinSrc = % 5bG% 5dSkins% 2f_default% 2fNo + Skin.

（三）大数据能够提高代理人的服务水准

人身险公司的客户数据库，能够提供给人身险代理人精确细致的信息，数据分析结果能够使营销代理人在短时间内确定客户实际需求，只需运用专业知识帮助客户分析需求即可，大大提高了营销的精确性，使顾客的消费体验大大提升。

（四）大数据能够提升代理人售后服务积极性

大数据渗透到人身险营销中之后，削减了人身险中介机构及代理人员，让顾客直接在网络平台上挑选保险产品，进行对比和评价，减少了中间环节，大幅降低了运营成本，也减轻了代理人开拓新客户的成本，人身险公司可以降低代理人首期佣金比例。

售后服务方面，代理人有着强大数据信息库作为后援，能够对已开出的保单提供更为优质的服务，作为以客户需求为主的服务型行业，后续的服务佣金的比例将会提升，人身险公司管理系统可以结合客户的退保率、投诉率等综合指标对个人代理进行考评。

但由于大数据本身具有的渠道复杂性，获取的高速性、可变性等特点导致大数据的应用一直存在着风险，针对人身险企业这样以信誉和诚信为建业基础的行业，更是巨大的阻碍。因此才形成了虽然大数据在"互联网+"的热潮中在各行各业的应用飞速发展，在人身险业的发展却较为缓慢，应用面也较为单一。分析大数据可能带来的风险并逐一解决，就能推动大数据技术更快、更稳地应用在人身险营销中。

三、人身险营销大数据应用风险分析

大数据完成了信息的收集和处理，为人身险企业降低了营销成本，提高了效率，但大数据的庞大信息却是一把"双刃剑"，对于人身险公司这样以客户数据信息为媒介分析客户精准定位的企业，风险成倍增加。

（一）大数据信息收集引发的侵权风险

大数据收集需要在多平台上收集人身险客户查询足迹，在手机 APP 中对客户进行实时定位、从监控摄像头、感应器等获得的海量数据，从数据来源上看，每个人日常行为中的各种数据均可被获取，但究竟哪些数据被实际用作评级的指标和依据，投保人并不知情。因此，其中部分数据很可能是投保人无意或偶然为之，收集这些数据时极有可能会产生侵权行为，模糊的边缘侵权行为不仅可能会对顾客日常生活产生威胁，更会由此对人身险企业产生巨大的信誉风险，这也是大数据迟迟未全面应用在人身险领域的主要原因。

（二）大数据信息真实性引发的骗保风险

虽然信息的收集是全方位的，但依然难以保证不会有企图骗保的个人刻意制造出个人信息足迹。大数据的采集缺乏辨识准确性，大量全面特质的背后也隐藏着刻意骗保人可以掌控自我足迹从而伪造信息的漏洞，如此，通过大数据分析后就可能会得到一个较低的风险系数，从而企图骗保人就能拿到人身险企业极低的保险费率而本身可能具有重大风险，从而制造骗取巨额保费的事件。相比传统的骗保手段，大数据时代的骗保作案方法可能更加专业化和规模化。

（三）黑客攻击数据库造成的信誉风险

由于大数据在数量上的庞大以及所蕴含的巨大价值，在互联网环境下，大数据模式下的数据更加容易被发现，大数据的存在对于网络黑客等不法分子是一个巨大的诱惑。比如 2014 年 3 月携程网被指出安全支付日志存在漏洞，导致大量用户银行卡信息泄露，产生携程的信任危机。据估计，中国每年的网络黑色产业规模已经达到一千多亿元，形成了一个规模巨大的黑色产业链，包括恶意软件改写、漏洞贩卖、数据窃取、个人信息倒卖等，一旦产生黑客风险，客户的隐私泄露，不仅会产生顾客隐私安全方面的法律问题，还将会对人身险公司造成难以重塑信誉的风险和危机[①]。

（四）经理人恶意利用大数据的道德风险

时至今日营销也依然是人与人竞争最大的行业，由于员工之间的恶性竞

---

① 近 3 年来，国内都有哪些比较严重的黑客入侵事件？. 知乎. https://www.zhihu.com/question/31219956.

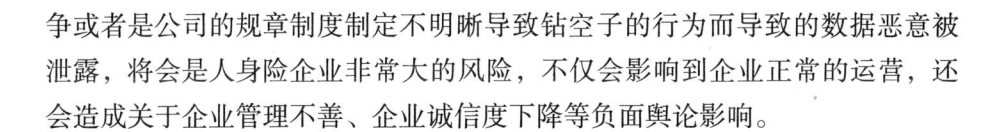

争或者是公司的规章制度制定不明晰导致钻空子的行为而导致的数据恶意被泄露,将会是人身险企业非常大的风险,不仅会影响到企业正常的运营,还会造成关于企业管理不善、企业诚信度下降等负面舆论影响。

(五)人身险企业经理人的操作风险

大数据时代下,数据的存储和分析呈指数倍增长,难免会产生操作风险导致数据泄露,特别是非计算机专业出身的营销经理人,更可能会产生操作失误。但对于一个成熟人身险企业来说,此类风险是易于掌控的。

(六)硬件损毁导致数据库缺失风险

大数据具有巨大的数据量,需要很大的硬件设施进行保存,而硬件的存在,就会产生损毁风险,天灾人祸、虫吃鼠咬造成的信息安全风险仍需要人身险公司投入精力财力维护。

大数据技术飞速发展的今天,对于人身险公司来说,享受着大数据带给企业降低成本增加成功概率的同时,面临最大的风险就是数据泄露,一旦流入犯罪分子的手中,将会对整个社会造成巨大的危害,舆论的影响足以使一个企业长时间难以翻身,特别是人身险公司这样以诚信、信任、隐私、担保、服务为主的企业,将会失去最宝贵的名誉价值财富。

四、大数据在人身险应用中的风险管控

大数据可以拓展所处理的数据规模,其前提是所依据的数据是真实可靠的,如果在数据真实性环节出了问题,那么分析出的结论不但会毫无价值,甚至还会对人身险公司产生财产人力资源方面浪费,对公司的经营造成危害。对于人身险公司来说,风险的防控也非常重要,只有管理好大数据可能产生的风险,才能使大数据为人身险企业所用,成为新时期人身险营销的一把利器。

(一)获得客户授权,避免数据侵权风险

人身险公司可以通过购买数据授权程序,采用数据授权方法防范侵权风险,数据授权方法主要有访问控制机制和密文机制,密文机制可以将数据文

件加密后存储并将密钥分发给权限用户，这样人身险企业每一次数据的采集都是经过客户授权，通过精确地授权下的信息采集，极大地降低了可能产生的侵权风险，这样得到的信息加以运用、进行技术改进能更精准地提供服务。除了行业内部细化标准之外，还需相关部门加强信息安全监管，并且经过数据授权程序记录在案，可以有效地避免侵权采集产生的侵权风险。

（二）高级别处理数据，降低信息虚假风险

大数据的收集是不定向的，所有的浏览足迹都有可能被记录，但这些数据并非全部有用。盲目地听从数据结果的建议而不与实际情况结合考量，就可能将结论引向死胡同，信息时代大数据意味着更多的、更复杂的信息和千丝万缕的关联，同时也意味着更多的虚假关联，斯坦福大学哈斯蒂（Trevor Hastie）教授用"在一堆稻草里面找一根针"来比喻大数据时代的数据挖掘，海量数据带来显著性检验的问题，成为大数据应用的关联的关键所在[①]。

（1）大数据的广泛关键词收窄。更多的数据意味着更多的指向性，但人身险企业需要抓住仅仅是顾客的几个着重的指标，用征信数据来核验个人基本信息，年龄、职业、婚姻状况是人身险重要的核保因素，使用更高级别的数据处理方式收窄大数据的收集方向，去掉一些无关的数据，使数据处理结果更加集中化，易于找到重点，能降低信息真实性所产生的风险。

（2）针对型数据覆盖性加强。针对已经具有投保意向的客户，大数据的针对型数据收集覆盖性要更加广泛，防止不正当的骗保行为，收集更多关于意向投保人的信用信息，降低骗保事件的概率。

（三）数据更新和检修，降低安全性风险

大数据中的云储存技术为储存海量数据提供了技术支持，但云储存中的外包模式将用户的信息所有权转交给了云服务供应商，这些过程就会产生诸多风险，其中云服务供应商在未经客户同意的情况下转卖数据就是最大的风险之一，当然也可能存在其他的操作、道德风险，这些风险就会对人身险公司产生数据安全性风险。

（1）实时监测的安全防护。由于人身险行业的特殊性，大数据技术应用

---

① 大数据的风险和现存问题 | 互联网数据中心-199IT | 中文互联网数据研究资讯中心-199IT. http://www.199it.com/archives/141235.html.

于人身险营销中对现有的安全防护技术提出了更高的要求，传统的实时监测技术很难快速识别安全风险，因此应对现有实时监测技术加以改进，综合采用数据发布匿名保护技术、数字水印技术等隐藏数据中的用户特征信息，以保证用户数据的信息安全和用户隐私。

（2）定期的设备检修。大数据和云计算是不可分割的，云计算需要巨大的运算量和巨大的数据储备能力，这些功能对想要运用大数据的企业的硬件要求很高，一个成熟的人身险企业需要有专门的部门和人力定期维护设备。

（四）数据授权程序，降低经理人道德风险

人身险企业可以采取数据授权系统从技术方面成为经理人道德风险的第一道防线，采用数据授权系统，人身险经理人可以请求管理授权访问客户数据，但是无法对数据操作中任何流程进行修改。人身险经理人作为数据使用者只能先向授权管理进行授权请求，并提交本体的属性集合，如果用户的属性集合符合授权属性集合，那么分组管理赋予其虚拟分组号，且密钥管理为其产生用户私钥[①]。

（五）企业管理制度降低企业经营风险

优秀的企业文化和管理制度，学习培训以及经理人职业生涯规划对一个以人为主的企业非常重要，能够在一定程度使经理人发生道德风险的可能性降低。

（1）企业规章制度的制定与改革。运用了大数据的企业将会面临着更大的风险，除了防范硬件设施的损毁丢失，更应该从制度上约束每一位员工，禁止恶意竞争并有所惩戒，鼓励耐心细致的服务态度和专业精神并有所激励，努力营造积极向上的企业氛围，鼓励诱导营销员正确的使用大数据，从而降低人为风险。

（2）提高公司内从业人员的素质。针对人身险公司来说，以长期的服务，责任为中心的企业，承担的不仅有经营公司盈利这样简单的经济责任，更有一份社会责任。提升公司内部从业人员的素质，普及信息安全法律意识，才能更好地配合大数据为消费者服务。

---

① 中国保监会印发互联网保险业务监管暂行办法．网易财经．http://money.163.com/15/0725/17/AVCTQK2P00251OB6.html．

（六）金融监管降低大数据人身险营销风险

金融监督机构对大数据在人身险企业营销中的监管会对降低营销风险产生积极的作用，监管机构需要对金融风险进行分析和监测，需要促进人身险数据的行业共享。对此，可以在保险业协会中建立全行业的共享数据库。建立一个功能完善、安全高效的人身险业共享数据库交互平台，不但可以整合人身险行业的相关数据，还可以引入公安、气象、医疗、教育、支付、移动通信等外部数据，推动大数据在人身险行业走得更好更稳。

五、总　　结

大数据技术在电商平台的运用已经风生水起，触角越来越广，联合物联网术不断提高着人们的生活水平，信息是大数据的核心，也是新时期使用营销的企业最看重的核心财富，当然也成为大数据应用在营销中最突出的风险。互联网没有边界，风险容易快速传播和蔓延，人身险营销一旦和大数据相应相和，就能为人身险行业营销迸发出无限的能量，而如何把创新的思路和风险控制有机地结合，是全行业努力的方向。

2015 年，中国保监会发布的《互联网保险业务监管暂行办法》，是我国第一部完整地规定了互联网保险业务经营规范的监管规定，暂行办法坚持"放开前端、管住后端"的监管思路，就是要充分发挥优胜劣汰的市场调节机制，逐步促进大数据在互联网保险营销中的稳步应用。能够预测风险、规避大数据为人身险营销带来的风险，就能使大数据技术早日应用在人身险营销中，为人身险行业开启全新的时代。

参考文献

[1] 程思嘉，张昌宏，潘帅卿. 基于 CP-ABE 算法的云存储数据访问控制方案设计［J］. 信息网络安全. 2016（2）.

[2] 侯谐. 浅析大数据在社会化媒体营销中的应用［J］. 现代营销（下旬刊）. 2016（23）.

[3] 石安其琛. 李敏. 互联网保险费率监管制度研究［J］. 经济理论与实践，2017（6）.

[4] 孙乃岩.于万学.浅析我国寿险企业营销模式[J].网友世界·云教育.2014(13).

[5] 王琪,鄂海红,宋美娜,黄焱.论大数据技术对保险行业的影响[J].软件,2017,38(5).

[6] 王田一.探索大数据在寿险核保中的应用[N].中国保险报.2017-1-11.

[7] 熊雪君.关于我国保险代理人佣金制度问题的研究[J].商.2013(1).

[8] 张彪.万里龙.个人寿险市场营销存在问题与对策研究[J].中外企业家.2014(34).

[9] 中国保险网.中国保险业首部《人力资源白皮书》出炉全面解析从业人员现状.http://www.baobao18.com/shebao/art_35951.html.

[10] 左起.大数据时代互联网保险营销模式创新研究[J].南京财经大学学报(双月刊),2016(5).

创业板上市公司社会责任与研发活动的实证研究[△]

杨柳青[*]

摘要：公司社会责任已经受到理论界和实践界的广泛关注，但其对企业研发活动的作用仍有很多讨论和争议。本文采用102家创业板上市公司2009~2014年Pool数据，分析了企业社会责任对研发活动的影响，实证回归结果显示：企业社会责任与研发投入显著正相关，但盈利能力会显著负向调节企业社会责任与研发投入之间的关系。本文研究结论发现，社会责任这一外部压力对于企业研发活动有显著促进作用，但盈利能力低的企业受其影响更强。

关键词：创业板上市公司；社会责任；盈利能力；研发投入

现代社会中企业与各相关利益主体之间联系日益紧密，相互影响日益强化，任何一方面的利益受损都可能危害到企业与各相关利益主体的联系，并产生广泛的社会影响。例如，在"三聚氰胺"事件中，因为消费者的投诉和举报最终导致三鹿奶粉破产，类似的还有诸如"塑化剂""天津港爆炸"等事件。由此，社会各界对企业履行"企业社会责任"的关注和要求日益强烈。在这一背景下，相关主管部门开始推动中国企业社会责任的履行与信息披露。自2009年起，证监会要求"上证公司治理板块"、发行境外上市外资股、金融类公司以及"深证100指数"这四类企业都需要随年报一起披露其社会责任报告。根据这一要求，自2010年起披露社会责任报告的中国上市公司的数量逐年递增，截至2014年已达681家。这表明，在政府推动下，中国企业逐渐认识到社会责任的重要性，企业社会责任的信息披露得到了显著改善（黎文靖，2012）。

[△] 基金项目：本文为国家社科基金项目（西部地区农地流转风险及对农民持续生计影响研究）【17BJL067】阶段性成果。

[*] 杨柳青，西北政法大学商学院老师，研究方向为组织行为与企业创新。

随着政府主导的中国企业社会责任信息披露的完善和相关企业实践的推广，我国不少学者开始关注企业社会责任对企业绩效的影响（李国平和韦晓茜，2014），并形成了两种截然不同的观点：价值假说和工具假说（权小锋等，2015）。造成这一现象的主要原因是现有研究忽略了社会责任对企业绩效影响的中介变量（Wagner，2010）。科学理解社会责任对企业绩效的实际影响，有必要从企业活动的视角出发分析"社会责任—企业活动—企业绩效"的关系。作为企业日常经营活动的组成部分，特别是企业的研发活动既是当期的支出，而且也关系着企业未来的竞争优势和发展潜力，因而对企业的当期绩效和未来绩效均具有显著影响。目前，中国现有的研究主要关注企业社会责任对高管激励（王新等，2015）、融资活动（沈艳和蔡剑，2009；何贤杰等，2012）、资本约束（刘计含和王建琼，2012）、投资活动（曹亚勇等，2012）等企业活动的影响，而国内鲜有学者尝试分析和研究社会责任对企业研发活动的影响。所以，有必要分析和研究社会责任对企业研发活动的影响，以便揭开社会责任对企业绩效的影响机理。

针对这一不足，本文利用102家创业板上市公司的数据实证分析了企业社会责任对其研发活动的影响，实证结果显示：企业社会责任有利于研发活动的开展，但这一促进作用会因为企业盈利能力的不同而有所差异。具体而言，盈利能力会调节社会责任对企业研发投入的促进作用：社会责任对研发投入的影响，盈利能力较好的企业要显著弱于盈利能力较低的企业。

一、研究假设

社会经济越发达，企业社会责任的义务越明显。鉴于缺失或履行不到位产生的惩罚，履行社会责任对于企业来说日益重要和必要。但理论研究对于企业社会责任的观点存在很大分歧，这一分歧自企业社会责任诞生一直延续到现在。不同的学者提出不同的理论来解释企业社会责任的实践及其影响（李国平和韦晓茜，2014）。目前，基本形成两种完全不同的观点：价值假说VS工具假说（权小锋等，2015）。

价值假说认为，履行社会责任符合股东利益的长期行为。而波特和克雷默（Porter and Kramer，2006）进一步指出，履行企业社会责任天然催生企业技术创新的内在动力。这是因为，随着社会制度的完善，企业必须满足政府的环保要求、员工的生产安全要求和消费者的产品安全要求，由此企业必须采取新工艺或新技术、开发新产品,这样才能满足政府、员工、客户等各类相关利益主体的要求,从而缓和、化解企业内外部矛盾,最终降低企业的社会风险(Sen et al.,2006)、违约风险(Sun and Cui,2014)、自身特有风险(Luo and Bhattacharya,2009)。实际上,在控制整体风险的条件下,履行社会责任可以显著降低企业的相关风险,这就为企业从事高风险活动提供了条件。特别是,研发活动就是一项高风险活动,履行社会责任可以降低企业的社会风险、非系统风险和股价崩盘的风险,所以履行社会责任的企业提高了对研发风险的接受程度,并最终促进企业研发活动的开展(Wagner,2010;Bocquet et al.,2013;Kim et al.,2014)。由此,本文提出如下假设:

H1:企业社会责任与其研发活动显著正相关。

与价值假说正好相反,工具假说认为企业履行社会责任是管理层谋取私利的一项重要工具。弗里德曼(Friedman,1970)认为,社会责任的风险收益并不对等,实际上社会责任的成本由股东承担,而收益则由管理层享受。特别是在管理层出现失德行为以后,社会责任成为管理层掩盖其失德行为的重要工具(Hemingway and Maclagan,2004)。所以,企业履行社会责任主要是为了管理层利益而非股东利益。就研发活动而言,风险厌恶型的管理层天生会比较排斥高风险的研发活动而相对青睐低风险活动的社会责任。所以,管理层会根据自己的风险偏好积极履行社会责任以降低企业风险水平,而不会从事研发活动、增加企业风险(Gallejo-Alvarez et al.,2011)。由此,本文提出如下假设:

H2:企业社会责任与其研发活动显著负相关。

二、研究设计

(一)样本选择

本文以我国创业板上市公司为研究样本,并按照以下几个标准对初始样本进行了筛选:

(1)没有研发数据的创业板上市公司。

(2)没有润灵社会责任评级数据的创业板上市公司。

(3)其他相关变量缺失的创业板上市公司。

经过上述筛选,本文最后得到 2009~2014 年 102 家上市公司组成的研究样本。需要说明的是,2009~2014 年润灵环球 RKS 发布的创业板上市公司社会责任评价指数比较少,所以本文的样本规模较小。

本文的研发数据都是通过手工和 CCER 数据库收集，企业社会责任数据来自润灵环球 RKS 社会责任报告评价指数，其他相关数据来自 CSMAR 国泰安数据库。最后，为了减少异常值的影响，我们对主要变量进行了 1% Winsor 处理。

（二）变量定义

1. 因变量

根据国内现有研究方法，本文采用研发强度作为研发投入的指标，其中研发支出的数据都是来自创业板上市公司年度报告以及 CCER 数据库。

2. 自变量

借鉴国内相关研究文献（权小锋等，2015），本文采用润灵环球 RKS 对上市公司责任报告的评价解决作为社会责任的度量指标。润灵环球采用指数法通过四个维度来全面度量企业社会责任报告中反应的企业社会责任履行情况及披露水平。润灵环球的社会责任评级法越高，表明企业的社会责任履行情况越好。

3. 控制变量

参考国内外现有相关研究，本文选取股权结构、企业特征等变量作为本文研究的控制变量。

表1 变量具体定义

变量	名称	代码	具体内容和数据来源
因变量	研发强度	RD	研发强度＝研发费用/营业收入（研发费用/总资产），主要来源于公司年报
自变量	社会责任	CSR	社会责任评价指数，主要来自润灵环球 RKS 发布的相关评价数据
控制变量	股权集中度	OC	采用第一大股东持股比例来度量
	企业规模	Size	总资产的自然对数
	资本密集度	CI	固定资产/总资产
	盈利能力	Profit	总资产收益率 ROA
	负债水平	Lev	资产负债率
	现金流	CF	经营活动净现金流/总资产
	企业年龄	Age	成立时间的自然对数
	时间变量	Time	虚拟变量，控制宏观经济的影响
行业变量		Industry	虚拟变量，控制行业的影响

(三) 模型设定

本文主要考察中国创业板上市公司社会责任对研发投入的影响，因此构建以下 OLS 模型：

$$RD = \alpha + \beta_1 CSR + \beta_2 OC + \beta_3 Size + \beta_4 CI + \beta_5 profit + \beta_6 Lev + \beta_7 CF + \beta_8 Age + Time + Ind$$

其中，RD 表示创业板上市公司的研发投入强度，CSR 表示创业板上市公司社会责任报告评价指数。其他的变量则为表1中的各控制变量，用来控制各变量对企业研发投入强度的影响。

三、实证分析

从表2可知，2009~2014年我国102家创业板上市公司的研发投入/营业收入均值为7.61%，与同一时期我国全社会研发投入强度以及整体上市公司的研发投入强度相比，本文所选样本的研发投入强度都明显较好，这说明我国创业板上市公司的研发投入水平较高。而且，观察这102家创业板上市公司研发投入/营业收入的均值、标准差、最大值和最小值也可以发现我国创业板上市公司的研发投入存在显著差异。同时，2009~2014年我国创业板上市公司的社会责任指数均值为34.63，而同期润灵环球 RKS 发布的我国全部上市公司的社会责任指数平均值为36.82，所以我国创业板上市公司的社会责任的履行情况接近于我国上市公司的平均水平。

表2　　　　　　　　　　描述性统计

项目	观察值	均值	标准差	最小值	最大值
研发/营收 RDS	102	0.0761	0.089	0.00399	0.4233
研发/资产 RDA	102	0.0257	0.0208	0.00160	0.107
社会责任 CSR	102	34.63	6.709	19	56.70
股权集中度 OC	102	31.54	12.85	4.960	57.49
企业规模 size	102	20.95	0.737	18.76	23.08
资本密度 CI	102	0.173	0.122	0.00929	0.568
盈利能力 ROA	102	0.0691	0.0410	-0.0225	0.194

续表

项目	观察值	均值	标准差	最小值	最大值
负债水平 Lev	102	0.186	0.125	0.0140	0.596
现金流 CF	102	0.0346	0.0593	-0.127	0.257
企业年龄 Age	102	2.326	0.506	1.099	3.135

之后，我们分析了所有自变量之间的相关性系数及置信水平，相关系数矩阵中所有自变量之间的相关系数均小于0.5（见表3），因此基本排除了自变量之间潜在的共线性问题。

表3　　　　　　　　　　相关系数矩阵

项目	社会责任	股权集中度	企业规模	资本密度	盈利能力	负债水平	现金流	企业年龄
社会责任	1							
股权集中度	-0.0500	1						
企业规模	0.410***	-0.105	1					
资本密度	0.0620	0.409***	-0.122	1				
盈利能力	0.169*	0.0190	-0.00200	-0.182*	1			
负债水平	0.00100	0.110	0.308***	0.298***	-0.271***	1		
现金流	0.296***	0.0330	0.0690	-0.0170	0.573***	-0.176*	1	
企业年龄	0.197**	-0.0650	-0.142	0.108	0.145	0.0600	0.200**	1

注：*、**、***分别代表在10%、5%、1%显著水平上的双尾检验。

本文使用统计软件STATA11.0和2009~2014年102家创业板上市公司Pool数据实证研究了社会责任对研发投入的影响。本文首先验证了控制变量的有效性，之后分析了社会责任对企业研发投入的实际影响，并在此基础上进一步分析了盈利能力对社会责任与企业研发投入之间关系的调节效应。具体的OLS模型回归结果如表4所示。

表4　　　　　　　　社会责任对企业研发投入的影响

项目	因变量：RDS（研发/营收）		
	模型1	模型2	模型3
社会责任		0.00416* (0.00213)	0.01005*** (0.00336)

续表

项目	因变量：RDS（研发/营收）		
	模型1	模型2	模型3
社会责任×盈利能力			-0.08784**
			(0.03925)
股权集中度	-0.00038	-0.00022	0.00012
	(0.00102)	(0.00101)	(0.00100)
企业规模	0.06670***	0.05135**	0.05921***
	(0.01875)	(0.02005)	(0.01990)
资本密度	-0.0371	-0.0560	-0.0663
	(0.12729)	(0.12560)	(0.12279)
盈利能力	-0.61823*	-0.64563*	2.48845*
	(0.34373)	(0.33847)	(1.43898)
负债水平	-0.30096**	-0.25910**	-0.25850**
	(0.12548)	(0.12530)	(0.12241)
现金流	0.00829	-0.0357	0.133
	(0.26077)	(0.25755)	(0.26266)
企业年龄	0.0305	0.0205	0.0119
	(0.02516)	(0.02528)	(0.02500)
时间	控制	控制	控制
行业	控制	控制	控制
常数项	-1.19193***	-1.11483**	-1.24750***
	(0.44618)	(0.45261)	(0.45821)
观察值	102	102	102
Adj-R^2	0.340	0.361	0.390
F值	4.249***	4.356***	4.588***

注：*、**、***分别代表在10%、5%、1%显著水平上的双尾检验，括弧内为系数的标准差。

由表4可知，模型1中各控制变量的系数分别在10%、5%、1%不同的置信水平下显著，说明控制变量的选择比较合理。

模型2中，社会责任的系数为0.00416>0，在10%的置信水平下显著，说明中国创业板上市公司社会责任与研发投入显著正相关，支持了本文的研究假设H1。这一结果也证明了社会责任的价值假说，即履行社会责任的企业必须关注包括的顾客、供应商、债权人、员工，以及政府部门等各类相关利益主体的诉求，这些相关利益主体的诉求则基本上可以归结为"生产过程和产品自身更安全、更环保"，为了满足上述要求，企业必须采用新技术、开发新产品、改进生产工艺。于是，履行社会责任必然会促进企业研发活动。同时，研发活动有助于企业业绩的提升（孙维峰和黄祖辉，2013），所以本文这一结论有助于解释企业社会责任对企业绩效的积极影响，揭示企业社会责任对企业绩效产生影响的内在机理。

模型3中社会责任×盈利能力的系数为－0.08784＜0，在5%的置信水平下显著，说明盈利能力可以显著调节社会责任与研发投入之间的关系。据此，绘制图1。由图1可知，盈利能力的差异可以显著改变社会责任对企业研发投入的促进作用。比较而言，社会责任对盈利能力较低的企业的促进作用要显著强于盈利能力较高的企业。

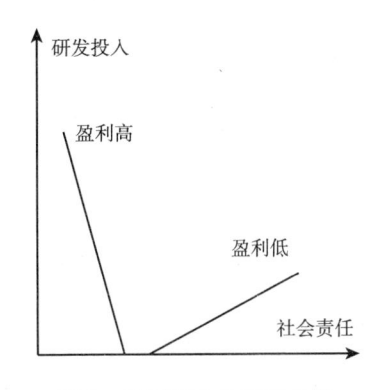

图1　盈利能力的调节作用

现有研究发现，中小型企业的盈利能力与研发投入之间存在倒U形关系，也就是说中小型企业的盈利能力较强时会抑制企业研发投入的增加（Huang and Liu，2005；赵娜等，2014）。这是因为企业盈利能力较好地说明了其目前的市场竞争力较强，其内生的研发投入动力和创新需求减弱，自然研发投入水平也会有所下降。即便是履行企业社会责任会促进企业研发投入，但在生存和发展无虞、盈利能力较好的情况下，一方面自身的资源积累速度与规模均能够满足社会责任的各类要求，另一方面内在创新的动力不强，由此导致盈利能力较强时社会责任对企业研发投入的促进效应有所减弱。而当其盈利能较低时，为了提高自身竞争力，其内在创新动力较强，加之源自外部社会责任的要求，内外因素共同作用，可以提高企业创新动力和研发投入水平。

最后，本文借鉴国内相关研究，采用研发投入/总资产作为替代变量对上述研究进行了重复，并得到表5的结果，这一结果与表4基本一致，说明企业社会责任对研发投入的影响具有较好的稳定性。

表5　　　　　　社会责任对企业研发投入的影响的稳健性检验

项目	因变量：RDA（研发/总资产）		
	模型1	模型2	模型3
社会责任		0.00054 *	0.00167 ***
		(0.00028)	(0.00043)
社会责任×盈利能力			-0.01681 ***
			(0.00504)
股权集中度	-0.00035 **	-0.00033 **	-0.00026 **
	(0.00014)	(0.00013)	(0.00013)
企业规模	0.00959 ***	0.00760 ***	0.00911 ***
	(0.00248)	(0.00266)	(0.00255)
资本密度	-0.00540	-0.00785	-0.00981
	(0.01687)	(0.01666)	(0.01575)
盈利能力	0.07665 *	0.0731	0.67277 ***
	(0.04556)	(0.04491)	(0.18460)
负债水平	-0.00526	0.000150	0.000270
	(0.01663)	(0.01662)	(0.01570)
现金流	-0.0178	-0.0234	0.00881
	(0.03456)	(0.03417)	(0.03369)
企业年龄	0.00896 ***	0.00767 **	0.00602 *
	(0.00334)	(0.00335)	(0.00321)
时间	控制	控制	控制
行业	控制	控制	控制
常数项	-0.22990 ***	-0.18878 ***	-0.24927 ***
	(0.05913)	(0.06005)	(0.05878)
观察值	102	102	102
Adj-R^2	0.535	0.549	0.597
F值	8.261 ***	8.228 ***	9.328 ***

注：*、**、***分别代表在10%、5%、1%显著水平上的双尾检验，括弧内为系数的标准差。

四、结　　论

履行应有的社会责任已经成为社会共识。随着社会的进步和制度的完善，未来企业承载的社会责任将更加丰富，履行社会责任必然成为企业重要活动之一，企业社会责任必然会对企业的日常生产经营活动产生重要的影响。由此，本文利用中国102家创业板上市公司的2009~2014年的数据，实证分析了企业社会责任对其研发活动的影响。研究结果显示说明：企业社会责任会促进企业研发投入，而且盈利能力会显著影响社会责任对研发投入的促进作用。具体而言，社会责任对不同盈利能力的企业的研发投入的促进作用有所不同：对于盈利能力较低的企业而言，社会责任会显著促进研发投入；而对盈利能力较高的企业而言，社会责任促进企业研发投入的强度较弱。

本文的研究结果表明，社会责任这一外部压力也可以显著促进企业研发活动。特别是随着社会进步和法制完善，企业社会责任这一外部压力也会相应增加，这样会进一步促进企业的研发活动、推动企业创新。所以，保护相关利益主体的合法权益、强化企业社会责任有助于其研发活动的开展。

参考文献

[1] 曹亚勇，王建琼，于丽丽. 公司社会责任信息披露与投资效率的实证研究 [J]. 管理世界，2012 (12)：183-185.

[2] 何贤杰，肖土盛，陈信元. 企业社会责任信息披露与公司融资约束 [J]. 财经研究，2012，38 (8)：60-71.

[3] 李国平，韦晓茜. 企业社会责任内涵、度量与经济后果——基于国外企业社会责任理论的研究综述 [J]. 会计研究，2014 (8)：004.

[4] 刘计含，王建琼. 企业社会责任与资本约束——来自中国上市公司的证据 [J]. 管理评论，2012，24 (11)：151-157.

[5] 权小锋，吴世农，尹洪英. 企业社会责任与股价崩盘风险："价值利器"或"自利工具"？[J]. 经济研究，2015，50 (11)：49-64.

[6] 沈艳，蔡剑. 企业社会责任意识与企业融资关系研究 [J]. 金融研究，2009 (12)：127-136.

[7] 孙维峰，黄祖辉. 广告支出、研发支出与企业绩效 [J]. 科研管理，2013，34 (2)：44-51.

[8] 王新, 李彦霖, 李方舒. 企业社会责任与经理人薪酬激励有效性研究 [J]. 会计研究, 2015 (10): 51-58.

[9] 赵娜, 张晓峒, 杨坤佳. 我国中小企业技术创新行为的实证研究 [J]. 中国科技论坛, 2014 (5): 74-78.

[10] Bocquet R, Le Bas C, Mothe C, et al. Are firms with different CSR profiles equally innovative? Empirical analysis with survey data [J]. *European Management Journal*, 2013, 31 (6): 642-654.

[11] Friedman M. *The Social Responsibility of Business is to Increase its Profits* [M]. Springer Berlin Heidelberg, 1970.

[12] Gallego-Alvarez I, Manuel Prado-Lorenzo J, García-Sánchez I M. Corporate social responsibility and innovation: a resource-based theory [J]. *Management Decision*, 2011, 49 (10): 1709-1727.

[13] Hemingway C A, Maclagan P W. Managers' personal values as drivers of corporate social responsibility [J]. *Journal of Business Ethics*, 2004, 50 (1): 33-44.

[14] Jen Huang C, Ju Liu C. Exploration for the relationship between innovation, IT and performance [J]. *Journal of Intellectual Capital*, 2005, 6 (2): 237-252.

[15] Kim Y, Brodhag C, Mebratu D. Corporate social responsibility driven innovation [J]. Innovation: *The European Journal of Social Science Research*, 2014, 27 (2): 175-196.

[16] Luo X, Bhattacharya C B. The debate over doing good: Corporate social performance, strategic marketing levers, and firm-idiosyncratic risk [J]. *Journal of Marketing*, 2009, 73 (6): 198-213.

[17] Sen S, Bhattacharya C B, Korschun D. The role of corporate social responsibility in strengthening multiple stakeholder relationships: A field experiment [J]. *Journal of the Academy of Marketing Science*, 2006, 34 (2): 158-166.

[18] Sun W, Cui K. Linking corporate social responsibility to firm default risk [J]. *European Management Journal*, 2014, 32 (2): 275-287.

[19] Wagner M. Corporate social performance and innovation with high social benefits: A quantitative analysis [J]. *Journal of Business Ethics*, 2010, 94 (4): 581-594.

网络虚假评论对消费者消费决策的影响分析

李继玲[*]

摘要：目前，网络购物越来越普及，网络虚假评论却严重危害消费者的消费决策，给消费者购物带来诸多损害。本文从研究方法、内容等方面对网络虚假评论影响消费者消费决策进行全面梳理和分析，结合现阶段相关研究的重点与不足，提出专门针对虚假评论的研究框架，并对研究框架进行了实证分析，最后得出有意义的重要启示。

关键词：网络虚假评论；消费决策；消费风险

一、引　言

电子商务的发展改变了消费者的购物习惯、购物行为、购物方式，越来越多的消费者因为电子商务的方便、快捷、有趣而喜欢网络购物。然而，实际中存在这样的一种现象，如果你是淘宝卖家，小店刚开张，一个月下来没有一单生意，或许你开始为自己的前途表示担忧。查询淘宝规则知道，淘宝搜索结果的排名以及各大推广宣传活动都是利于信用等级高的大卖家，这使得强者很强，弱者恒弱，形成马太效应。因此，许多淘宝店主采用刷信用的方式，即采用虚假交易，然后发表虚假评论，让自己的店铺短时间内成为销售量高和带钻信誉度很好的店铺。来淘宝购物的消费者通过淘宝搜索功能搜索需要的产品时就能搜到上面提到的店铺，进而成功导流用户进入该网站，如果用户相信这些虚假评论，便会产生购买意愿，收到的商品功能、质量、款式、规格等如果与评论不符，便会产生安全风险、财务风险、服务风险、功能风险等损害。

在线评论，也被称为在线消费者评论，是口碑（word of mouth）传播的

---

[*] 李继玲，西北政法大学商学院讲师。

一种新途径,主要是指消费者在网络上发布的、以文本为主要方式的信息,内容包括个人对某些商品或服务的使用感受,网络用户使用电子商务网站或在线论坛免费浏览和分享这些信息。与传统的广告相比,在线评论主要是消费者通过网络购物后发表的对商品或服务的消费体验感受,传统的广告往往是商家借助电视、广播、杂志等渠道发布产品或服务信息。实际中一些不法不良商家,发布虚假广告信息,或夸大自己产品功能,或伪造产品证书,或假冒名牌产品,或制造价格陷阱,或诱骗的促销手段,或过度的包装等,使得消费者对商家的广告信息信任度大大降低。因此,从消费者角度来看,相比于公司或专家发布的商品信息,在线消费者评论是消费者的体验信息,具有更为丰富的信息量和较高的可信度,因此,消费者对在线消费者评论表现出更为正面和信任的态度。

已有研究发现,在电子商务购物网站中,当用户查询到商品具有大量的负面评论之后,80%的用户会改变原来的消费决策,此外,有87%的用户是基于所看到的商品正面评论从而决定是否购买该商品。M. 卢卡(Luca)等通过研究酒店点评网站 Yelp 的消费者评论信息发现,每当消费者对酒店的评分上升一个星级,酒店的收入会相应地增加5%~9%。然而实际中,虚假评论有正面的也有负面的,正面的虚假评论是商家为提高自己的产品质量、声誉等而雇人撰写的,负面的虚假评论是竞争对手为了打击、抹黑对手而雇人撰写的。所以看到负面的虚假评论,改变消费策略不一定优化了自己的消费策略,看到正面的虚假评论就做出购买决策,消费决策风险增大。因此,在线网站的大量虚假评论信息严重地影响了评论信息的参考价值,极大地误导了潜在消费者的消费判断,从而对商品生产商,商品卖家以及消费者造成了不必要的经济损失。因此,对虚假评论信息进行深入的研究和探讨具有一定的理论意义和实践价值。

二、研究综述

目前,学者对虚假评论的定义是在线评论的一种类型,虚假评论是由商家通过雇佣人员有意发表的虚假的、有欺骗性质的评论,其目的是为了提升或者损坏某一商品(服务)或某一类商品(服务)的声誉,进而误导潜在消费者做出可能具有风险性的消费决策。对于商品质量低下的商品,商家雇用其他人员撰写大量的虚假正面评论以提高商品的声誉,从而误导消费者购买该商品；商品质量较高的商品，具有很强的竞争力，因此对其他竞争商家的商品造成了威胁，所以竞争商家雇用其他人员撰写大量的虚假负面评论以损害该商品的声誉，从而阻止消费者购买该商品。

学者对虚假评论研究大多集中在计算机科学领域的虚假评论识别，虚假评论识别研究主要集中在两个方向。第一类是通过检测用户的评论文本内容，从语义、情感、描述和字符等方面区分真实评论和虚假评论，从而识别出虚假评论、虚假评论者和虚假评论商品。具体实现方法包括利用统计学方法、自然语言处理技术、文本挖掘技术等，对虚假评论进行检测，进而去除虚假评论信息提取出有用信息。第二类是通过对虚假评论者的评论行为特征进行深层次的分析和挖掘，从而区分虚假评论者和真实评论者，以此来检测和识别虚假评论、虚假评论者和虚假评论商品。具体实现主要是通过识别虚假评论者不同于普通用户的评论行为方式和特征，利用分类和排序技术，识别虚假评论者，从而进一步识别出虚假评论产品。

用户行为和消费者研究领域，有关在线评论的文献成果比较丰富，其研究体系也比较成熟，包括在线评论的有用性、可靠性，以及探讨在线评论如何影响商品或服务的销售等。虚假评论虽然是在线评论的一种类型，但是由于虚假评论的特殊性，在线评论研究的有关指标，如有用性、可靠性、说服性等都没有办法应用于虚假评论的研究中，从消费者角度对虚假评论进行研究，需要建立新的研究范式与理论基础。接下来，对消费者研究领域已有的少量有关虚假评论的文献进行梳理和介绍。

孟美任、丁晟春（2013）通过对从评论信息发布平台上收集到的语料以及对东风村网商的实地调查分析，分别从推销、诋毁、干扰、无意义四个方面分析了虚假评论信息发布的动机，并且结合相应数据对出于该动机的造假者的特点及虚假评论信息发布者的造假行为以及隐藏行为进行了分析。

陈燕方、谭立辉（2015）针对国内外对在线商品虚假评论治理的研究现状，从法律监管和鉴别模型两个层面重新定位了其治理目标，指出应根据不同的治理对象，从监管虚假评论形成路径的基本要素、减弱虚假评论形成路径的促进因素、激励正常消费者作出真实有效的评论以及优化虚假评论识别模型的鉴别准确率四个方面完善在线商品虚假评论信息的治理途径。

王宁、宋嘉莹、杨学成（2017）通过建立 C2C 电商平台规则下的买卖双方不对称信息博弈模型，刻画不正当竞争策略中买家的评价行为，得出在线评论偏离真实性的原因：采取"好评返现"策略的卖家，获得高质量好评带来的销售量增益的同时增加了买家的当前收益，导致好评数偏高；买家遭受"差评威胁"时的妥协，激励了卖家采取"差评威胁"策略，导致差评数减少。

本文以网络上的商业评论中的虚假评论为研究对象，通过研究这些网络商业虚假评论对消费者网络消费决策的影响机理，进而分析出对消费者消费意愿和消费决策的影响，进一步挖掘虚假评研究的理论价值和实践意义。

三、虚假评论理论框架分析

虚假评论（spam review）是在线评论的一种类型，在线评论（online review），也被称为在线消费者评论，是一种新兴的口碑营销方式，即网络口碑营销（internet word of mouth marketing，IWOM；或 electronic word of mouth，eWoM）。

网络口碑营销是由口碑营销与网络营销有机结合起来的网络口碑营销，指消费者或网民通过网络（如论坛、博客、播客、相册和视频分享网站等）渠道分享的对品牌、产品或服务的相关讨论以及相关多媒体的信息内容。在线评论主要是指消费者在网络上发表的文本为主要方式的商品评述信息，网络用户使用电子商务网站或在线论坛免费浏览和分享这些信息。虚假评论也被称为 fake review，bogus review 或 spam opinion 等，发表虚假评论的用户被称为 review spammer，fake reviewer 或 opinion sapmmer 等。虚假评论其一是由商家通过雇佣人员有意发表的虚假的、有欺骗性质的评论，其目标是为了提升或损坏某一商品（服务）或某一类商品（服务）的声誉；其二是真实的网络消费者对购物消费体验写得过于优质或过于低劣，进而误导潜在消费者做出可能具有风险性的消费决策。

网络商家利用虚假评论的最终目的便是说服消费者对自己产品或服务产生信任，进而做出购买决策，或者是损毁消费者对竞争对手的产品或服务信任，进而减少或放弃购买行为。说服被定义为"由于接受别人的信息而产生的态度的改变"（Olson and Zanna，1993）。态度是人们对事物的倾向、信念、行动。用户行为研究领域中，说服理论是研究外部信息如何引起用户观念，态度和行为改变的过程，有关说服的研究历史悠久，成果丰富。

1. 左右脑分工理论与卷入理论

美国心理生物学家斯佩里博士（Roger Wolcott Sperry, 1913.8.20—1994.4.17）通过著名的割裂脑实验，证实了大脑不对称性的"左右脑分工理论"，左半脑主要负责逻辑理解、记忆、时间、语言、判断、排列、分类、逻辑、分析、书写、推理、抑制、五感（视、听、嗅、触、味觉）等，思维方式具有连续性、延续性和分析性。因此左脑可以称作"意识脑""学术脑""语言脑"。右半脑主要负责空间形象记忆、直觉、情感、身体协调、视知觉、美术、音乐节奏、想象、灵感、顿悟等，思维方式具有无序性、跳跃性、直觉性等。消费者卷入理论分析发现消费者主观上感受客观商品、商品消费过程以及商品消费环境等与自我的相关性。主观上对于这些因素的感受越深，表示该商品的消费卷入程度越高，称为消费者的高卷入，该商品则为高卷入商品；反之，则称为消费者的低卷入、低卷入商品。高卷入消费者花花费大量的时间、精力去了解与自身有关的信息。消费者常常借助文字、数字等运用左脑做出理智的分析。低卷入消费者花费较少的时间、精力去了解与自身有关的信息，消费者常常借助情感表达的文字、图形、图像运用右脑做出感性的分析。

网络虚假评论信息本质上是商家雇用人员所撰写的说服消费者向有利于商家利益的方向进行消费决策的评论信息，通常以文本信息展现。当消费者对商品卷入程度高时，消费者会花大量的时间、精力对商品的性能、质量、价格、消费环境、使用等方面进行很高程度的关注，购买决策过程比较理智，识别出虚假评论的可能性较大。当消费者对商品的卷入程度较低时，消费者一般不会花费太多时间与精力去了解其功能与构成、消费环境等问题，决策过程相对比较感性，识别出虚假评论的可能性较低，容易做出有风险的消费行为。

2. 精细加工可能性模型（ELM）

精细加工可能性模型（ELM）是有关用户信息接收和处理的最有影响的说服理论模型（Petty and Caciopp, 1986）。由于个体动机、能力、情绪及环境等各方面因素的不同，个体对于信息的接收和处理呈现出不同的方式，精细加工可能性模型理论将用户的观念、态度和行为的改变总结概括为两条基本路径：中心说服路径及边缘说服路径。

中心说服路径是指当个体具有强烈的动机和适当的能力时，会在目标对象上倾注较多的注意力和精力，比如仔细全面地搜索相关的信息，并对信息进行认真和深刻的思考从而对目标对象进行评估，如果信息是中肯且具有说服性，个体将会形成正面的态度。中心说服路径将个体的观念、态度和行为的改变看成是个体对信息综合整理以及思考的结果。

边缘说服路径的观点与中心说服路径相反，当个体动机不是很强烈且能力也相对较弱时，会尽量避免在目标对象上花费注意力和精力，也不会对信息进行认真和深刻的思考，在这种情况下，进行直接说服不太可能改变个体的观念和态度，因此观念态度主要是由情镜中的边缘因素形成的，比如个体的情感等，而不再是目标对象的相关信息。边缘说服路径认为，客体的态度改变不是个体对目标本身的属性或特质进行思考的结果，而是个体将该对象同其他信息或线索联系起来进行分析得出的结果。

中心说服路径和边缘说服路径的重要区别之一在于个体对目标对象相关信息的处理深度。当个体对传播信息作精细加工的可能性高时，个体倾向于说服的中心路径；当个体对传播信息作精细加工的可能性低时，个体倾向于说服的边缘路径。

对虚假评论来说，若消费者的消费动机和信息处理能力强时，这时消费者倾向于说服的中心路径，一方面消费者识别出虚假评论的可能性增大，另一方面消费者对虚假评论的态度比较谨慎，对商家雇人撰写虚假评论的动机和目的也比较清楚；若消费者的消费动机强，但信息处理能力较弱时，消费者倾向于说服的边缘路径，这时消费者不容易识别虚假评论，进而做出有风险的消费决策。

3. 消费者防御理论

达克和里奇（Darke and Ritchie）在 2007 年提出了消费者防御原型理论（defensive stereotyping）；当消费者意识到有被欺骗风险或已经被欺骗的时候，会激活相应的防御行为，其中包括：消极的回应、不信任等行为，从而降低被再次欺骗的风险，这种防御行为以启发式的信息处理模式出现，防御行为一旦被启动，将呈现出速度快、效用强的特性，因此在防御行为模式下，消费者不会对相关信息进行理性综合的分析，取而代之的是启发式的防御行为。研究还证明这种防御行为不仅针对激活该行为的广告商，还会进一步扩展到相关的广告商和相关的产品，即便他们并没有欺骗行为。

虚假评论无论是正面的评论还是负面的评论，从本质上讲都是在欺骗消费者。消费者一旦感知到虚假评论的存在并成功识别出来后，也可能会激活

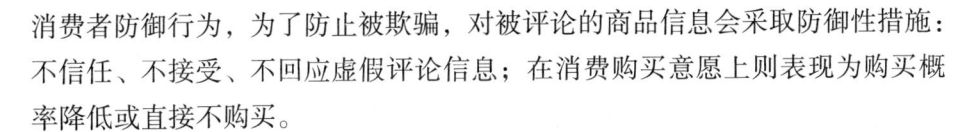

消费者防御行为，为了防止被欺骗，对被评论的商品信息会采取防御性措施：不信任、不接受、不回应虚假评论信息；在消费购买意愿上则表现为购买概率降低或直接不购买。

4. 理论分析结论

从以上三个理论的分析得出以下结论。

（1）当消费者对商品卷入程度高时。若消费者信息处理能力强，消费者倾向于说服的中心说服路径，识别出虚假评论的可能性增大，导致消费者启动防御行为的可能性增大，消费者的消费意愿降低或放弃，消费风险降低；若消费者信息处理能力弱，消费者倾向于说服的边缘说服路径，识别出虚假评论的可能性降低，导致消费者启动防御行为的可能性较小，消费者的消费风险增大。

（2）当消费者对商品卷入程度低时，消费者不愿意花费时间和精力搜索商品信息，消费者识别出虚假评论的可能性较小，导致消费者启动防御行为的可能性较小，消费者容易做出有风险的消费决策。

四、实证分析——以亚马逊和淘宝电子商务网站为例

亚马逊是美国最大一家网络电子商务公司，淘宝是中国最大一家网络电子商务公司，两家公司均为网络消费者提供了数以百万计的商品品类。为了保障买家利益，督促卖家诚信交易，两家公司均在购物环节中设有信用评价体系，然而，随着消费竞争越来越激烈，有些商家通过刷信用，提高信用等级，给消费者购物决策带来巨大风险。

1. 当消费者对商品卷入程度高时，若信息精细处理能力强，消费风险降低

当消费者对商品的卷入程度高时，反映出消费者对该商品的购买动机和目的强烈。消费者更愿意多了解产品的品牌、规格、性能、质量等商品的内在品质，此时如果消费者网络购物经验丰富和计算机使用熟练程度高，通过各大购物网站论坛、网络新闻媒体等对网络购物平台对虚假评论的曝光。如21世纪经济报道的记者郭建龙曾经做过认真的调查，于2009年11月7日发表《淘宝信用欺诈调查：6700元刷出皇冠卖家》的文章，揭开了淘宝灰色产业链的冰山一角。另一则，新浪科技报道，2015年10月19日上午消息，亚

马逊上周五向西雅图法院起诉1000名虚假评价出售者发起诉讼，指控其通过出售虚假产品评论误导亚马逊用户。对于资深网络购物消费者，一旦感知到网络虚假评论的存在，为了减少风险损失，便会自动启动防御行为，表现在消费决策上或通过比价类网站货比三家，或选择品牌商家，或选择通过网络了解产品或服务信息，转而线下购买，或只看带图的负面评论等，优化自身的消费决策，因此网络购物消费风险降低。

2. 当消费者对商品卷入程度高时，若信息精细处理能力弱，消费风险增大

当消费者对商品卷入程度高时，虽然消费者想更多了解产品的内在品质、功能、质量等核心要素，但由于自身平常不太使用计算机，或平常很少网络购物，网络购物程序不熟悉，网络购物服务平台不了解，或对网络虚假评论知之甚少，或对网络虚假评论只知其一不知其二，例如一个令人吃惊的事实：差评也有助于提升购买转化率。虚假评论不仅仅是对商品和服务的正面评价，也有竞争对手雇人撰写的负面评论。此时消费者在做出消费决策时更倾向于说服的边缘路径，一旦消费者倾向于说服的边缘路径，根据左右脑分工理论，消费者常常借助右脑做出感性分析，不易鉴别网络虚假评论。而虚假评论大多是说服的边缘路径，如据美国康涅狄格州商业局某执行通信总监说，虚假评论常常或夸大其词，或表现为营销说词，或评论中包含很多细节，但却没有产品质量、功能方面的表述等。最终表现在消费者购物意愿上，容易相信网络信息评论。但是据科技网站BGR报道，可靠的商品评论系统一直是亚马逊的宝贵财富，用户可以通过评价来识别商品的好坏。不过，最新研究显示，各种付费的虚假评论正在污染这一系统。数据研究团队ReviewMeta分析了700万条亚马逊的评论，数据显示，这些拿了好处的评论至少占了评论总数的30%以上。在这些虚假评论的推动下，产品的评级至少高了0.38个星级，让一个评价徘徊在中游的产品，一跃成为好评产品。研究人员认为，这种收费的虚假好评正在快速增长。消费者一旦相信虚假评论，消费决策的风险性增大。

3. 当消费者对商品卷入程度低时，消费风险增大

当消费者认识到某产品或服务和自己的需求、兴趣和价值观相关程度不高，消费者对商品高卷入性低。而低卷入者在信息的搜寻上显得消极而被动，也不愿意在搜寻商品或服务信息上花费时间和精力，此类消费者往往比较依

赖在线评论，觉得根据在线评论做出判断产品或服务的好坏省时省力。据 Nielsen 公司在 2015 年做的一项调查，66% 的人们选择信任产品在网络上的评价。Nielsen 公司调查了 3 万名消费者，发现其中的大多数都会在购物时信赖其他个人的推荐建议。但是英国《每日邮报》报道称，日前，英国竞争和市场管理局（CMA）对英国一些网站存在的虚假评论情况进行了查处，其中就包括亚马逊。调查人员称，已经在亚马逊网站上发现了一些很明显的虚假评论，从亚马逊主打的书籍到电子产品，均存在虚假评论。此类消费者由于不愿意花时间和精力对评论信息进行精细加工，更倾向于说服的边缘路径，进而对虚假评论的分辨能力弱，在面对购物虚假评论时相信的可能性增大，导致购物的风险性增大。

五、结论与启示

1. 研究结论

（1）当消费者对商品属于高卷入性时，消费决策风险性的高低，取决于消费者的信息精细处理能力：若消费者的信息精细处理能力强，一方面消费说服倾向于中心路径，消费者能感知到虚假评论的存在，另一方面消费者会启动防御行为降低消费决策风险，减少或优化自身的网络消费决策；若消费者的信息精细加工能力弱，消费说服倾向于边缘路径，消费者对虚假评论感知能力下降，容易做出有风险的消费决策。

（2）当消费者对商品属于低卷入性时，消费者由于不愿意花费时间和精力对信息进行精细加工，倾向于说服的边缘路径，不易感知虚假评论，在消费决策上容易产生风险决策。

2. 启示

（1）网络虚假评论有正面的，是商家雇人撰写提升自己产品声誉的；网络虚假评论也有负面的，是竞争对手雇人为了打击、抹黑对手而撰写的。所以，对消费者而言，不仅仅要知道虚假评论的存在，还要知道虚假评论有正面的还有负面的。在网络消费时，消费者要理性消费，提高计算机使用的熟练程度和技巧，减少虚假评论带来的消费风险。

（2）网络虚假评论不仅仅只是商家或竞争对手雇人撰写的，还有一种虚假评论是真实的消费者撰写的，但是对产品或服务的消费体验写得过于优质或过于低劣，而这种虚假评论往往用目前的手段和技术很难鉴别，进而误导消费者做出有风险的消费决策。消费者可以通过购物导航多选几个店铺或平台多方比对、甄别，降低虚假评论带来的消费风险。

（3）网购平台方应该尽快制定更加严密的算法程序，发现虚假评论的店铺，标记出虚假评价并快速删除这些评价。另外还要制定严厉惩罚制度，对发现存在虚假评论的店铺，立即给予严厉的处罚，处罚的力度要大于撰写虚假评论获得的收益或者关闭店铺。

（4）国家要对撰写虚假评论的个人和虚假评论服务公司采取法律措施，阻止虚假评论黑色产业链，遏止无良用户和商家玩弄评价系统，净化网络购物环境。

参考文献

[1] 陈燕方，谭立辉. 在线商品虚假评论信息治理策略研究 [J]. 现代情报，2015，2（2）：150-153.

[2] 郝媛媛，叶强，李一军. 基于影评数据的在线评论有用性影响因素研究 [J]. 管理科学报，2010（8）：78-88.

[3] 李杰. 线上评论对异质性消费者购买意愿的影响探析——基于心理距离理论视角 [J]. 莆田学院学报，2017（3）：45-50.

[4] 孟美任，丁晟春. 虚假商品评论信息发布者行为动机分析 [J]. 情报科学，2013，10（10）：100-104.

[5] 谭鑫. 在线负面评论对消费者创新抗拒的影响——以 P2P 网络借贷平台为视角 [J]. 管理纵横，2017（6）：63-69.

[6] 王宁，宋嘉莹，杨学成. C2C 电商平台中在线评论偏离真实性的诱因及应对策略 [J]. 软科学，2017，4（4）：100-103.

[7] 吴丽云，陈方英. 基于网络评论内容分析的餐饮消费者行为研究 [J]. 人文地理，2015（5）：147-152.

[8] 严建援. 电子商务中在线评论内容对评论有用性影响的实证研究 [J]. 情报科学，2012（5）：713-716.

[9] 于丽萍，夏志杰，王冰冰. 在线评论对消费者网络购买意愿影响的研究 [J]. 现代情报，2014，34（11）：34-38.

[10] 郑春东，郭伟倩，王寒. 负面网络消费者评论及商家回复对潜在消费者的影响 [J]. 北京工商大学学报（社会科学版），2015，1（1）：86-117.

[11] 朱娟. 在线商品虚假评论关键问题研究综述 [J]. 现代情报, 2017, 37 (5): 166-171.

[12] Cone research. Game change: cone survey finds 4-out-of-5 consumers reverse purchase online Decisions ased on negative online reviews. available at: http://www.conecomm.com/contentmgr/shoed itails.php/id/4008.2011.

[13] Luca M.. Reviews, reputation, and revenue: The case of Yelp, com, Harvard Business School. 2011.

创造共享价值的营销活动对
经营绩效影响关系的研究

孙振杰[*]

摘要：企业的一切营销活动都是围绕营销导向而开展，因此首先就要明白营销活动和营销导向的 CSV 对经营绩效有着怎样的影响关系。本文为了解 CSV 主导的企业营销活动与经营绩效间的影响关系，建立了关系模型。希望以此为企业开展创造共享价值的营销活动提供参考方向。

关键词：营销导向；CSR（社会责任）；CSV（共享价值创造）；经营绩效

一、引　言

随着企业对社会责任的日趋重视，越来越多的企业愿意为其倾注更多的精力和资源。但一直以来，企业社会责任（corporate social responsibility, CSR）的施行很难长期保持与企业的事业发展利益相结合（Porter and Kramer, 2011）。近年来，共享价值创造（creating shared value, CSV）正逐步成为企业社会实践中的重要概念。2011 年迈克尔·波特（Michael Porter）正式提出了共享价值创造理论，随即引起了学界和众多企业家的关注。

就现有文献来看，由于 CSV 理论提出时间并不长，目前大多还仅仅停留在理念层面，学界对于 CSV 的案例研究及实证分析成果存在明显不足。因此，本研究为探讨以 CSV 为导向的企业营销活动对经营绩效的影响，而建立理论模型和假设。在对 CSV 研究较为缺乏的情况下，为研究营销导向和 CSV 对经营绩效的影响建立关系模型，即为本研究的意义所在。

---

[*] 孙振杰，西北政法大学商学院讲师，经济学博士。

二、文献回顾及模型建立

(一) 共享价值创造

1. 共享价值创造（CSV）的定义

CSV 是哈佛商学院教授迈克尔·波特于 2011 年 1 月发表的"共享价值创造：再次创造资本主义的方法与革新以及创造成长节奏的方法"正式提出的概念。它将企业的成功和社会及其利益共同体的繁荣密切联系，认为彼此间存在相互依赖关系，而这种关系可提升彼此效率、扩大企业市场，比其他企业更容易占据优势地位（Porter & Kramer, 2011）。

2. CSR 和 CSV 的比较

CSR 是先在事业上获得利润，再将部分利润回馈于社会。由于它属于在一定范围内开展慈善行为，因此如果企业的这种慈善意志，尤其是经营者的意志变弱，企业很可能就会立即停止此类善行。而 CSV 则是利用社会焦点寻求事业发展的机会，将其融入企业生产与经营活动中。

CSR 追求的是利润最大化，CSV 则在追求企业利润的同时力求取得社会性成果（金世忠，2014）。CSR 的含义主要指的是社会性贡献和慈善，但 CSV 指的并非单纯的风险或慈善行为，而从一开始就是一项明确的事业发展战略（金世忠，2012）。它们最根本的区别在于，在现有价值链范围内履行 CSR，但 CSV 是伴随技术创新或价值链创新获取收益的高度资本化的实施方式（金世忠，2012）。

(二) 影响关系结构的设定

研究 CSV 与企业营销活动相互融合的问题，就要先明确企业的营销导向对 CSV 和经营绩效产生怎样的影响。这就需要理解营销导向各要素与 CSV 和经营绩效各要素之间的关联，并对它们之间的相互关系搭建关系模型（见图1）。

(三) 营销导向、共享价值创造和经营绩效成果的关系

1. 共享价值创造的构成要素

（1）收益性价值。

CSV 力求同时获得社会和经济两方面的价值，将企业事业成功和社会发

展相联系。企业的目标不仅仅是单纯地追求收益，而应该转向共享价值的创造（崔大云，2013）。即 CSV 是在企业经营活动创造社会价值的同时，追求经济性收益。因此，应该认识到企业竞争力及其利益共同体繁荣的相互依赖性。

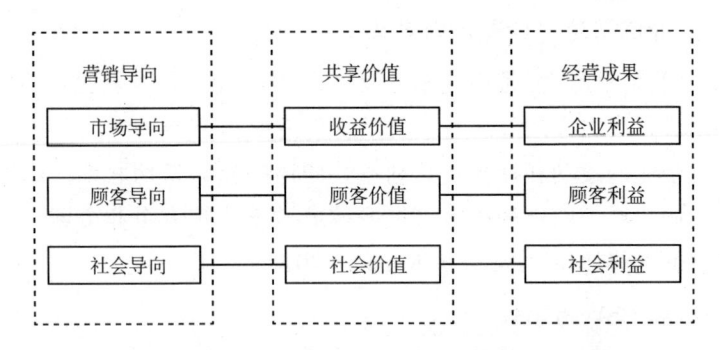

图1　营销导向、共享价值创造和经营绩效的关系模型

（2）顾客价值。

当下，对于顾客的概念正逐步从"交易"为中心转向"关系"为中心，更有甚者还提出了"把顾客视为企业资产"的口号（李靖，2009）。顾客资产价值是指顾客终身价值的折现总额，由购买价值、品牌价值和顾客维持价值构成，以巩固和顾客的关系，形成顾客资产（Rust et al., 2000）。

（3）社会价值。

为保持企业长期竞争优势，就应创造能让企业和社会共享的价值（朴炳珍，2012）。企业的发展使得社会得到发展，而社会发展又会促进企业发展，如此循环往复。寻求企业和社会共同发展的价值便是共享价值（朴炳珍，2012）。

CSV 是深度调查目标社会性需求后，重新划分现有价值链创造新的价值，满足社会需要的创新型决策。CSV 的意义在于通过满足社会需要整合企业价值链（郑振燮，2012），借此惠及社会的同时，使企业发现新形态的市场机会，创造利润（金世忠，2012）。

2. 营销导向的构成要素

（1）市场导向。

树立市场导向的营销观念是实现竞争优势和为顾客创造价值的前提（向敏，2005）。为保持持续竞争优势和高利润，行业竞争各方更加重视针对市场需求的反应和事前预测。许多企业认识到市场导向经营战略是保持企业持续的竞争优势的一个关键，因此对于市场导向的研究也逐渐增多。

（2）顾客导向。

"顾客导向"指企业根据顾客的需要组织生产、提供服务，以优质、高效的产品和服务赢得客户的一种企业经营战略（包国宪和孙加献，2006）。以顾客为导向长期建立企业的顾客关系，实现双方的共享价值创造（Praharald and Ramaswamy，2004）。

（3）社会导向。

社会导向营销是指营销活动不仅仅围绕实现企业的利益，而是寻求能够带动全社会利益发展的方法所展开的。它要求企业利益和社会利益双向并举，是一种强调企业除自身利益外还应关注社会利益的概念。

3. 经营绩效的构成要素

（1）企业利益。

CSV并非企业的附加性活动，而是企业的核心竞争力和可持续发展力（赵亨例，2011）。CSV是企业绩效和社会贡献的调和（尹觉，2014），持续强化改善社会条件，并追求企业利润的核心竞争力（尹觉，2014）。

（2）顾客利益。

企业合理分配顾客利益、经济利益及社会利益，实现各方利益的均衡分配，进而寻求和顾客的共存。CSV将焦点集中在扩大和顾客的利益链条（崔大云，2013），雀巢为了销售咖啡而对咖农提供培训教育，联合利华没有向遭受洪灾的孟加拉国国民发放水灾抚慰金，而是劝说他们做企业产品推销员的工作。

（3）社会利益。

企业从共享价值的观点出发把握商业机遇，并创造核心竞争力。CSV研究的是为企业的发展和社会带来更多实惠的全新方法。雀巢的CSV经营就是利用创造共享价值为社会提供实惠和利益，以保证企业持续获得成功（全炳准，2010）。

CSV是企业利润最大化战略下整合社会价值和环境价值的概念（崔大云，2013）。联合利华的环境保护可以视为不是单纯的植树行为，而是销售本企业产品的一环。

三、结　　论

1. 研究结论

自 2011 年迈克尔·波特提出共享价值创造概念以来，我国学界也从多个角度对共享价值创造进行了研究。共享价值创造同时追求以消费者为首的利益相关者和社会及企业的多方利益，是探寻企业发展机会的理论。但是，却并未揭示创造共享价值的营销活动能够对企业的经营绩效产生怎样的影响。本研究中，为掌握企业共享价值创造的营销活动对经营绩效的影响关系，建立了研究模型并明确了彼此的关系，这也为今后企业开展以创造共享价值为主导的营销活动，起到思路上的引导作用。

2. 研究的局限性

目前共享价值创造正处于理念发展期，人们正试图从学术性和应用性两个反面对其进行研究，但成果甚微。本研究所提出的研究模型和假设是以文献研究为基础，因此就不能轻率下结论，变量间关联性和经营绩效仍需要后续实证性检验。

参考文献

[1] 包国宪，孙加献. 政府绩效评价中的"顾客导向"探析 [J]. 中国行政管理，2006，1 (1)：29 – 32.

[2] 崔大云. 实现共享价值的企业对利益相关者的影响研究 [J]. 韩国战略经营学会，2013：213 – 243.

[3] 崔亨例. 构建以共享价值为基础的可持续经营革新模型方案 [J]. 可持续研究，2011，21 (3)：57 – 80.

[4] 李靖. 顾客终身价值研究 [J]. 改革与开放，2009.

[5] 朴炳珍. 共享价值创造视角下 CJ 第一制糖的协同发展战略实例 [J]. KBR，2013，17 (2)：73 – 99.

[6] 全炳准. 雀巢的共享价值创造和绿色竞争 [J]. 电子贸易研究，2010，8 (4)：131 – 152.

[7] 向敏. 市场导向：现代企业持续发展的有效途径 [J]. 咸宁学院院报，2006，25 (5).

[8] 薛晨杰. 战略企业社会责任共享价值创造研究 [J]. 管理学研究, 2016, 14 (3): 86 – 91.

[9] 尹觉. 企业社会责任 (CSR) 和共享价值创造 (CSV) 的效应研究 [J]. 广告学研究, 2014, 5 (2): 53 – 72.

[10] 郑振燮. 运用最佳技术的科学技术 ODA 战略——以共享价值创造为基础 [J]. 经营咨询研究, 2012, 12 (4): 421 – 443.

[11] Kotler, Philip. Marketing 3.0, John Wiley & Sons Inc., USA. 2010.

[12] Porter, Michael E. and Kramer, M. R.. Creating Shared Value [J]. *HBR*, 2011, 89 (1/2): 62 – 77.

企业品牌危机管理及风险防范

——从海底捞后厨和携程亲子园事件看

陈 睿[*]

摘要：2017年我国发生多起品牌危机事件，面对危机企业如何预防、管理和事后恢复重建，都显得尤为重要。本文从事前、事中、事后三个阶段提出品牌危机处理的三部曲：品牌危机预防、处理和危机恢复管理，为企业遇到品牌危机时提供一组相关策略。其实在危机来临之前，企业就应做好风险防范，将危机降到最低水平。

关键词：企业；品牌危机；管理；预防；恢复

一、引 言

2017年8月25日《法制日报》刊登的《暗访海底捞：老鼠爬进食品柜火锅漏勺掏下水道》文章曝光海底捞后厨问题，一时间海底捞被推到风口浪尖上，3小时后，当天14时，海底捞发出了第一份致歉信。2个多小时后，它又对这一危机发布了7条处理通报。其中第六条中，提及责任董事会承担。海底捞将事件根由衍生到企业管理制度，并在公众面前保全员工。

据百度百科资料，2017年11月8日，上海携程亲子园教师虐童的两段视频在网上曝光后，一时激起民愤，事件迅速在网上蔓延开来。网络曝光携程亲子园教师伤害儿童事件后，媒体记者第一时间向携程求证，携程方面回应此事属实。11月7日已报警，个别教师严重失职，已被解雇。携程方面还表示，已第一时间成立了紧急处理小组，对责任人追责到底。涉事人员已与携程解除合同。同时，携程已启动相关程序，重新选择亲子园的管理单位。11月8日，携程CEO孙洁发布内部信，对事件的发生向相关的家长及孩子致

---

[*] 陈睿，西北政法大学商学院讲师，法律硕士。

歉，同时称绝不姑息相关人员，将对事件追责到底。

携程亲子园事件起因是 2017 年 11 月 3 日，携程亲子园一位家长发现孩子耳朵红肿、身上有瘀伤，于是向亲子园提出要查看班级监控视频，才发现了这些惊悚的虐童行为。

在整个事件的发酵过程中，携程方面对此事件的危机公关处理得较妥善，但也存在着重大的缺陷。在危机事件发生时的适时反应和事后相关责任承担方面的做法还值得探讨。

从上述两事件可以看来，任何企业都有可能经历严重的品牌危机，越是知名度、美誉度高的公司就越有可能经历品牌危机，然而细致的事前准备和一个管理良好的品牌危机处理机制是十分必要的，与此同时处理危机的两个关键是让客户看见企业的真诚和迅速反应。

二、品牌危机的特征及管理的重要性

品牌危机是指在企业发展过程中，由于企业自身的失职、失误，或者内部管理工作中出现缺漏等，从而引发的突发性品牌被市场吞噬、毁掉直至销声匿迹，公众对该品牌的不信任感增加、销售量急剧下降、品牌美誉度遭受严重打击等现象。

品牌危机一旦发生就具有突发性、破坏性和扩散性。危机发生的时间、形式、强度和规模难于预测，一旦爆发，其破坏力惊人，往往对企业品牌形象产生巨大的破坏力，在互联网环境下负面消息以极快的方式迅速扩散传播，企业一时间成为舆论口诛笔伐的焦点，品牌形象和品牌价值遭受重创，导致组织陷入困难和危险的境况。

在这种情况下面对危机，当机立断、及时回应、迅速控制事态的发展就显得尤为重要。

三、我国企业品牌危机管理中存在的问题

2017 这一年全国发生多起企业品牌危机事件，危机的处理结果是喜忧参半，在此分析一下我国企业在品牌危机管理中存在的问题。

1. 企业缺乏危机意识

企业缺乏危机意识的表现主要有：

（1）骄傲自大，以为自己坐上了"名牌"的宝座，其他产品就无法抗衡。一些企业以为自己的品牌知名度、美誉度高，就"前不怕狼，后不怕虎"，对危机掉以轻心，使得它们一接触到危机就阵脚大乱，束手无策。

（2）为了追求经济效益，把"品牌"抛在了脑后，从思想上丢掉了"品质至上"的意识。在品牌创出后，便认为大任已经完成，只顾追求经济效益而忘记了长远利益，把"品牌"抛在了脑后，对危机放松了警惕，致使企业"名牌"的位子还没坐热就已大势东去。

2. 管理机制不健全

有一套健全的管理机制，企业才能更好地发展，因没有有效的管理机制而引发品牌危机的企业大量存在。目前，企业管理机制不健全的主要表现形式有：

（1）缺乏监控系统。监控系统是企业管理的必备。对于一个企业而言，制度的实施、领导的决策、员工的工作都须监控，如果一个企业没有有效的监控体系，制度得不到合理、正确的实施，员工、领导的工作偏离轨道，他们不会发觉，即使是危机到来，他们也不会事先察觉，进行有效的预防和控制。

（2）危机管理制度不健全。危机管理制度是危机管理的基础，是企业发展壮大的保护伞，它的健全与否对企业的影响很大，如果它不健全，企业就不会对危机进行预防，也不会对此进行有效控制，更不会对具体危机做出适时应对和处理。

3. 自身出现了质量问题

质量问题是品牌产生危机的一个重要原因，导致产生质量问题的主要原因是企业领导及员工缺乏质量意识，对产品的质量不重视。对于质量问题，一般主要有以下几种表现：以次充好，偷梁换柱，企业为获取利润生产和销售积压过期、变质以及卫生不达标的产品，以及未按行业标准提供产品和服务。

4. 缺少应变措施

有些企业遇上突发危机，就不知所措，究其原因在于企业对危机的突发性没有充分的认识，没有制定相应的应急方案，忘记了"凡事预则立，不预则废"的道理。

四、品牌危机的预防

1. 树立"品牌危机意识"

企业在日常的经营管理过程中对全体员工进行危机教育，培养危机意识。

2. 严格监控企业运营环节

（1）全面监测。对企业主营业务活动、经营绩效指标、运营情况以及人、财、物等核心业务资源开展"全天候、全方位、全流程"即时在线监测，全面掌握企业运营状况，实现企业运营过程中异动和问题的动态监测及自动预警，为企业决策部署提供辅助支撑，为持续提升管理绩效提供服务支持。

（2）运营分析。对监测结果开展有针对性、系统性的分析与评价，反映企业运营、发展、竞争和风险管控等方面的状态和企业的经营管理效率。

（3）在线督查。通过内部协作、横向协同、纵向管控以及报告等方式，针对发现的企业运营管理中的异动、问题和风险，协调相关部门消除异动、解决问题、防范风险。

每一个企业都严格实行企业运营监控，几乎所有危机都可能在源头就被消除。

3. 建立危机预警系统

品牌危机预警是品牌危机管理的第一步，也是品牌危机管理的关键所在。品牌危机预警主要是指人们对品牌危机的认知，表现为具有很强的品牌危机意识以及在认知基础上构建的预警系统。

（1）建立信息监测系统。建立信息监测系统，及时收集相关信息，捕捉危机征兆，把危机隐患消灭在萌芽状态。

（2）组建品牌危机公关小组。为了有效地预警和防范危机，企业应预先成立危机公关小组等组织机构，选派公司高管，一般都是CEO担任危机公关小组组长。当危机事件来临时，以便在最短的时间作出回应。

（3）研究应对方案。好的危机防范管理，不仅要预测可能发生的危机情景，还要针对危机的可能性，制定各种危机预警的方案。

五、品牌危机的反应管理

1. 危机处理原则

（1）快速反应原则。危机发生时企业要快速做出反应，及时与公众和媒体沟通，减少各种不必要的猜测、怀疑和谣言。本文开篇提到的海底捞危机事件，暗访新闻曝光后，海底捞大约在4小时后发布道歉声明，基本符合舆情处理的"黄金四小时"，并在2个多小时后，确定处理方案并公之于众。

在事件处理过程中非常的有效、到位。

（2）真诚原则。危机发生后，企业要用敢于面对问题而不是逃避，事实上，在互联网时代，任何的隐瞒和逃避都是不可行的。刻意隐瞒，逃避责任，编造谎言欺骗消费者和媒体，都只会激化矛盾，加剧危机的蔓延。

（3）重视客户利益原则。危机发生的关键就是事件损害的客户的利益，所以这时企业只有将客户和公众的利益放在首位才可能摆脱危机，而不是隐瞒真相和推诿责任，撇清自己。应第一时间对客户和公众的损失和伤害进行赔偿和处理。

2. 危机处理的一般措施

（1）立即成立危机处理小组，全面控制危机的蔓延。

（2）迅速做好危机沟通。移动互联网时代，大众情绪如洪荒之力，面临危机要能够引导情绪，危机公关的本质，就是大众情绪管理。情绪管理的最佳方式就是加强与相关利益人的沟通。我们几乎可以在海底捞的致歉信和处理通报中，看到每一位利益相关者的身影。

（3）实施适当的危机处理措施。企业应本着对消费者负责的态度迅速采取相关措施，如停止销售、回收产品，关闭有关企业机构等。

六、品牌危机后的恢复管理

1. 对内恢复措施

首先，企业对危机发生的原因和处理措施进行系统的调研，找出危机管理中存在的问题。其次，对危机中的问题进行整改，吸取教训，防止类似事件的发生。最后，加强内部沟通，让员工了解本次危机的始末，以此为契机加强员工教育，获得他们的认同，使企业尽快走上正轨。

2. 对外恢复措施

企业加强对外沟通，及时向媒体、公众通报危机处理的进展情况，真正负起道义上的责任，以此重新获得公众的信任。

3. 品牌形象恢复措施

品牌危机一旦发生，无论企业在本次危机中处理得多么完善，危机对公众心智带来的冲击都可能留存很长一段时间，如何让公众忘记这段记忆，重新建立公众对品牌的信心，是本阶段的重点。比如企业可以推出新的服务，展开新的营销宣传，向企业利益相关人和公众传递企业信号，重新唤起他们对品牌的信任和好感。

七、企业安全生产的风险防范

这两年，食品、餐饮企业和幼儿保育企业的危机事件频频发生，这类涉及食品安全和未成年人人身安全的行业都属于高危、高风险行业，企业做好风险防范是避免危机的必要之举。

1. 食品安全风险防控

餐饮、食品企业要加强从采购查验、食品贮存、流程布局、环境卫生、过程控制、洗消保洁、食品添加剂管理、餐厨废弃物处置、食品运输、人员管理、网络订餐、集体聚餐、学校食堂等13个方面可能存在的风险以及相对应的监管措施。

2. 幼儿园的安全风险防控

幼儿园应建立并实施切实可行的幼儿园安全制度，应规范齐全，涵盖幼儿园日常生活学习的全部安全内容。条文应具体明确，操作性强。幼儿园的安全与教师密不可分，提高教师专业化程度，加强监控管理，全方位避免幼儿院内伤害。

教育部门也要会同相关部门制定学校安全风险清单，建立动态监测和数据搜集、分析机制，及时为学校提供安全风险提示，指导学校健全风险评估和预防制度。

参考文献

[1] 黄静. 品牌管理 [M]. 北京：北京大学出版社，2008.
[2] 刘大雄. 浅议企业的危机管理 [J]. 杂志之家，2009 (35).

政产学研金协同创新网络的知识产权管理研究

张 曼[*]

摘要：本文通过对国内典型协同创新网络的调研，从政产学研金协同创新网络中三大创新主体协同创新产生的知识产权归属与分享问题进行深入分析，构建出政产学研金协同创新网络的知识产权管理体系，提出相应的知识产权管理的政策建议，旨在为协同创新网络中各创新主体、政府、科技中介机构及相关管理部门进行知识产权管理提供借鉴和参考。

关键词：政产学研金；协同创新网络；知识产权管理

一、引　言

随着科技经济一体化的发展，知识创造、扩散及产业化通过政产学研金协同创新网络来实现已成为首要选择。政产学研金协同创新网络是将企业、高校、科研机构等创新主体，以及科技服务机构、政府、金融投资机构等外生影响因素视为一个整体，以实现技术创新和科技成果转化为主要目的的跨组织知识交流与知识转移网络，如图1所示。最近十几年，国内兴起了一些战略性新兴产业集群创新网络，例如，有着"未来全球第一的创新集群"称号的中关村产业园，2010年成立的上海紫竹新兴产业技术研究院，2004年建立的西安阎良国家航空高技术产业基地等产业技术研究院或新兴产业园区，它们承担着政产学研金协同创新网络的角色，成为技术创新和提高科技成果转化率的重要途径。

而在整个协同创新网络技术创新过程中，将势必会涉及合作研发的技术成果的知识产权问题。知识产权在法律中的定义是民事主体依法对创造性智

---

[*] 张曼，西北政法大学商学院讲师，管理科学与工程专业博士研究生。

力成果和工商业标记等技术、知识和信息享有的支配的权利。各创新主体对知识产权的拥有并不是具体实在的控制,而是对它的认识和运用,这种运用将会产生经济效益。其基本特征表现为:独占性,即知识产权所有权人独占(垄断)地享有其权利且同样的知识产品只能有一个成为知识产权保护对象;地域性,即只在其产生的特定国家和地区的地域范围内有效,并且可以在不同地域范围内被分别行使。政产学研金协同创新网络中各创新主体之间为了关键技术的突破、获得最佳利益、共享资源、加速科技成果产业化而建立的一种利益共享、风险共担的合作关系。在这个合作过程中,包含显性知识和隐性知识的转移过程,势必涉及技术成果的归属与分享,特别是知识产权的管理和风险问题,这将直接影响着合作是否能可持续性和稳定性。

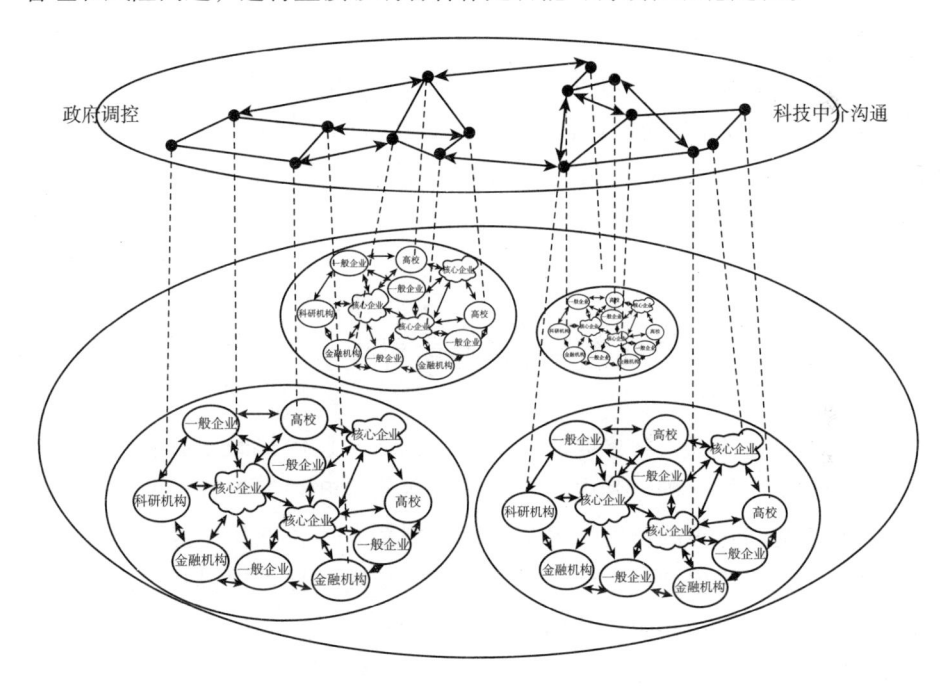

图1 政产学研金协同创新网络

国内外对于知识产权保护和管理的研究相对较成熟,相关法律法规较多,大多数企业也有其专门的组织机构,但在产学研合作过程中,基于政产学研金协同创新网络的整体视阈下的研究较少。2002年,纳拉亚南(Narayanan)认为知识产权风险问题是企业合作创新面临的排在首位的一大风险,紧接着,2003年帕纳古普罗斯(Panagopoulous)的研究表明,企业、大学共同研发的主要影响因素是对其知识产权的保护。国内学者也相继进行了大量的研究,

259

大多是从政产学研金协同创新网络中各创新主体的角度出发，如高校或企业。牟莉莉等（2009）得到高新技术企业的知识产权保护机制和影响因素。陈伟和康鑫等（2012）分阶段分析了企业联盟的知识产权问题，并得出联盟成员之间的保护体制根据成员的密切程度不同而不同。张武军和翟艳红（2012）分别从协同创新中企业、科研院所和高校的不同角度给出了知识产权保护的思路。刘海波（2012）作为国家知识产权局"十二五"规划研究课题的阶段性成果，提出了官产学研合作创新中知识产权管理的重要作用及政府在加强知识产权管理的政策建议。纵观大量的已有文献，可以看出，大多数研究是单独从协同创新中各个创新主体的角度来探讨知识产权管理，而在整个协同创新网络中，产业技术研究院、高新技术产业园等主体如何进行知识产权统筹、协调管理的研究相对较少。

本文从典型政产学研金协同创新网络的整体视阈，对政产学研金协同创新网络中三大创新主体协同创新产生的知识产权归属与分享问题进行深入分析，构建出政产学研金协同创新网络的知识产权管理体系，提出相应的知识产权管理及防范知识产权风险的政策建议。

二、政产学研金协同创新网络中
知识产权的归属与分享

一般来说，知识产权管理的行为要素包括知识产权的创造、知识产权的运用和知识产权保护。其中，知识产权运用是知识产权管理的核心，是知识产权创造和保护的目的，也是网络中创新主体各方从中得到利益的一个环节。因此网络中创新主体之间的主要问题就是针对知识产权运用中的权益分配问题，包括知识产权归属问题和分享问题。其中，知识产权的归属这里限定为技术成果的归属，是指创新主体共同合作完成的技术成果（后续改进技术成果）的专利申请权、专利权、转让权的归属问题。而知识产权的分享，是指技术成果由哪一方使用和转让，以及由此产生的利益在合作各方之间怎样分配等。本文通过对典型的政产学研金协同创新网络——江苏省产业技术研究院的调研，三大创新主体的合作方式从合作紧密程度看，主要有合作开发模式、委托开发模式、技术转让模式和共建实体模式。不同的合作方式涉及的知识产权的侧重点一定是不同的，其知识产权的归属与分享也是不同的。

（一）合作开发模式的知识产权的归属与分享

合作开发是指有合作关系的创新主体对某个项目或某项关键技术的联合研发创新。比如一起成立课题组或实验室攻克一些关键技术或共性技术。一般由高校投入科研人才，企业投入资金和资源，产业技术研究院提供科研平台。

合作开发的知识产权归属问题如果有协议约定的，依照合作约定进行，如果没有开发前约定或约定不清晰的，应该由科技中介服务机构也就是第三方本着利益共享的原则进行协议。一般分成两个方面：一是防范参与各方中对知识产权的滥用；二是对合作开发的技术成果一定要有明确的协议，以防侵犯权利人应有的合法权益。

（二）委托开发模式的知识产权归属与分享

委托开发是指产业技术研究院委托高校或科研院所为其进行技术开发，一般以项目或课题的方式。产业技术研究院或企业为委托方，高校或科研院所为开发方。这种合作一般由产业技术研究院出资，高校进行开发，然后产业技术研究院将获得的技术向企业推广，达到满足市场需求、获取销售利润的目的，开发方也可获得相应的效益。履行约定的合同，委托方可以取得所需要的关键技术成果，企业得到可持续性发展；开发方可以取得创新技术成果的发明权或者专利申请权并取得合理的报酬。这种合作下所产生的知识产权的归属，以《中华人民共和国合同法》规定为准则，归开发方所有，也可与当事人约定，具体几种情况如图2所示。

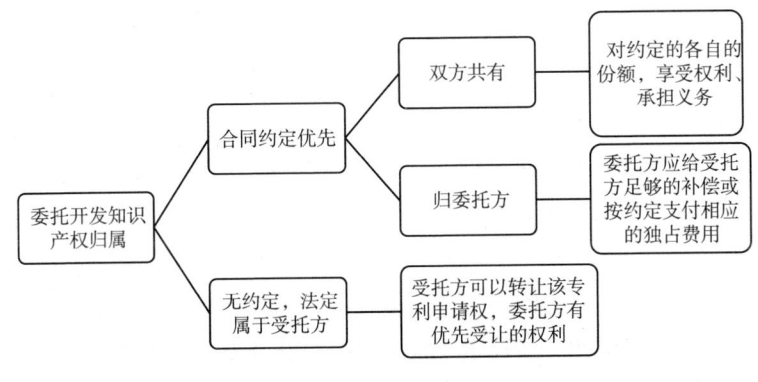

图2 委托开发知识产权归属情况

(三) 技术转让模式的知识产权的归属与分享

技术转让是指产业技术研究院和各创新主体间为了解决关键技术问题，直接由高校（科研院所）向企业提供技术支持和技术服务的一种合作方式，有技术转移、专利交叉授予、成果转化等形式。这样的合作方式可以加速科技成果的产业化并能让技术成果开发方获得相应的效益，其知识产权归属和分享也较容易解决。技术转让模式的知识产权的归属与分享，主要有：

1. 现有技术转让的知识产权归属与分享

合作各方在技术转让过程的各个阶段中，要将技术转让的知识产权法律状态的监控贯穿始终，实时监控包括专利权的维持、申请、授权，以及著作权、商标权的保护等，确保知识产权的合法性。比如，技术转让方对知识产权的监控包括技术成果的及时申请专利、专利权的保护、转让后剩余权利的保护、技术转让过程中创新成果的知识产权申请与保护等；技术受让方对知识产权的监控包括转让过程中移交程度、受让的知识产权适时维持和保护、转让方对转让出的知识产权的使用情况等。

技术转让模式通常由合同的形式进行约定，主要约定的就是知识产权的归属问题，如专利权、专利申请权等。如果转让专利权，则转让方将对该知识产权进行整体转让，知识产权主体随之转移至受让方；如果仅仅是转让专利实施许可，知识产权归属没有变化，仍归属转让方，不存在专利权的转移或共有。

2. 转让后技术改进的知识产权归属与分享

技术转让合作模式并不仅仅是现有技术成果的专利或知识产权的转让，还有在具体的使用中的再创新和再创造，由此产生的技术成果将不断出现，不可避免的也会出现一些交叉和关联的技术成果，如何界定这些技术成果的知识产权归属和分享就成为焦点问题。对这些技术成果知识产权的归属与分享，理应按照"互利互惠、有偿使用、风险共担"的原则，共同约定归属与分享办法。比如约定在某一个时期内，后续改进的技术成果共同分享；也可以约定针对转让技术取得的局部改进技术，可以免费提供给另一方，取得的重要技术改进或获得证书的技术成果，可以以优惠价格优先提供给另一方等。如果约定有歧义，应尊重技术的主要改进方。

（四）共建实体合作模式的知识产权的归属与分享

共建实体，是政产学研协同创新的一种主要的合作模式，它指产业技术研究院、科研院所或高校与企业分别投入一定比例的资源，如资金、人力、技术、设备等共同组建新的实体，如共建研发机构、重点实验室、工程技术研究中心等，共享资源，使其拥有的资源配置优化，并使各方从中受益，也能最大化发挥政产学研协同创新网络的协同效应，克服其他合作类型存在的不足，有利于各创新主体之间保持长期稳定的合作创新关系。

这种合作模式中知识产权的归属与分享有三种情况：一是投入实体中的知识产权或非知识产权的技术成果应折算为股权或出资比例；二是实体运作中后期在各方投入技术的基础上的创新成果，其知识产权应属于实体，而不是前期投入技术的合作各方；三是合作各方共同研发的技术成果应给予合同约定。

三、政产学研金协同创新网络知识产权管理体系的构建

（一）知识产权的组织管理及内容

目前政产学研金协同创新网络对知识产权的管理，由各创新主体负责知识产权的职能部门与科技中介服务团队共同承担，其中职能部门主要负责知识产权战略和指导方针、知识产权管理及实施制度的制定，科技中介服务团队负责不同知识产权类型的具体业务操作，其整个对于知识产权的管理并没有形成系统化、层次化的管理体系，然而知识产权管理对于产学研合作项目的重要性不言而喻，直接影响合作的能否开始和可持续进行。因此，产业技术研究院或产业园区应建立知识产权职能部门，对接各创新主体的职能部门和中介结构，通力合作，形成产学研项目知识产权管理完善的管理体系。依据调研结果，产业技术研究院的知识产权管理的具体内容总结如下：

（1）制定知识产权战略体系，明确知识产权指导方针。根据各创新主体自身的发展战略，确定知识产权战略，比如注重关键技术或共性技术的研发及申请专利；新产品商标的注册和保护等。

（2）制定知识产权管理实施制度、细则；构建知识产权申请评估体系；构建管理信息平台；培养知识产权专业管理人才；构建知识产权管理考评指标体系等，如图 3 所示。

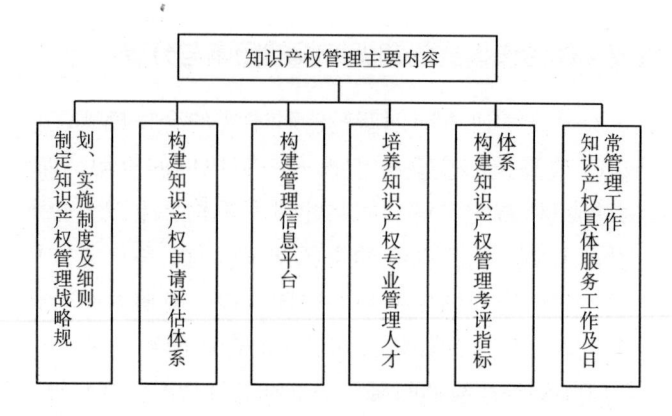

图3 政产学研金协同创新网络知识产权管理的主要内容

第一，制定知识产权管理及实施制度、细则。在知识产权战略指导下，制定明晰详细的管理实施细则。如订立专利实施许可合同；制定综合管理制度，如专利权，商标等；知识产权纠纷处理制度；发明奖励制度；知识产权教育培训制度；知识产权的评价管理制度；对外沟通交流制度；对涉密文件的管理制度；知识产权风险管理制度等。

第二，构建知识产权申请评估体系。一方面，该评估体系可以在研究成果申请产权之前进行价值评估。其主要目的是根据评估结果，选择适合的实施方案，比如公开技术成果、自用还是转让使用许可、申请知识产权还是定性为商业秘密等。另一方面，在申请得到知识产权授权后，由于技术更新换代快速，研究院要分阶段的评估每项知识产权的价值，根据评估结果选择每年按时缴费维持还是放弃维持。

第三，构建知识产权管理信息平台。可以重点实现：本部门的组织结构、职责及相关制度；为避免重复研究，通过知识产权文献数据库实现内部信息共享；本部门与其他部门或团队之间沟通交流；以及知识产权成果展示。

第四，培养知识产权专业管理人才。人才的培养及其重要，有专业的知识产权管理人才可以保障产业技术研究院的知识产权管理工作有序进行。首先，员工入职前都必须接受知识产权管理工作相关的培训，如知识产权法律法规，保密规定及文件管理，知识产权的申请、应用、纠纷解决方法和途径等内容，必须具有知识产权保护的强烈意识和专业素养。其次，上岗之后，应不定期地邀请技术、法律专家对员工进行跨学科培训；可以到高校、实务部门（比如专利事务所或律师事务所）学习，并对员工参加专利代理人资格考试等制定相关的激励政策等。

第五，知识产权管理考评指标体系。为了较为客观全面地评价知识产权管理部门的运作情况，根据战略目标，构建相应指标体系，进行知识产权管理全过程评价。指标体系可从知识产权战略实施、知识产权研发及运用、知识产权信息系统、知识产权保护、知识产权管理制度等方面考虑。

（3）提供申请不同产权的流程服务、产权取得后的使用、保护等工作；提供知识产权相关法律咨询、产权纠纷等工作；进行日常管理工作，如人才培养管理、管理平台的维护、考评工作等。

（二）构建知识产权管理体系

知识产权管理体系是在战略规划、具体制度等规范文件下，对创新网络内所产生的知识产权进行动态管理，如图4所示。整个动态管理过程分为三个阶段：准备阶段、实施阶段和维护阶段。

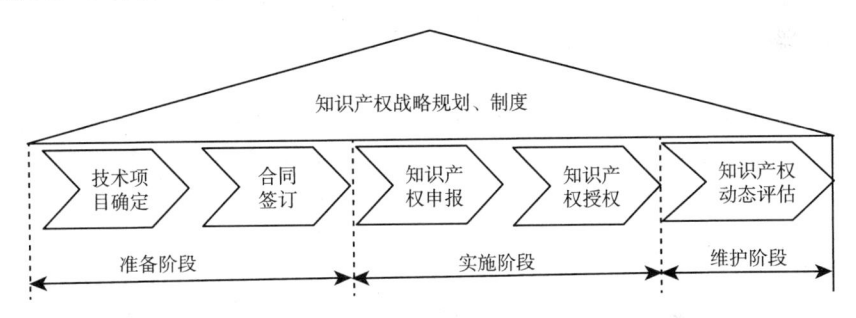

图4 政产学研金协同创新网络知识产权管理体系

准备阶段是指项目的确定和合同的签订，特别是合同的签订，需确定好合作类型、知识产权归属及分享。

实施阶段是指申报知识产权和授权知识产权。知识产权申报包括撰写说明书、对产权进行评估等工作。知识产权授权是指产权通过相关知识产权局审批，得到授权。

维护阶段是指对知识产权动态评估。因为随着时间的推移，知识产权的价值会发生变化，动态地评估产权可以更好地对该产权进行维持。

四、政产学研金协同创新网络知识产权管理的政策措施

结合前面的分析结果，本文提出政产学研金协同创新网络（以产业技术研究院为例）进行知识产权管理的政策建议。

（一）建立规范的科技成果评价体系

产业技术研究院应与专业机构、政产学研金协同创新网络中各创新主体等多沟通，建立规范的科技成果评价体系，为知识产权的认定提供相对统一的价值认定，可以有效保障创新主体各方的合理利益，促进合作的顺利进行。

（二）建立专门的知识产权管理机构

在产业技术研究院内部建立专门的知识产权管理机构，该机构可以与各创新主体中负责知识产权的相关部门形成系统化、层次化的知识产权管理体系，制定出科学、规范的知识产权管理制度，为产学研合作项目保驾护航。

（三）重视合同管理

产业技术研究院应重视合同管理，引导政产学研金协同创新网络中创新主体合作各方协商并制订好合作协议，依照合同规定处理知识产权归属与分享，防范知识产权风险。

参考文献

[1] 陈劲,阳银娟. 协同创新的理论基础与内涵 [J]. 科学学研究,2012,30 (2)：161-164.

[2] 陈伟,康鑫,冯志军,等. 基于知识管理的高技术企业知识产权保护系统协同机制研究 [J]. 情报杂志,2011,30 (9)：145-148.

[3] 何郁冰. 产学研协同创新的理论模式 [J]. 科学学研究,2012,30 (2)：165-174.

[4] 兰艳,李朝明. 基于协同创新的企业知识产权合作问题与对策研究 [J]. 科技管理研究,2017,37 (18)：120-126.

[5] 李恒. 产学研结合创新中的知识产权归属制度研究 [J]. 中国科技论坛,2010 (4)：53-59.

[6] 李伟,董玉鹏. 协同创新知识产权管理机制建设研究——基于知识溢出的视角 [J]. 技术经济与管理研究,2015 (8)：31-35.

[7] 刘驰. 基于产业集群的知识产权管理研究 [D]. 吉林大学,2009.

[8] 刘海波,李黎明. 官产学研合作创新与知识产权管理的研究 [J]. 科技促进发展, 2012, 8 (7): 25-30.

[9] 马秋芬. 协同创新中知识产权相关法律问题及利益分配研究 [J]. 科学管理研究, 2017 (3): 18-21.

[10] 牟莉莉,汪克夷,钟琦. 高技术企业合作研发中的知识产权保护机制研究 [J]. 科技管理研究, 2009 (2): 251-253.

[11] 王晓军,孔令卫,王新华. 协同创新成果知识产权归属风险及其控制 [J]. 科技管理研究, 2015, v.35; No.332 (10): 161-165.

[12] 张武军,翟艳红. 协同创新中的知识产权保护问题研究 [J]. 科技进步与对策, 2012, 29 (22): 132-133.

[13] Narayanan V. K.. 技术战略与创新:竞争优势的源泉 [M]. 程源,等译. 北京:电子工业出版社, 2002-09-01: 238-244.

[14] Panagopoulos A. Understanding when Universities and Firms Form RJVs: the Importance of Intellectual Property Protection [J]. *International Journal of Industrial Organization*, 2003, 21 (9): 1411-1433.

劳动关系与资源利用冲突

劳动力资源约束型产业的风险管理研究[△]

李晓宁　李雪峥[*]

摘要：劳动力资源一直是我国经济增长过程中的关键性资源。20世纪90年代由于劳动力资源数量庞大和成本低廉的优势，我国经济实现了高速发展。现阶段我国处于产业升级转型的关键时期，人口红利和劳动力资源优势在逐渐消失，劳动力资源约束型产业的发展面临较大风险。本文通过研究劳动力资源约束型产业的发展现状、面临的风险，并对有关产业进行风险评估，提出风险防范的举措，这对于实现产业升级和追求经济高质量发展有重要意义。

关键词：劳动力资源；约束型产业；风险管理

一、引　言

劳动力资源一直是经济发展的必要条件以及关键因素，人口问题对于经济发展的影响有着不可替代的作用，而中国作为世界上的人口大国，在经济方面对于人口资源的依赖远比其他国家更为重要。劳动力资源优势是我国作为世界"制造大国"的关键支撑因素，许多产业的发展就是建立在人口资源数量庞大的优势之上，充足而丰富的劳动力资源为我国经济的高速发展做出巨大贡献。

自20世纪80年代以来，我国实行严格的计划生育政策。这一政策的实施在短期内有效地抑制了人口的快速增长，一定程度上解决了人口数量激增与经济资源有限之间的矛盾，在社会治理层面方面发挥了重要作用。然而，目前由于人口出生率的下降和"社会老龄化"阶段的提前到来，我国劳动力

[△] 基金项目：本文受西北政法大学青年创新团队的资助。
[*] 李晓宁，西北政法大学商学院教授；李雪峥，西北政法大学商学院硕士研究生。

资源的数量和结构有了很大的变化，出现了劳动力资源数量下降及劳动力结构与产业发展不匹配的状况，人口红利带来的经济效益也在逐年递减，众多依赖劳动力资源优势发展的产业竞争力在不断下降，引发了一系列极为突出的经济问题。例如，建筑业出现"用工荒"、制造业的劳动力成本不断上升、从事农村种植业的人员流失等。

总之，由于劳动力资源数量及结构性改变，很大程度上影响了劳动力资源约束型产业发展，导致这些产业在发展过程中面临很大风险与挑战。如何通过有效风险管理手段促进劳动力资源约束型产业发展，对于我国经济发展有重要的指导意义。

二、文献综述

现有文献对劳动密集型产业发展、人口结构转变、人口红利、产业转型升级以及劳动力资源结构等方面有深层次的研究，得出了一些拥有借鉴意义的经验和结论，奠定了本项研究的基础。

劳动力密集型产业理论是刘易斯在研究发达国家的劳动力密集型产业向发展中国家转移现象时所提出的理论。该理论认为，发达国家和发展中国家劳动力成本的差异引起了劳动为密集型产业的转移。20世纪60年代以来，发达国家在经历了二战之后，国内人口自然增长率几乎为零。然而，由于工业的快速发展，劳动力密集型产业需要大量的廉价的劳动力。发达国家的人口增长不能满足日益增长的对普通劳动力的需求，因此发达地区的劳动力密集型产业逐渐失去了比较优势。而发展中国家的劳动力资源相对丰富且劳动力价格水平不高，于是发达国家的一些不具备比较优势的劳动力密集产业逐渐转移到了发展中国家。

史本叶（2016）从我国人口结构入手，研究人口结构变动与不同时期经济增长之间的关系，强调要提高劳动力资源生产效率来满足经济发展需求。陆旸、蔡昉（2016）则从人口红利变化出发，提出在我国原先人口红利发生变化的阶段，要调整劳动力资源发展方向，促进形成新的人口资本红利。李勇辉、罗理恒（2016）通过人口红利模型论证人口红利对我国经济发展在不同时间段起到不同的作用，提出应推动人口结构转型满足未来经济发展需求。张馨艺等（2012）从多方面对人口结构变动与经济增长之间的关系进行研究，得出人口红利对经济增长帮助所在，而人口老龄化对经济发展有一定阻碍的作用。张佩（2016）从成本入手分析了我国劳动力密集型产业转型发展过程，探讨了劳动力密集型产业的发展需求。张同斌（2016）则通过构建模型定量分析人口红利对经济增长的具体影响，提出要将之前我国数量型人口红利向质量型人口红利升级转型。李健、卫平（2014）则是通过分析我国多个省市的人口结构变化，求证了产业结构变迁过程中，人口红利与经济增长之间的联系，为产业结构转型升级提供建议。

上述研究主要分析了人口结构或劳动力密集型产业对我国经济的作用与影响，为本文研究提供了理论基础和数据支持，但这些研究不符合目前现实问题对理论研究的需求，不能准确界定产业的发展形态与转型约束。本文提出的劳动力资源约束型产业概念与以上概念有所偏差，因为产业升级转型过程需要更加细化概念，由此才能确定产业转型方向，成功实现产业转型升级。

根据产业发展所需要的产业资源的重要性，可以将产业划分为劳动密集型产业、技术密集型产业、资金密集型产业、自然资源密集型产业、知识密集型产业从及文化密集型产业。同样，若产业的发展受约于劳动力资源，则为劳动力资源约束型产业。具体来说，劳动力资源约束型产业指的是产业发展对于劳动力资源依赖程度高，劳动力资源对于产业发展和盈利有不可替代的地位，一旦劳动力资源出现重大变化，产业结构和发展同样会发生重大改变。劳动力资源约束型产业目前主要集中在农业、林业、建筑业、运输业、制造业（如食品制造业、纺织业、家具及皮革制造业、服装、玩具等产业）等第一、第二产业中。

三、劳动力资源约束型产业的发展现状

（一）国际产业布局与区域产业布局受到影响

劳动力资源约束型产业指的是产业发展对于劳动力资源依赖程度高，劳动力资源对于产业发展和盈利有不可替代的地位，一旦劳动力资源出现重大变化，产业结构和发展同样会发生重大改变。劳动力资源约束型产业在我国经济发展中占有举足轻重的地位。改革开放以来，第一产业与第二产业是我国经济在20世纪90年代能够经历一个高速发展的根本原因就是利用我国劳动力资源优势，即庞大的人口数量优势和低廉的劳动力成本，为我国经济发展做出巨大贡献。我国之所以成为"制造大国"和"世界工厂"，关键因素就在于拥有巨大数量和低廉成本的劳动力资源，所生产出来的产品具有明显

的价格优势，在国际贸易中拥有极强的竞争力。但近年来，在以第一、第二产业为主导的我国经济发展在经历过一段"黄金十年"之后开始出现了下滑，2010 年我国 15~64 劳动年龄人口年平均增加总量约为 1055 万人，人口比重达到了历史最高 74.5%，然而由于计划生育政策的实施导致的超低生育率，从 2012 年开始我国 15~59 岁的劳动年龄人口绝对数量首次出现下降，此后劳动年龄人口连续三年萎缩①。中国发展研究基金会发布的报告认为，预计从 2010 年至 2020 年劳动年龄人口将减少 2900 万人。劳动力成本优势在国际产业布局的吸引力逐渐下降，许多国际化工厂开始向我国周边的发展中国家迁移，原因在于我国的劳动力成本不断加大导致产品的盈利空间被压缩，他们不得不考虑向劳动力成本更低的地区进行产业转移。

另外，改革之初我国东部沿海地区凭借着优越的区位优势条件和政策条件，在区域经济的发展中始终具有先发优势，积累了大规模的资本，并吸引了来自我国中西部地区大量的劳动力资源。而我国中西部地区具有丰富的劳动力资源，在相对较高的劳动力报酬的吸引下，大量的劳动力资源流向了东部沿海的劳动力密集型产业，劳动力密集型产业在东部沿海地区得到了较快的发展。但是 2000 年以后，我国东部沿海地区不断出现"民工荒"，许多企业即使提高工资也招不到工人，"招工难"现象在珠三角地区最为严重，影响了企业正常的生产。这是因为一些中西部劳动力开始返乡就业或创业，相比较而言中西部地区的劳动力资源较充裕，由此导致区域产业的布局发生变动。

（二）劳动力资源约束型产业转型迫在眉睫

国家统计局于 2015 年 2 月 26 日发布的《2014 年国民经济和社会发展统计公报》显示，2014 年我国第二、第三产业增加值占 GDP 的比重分别为 42.6% 和 48.2%，我国经济开始向服务主导型和消费主导型转变。之前劳动力资源约束型产业主要集中在第一、第二产业中，而伴随着产业升级转型，劳动力资源约束型产业也逐渐向第三产业集中，服务型产业中劳动力资源约束型产业，如客服类企业、服务类企业等所要求的劳动力资源素质相比于第一、第二产业有更高的要求，这对劳动力资源约束型产业的发展提出新的考验，如何满足产业转型升级过程对于劳动力资源的要求是目前阶段急需思

---

① 史本叶. 我国人口结构变化对经济转型的影响[J]. 人口学刊，2016，38（4）：17-24.

考的。

由于计划生育政策的实施导致的超低生育率,同时,老年人口比重在持续上升,人口红利消失与人口老龄化同时存在,使得我国人口结构出现明显的结构性变化,劳动力资源约束型产业的发展受到了严重冲击。

劳动力资源的数量与结构变化导致劳动力密集型产业的生产发展面临了与以往不同的风险挑战。尤其是在社会人口结构性改变的阶段,劳动力资源约束型产业应及时调整产业发展方向,释放新的人口红利能量,提高劳动力资源效率;借助政府倡导的产业转型时机,抓住机遇紧跟产业调整步伐,采取适当的风险规避措施,解决约束劳动力密集型产业发展的瓶颈问题。

四、劳动力资源约束型产业的风险分析

(一)劳动力资源约束型产业的风险类别

由于劳动力资源约束型产业受到劳动力资源本身发展状况的严重限制,因此所面临的风险与人口的年龄结构、受教育程度、地域分布、人口红利等结构性因素息息相关。劳动力资源约束型产业风险的产生主要是基于劳动力资源的变化引起。

1. 劳动力资源供求失衡

我国已提前进入社会老龄化阶段,超低的社会生育率和15～59岁适龄劳动力数量逐年递减。这些社会老龄化问题引起劳动力密集型产业无法获得足量生产活动所需的劳动力资源,导致产业基础层面的生产活动不能正常进行,产业基础运行受到较大影响,产业盈利和发展前景很不理想。因此,一方面许多国际工厂开始从我国外迁至劳动力资源比较丰富、价格更为低廉的其他发展中国家,另一方面近年各地在建筑业和制造业等产业不断出现"用人荒"等问题。

另外,尽管2016年1月我国开始实行"全面二孩"政策,但绝大多数符合政策要求的夫妇由于抚养成本上升、社会保障体系不健全等原因不愿生育二胎,导致生育率水平没有得到预期的提高[①]。新生人口成为劳动年龄人口需要十几年的时间,同时需要大量的前期教育资金投入,劳动力资源成本随

---

① 张同斌. 从数量型"人口红利"到质量型"人力资本红利"——兼论中国经济增长的动力转换机制[J]. 经济科学,2016(5):5-17.

着经济发展也呈现上升趋势,因此未来几十年我国社会老龄化问题会更为严重。随着原有的适龄劳动力年龄增长,这些具有丰富的工作经验和工作能力的劳动力会逐渐退出产业生产的第一线,而维持产业发展的新生劳动力不能及时补充上来,由此导致劳动力密集型产业逐渐成为劳动力资源约束型产业,也就是这些产业发展对劳动力的需求大于劳动力的供给,出现劳动力供求失衡,导致产业发展速度明显下降,产业发展潜力枯竭,不得不进行产业转型或升级改造。

2. 劳动力资源结构与市场需求不匹配

目前我国经济正在进行产业升级和改革,主要从劳动力资源约束型产业作为主力的第一、第二产业向第三产业进行转换。之前第一、第二产业所依靠的劳动力参与的工作主要集中在技术含量较低、受教育程度和专业能力水平均较低的领域。虽然在20世纪90年代左右,我国经济主要依靠发展劳动力密集型产业在世界上获得了很高的经济地位,但是进入21世纪以来,全球经济发展进入一个新历史时期,高科技产业和新兴产业的出现改变了世界经济的发展方式和格局,同时信息化时代和人工智能时代的来临更是带来新的冲击。高科技手段和智能机器的运用替代了大量劳动力,并且使得工作效率大大提升,而这些新兴产业与高技术产业需要高素质劳动力,原有的劳动力资源质量不符合新兴产业的发展需求。因此,劳动力资源质量下滑限制了劳动力资源约束型产业的竞争力,使其在与新兴产业的市场竞争中处于了相当不利的局面。

在产业结构改革升级过程中,一般由第一、第二产业向第三产业升级。由于第三产业对劳动力质量要求较高,劳动力资源约束型产业原本拥有的劳动力明显不能满足第三产业的发展需求。同时,随着社会经济发展和人们思想水平转变,新生代劳动力不愿意进入劳动力资源约束型产业,导致这些产业不能拥有足够的新鲜血液来满足发展需求,产业整体的劳动力资源质量在下滑,这对劳动力资源约束型产业发展带来严重影响。

3. 劳动力资源成本上升

一定时期劳动年龄人口占总人口比重较大时,充足的劳动力、高储蓄率和低抚养率为经济增长提供了有利条件,这样的情况称为人口红利[①]。人口

[①] 李勇辉,罗理恒. 人口红利、劳动力跨行业配置与经济可持续增长[J]. 经济问题,2016(4):13-20.

红利主要有两个特征，即"劳动年龄人口的持续增加"和"人口抚养比的持续下降"①。我国经济在享受了一段人口红利带来的经济高速增长之后，自2012年15~59岁的劳动年龄人口绝对数量开始出现下降趋势，可享受的人口红利在逐年削减，而基于我国巨大数量人口的新人口红利还未发现。因此，在人口红利逐渐消失过程中，劳动力资源由于人口结构的改变，劳动力成本将逐渐提高，我国劳动力资源约束型产业的优势和竞争将受到影响，为维持现有产业规模就需要更多成本。

人口红利消失的影响涉及多个方面，尤其是对劳动力资源约束型产业发展具有举足轻重的影响，是劳动力资源约束型产业所面临的主导性风险。处理好人口红利消失带来的风险，才能有效解决劳动力资源约束型产业风险，从而使产业顺利转型或升级。

（二）劳动力资源约束型产业的风险原因分析

1. 我国提前步入社会老龄化阶段以及就业思想转变

自20世纪80年代开始，我国实行严格的计划生育政策，短期内有效地抑制了人口快速增长的趋势，人口出生率急剧下降对人口结构的变动产生了较为显著影响②。然而计划生育政策实施带来的后续影响自进入21世纪以来才逐渐显现，伴随着社会超低出生率，15~59岁适龄劳动力人口数量逐渐减少，而60岁以上老年人口数量在极速增加。适龄劳动力人口数量减少会直接冲击劳动力资源约束型产业的日常经营生产，而在产业技术发展手段未能达到更高水平之前，劳动力资源还一直会是产业的主要效益来源和动力，只有足够数量的劳动力资源才能维持产业正常运营和发展。

为解决人口超低出生率问题，2016年我国正式落实"二孩"政策，以缓解未来人口结构压力，但未来时期必然面临三期政策的"叠加效应"。首先，20世纪五六十年代生育高峰的新增人口会逐渐步入老年人口行列；同时，20世纪70年代开始所倡导的计划生育政策带来较低的抚养比率和适龄劳动力数量也在下降；然而，近年才实施的"二孩"政策又会降低劳动参与率，尤其

---

① 陆旸，蔡昉. 人口结构变化对潜在增长率的影响：中国和日本的比较 [J]. 世界经济，2014，37（1）：3－29.

② 史本叶. 我国人口结构变化对经济转型的影响 [J]. 人口学刊，2016，38（4）：17－24.

是女性的劳动参与率①。所以，未来一定时期内我国的劳动力资源绝对数量还将处于持续下降阶段，劳动力资源约束型产业面临的风险会逐渐增加。另外，随着经济增长和社会发展，适龄劳动力人口的思想已发生改变。劳动力资源约束型产业提供的工作和岗位一般不能满足新生代的发展需要，越来越多的人不愿意在劳动力资源约束型产业就业，因此劳动力资源约束型产业只能降低用工标准，以满足产业正常发展和生产要求，这给产业发展带来不利影响和阻碍。因此，劳动力资源数量减少和质量下滑双重因素共同冲击产业发展，使劳动力资源约束型产业升级改革一直处于低速或者停滞阶段。

2. 劳动力资源自身能力不能适应产业发展

进入21世纪以来，全球开始进入信息化、一体化时代，世界各个方面的信息交流和沟通更加便捷和及时。在我国人口红利未完全消失之前，我国劳动力资源约束型产业可以依靠庞大的劳动力数量和低廉的劳动力成本构建产业竞争力，但随着技术发展和社会需求提高，原本技术含量低的产品和产业已不符合社会发展需求，同时高科技新兴产业的出现对原有的产业结构形成冲击和替代。原来的劳动力资源约束型产业因本身不需要太多数量具有高技术能力和专业技能的劳动力，因此在产业升级换代的过程中，劳动力资源所能提供的新增价值是逐渐减小的，机器逐渐取代了以往众多人从事的工作，劳动力资源自身能力的缺陷体现得越发明显。虽然具有高技术水平和专业技能的劳动力数量随着我国教育水平提高是增多的，但是社会整体劳动力资源能力呈现出衰减迹象，并且随着大数据时代和人工智能时代的到来，劳动力资源优势会逐渐被完全替代，劳动力资源的效率和效益满足不了产业进一步发展需求。

随着产业结构升级，第一、第二产业向第三产业逐渐转型，以服务业为主要构成的第三产业结构中也开始出现大量劳动力资源约束型产业，然而在改革升级过程中，第一、第二产业结构中的劳动力资源在技术水平和专业能力要求上达不到第三产业结构需求，第三产业的劳动力资源约束型产业所需的劳动力资源在数量和质量上皆受到影响，这样的影响同时反馈给第一、第二产业结构，双向同时作用，阻碍了产业结构升级进度和效果。劳动力资源约束型产业的产业链较长，上下游覆盖的产业众多，各个方面的劳动力资源

---

① 董香书，肖翔. 人口红利演变如何影响中国工业化 [J]. 中国人口·资源与环境，2016，26 (9): 20-27.

共同提升才实现产业升级改革的完成。

3. 劳动力资源产业升级过程时间较长

劳动力资源约束型产业由于产业链覆盖面较大，上下游产业关联较为密切，产业改革升级过程不能从劳动力资源约束型产业单独入手，劳动力资源约束型产业在升级劳动力资源能力时需要复杂的过程和较多的投入，无法在短期之内完成产业升级，伴随着长时间的产业转型，社会人口资源结构变化更加复杂，劳动力资源成本越发增加，从而反向又影响了劳动力资源约束型产业的升级过程。劳动力资源自身升级过程也是一个漫长过程，待新生人口成为劳动年龄人口需要相当的时间过程，因此产业所依赖的劳动力资源持续下降，对产业发展带来极大风险。

（三）劳动力资源约束型产业风险评价

劳动力资源约束型产业所面临的风险大小决定了产业升级或转型的难度大小，而且不同风险发生的各种可能性以及概率大小同样影响产业升级，如果将劳动力资源约束型产业所面临的风险根据结果和发生的可能性对风险进行分级，即使用确定风险后果的风险准则（C 准则）和风险发生可能性的风险准则（P 准则）来共同衡量风险大小，评估产业风险类别。

首先，以 C 准则来判定识别产业风险的后果严重程度，这里以产业的风险偏好为基础，规定风险后果范围，从最轻微的后果到最严重的后果，同时阐明后果严重程度的意义和衡量标准，如表 1 所示。

表 1　　　　　　以 C 准则判定产业风险后果的严重程度

等级	1	2	3	4
后果	影响产业升级	延缓产业升级	阻碍产业升级	产业升级停滞
描述	即对产业日常的工作造成影响，但日常生产工作仍可继续进行	即对产业日常工作的进度造成一定阻碍，产业发展陷入缓慢的时期	即阻碍产业战略性发展，产业未来长期发展速度缓慢，产业转型基本处于停滞	产业生产基本处于停滞阶段，不管日常还是未来发展都不能正常进行

其次，以 P 准则用来判定所识别风险的可能发生程度，在 C 准则确定后建立 P 准则，考虑各种风险后果的各种形态，划分可能性程度的范围，从最低的可能性到最高的可能性，解释清楚各种可能性的意义，如表 2 所示。

表 2　　　　　　　　以 P 准则判定风险发生的可能性

等级	可能性	概率值	描述
1	极小	$0 \leq p < 0.3$	风险基本不会发生
2	可能	$0.3 \leq p < 0.5$	风险在某些情况会发生
3	极大可能	$0.5 \leq p < 0.8$	风险在多数情况会发生
4	基本确定	$0.8 \leq p \leq 1$	风险肯定会发生

再其次，制定好 C 准则和 P 准则后应固定时间段对 C 准则和 P 准则进行检查和更新，可以直观地对各种风险进行判断和分析，并根据风险与风险后果、风险与风险可能性之间的关系，制定出风险应对措施，帮助产业可持续性发展。

最后，明确 C 准则和 P 准则后，构建模型对风险进行分级。$R = P \times C$，根据 P 准则的概率与 C 准则等级相乘的结果，对风险 R 进行分级，合理划分风险等级区间，根据风险的优先顺序不同从而采取不同的风险应对措施，合理安排产业资源配置，达到规避风险的目的。

五、劳动力资源约束型产业风险应对建议

劳动力资源约束型产业与其他资源约束型产业不同，前者发展主要依靠的是劳动力资源的规模与质量，与其他物质性资源相比，劳动力资源约束型产业面临的风险具有更多的不确定性，同时劳动力资源由地域、受教育程度、心理等多方面主客观因素共同影响，防范风险时就需要灵活性强和包容性强的方法和手段。

1. 重新布局产业分布，向劳动力资源集中地域靠近

目前，我国劳动力资源约束型产业主要集中在长江以南地区。借助运输成本较低的优势，在长江以南地区已形成规模化的产业链条，但主要集中在江浙一带，并未进入京沪穗深等超一线城市。由于东部沿海地区生活成本较高以及距离较远，占劳动力总数极大比例的中西部地区劳动力人口近几年选择就业时候，通常会选择离家不远的地方或者选择直接前往京沪穗深等地。由此导致劳动力资源并未集中到已成规模的劳动力资源约束型产业集中地去。同时目前国家政策倡导大力发展中西部地区，而中西部地区是劳动力资源的主要输出地，中西部地区发展潜力良好，所以集中在中西部的劳动力资源有

极大的可能性在未来发展中趋于留守当地。

因此，劳动力资源约束型产业应顺应社会发展和国家政策需要，重新布局产业分布，将产业逐渐向中西部劳动力资源占优的地域集中，现在我国陆陆运输业由于基建和道路发展成本已相对降低，并且中西部生活水平低于东部沿海地区，薪酬水平同样低于东部沿海，因此劳动力资源约束型产业向中西部集中所导致的运输成本完全可以由扩大产业规模带来的效益所抵消。目前如万达、阿里巴巴、三星、富士康等大型企业都选择在中西部进行布局，这样可完全激活庞大的中西部劳动力资源市场，从而为产业发展带来更多机会，实现经济效益的增长。

2. 加快产业升级转型，提升原有劳动力资源质量

产业发展必定要经历升级转型过程来满足市场和社会发展需要，我国由第一、第二产业向第三产业升级转型的过程，正是劳动力资源约束型产业升级转型的过程。这些劳动力资源约束型产业由过去简单生产的制造业等向高科技产业转型，不仅能够提升产业自身竞争力，顺应时代快速发展，而且产业升级转型的过程可以促进劳动力资源市场本身的升级转型，使其从以往低技术水平和低专业能力的劳动力资源市场向高科技、高精劳动力资源市场转变，劳动力市场的升级转型可以加速产业链整体升级转型。

我国劳动力资源规模在未来一段时间内还将会是我国经济发展的一大优势，但之前劳动力资源的自身能力和素质明显不能满足发展需要。利用国家教育政策的扶持，大力提高劳动力资源的自身能力和专业素养，进一步升级产业技术水平，达到更高的发展水平，从而激活产业发展活力，提高产业经济效益。

3. 提升产业技术含量水平，减少劳动力资源依赖程度

信息时代、大数据时代以及人工智能时代的到来为很多产业发展提供了极大的帮助，利用技术手段的进步和发展，新兴产业也如雨后春笋般出现，为社会带来极大福利。劳动力资源约束型产业在面对我国人口红利逐渐消失之际，更需要及时调整产业技术水平和发展方向，升级产业整体技术水平，通过机器代替人力、外包、升级生产线等方式逐渐减少对低技术水平劳动力资源的依赖程度，转向多利用具有高技术水平和专业能力的劳动力资源，提高产业生产效率。

尤其是人工智能时代在逐步到来，对劳动力资源约束型产业更是提出挑

战与机遇，随着人工智能技术的发展，劳动力资源所从事的工作有相当大一部会被替代，传统劳动力资源约束型产业将面临重新洗牌的局面，摆脱过去对于低廉劳动力的依赖，转型成为人工智能机器和高技术水平劳动力结合的新型劳动力资源产业结构，这样既能够在有效提高产业生产力水平的同时减少劳动力资源的依赖，又能为产业带来更大的经济效益。

综上所述，劳动力资源约束型产业发展与我国劳动力资源发展密切相关，劳动力资源是我国发展的优势资源，劳动力资源约束型产业过去作为我国经济支柱型产业发挥了极大作用和贡献，伴随着社会发展和技术进步，劳动力资源型产业面临众多风险挑战，对劳动力资源约束型产业进行风险管理能够有效刺激产业活力，进一步提升产业效益。通过劳动力资源约束型产业的产业升级可有效地带动我国劳动力资源升级，从简单依靠数量优势的人口红利升级到具有高技术水平和专业能力的新型劳动力资源。由产业和资源互相促进，共同发展，实现产业结构改革升级的目标，将我国人口资源优势重新激发，形成新的人口红利，进一步适应社会发展需要。

参考文献

[1] 丁莉. 中国劳动力资源空间分布及其变动特征 [D]. 辽宁师范大学，2014.

[2] 董香书，肖翔. 人口红利演变如何影响中国工业化 [J]. 中国人口·资源与环境，2016，26（9）.

[3] 何令梓. 我国人口转型对人力资本积累的影响研究 [D]. 湖南大学，2016.

[4] 李健，卫平. 产业结构变迁背景下的人口红利与经济增长 [J]. 经济与管理研究，2014（7）.

[5] 李明，包莉丽. 企业社会责任风险评价体系的构建与运用 [J]. 财会月刊，2017（3）.

[6] 李勇辉，罗理恒. 人口红利、劳动力跨行业配置与经济可持续增长 [J]. 经济问题，2016（4）.

[7] 陆旸，蔡昉. 人口结构变化对潜在增长率的影响：中国和日本的比较 [J]. 世界经济，2014，37（1）.

[8] 任韬，王文举. 中国三次产业间劳动力资源优化配置及转移分析

[J]. 统计研究, 2014, 31 (12).

[9] 史本叶. 我国人口结构变化对经济转型的影响 [J]. 人口学刊, 2016, 38 (4).

[10] 张同斌. 从数量型"人口红利"到质量型"人力资本红利"——兼论中国经济增长的动力转换机制 [J]. 经济科学, 2016 (5).

非全日制用工的劳动权益受损问题及应对策略

崔 健* 王晓慧

摘要：非全日制劳动者是劳动力的重要构成部分，为社会经济发展做出重大贡献。采用案例分析法，对神木县非全日制用工现状进行调查分析，当地非全日制用工存在工作超时、薪酬待遇不合理、劳动合同不规范、社会保险参加率低等问题，并探讨了非全日制用工劳动权益受损问题产生的原因。提出要从正确认识非全日制用工模式、建立健全社会保障、提高劳动者的维权意识、完善我国相关的法律等方面保障非全日制用工的劳动权益。

关键词：非全日制用工；劳动权益；权益受损

当前中国经济产业结构由第一产业逐渐向第二、第三产业过渡。仅仅是全日制用工形式已经不能应对日益复杂的市场环境，非全日制劳动者成为补充劳动力市场的重要形式，由此形成非全日制这种特殊的用工形式。相较于全日制用工形式，它具有更多的灵活性，降低了企业的用工成本，缓解日益严峻的就业形势，解决社会上存在的剩余劳动力。这种方式以其独特的优势迅速发展扩大，极大地符合当前的社会发展，顺应了时代潮流。但是，随着非全日制用工范围扩大所导致的问题也日益凸显，表现为非全日制劳动者利益受到损害，影响劳动力市场平衡，不利于和谐社会的发展。

一、非全日制用工研究综述

1994年国际劳工组织会议通过《非全日制公约》，首次提出"非全日制劳动者"概念。国外的诸多学者、政府官员早已对非全日制用工的重要性有

---

* 崔健：西北政法大学商学院讲师。

了深刻的认识。日本学者认为这种用工形式是随着劳动力市场对经济和社会的变化而变化的，所以应当调整劳动关系来减少其带来的负面影响。德国学者杜茨认为雇主不应该对非全日制劳动者做出对其不利的对待。1995年英国针对非全日制用工的《禁止性歧视法》中有关于雇佣保护法的规定，特别强调了"不正当解雇"的情形。对于非全日制的法律保护，其中德国最为突出的是《非全日制和附期限法》，其在劳动条件、工资报酬、休息休假、工时的延长及缩短以及合同的终止方面提出了具体的律法保护，在保险方面规定了所有就业者都必须参加工伤保险；荷兰通过立法与政策的双向并行保护，制定了最早的非全日制用工制度，意味着非全日制的用工发展的突破，与英国一样对于不正当解雇进行了遏制。

我国的非全日制用工研究起于2002年的灵活就业。直到2008年《中华人民共和国劳动合同法》（以下简称《劳动合同法》）中专门对非全日制用工进行了规定，才使得非全日制用工首次在法律层面上得到重视。我国在《劳动合同法》里对于非全日制的规定主要表现在劳动合同的形式、解除、补偿、试用期规定、工资标准及支付周期以及社会保险等几方面的规定。朱思颖（2014）认为研究非全日制用工制度，应该着重从我国具体的国情和法制现状出发，将非全日制用工与法律规制的价值目标、法律规范的相关原则结合起来，客观全面地进行研究。霍妍（2012）则认为改善非全日制用工权益受损的现状只有完善法律、建立系统的保障制度才能从根本上解决问题。曹笠宇等人（2015）也对于非全日制用工的问题产生的原因和对策有着不同的理解角度，他们认为产生问题的原因离不开劳动者、政府、社会以及用人单位四方面，因此解决的方法也应从这四个方面寻找。

综上所述，国外对于非全日制已经有了明确的界定并且尝试着利用市场与政府的双重作用下来扭转非全日制劳动者的弱势地位，难点也主要集中在如何能在市场弹性的作用下保障非全日制劳动者的利益。我国对于非全日制用工的劳动权益受损问题的研究主要是以立法的角度谈非全日制劳动合同的签订、最低小时工资、劳动报酬，缺乏对非全日制用工研究的第一手调查资料。本文以神木县作为调查案例探讨非全日制用工问题，弥补在这方面的研究缺失。

二、非全日制用工劳动权益受损现状

非全日制用工目前已成为社会普遍的用工形式。为了便于开展调查活动，采集调研数据，本文对非全日制用工的调查点选取的是参与研究者的家乡神木县，了解当地非全日制用工情况。虽然此次调查不能代表全国性的情况，但是也能从调查中反映出非全日制用工普遍存在的一些问题。这次调查人数共计260人。问卷填写人群涉及服务业、服装纺织业、制造加工业、医疗卫生业、交通运输业、机构组织、一次性工作等行业。神木县目前的非全日制劳动者基本集中在服务领域，如餐饮行业、超市检票员、促销员、快递、客服等，其中女性为195人，男性为65人。调查对象年龄大多数在30岁以下，占调查总数的59.61%。各类人群的学历整体较低，其中小学到初中占总人数的25%，高中大专占总人数的53.85%。根据对问卷调查的分析和实地访谈的结果，神木县非全日制劳动者主要表现为低学历、低技能、年轻化。

（一）超时工作现象突出

目前，非全日制劳动者的超时工作现象非常普遍，当用人单位在工作繁忙时期通常都会选择让非全日制劳动者无偿加班，尽可能的剥夺非全日制休息休假的权利。

《中华人民共和国劳动法》（以下简称《劳动法》）中虽然规定了非全日制用工可以享受带薪休假的权利，但是却没有更进一步说明具体的休假方式。因此在实际生活当中非全日制用工很少能享受到休息的相关待遇。就神木县调查结果来看（见图1），大约有21.15%的人没有享受应有的休息休假的权

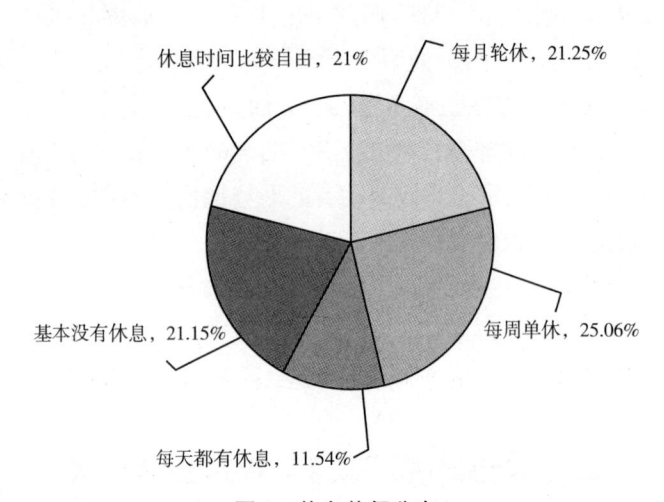

图1 休息休假分布

资料来源：问卷调查统计结果分析得出。

利，25.06%的人可以每周休一次，21.15%的人每月才能休一次。用人单位往往在工作时间上做文章，以非全日制工作时间本身就比较少为理由，剥夺休息休假的权利。这其中又有大约46.15%的人群有超时工作的现象，以服务行业最为突出，42.31%在服务领域工作的人群感觉他们的工作时间要比一般的全日制劳动者都要多。

（二）薪酬待遇不合理

我国《劳动法》中第四十六条规定非全日制用工与全日制实行"同工同酬"。调查结果显示（见图2），23.08%非全日制劳动者在工资待遇上与全日制劳动者存在很大差别，并没有享受到绩效奖金、工作发展培训、晋升的机会等应有的待遇。对于奖金的分配，接近六成的受访人员表示他们不得而知。有42.31%的人有休息休假的待遇，分别有17.31%和11.54%的人可以像全日制劳动者拥有节假日礼物或是参加企业家举办的活动，另有9.62%的人能够拥有发展的机会。

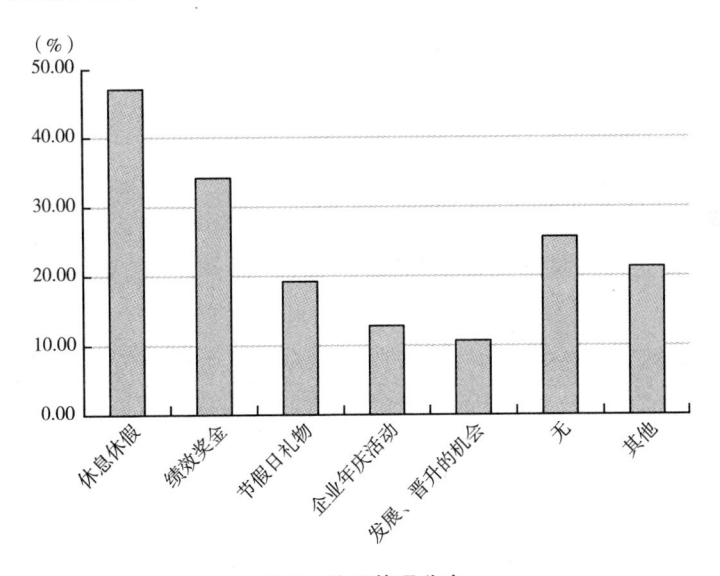

图2 公司待遇分布

资料来源：问卷调查统计结果分析。

（三）社会保险参加率过低

《神木县城乡居民基本养老保险办法》的出台保障了城乡居民的基本养

老保险，非全日制劳动者不参与企业养老保险时也可以自行缴纳。另外，神木县为全县人民均都提供了免费医疗的待遇。在相对完善的社会保障体系之下企业在职工社会保险方面暴露出很多问题。48.08%的受调查人群表示，除了基本的养老保险和基本的医疗保险外，用人单位没有再为其缴纳其他任何保险，只有12%参加了工伤保险，5.77%的人参加了生育保险（见图3）。

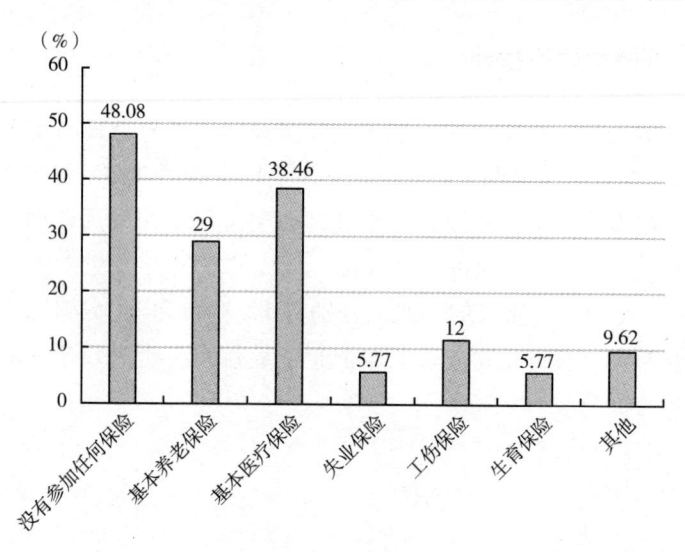

```
(%)
60
50  48.08
40          38.46
30     29
20
10           5.77  12  5.77  9.62
 0
   没有  基本  基本  失业  工伤  生育  其他
   参加  养老  医疗  保险  保险  保险
   任何  保险  保险
   保险
```

图 3　社会保险参保率

资料来源：问卷调查统计结果分析得出。

（四）劳动合同及解雇形式随意

劳动合同是用人单位和劳动者建立劳动关系的具有法律效力的书面证明，规定了双方享有的权利和义务。用人单位和非全日制用工的劳动合同签订情况不容乐观。调查显示没有签订劳动合同的占61.54%，签订合同的占38.46%，还有23.08%的非全日制劳动者表示他们根本就不会看劳动合同，更加不关心里面的内容（见表1）。但是签订了劳动合同并不意味着非全日制劳动者的劳动利益能得到保护。现实生活中非全日制劳动者之所以地位低下，其中主要的原因就是他们面临着随时被解雇的情况。从调查访谈中了解到，用人单位经常会随意辞退员工，34.62%的人表示自己遭遇过被随时解雇的情形（见表2）。非全日制用工很大一部分是集中在企业用人高峰期时。例如，超市在过节假日时期、工厂在产量出现增长时。当再次出现用人低潮时，这类人群就随时被解雇。

表1　　　　　　　　　　　　有无签订劳动合同

选项	频数	百分比（%）
签订劳动合同	100	38.46
没有签订劳动合同	160	61.54

资料来源：问卷调查统计结果分析得出。

表2　　　　　　　　　　是否面临过随时被解雇的情形

选项	频数	百分比（%）
面临过随时被解雇的情形	90	34.62
没有面临过随时被解雇的情形	130	50
缺失回答		15.38

资料来源：问卷调查统计结果分析得出。

（五）非全日制用工求助渠道严重缺乏

调查统计显示，有28.85%的非全日制劳动者在面临劳动者权益受损的情形时选择自己咽下苦水。劳动者表示不管是找单位还是去寻找政府都不会起到任何作用，但是也有30.77%的人在权益受损失时第一反应是去找单位解决问题。25%的人认为政府有时候也可以作为一种救助的途径，但是问题在于当非全日制劳动者遇到侵权事件的时候往往不清楚应该求助哪个社会部门，并且不知道具体的流程，不清楚具体的举报方式以及举报通道，也没有争取自己权益的想法。表3中显示仅有1.92%的人愿意在网上揭露事实，根据具体的了解才得知，这也只是抱着发发牢骚的心态去的。

表3　　　　　　　　　　　　权益受损情况分析

救助渠道＼项目	频数	百分比（%）
自己咽下苦水	75	28.85
找单位要个说法	90	30.77
找相应的政府部门	65	25
在网络上揭露事实	5	1.92
其他	35	13.46

资料来源：问卷调查统计结果分析得出。

三、非全日制用工劳动权益受损原因分析

（一）劳动者维权意识淡薄

劳动者权益之所以遭受到侵害，这其中绝对离不开非全日制劳动者本身。在调查中有些非全日制劳动者自己都没意识到自己的劳动权益受到侵害，对于现状虽然有抱怨，但是也还可以接受。在260个调查的人群中就有112人持有这种想法。这些人群主要特征是年龄偏大、学历水平较低、没有任何技能。其中还有28.08%的人认为他们在签订劳动合同的时候并不会认真阅读合同内容，他们的观点主要有三种：看不懂；看了也没有用；无所谓。

还有55.77%的人群认为自己并不太了解关于非全日制的概念，不了解应该属于自己的待遇，也不了解关于非全日制的相关法律以及救助途径，有17.31%的人群完全不了解法律，对于出台的有关《劳动合同法》也是漠不关心。因此，当自己的劳动权益受到损害时往往只是想着试试看的心态。有些劳动者认为自己根本不会得到补偿。

（二）用人单位缺少责任感

用人单位主要由于以下原因造成非全日制用工劳动者权益受损：

（1）缺乏完整的工资制度。对于非全日制劳动者的加班超时工作，以及他们的绩效奖金制度有的形同虚设，而且并没有固定的工资标准。当短期的非全日制劳动者选择离开工作岗位时，往往会面临着被企业克扣工资的情况。而且由于对非全日制用工有时进行口头约定工资数额，不可避免的当领取工资时，有些用人单位会选择在工作内容上挑刺、找借口降低非全日制的工资数额。这就导致了有很大一部人并不会选择长期干下去，而调查结果也证实了这一点，有30.77%的人表示这个工作只是暂时性的，并且还有36.54%的人有过辞职的想法。并且青年人的比例在结果中显示的要比其他人群大。

（2）企业对非全日制劳动者的歧视性待遇。从企业的方面来看非全日制只是为满足企业短期需要而雇佣的劳动力，因此相较于全日制劳动者，非全日制劳动者与企业所构成的劳动关系十分薄弱，用人单位会随时遣散非全日制用工。无论是工资待遇、社会保险、发展的机会等都使非全日制缺乏严重的安全感和归属感。而且社会上不缺少非全日制劳动者，这种替换性极强。

对于各方面条件都处于劣势的下岗劳动者来说，在用人单位看来不过是廉价的劳动力。

（3）企业缺乏自律。对于国家所实施的相关法律视若无睹，企业随意定制合同、约定试用期、克扣工资、强制加班。有部分企业意识到劳动者也默认企业这些做法，并没有产生抗拒或者是反对的意愿，更使企业恣意妄为，主导劳动合同的规定内容。

（三）地方政府管理职能的缺失

（1）政府对非全日制用工模式缺乏重视。没有树立正确的政绩观念，一味地追求地方短期经济利益而忽视非全日制劳动者的相关利益。为了企业在本地的发展，对企业采取听之任之的态度。

（2）缺少对非全日制劳动者的就业投入。对非全日制劳动者的就业培训其实仅仅停留在表面上，做足"面子工程"，培训的内容侧重于热门的行业。这样的培训机制对于非全日制并不会起到多大的作用。除此之外，政府没有针对非全日制劳动者这一群体设置相关的就业补助金制度。

（3）执行监管的力度不足。执法机关没有对非全日制劳动者权益受损的相关事件给予足够的关注，导致非全日制劳动者权益不能及时有效的受到保护。因为非全日制劳动者权益受损的情况时常发生，人们已经到了屡见不鲜的地步，而且每次争议的主要问题基本上都是工资拖欠、克扣或是无故辞退等原因。对于这些情况在调查中有1/3的人认为政府相互推诿、踢皮球、拖延时间，尽量大事化小小事化了，对他们的权益不予理会。

（4）缺乏畅通的申诉通道。一些企业没有设置工会来维护劳动者的利益，非全日制劳动者申诉往往需要经过漫长的时间，而且有些非全日制用工并不知道如何挽回自己的利益。面临最多的境况就是被各个部门单位相互扯皮。即使得到受理，受害者也并不清楚事件的详细进展，最后只能石沉大海。

（四）社会对非全日制用工存在偏见

社会上普遍对非全日制用工模式并没有了解多少，只明白这类人群数量多，用工成本低。普遍认为非全日制用工就该与全日制有所差别，非全日制劳动者的地位普遍不高，只要一提起非全日制工作大家的表情大都是不屑一顾。因为这类人群工资低，没有晋升转正的机会，工作压力大，当单位发生什么事情时，通常也都是他们的责任，有时候社会将一切的不公归咎于非全日制劳动者本身。受访中的李女士认为自己在工作中丝毫没有发展晋升的机会，不敢迟到早退，每天战战兢兢，拿着可怜的工资，羡慕的眼神看着全日制职工享受各种优越的待遇。

四、非全日制用工劳动权益保障应对策略

（一）正确认识非全日制用工模式

目前，就连一些小微企业对非全日制用工也甚了解，拿非全日制用工当"临时工"来使唤。因而，在世界各国都在紧锣密鼓的完善发展非全日制这种灵活就业方式时，我们很多人却认为非全日制用工是一种没有前途的工作。这种用工方式在我国法律文件上出现的机会也是寥寥可数。因为我们从根本上没有正确认识非全日制用工的有益性。非全日制用工不管是对企业、社会、个人均有着积极的影响，它有助于缓解劳动力市场供求失衡的矛盾，减少失业现象。我们要正确认识非全日制用工形式。政府要及时保护非全日制劳动者的劳动权益，出台有关于保护法律；企业不该抱有歧视的待遇，给予劳动者相应的报酬；社会应该鼓励和支持非全日制用工形式；个人不能因为自己是非全日制劳动者就忍气吞声又或是消极怠工。如此，才能使非全日制用工形式逐渐走上正常的轨道，成为劳动市场又一发展的源泉。

（二）建立健全社会保障机制

建立一个完善健全的社会保障机制更加有利于保护非全日制劳动者的权益。神木县目前的社会保障体系相较于其他地方是比较完整的，但是需要从根本上改变非全日制用工劳动权益受损的情况，还需要国家建立整体健全的社会保障体系。根据我国目前非全日制用工的社会保险规定，《劳动法》中《关于非全日制用工若干问题的意见》里只是说明了用人单位需要为非全日制劳动者缴纳基本养老保险、工伤保险，对于基本医疗保险可以自行缴纳。这样的法律规定对保护非全日制用工的合法权益的效果不太明显。所以，应该加快改善社会保险的法律规定，现就有关的社会保险制度提几点简单建议：

（1）划分保险缴纳的具体人群。由于非全日制用工的灵活性，非全日制用工具有劳动期限的灵活性，以非全日制劳动者的工作期限为划分标准，设

计非全日制劳动者劳动保险缴纳的方式。对于一个月以下、一次性工作等相对较短的非全日制用工，可以选择自行缴纳保险的方式。这部分人员由用人单位支付工资报酬。对于工作时间上不固定的非全日制劳动者可以明确劳动者和用人单位应该缴纳保险的种类以及所缴纳的比例。

（2）在多重劳动关系的情况下社会保险的缴纳方式。非全日制用工的特点决定了有些非全日制劳动者同时与多家用人单位签订劳动合同，由此形成多重劳动关系。对于这类非全日制用工的社会保险缴纳，关键在于如何裁定为其缴纳社会保险的用人单位。可以根据劳动者在不同单位工作期限的长短、工作内容的多少设立界限和具体的标准，确定与劳动者共同缴纳的用人单位主体。

（3）整体的保险规定与地方政策共同作用。由于各个地区的具体情况不同，因此对待非全日制用工的劳动权益问题，不能只是依靠国家的法律法规，地方政府就本地的实际情况可以出台具体的条例。比如，根据当地的财政收入可以尝试推行非全日制劳动者就业补助金的制度。

（三）提高劳动者的维权意识

造成非全日制劳动者权益受损的根本原因其实也离不开劳动者本身，缺乏维权意识是目前非全日制劳动者普遍存在的问题。作为一个非全日制劳动者处于弱势地位，首先要从根本上提升自身的素质，努力提高自己的工作技能，抓住一切就业培训的机会，使自己能够更具有竞争力。其次，非全日制劳动者自身应主动了解相关的法律。主动去了解自己所应该享受的劳动权益，在正式入职之后要求签订合同，及时了解有关工资、休息休假、社会保险、福利等方面的内容；当用人单位存在拒不签订劳动合同的情况时应保留相关的有效凭证；遇到克扣工资、强制性加班应主动报给有关部门；在日常生活中如果遇到问题及时与工会或有关部门咨询，了解自己维权途径，在遇到自身的权益受到侵害时及时拿起法律武器来维护自己的权益，一旦发生法律纠纷，要及时寻求工会或相关的律师咨询帮助。最后，非全日制劳动者对用人单位不合法的规定绝对不能置若罔闻。非全日制劳动者在从事非全日制工作时也不能因为自己的工作性质而抱有随意懈怠的工作态度。

（四）完善我国非全日制用工法律制度

我国在《劳动合同法》分别就非全日制用工的工资支付、合同形式、试用期等方面做出了规定：

第七十二条规定："非全日制用工小时计酬标准不得低于用人单位所在地人民政府规定的最低小时工资标准。非全日制用工劳动报酬结算支付周期最长不得超过十五日。"第六十九条："非全日制用工双方当事人可以订立口头协议。"第七十条："非全日制用工双方当事人不得约定试用期。"第七十一条："非全日制用工双方当事人任何一方都可以随时通知对方终止用工时。终止用工时，用人单位不向劳动者支付经济补偿。"

从上述的法律规定中可以看出，对待非全日制用工，法律上保护不够完善。最低小时工资标准被当成了普遍工资标准，支付周期不超过15日，但是有82.69%的人表明他们是每月领取报酬。可以口头协议和随时终止用工，增加了用人单位随意解除劳动者的风险。对于非全日制用工的法律规定还存在一些明显的缺陷，我们可以尝试从以下几个角度来做进一步的完善：

（1）规定最高时间标准用来限制超时工作的现象。规定当非全日制每日超过6小时，需要支付相应的加班费用。对于餐饮、超市等阶段性较强的工作，可以在给付加班工资的情况下另外安排相应的假期。在连续每个月都超过最高工作时间的情况下将其转换为全日制用工。在福利报酬上，对于非全日制劳动者要实行与全日制劳动者同等的待遇，给予其相应的绩效奖金、节假日礼物、培训发展的机会。如果工作环境对人体产生危害，应给予补贴。

（2）完善签订劳动合同的形式。非全日制用工在原则上要签订书面劳动合同，但对于个别时间期限较短的，例如，超市里临时促销员，可以选择在相应的部门先登记，之后根据工作时间的长短选择补签劳动合同。

（3）禁止用人单位对非全日制劳动者进行无理由辞退。禁止用人单位以个人能力、社会经验、社会状况、职位要求等理由对非全日制劳动者解约。如用人单位要终止用工，必须给出解除合同的正当理由。另外，当用人单位需要解约时，应提前告知劳动者，并按照劳动者在工作岗位上的年限、表现给予一定的补偿。

（4）添加关于损害非全日制用工劳动权益具体行为的惩处办法，提高非全日制劳动者权益保护程度。例如，在非全日制劳动者满足签订劳动合同的条件而没有签订时，对用人单位处以罚金或勒令其作出整改的具体行为。

五、结　　语

基于非全日制用工的现实，社会各方面必须增强对非全日制用工的重视，扭转非全日制劳动者所处的不利地位，使非全日制用工群体能够享受应有的劳动权益，从而扩大非全日制用工规模，促进劳动力市场健康发展。

参考文献

[1] 曹笠宇，杜晓艺，杨晰．全日制的劳动权益保障问题[J]．法制与社会，2015（1）上．

[2] 陈静．体面劳动视角下城镇非正规就业群体的劳动保障研究[J]．西南财经大学博士论文，2014．

[3] 韩晓敏．论非全日制用工[J]．管理视窗，2014（1）．

[4] 黄越钦．劳动法新论[M]．中国政法大学出版社，2003．

[5] 霍妍．非全日制用工研究[D]．沈阳师范大学硕士学位论文，2012．

[6] 林留芳．论非全日制劳动关系的利益平衡机制[D]．中南大学硕士学位论文，2011．

[7] 齐艳．非全日制用工法律规制研究[D]．西南政法大学硕士学位论文，2014

[8] 王璐莎．生育津贴制度研究[D]．浙江大学学位论文，2013．

[9] 王梅．最低工资与中国劳动力市场[M]．中国经济出版社，2012．

[10] 王悦．非全日制用工制度下劳动者的权益保护[J]．经济研究导刊，2014（35）．

[11] 颜妙娟．灵活就业人员社会保险问题研究[D]．湖南农业大学硕士论文，2014．

[12] 朱思颖．非全日制用工的劳动者权益保护研究[D]．西南政法大学硕士学位文，2014．

企业并购中的员工关系研究

——以"民生家乐公司"并购案为例[△]

张 岩[*] 王雨薇

摘要：市场环境发展导致企业并购率上升，国内企业并购重组成为常态。本文主要讨论企业并购过程中如何处理并购企业与被并购企业员工之间的关系，从员工关系层面对员工流失现象作出分析，并提出相应解决方案。

关键词：企业并购；员工关系；员工流失

一、引　言

根据投中信息旗下金融数据产品 CV Source 统计显示，2016 年全球已完成并购交易金额达 3.36 万亿美元，并购案例数量达到 4.32 万件。其中中国企业 2016 年境内并购金额达到 2532 亿美元[①]。虽然在并购案例成交数量上较 2015 年有下降趋势，但个案平均交易金额却在显著增长。由此可见，我国企业的并购质量在不断提升，已经由量走向质的飞跃。

事实上，几乎所有的企业都不是凭借着内部发展而成长为大型企业的，企业发展壮大的过程中离不开企业之间的弱肉强食与强强联合。企业间的并购重组是企业快速发展最便捷的方法，因此大多数的企业在进行扩张时会青睐于通过兼并其他企业来达到丰富自身的目的。根据当前中国企业并购市场的发展状况，未来一段时间内出境并购的可能性下降，境内并购的趋势逐步上升，境内投资的优势日益突出。无论是从资金支持、商业背景还是市场需求，国内投资者显然更为熟悉国内的投资环境。因此，国内并购必将会成为

[△] 基金项目：本文为 2016 年西北政法大学校级教改项目（XJY201603）阶段性成果。
[*] 张岩，西北政法大学商学院讲师，硕士。
[①] 2017 中国企业并购市场发展及趋势预测. http://www.sohu.com/a/154250819-481578，2017 - 10 - 12. 本文并购案例所引数据皆出自此处。

一个新常态。以海南航空公司为例，海南航空公司在2008年年底并购陕西晶众家乐投资有限责任公司组成陕西民生家乐商业连锁有限责任公司，而后西安民生家乐商业连锁有限责任公司在2009年并购陕西本地最大的连锁商贸公司——三棵树商贸有限公司，又在2016年以268亿人民币收购海南供销大集团100%股权。

著名管理学家彼得·德鲁克在其著作中指出，企业并购成败的关键在于并购后企业资源的整合，尤其是职员的整合。根据相关调查结果显示：在全球并购活动中，企业并购的成功率仅为23%。即使是在企业并购完成后，一年内被并购企业员工的流失率也高达50%。原因在于企业并购活动发生后，双方企业会处于一个混乱期，企业员工对于企业业务调整、人员改编等一系列问题持观望态度。但问题的关键在于，企业并没有意识到并购整合不仅仅是关于整个企业资产所有权的交接，更是要对企业文化、人力资源等一系列的整合活动。

因此，我们可以得出结论：在企业并购过程中企业管理层应当充分意识到员工尤其是核心员工的重要性。如果企业只注重资本因素而不重视人文因素，那么企业终将失去企业核心竞争力。只有成功地留住被并购企业的员工，主动寻找减少员工流失率的措施，才能够更好提升企业并购成功率，促进企业强强联合迅速发展。

二、企业并购过程中员工流失状况分析

企业兼并和企业收购统称为企业并购，指的是在市场机制下，企业通过一系列的产权交易活动而获得对象企业产权和控制权的重组行为[1]。

陕西民生家乐商业连锁有限责任公司（以下简称"民生家乐"）是海航商业控股有限公司于2008年12月为实现业态资源共享、扩大品牌影响力，并购陕西晶众家乐投资有限责任公司而变更成立的。

三棵树商贸有限公司（以下简称"三棵树"）作为陕西本土的大型商超类企业，在全省有分店20余家。于2009年被海航收购，并入其旗下的民生家乐商业连锁有限责任公司。

---

[1] 杜攀攀：《企业并购核心员工流失因素研究》，硕士学位论文，西安工业大学工商管理系，2013年，第6页。

在企业并购过程中，民生家乐公司首先对三棵树进行人员整合和企业资产评估。民生家乐以部分门店由于地理位置、周边环境、房屋租金等问题选择让其闭店。进行闭店操作的门店员工可以选择分流到其他门店工作，选择接受补偿的员工可以得到 N+2 个月工资作为补偿金。但是由于商超企业的特殊性，部分员工不同意接受进行分流而选择主动离职。以三棵树徐家湾门店为例，徐家湾门店原有企业员工 100 人，同意接受民生家乐安置方案的员工仅有 3 人。

但是对于管理层而言，原有三棵树商贸有限公司管理层在合并到民生家乐公司之后，职位等级普遍下调 1~2 级，薪酬待遇普遍降低。而由于两个企业在企业文化，人力资源管理方面的巨大差异，使得原有三棵树商贸公司中高层十余人，在 8 年间陆续选择离职，到 2017 年 9 月为止仅剩 1 人。

正如我们引言中所提到的，要想提高企业并购的成功率，就必须减少被并购企业员工的流失率。而在上述案例中，我们可以明显看出，民生家乐并没有足够重视三棵树的员工，也没有与其员工进行一个很好的沟通与交流。在并购行为发生后，民生家乐公司只是给予三棵树公司员工一个接受分流或者主动离职的选择，并没有考虑到员工的需求与欲望。而对于原三棵树的管理层而言，在被并购到民生家乐公司中，并没有得到一个核心员工应有的待遇，反而在薪酬福利、工作环境等方面受到苛责，因此员工失去对未来工作发展的肯定与信心，最终选择离职，而同样带走的还有部分供应商与客户。

综上所述，由民生家乐并购三棵树商贸的案例中我们可以看到，企业员工在并购进入新企业后，若并购企业并没有对其进行足够了解与沟通，没有对双方人员进行充分的整合，再加之企业内外部环境因素、员工心理契约被破坏、员工薪酬水平变动等多方面因素的影响，都最终会导致员工离职，企业员工流失率上升。这一现象普遍存在于企业并购之中，值得我们研究和分析。

三、企业并购过程中员工流失原因分析

（一）环境因素

在企业并购过程中，企业中的员工关系主要受到来自企业内部环境和外部环境的影响。从企业外部环境来说，在中国企业境内并购的趋势渐稳的情况下，企业并购多集中于东南沿海地区，但是由于政策扶持、东南沿海地区

市场饱和等环境因素影响，一些投资者会将目光投向内地，通过兼并一些优质的本土企业来占领当地市场。而从企业内部环境来讲，企业文化的不兼容是导致员工产生摩擦的重要原因。如果企业文化得不到员工的认同，员工就会失去对企业的共同愿景，从而丧失劳动积极性，甚至产生抵触情绪。

对员工而言，外部市场的活跃程度导致一些猎头公司伺机而动。他们充分挖掘那些存在并购趋势的优质企业的核心员工，将其吸引到原公司竞争对手那里。而这些核心员工由于对企业未来发展状况的不确定，自己本身对其去留情况保持观望态度，因此一旦有一个相对较好的企业向其伸出橄榄枝，员工自然会选择主动离职，"跳槽"进入对手企业。而对于依然留在原公司的员工而言，一旦有员工率先做出"跳槽"行为，必然会给其他仍摇摆不定的员工树立"榜样"，从而导致剩下的员工纷纷效仿，军心涣散。

（二）未重视人员整合

在企业并购过程中，并购企业通常不会充分重视对被并购企业人员的整合，企业管理层没有重视到人员整合的重要性。一般来说，并购企业通常采取指派并购企业核心员工进入被并购企业，占据被并购企业管理一把手的位置。并购企业核心员工往往不熟悉被并购企业的工作环境和具体的业务流程，但基于"新官上任三把火"的心理会急功近利，做出成绩以证明自己。而对于被并购企业的原管理层来说，由于失去原有领导地位，管理者与被管理者身份的转变，内心必然产生巨大的心理落差，因此在工作积极性上受到打击，导致对工作存在懈怠心理，甚至会产生辞职欲望。这种情况对企业并购整合是十分不利的，也是一个企业未来发展的隐患，甚至可以说是"定时炸弹"。

由此，我们可以知道人员的整合不仅是工作上的整合，企业及人力资源部门还应当对员工进行心理的整合，应当充分地了解双方员工的心理问题并及时处理，将矛盾及早地化解，防患于未然。

（三）心理契约破坏

企业间的并购导致被并购企业的员工心理契约被破坏，从而丧失了对工作的安全感。除此之外，企业并购会产生大量的不确定因素，而组织上的新旧交替又会对被并购企业员工原有的心理契约产生进一步的冲击。在原先企业努力工作换来的稳定感已不复存在，而自身在新公司的发展道路又十分迷茫，而且员工对于新公司的归属感还未形成，仍然停留在原公司。

在心理契约被破坏之后，被并购企业员工丧失工作的积极性，更有员工会在心理和行为上对企业并购行为产生抵触情绪，从而转变为对新公司的工作在心理和行为上的拒绝。在一定程度上，员工对于工作的抵触行为会对并购公司产生不利影响，同时其员工忠诚度也难以保证。

而作为企业管理人员，对于那些效率低下而心理存在问题的员工如果不能及时进行开导并且解决问题，那么企业的员工满意度一定会有部分下降而且员工流失率也会迅速上升。

就目前而言，在现有企业的观念中并没有充分意识到人力资本的重要性。对于员工心理健康的忽视，导致被并购企业的员工认为他们在新公司内并没有得到足够的重视与认同，使得被并购企业的员工对并购企业缺乏足够的认同感和归属感，从而出现心态不稳、士气低落、效率下降等问题，甚至会带着企业的部分资料"跳槽"到其竞争对手的公司里。

因此，我们可以得出一个结论，并购企业对员工的重视程度将会直接影响被并购企业员工的去留。

(四) 薪酬水平变动

在现实生活中，薪酬永远是影响员工满意度的一个最重要的指标。如果企业的并购活动直接影响了企业员工的工资福利，损害了他们的切身利益；或者是在企业并购活动结束后，对双方企业的员工采取了不同的薪酬标准和福利制度，将会直接影响企业并购的结果。

对于中高层管理人员来说，薪酬降低和权利的丧失是导致高层管理人员流失的重要原因。被并购企业员工在进入并购企业时，在心理上往往处于弱势地位，再加上并购企业员工也往往将被并购企业的员工视为外来者，给予其一些不公正待遇，从而使被并购企业员工产生强烈的不公平感，加深对并购企业的抵制情绪，从而产生"跳槽"离职的想法。

四、企业并购过程中员工流失问题解决方案

不论是受环境因素影响、员工心理契约被破坏还是员工薪酬水平变动带来的不公正感，这些造成员工流失的原因都会使企业融合出现问题，这对于

企业的并购结果的成功程度是非常不利的。那么如何解决这个问题，我们要从以下几方面来分析：

（一）重视人力资源的整合

企业要重视并购中企业人力资源的整合，更要从思想上认识到人才是企业发展的根本动力。人力资源的整合是贯穿于企业并购的整个过程的，因此并购企业的人力资源部门在制定整合人事政策时，对被并购企业员工应当给予充分的重视。

在企业管理方面，企业可以建立过渡团队，由过渡团队连接并购企业与被并购企业双方，这个过渡团队的人员可以由双方企业的核心员工代表组成。一方面，双方各自的员工代表了解本公司的运作情况，对公司的各项事务都比较熟悉；另一方面，企业间并购的问题主要来自于双方企业员工各方面不满意导致。由于过渡团队都是由员工组成，因此对于员工的需求以及对企业并购后的要求都十分确切。在由过渡团队搭建的并购交流平台下，提升员工的参与度，让员工不再被动，重拾了对企业的信任以及信心。

（二）建立合理的沟通机制

企业管理层应当明白，企业并购不仅仅是企业资产的整合，更是双方企业人力资源的整合，因此在面对不同的企业文化、管理机制和运营体系，并购企业应当建立合理的沟通机制，由人力资源部门与被并购企业员工进行充分的交流和沟通，调整被并购企业员工的心态，消除不必要的误解和隐患。

这是因为在并购过程中，并购双方企业都有着极不稳定的不确定性，这种不确定性会影响员工的心理契约。如果得不到及时解决，必然会在员工心理留下负面情绪，导致不良后果。而在企业并购过程完成后，也要注重并购后员工的教育与培训，消除由企业并购带来的紧张感，创造良好的文化氛围。为被并购企业员工制定合理的晋升方案，并对他们进行岗位培训，帮助他们理解并购企业的企业文化，提高这部分员工的忠诚度。

（三）重建员工心理契约

企业要想从根本上解决企业并购后员工流失率过高的问题，除了要重视企业人才的整合以及建立良好的沟通交流机制之外，还应当重建员工的心理契约模型。而要重建员工的心理契约模型则可以从员工心理和企业文化两个方面入手。企业管理层应当明白，心理契约是不同于实质合同的。它会随着时间空间、人际关系和目的的实现而产生积极或消极的变化[1]。

在并购企业重建心理模型的过程中，还应当给予被并购企业员工一个共同的企业愿景。研究表明，一个共同的未来目标有助于员工更好地融入公司，提高自身认同感和工作效率以及对公司的忠诚度。

（四）注重员工公平

员工公平，不仅仅体现在薪酬福利、晋升制度等方面，还应当体现在事实上的平等。

以民生家乐公司为例，企业并购的过程结束后，员工在民生家乐公司工作的工龄并不会直接按照在原三棵树公司员工的工作年龄上进行累加计算，而是会分成海航工龄和实际工龄来分别计算。比如，原三棵树商贸公司员工贾某，在三棵树商贸公司工作 8 年，通过企业兼并进入民生家乐公司现已工作 2 年，那么贾某的实际工龄为 10 年，海航工龄为 2 年。这样虽然在事实上并未造成不同对待，且在福利方面并未亏待任何员工，但分别处理的结果总会让被并购企业员工存在隔阂感，认为企业不认可自己，从而产生疏离感和抵触情绪。

同时，要体现对员工的公平也可以通过提高员工在并购过程中的参与度体现。让员工参与并购过程，首先，可以促使他们支持组织的变革，方便员工理解组织；其次，企业可以通过这种方式表达对员工的尊重；最后，通过这样一种方式，让双方员工的交流增多，有利于增进双方在整合过程中的相互协作与支持，提高企业并购成功率。

五、结　　语

在通过对民生家乐公司并购三棵树商贸公司的案例分析之后，我们可以看到：对于并购公司而言，企业并购活动不仅仅是企业资产的整合，更要明白员工才是企业的动力源泉，并购企业应当对被并购企业的员工给予充分的重视。面对企业并购后员工流失率较高而导致并购活动失败的问题，企业应

---

[1] 文先明，黄玉飞. 企业并购中的员工心理契约重建［J］. 工业技术经济，2010（29）.

当从自身出发寻找问题,不能一味地听之任之,要着眼于实际去解决问题。

企业的并购整合是一项巨大的工程,不论是境内并购还是境外并购,企业的目的都是通过并购过程来扩大市场增强企业竞争力。因此,企业管理层就要意识到员工的重要性。21世纪人才是最主要的竞争因素,因此不仅仅是在企业并购过程中要意识到人才的重要性,在平时的发展中也要关注企业员工关系,关注企业人力资源的发展。

在企业并购的过程中,影响员工流失的原因无外乎是环境因素、人力整合、心理契约模型以及薪酬水平变动四个方面。针对这四种主要的影响因素,企业可以从建立过渡团队、建立合理的沟通机制、重建员工心理契约、注重员工公平这四方面来解决。

参考文献

[1] 陈国海. 组织行为学 [M]. 北京：清华大学出版社, 2013.

[2] 杜攀攀. 企业并购核心员工流失因素研究 [D]. 西安：西安理工大学, 2013.

[3] 康海燕, 朱丽华. 谈跨国并购中员工心理契约的重构 [J]. 商业时代, 2009 (27).

[4] 李春华. 关注员工精神利益 构建和谐劳动关系 [J]. 思想工作政治研究, 2011 (9).

[5] 李伟. 关注并购中的员工关系 [J]. 人力资源, 2011 (1).

[6] 文先明, 黄玉飞. 企业并购中的员工心理契约 [J]. 工业技术经济, 2010, 29 (4).

[7] 杨增凡. 如何防止跨国并购中核心员工的流 [J]. 领导科学, 2009 (35).

[8] 张立军. 企业并购中的人力资源管理整合 [J]. 北京工业职业技术学院学报, 2005 (10).

陕西省域农业面源污染及其对策

——从福利与产权视角分析

张荣刚　荆润雪[*]

摘要：农业面源污染问题十分严峻，其化解策略值得探索。在阐明陕西省农业面源污染现状的基础上，从福利和产权视角分析发现，农业生态环境资源具有较强的公共物品属性，且涉及面源污染的部分农业细分产业有负外部性，两者共同叠加作用导致农业面源污染问题日趋严重；提出通过开征污染税、设置环境优化事业补贴、实行排污权交易和环境权属清楚基础上的自愿协商等策略，在一定程度上可以缓解此问题。

关键词：农业面源污染；公共物品；外部性；污染权市场

一、引　言

在人类发展的历史进程中，我们一直以大自然的"主宰者"自居，对所处的自然环境一味地索取和破坏，甚至把居住的环境当成了免费的"资源库"和"垃圾站"。农业环境作为环境的一个重要组成部分自然也未能幸免，目前，农业面源污染已十分严峻。

农业面源污染指化肥、农药、农用塑料薄膜过量使用以及禽畜粪尿、秸秆等的不合理、不及时处理造成的水土、空气等污染。田义文（2016）认为农业面源污染是破坏生态环境、影响食品安全、抑制农业的可持续发展的重要因素，他探索了农业面源污染防治的政策法规新路径，提出了建立农产品质量优良安全的阶梯补贴制度的建议。史常亮（2016）认为劳动力向非农业的转移加大了化肥施用量，并且化肥造成污染的速度远高于劳动力转移的速

---

[*] 张荣刚，西北政法大学商学院教授、院长，管理学博士；荆润雪，西北政法大学商学院硕士研究生。

度，这些加剧了面源污染，提出治理化肥过量施用导致的面源污染必须考虑劳动力转移这一影响因素。金书秦等（2015）认为"十三五"期间，我国应大力加强农业技术推广与农业环境治理，构建完善农业环境治理体系。余婷（2015）通过对三峡库区农户为治理农业面源污染的付费的意愿进行回归分析，发现有72.92%的农户对农业面源污染危害缺乏认识，绝大部分对农业面源污染防治有从众心理，部分农户明确表明不愿付费。斯图尔特等（2014）通过影响美国农户愿意减少氮肥施用量的因素分析，发现农户对农业面源污染的认知、政府的补贴、环保生产的难易度等对农户意愿有显著影响。杨丽霞（2014）从构建政府与农户博弈模型分析政府和农户治理农业面源污染的策略选择，认为降低政府监管成本，提高补贴以及加大环保技术的支持等有助于农业环境的改善。

陕西省作为我国农耕文明的发源地，农业面源污染已十分严峻。目前，对陕西环境污染研究的学者大都集中在陕北风沙与黄土高原地区，而对陕西省域农业面源污染的研究则极少，再加上农业面源污染地理边界广泛、污染源分散、类型多样等特点，使其治理难度进一步加大，因此，系统研究农业面源污染问题意义重大。

二、陕西省域的农业面源污染现状分析

（一）化肥超标施用形成的污染

由图1可以看出，2002~2016年，在常用耕地面积基本不变的情况下，农用化肥施用折纯量却在不断增长，2016年已经达到233.05万吨，是1999年的1.77倍，通过计算可得2016年陕西省化肥施用密度为799.46kg/hm²，远远超过发达国家设置的化肥施用密度的安全上限225kg/hm²[1]。过量的化肥施用不仅造成大量的氮磷流入地表水和地下水，加剧湖泊、河流的富营养化程度，恶化水生生物的生存环境，还会引发高铁蛋白症及癌症等疾病，危害人们的健康与生活。此外，为了保证粮食的高产，农户们不断加大对化肥的投入，这种过量的化肥投入造成土壤肥力的不断下降，而土壤肥力的下降使得农户对化肥的施用量进一步增大，从而导致了一种恶性循环，使化肥污染愈发严重。

---

[1] 徐钰，刘兆辉，等.山东省农业面源污染现状分析及其防治对策[J].2010（31）：61-65.

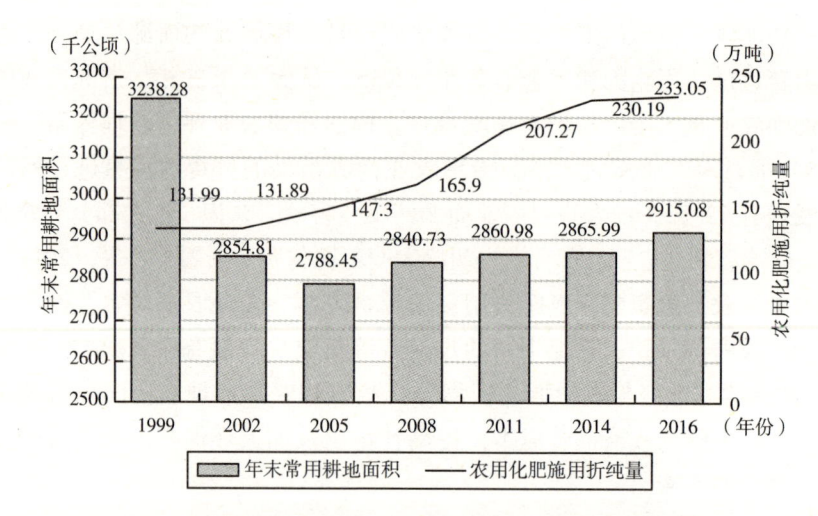

图1 陕西省年末常用耕地面积与农用化肥施用折纯量情况

资料来源：陕西农业网. 农业统计. http://www.sxny.gov.cn/。

（二）农药过量使用形成的污染

一个地区农药污染的总体状况可通过农药耕地负荷来度量。据陕西省农业网统计数据可知，自1990年以来，陕西省的农药施用量总体维持在1.0万~1.3万吨左右，只有在2012年，全省的农药使用量出现了稍大幅度的变动，达到了1.76万吨，虽然总体上农药施用量波动不大，但由于经济的发展、公路交通、城市建设等对耕地的占用，实际上陕西省农药耕地负荷是呈逐年增加趋势。根据陕西农业网的农业统计数据计算可知[①]：1990年陕西省农药耕地负荷为3.06kg/hm^2，到2016年已经增加至4.52kg/hm^2，甚至在2012年的峰值达到了6.13kg/hm^2。如若对农药的使用量再不加以控制，不仅会造成严重的土壤板结、水体污染、大气污染等情况，还会引发各种疾病，危害人类健康。

（三）畜禽养殖形成的污染

在强农惠农的政策背景下，陕西省的畜牧养殖业取得了较快的发展，由表1可知，至2016年年底，陕西省大牲畜存栏数达到163.8万头，猪存栏头

---

① 资料来源：陕西农业网. 农业统计. http://www.sxny.gov.cn/。

数达到了827.9万头，家禽存栏数已到达6626.43万只。而就目前来看，无论是家庭式的小规模养殖散户还是集约化的大规模养殖场，他们对禽畜粪尿的处理都达不到规定的标准。这些禽畜粪便的长期堆积不仅导致地块土质过肥，且伴随着降雨被随意冲洗流入地上和地下水中，对附近的水质造成严重的威胁，甚至引发出各种人畜疾病。另外，陕西省环保设备不足、对农业污染的资金投入有限、农民生活方式转变、化肥代替有机肥等情况使得陕西省的禽畜粪尿污染更加严重。

表1　　　　　　　　　　陕西省禽畜养殖状况

年份	大牲畜存栏头数（万头）	猪存栏头数（万头）	羊存栏只数（万只）	家禽存栏只数（万只）
2011	150.1	880	643	6255
2012	165.82	900.24	644.93	6749.21
2013	160.88	897.9	638.84	6708.4
2014	168.17	879.4	700.2	6623.5
2015	163.88	846	701.93	6734
2016	163.8	827.9	678.5	6626.43

资料来源：陕西农业网．农业统计．http://www.sxny.gov.cn/。

（四）农用塑料薄膜污染

从图2中可以看出，陕西省农用塑料薄膜使用量呈逐年增长的趋势，2016年陕西省农用塑料薄膜使用量为4.37万吨，是2002年使用量的2.12倍。虽然，农用塑料薄膜在保水、保温、抑制杂草生长等方面具有良好的作用，特别是在反季节瓜果蔬菜的种植过程中更是起到了至关重要的作用，它不仅可以大大地缩短农作物的生长周期，还会增加农作物单位面积的产量，提高农户们的经济收入，但目前市面上所售的农膜大都是在自然条件下难以在土壤中分解的石油化工产品，且这些农膜往往不能循环利用，因而大都被滞留在田间地头，这不仅影响了农村环境的美观，而且使得白色污染加剧。此外，那些滞留在田间的农用塑料薄膜碎片会影响水分渗透，降低土壤的抗旱能力，使得土壤次生盐碱化现象严重，造成农作物的产量的不断下降。

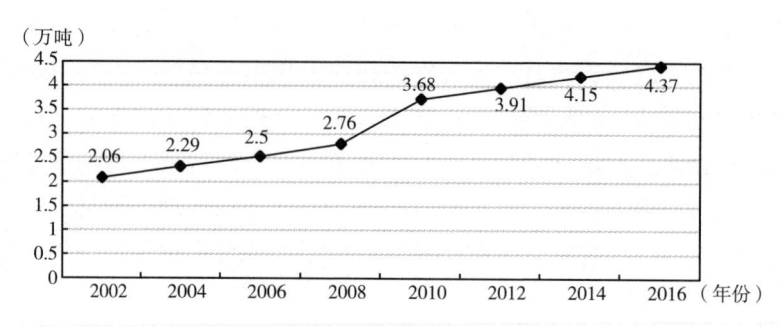

图 2　陕西省农用塑料薄膜使用情况

资料来源：陕西农业网．农业统计．http://www.sxny.gov.cn/。

三、农业面源污染的成因分析

需要注意的是，近年来农业面源污染情况日益严重，是多年来农业面源污染由小问题累积成的大问题，也是陕西省乃至全国从小规模农业到规模化农业，面源污染形成的破坏性充分表达的结果，造成了循环经济的小范围平衡被打破。当然，也离不开化工对农业生产的支持，或者说农业对化工产品（化肥、农药）的依赖乃至滥用对生态环境自我修复的不可逆伤害。但进一步探究，这些方面可能更多的是农业面源污染的效应放大的推手，而不是形成污染的根本原因。

（一）农业生态环境资源具有较强的公共物品属性

公共物品两个鲜明的特点，即非竞争性、非排他性。而公共物品的特点决定了任何一个消费者消费该物品所付出机会成本均为零。由于农业生态环境资源符合公共物品的属性，即所有人都可以无节制地利用资源，消费农业生态环境而无须支付任何费用，也就是说在农业环境资源消费过程中出现了"搭便车者"[1]，如果不加以节制，很可能造成这一资源被过度使用，最终导致"公地悲剧"[2] 的发生。

如果说人类道德的缺失是导致"公地悲剧"发生的重要原因，那么政府对公共物品缺乏有效监管则是更重要的原因。"公地悲剧"可以理解成牧民

---

[1] 高鸿业．西方经济学（微观部分）[M]．第五版．北京：中国人民大学出版社，2010：323．
[2] 哈丁．公地的悲剧[J]．科学，1968（62）．

们为了生存而不惜损害他人的利益,由于生态环境没有明确的产权,他们便忽视长远利益。同理,农业生态环境作为准公共物品,农户们为了寻求个人利益的最大化,在种植、养殖过程中,不加节制的消费着优质的生态环境,甚至不惜代价,过量投入农药、化肥、农用塑料薄膜等农业生产资料;养殖业农户则随意排放或堆放禽畜粪尿,却不用承担农业环境质量损害所发生的成本。长此以往,农业面源污染问题更加严重化。

(二)涉及面源污染的部分农业子产业有负外部性

经济活动的负外部性可以描述为某个微观经济单位(厂商或者居民户)对外界会造成不好的影响。农业面源污染则具有很强的负外部性。如图3所示:MSC 表示边际社会成本,MPC 表示边际私人成本,MSB 表示边际社会收益,MPB 表示边际私人收益。在没有外部效应时,农户们为了实现其私人利益的最大化,会按照 MPC = MPB 来确定其最佳种植或养殖量,即为 X_0。但实际情况中,农户们为了高产,过量投入对农药化肥的使用,为了便利,节省成本,任意处理禽畜粪尿,从而产生了外部边际成本,使得 MPC 移至 MSC,此时,按社会福利最大化原则 MSC = MSB 确定的最优种植量或养殖量为 X_1。很明显,X_0 严重偏离 X_1,也就是说,这一过程中,农户将超过 MPC 的那部分农业面源污染成本转嫁给社会代为承担,导致了农业环境资源的配置失当,加剧了农业面源污染。

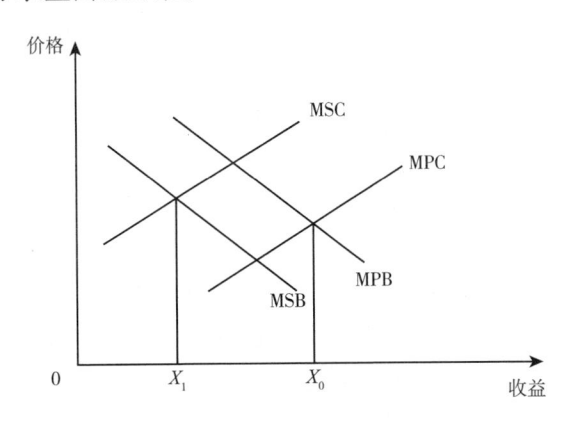

图3 负外部性

四、农业面源污染控制策略建议

（一）通过征税消除环境的负外部性

解决农业面源污染的负外部性问题可以依据图 4 的机理，MEC、MNP 分别表示边际外部成本与边际私人纯收益，根据利益最大化原则 $MNP = MEC$ 确定的社会最优排污量为 Q_1，此时对应的 T 为最优庇古税率。这是因为在不考虑外部边际成本的情况下，排污者为了追求个人利益的最大化，从而将其生产规模会确定为 Q_2。为了确保排污量的最优化，若征收排污税，则需使征收的排污税与最优排污量 Q_1 对应的边际成本相等，即均为 T，而 MNP 会相应的平移至 MNP_1 处，MNP_1 这条线则与横轴 OQ 相交于点 Q_1，此时既满足了排污者的个人利益最大化，也使排污量达到了最优。

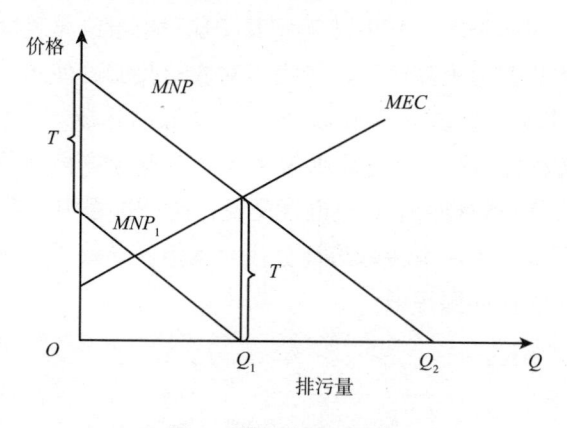

图 4　排污税原理示意

通过征税来消除环境的负外部性是各个国家最常用的一种手段。不可否认的是，与其他一些环境治理手段相比，征收排污税的方式有其独特的优势。首先，征收排污税的方式比起一般的设置排污标准方式更加经济；其次，它可以刺激污染者进行技术创新或寻求其他替代物来清除排放物从而避免征税；最重要的一点是，征收排污税的方式可以有效防止环境的"搭便车者"把其生产成本转嫁给他人，影响资源的合理配置。

然而，若想真正地将排污税应用至现实生活中，特别是农业面源污染的治理上，仍有一些问题值得深思。第一，经过上述分析可知，排污税的顺利实施必须确定出合理、有效的税率，但由于信息量的限制，再加上农业环境污染源的广泛性与复杂性，要获得准确的税率是异常困难的。但是，为了控制污染，我们还是可以按照从高原则来确定排污税，且这种方式在历史实践中也是有过先例的。意大利在1998年实施的"塑料袋课税法"便采用的从高征税原则，且大获成功，该法案提出对每一个塑料袋向消费者加征8美分的税款，这项规定颁布后，塑料袋的消费在当年立即下跌了20%～30%，而在1983～1988年间，塑料购物袋的消费一直是呈上升趋势的，且涨幅已经达到了37%，而这项法案成功的最直接原因就是利用政府将消费塑料袋的税率确定为市场价格的2倍，从而大大地减少消费者对塑料袋的使用[①]。因此，在政府信息量有限的情况下，我们可以选择从高定税，且随着社会经济的发展以及人们对环境的高度重视，人们对这种方法也是可以接受的。第二，排污税的有效实施还需政府的支持及努力，政府必须确定出相应的政策以及相关的标准来衡量污染物确实被清理干净了。第三，农业环境涉及的经济主体过于分散且人数庞大，无疑对监管部门能够有效实施管理提出了巨大的挑战。

具体到陕西的农业面源污染治理，实施征税的条件也已具备。首先，近年来，强农惠农、西部大开发等政策的实施，使得陕西省的农村经济状况有了明显的提升，公路的入乡、互联网的普及、农村电商的发展等进一步加快了农产品的流通率，比如渔业养殖、禽畜养殖等产品的流通率都已达到较高水平。农民生产出的农产品再也不是仅仅解决温饱，而是大量的投入市场获取利润，这就为征收污染税提供了可能。其次，农户需要从市场或生产商手中购买所需的化肥、农膜、地膜、农药等生产资料，而生产商则从这些农资中获取超额利润，因此，我们可以通过对市场化程度较高的农业生产资料产品征收污染税来实现对陕西省农业面源污染的控制，如在农户购买化肥、农药、农用塑料薄膜时加征一道污染税。这样，由于污染税的开征，农药、化肥、农用塑料薄膜等产品的价格也会随之上升，由于价格提高了，农户便迫不得已减少对该生产资料投入，而寻求其他替代品，比如把对化肥的需求转向对农家肥的使用，进而也可在一定程度缓解禽畜粪尿造成的污染。同时，政府可将征收的污染税用于对采用无公害生产方式的农户的补贴，如对使用可降解农用塑料薄膜、生物农药产品的农户进行补贴等，同时加强农户对农业面源污染危害的认识，鼓励农户使用无公害的生产资料。如此一来，对整个社会来说，社会福利是增加的。此外，对于禽畜粪尿污染，可以通过禽畜

---

① 经济合作与发展组织. 环境管理中的经济手段［M］. 北京：中国环境科学出版社，1996.

粪尿的排放量来征收污染税，但介于陕西省农村养殖户的分散性，对禽畜粪尿集中回收没有明确规定，则需政府能够做出相应的配合，建立健全农村粪尿集中回收处理的制度，在村镇鼓励并投资设立禽畜粪尿回收处理点。

（二）补贴正外部性的行为实现社会福利最优化

在环境治理的过程中，当私人边际收益小于社会边际收益时，政府可通过财政资金对利益受损人予以资金补偿，从而使私人边际收益等于社会边际收益，进而实现社会福利最优化。

近年来，为了改善生态环境，陕西省也做出了巨大的努力。在黄土高原地区，鼓励农户们积极实行退耕还草还林政策，而这一政策的实施会占用农户们农田及居住用地，因此，政府对这些农户实施经济补贴，刺激农户配合国家政策。此外，由于陕西省的农业生产经营活动仍是以分散经营为主，个体养殖户独自处理禽畜粪尿污染成本过高。针对这一问题，政府在全省大力推进鼓励农户建沼气池，并对建立沼气池的农户进行一定的补贴，这样一来，一方面减少了禽畜粪尿的污染，另一方面提高了可再生资源的利用率。此外，前文所述的斯图尔特、杨丽霞的研究都明确表明，政府的补贴对农户主动控制农业面源污染的行为有着明显的正导向作用，实现了环境保护与农户利益的双赢，提高了社会福利。

（三）厘清产权前提下实行排污权交易

排污权即一种排放污染物的权利，最早被用于大气污染源及河流污染源管理。排污权交易的顺利实施需要完成以下工作：首先，政府相关部门聘请专业人员对某一区域的环境容量做出准确评判，然后根据该环境容量数额确定出该地区容许排放污染的最大额度，再根据排放污染的最大额度确立允许排放的标准额度，并将确立的排污量不断细化，分成若干更小的排污量，以此作为该地区的排污权。之后，将这些排污权在交易市场上通过拍卖、定价出售等方式进行分配。也就是说，若与购买污染权相比，安装治理设备的花费要大很多，则一定会存在购买污染权的买方。在生活中，由于产业的不同，企业治理污染的花费也会大有不同，如果排污权能够在市场上买卖，对于通过花费较少的成本即可治理污染的企业，就会选择通过治理大幅度减少污染，而将其排污权出售给其他企业或个人而获益。这样一来，不仅可以将污染控制在一个合理的范围内，而且可以提高排污的分配效率。

然而，排污权交易虽在自由市场进行，但也不乏一些企业或个人为获取个人利益做出严重破坏环境的行为，为此，管理部门要加强管理监督，认真研究并掌握排污权交易的一般规律，尽可能地保证排污权交易在污染治理中的可行性与有效性。

对于陕西省来说，全省的农业面源污染主要包括化肥、农药过量使用形成的污染、禽畜粪尿形成的污染以及农用塑料薄膜污染。由于各类污染的程度不同，因此治理的成本也会有所差异，只要相关部门能够准确测算出各类污染的最大环境容量以及各地区的环境污染负荷量，并结合相应的政策法规，实行排污权交易则具有可能性。基于陕西农村实际，农业面源污染之间的排污权交易主要可以分为种植户与种植户、种植户与养殖户、养殖户与养殖户间的交易。陕西的农业生产经营模式仍以分散式为主，政府管理部门以及环境监测部门的有效管理及检测难度大，花费的成本高。但随着社会科技的进步，相信通过此手段解决陕西省乃至全国的农业面源污染问题也将指日可待。

（四）明晰环境权属基础上的自愿协商

自愿协商手段，就是在一定的法律政策条件下，将环境的所有权归属于某人，而当别人想要污染他的环境时，则需与环境所有者进行协商达成某种协议，否则，若不经拥有环境所有权者允许擅自向其环境中排放污染物，环境拥有者则有权对其起诉，如此环境污染市场便得以形成。也就是说在产权明确界定的基础上，通过自愿协商同样能够有效地控制环境污染。

但是自愿协商手段也存在其自身的局限性。首先，自愿协商的前提是产权已被明确界定，而在现实生活中，由于公平问题、法律程序复杂化等问题的存在，环境产权的明确界定困难较大；其次，自愿协商手段需要考虑交易费用的问题，也就是说已经明确界定了产权的环境也并非完全可以进行顺利的交易；再其次，明确产权的转让也并非总是完全可以实现资源的最优配置；最后，产权的分配会影响到收入分配问题，而收入分配的不公很可能会引起社会动乱，这种情况下，就难以谈及农业面源污染问题。

在陕西农村发展的进程中，农业生态环境作为全省农村居民生产和生活中共同享有的一种准公共物品，若要对全省的农业生态环境进行明确的产权界定，所付出的代价将难以估量。因此，国家法律还需在此做出明确规定，并确保产权分配的公平性。

五、结　语

随着经济体制改革的不断深入，农业作为我国的基础产业也经历着一场巨大的变革。虽然这场农业变革解决了我国民众的温饱问题且给农户带来不小的经济收入，但近年来，禽畜养殖数量庞大，化肥、农药、农用塑料薄膜等过量使用，农业面源污染问题不断恶化。

由上述分析可知，陕西省农业面源污染的主要原因来自于农业生态环境的公共物品性和农业面源污染的负外部性的叠加影响。因此，从福利与产权角度出发，提出通过征税、补贴、实行排污权交易、自愿协商手段解决该问题。具体来讲，可对市场化程度较高的农业生产资料征税，从而促使农户减少对导致农业面源污染农资的投入，达到控制污染的目的；而对建立沼气池、退耕还林还草等具有正外部性的行为实施补贴，以鼓励农户们去保护我们的环境。此外，还可以通过建立排污权市场，运用市场调节来使污染排放合理化，但这种手段的顺利实施需要政府建立适合实际的排污许可；也可在环境产权明晰的基础上通过自愿协商手段来解决农业面源污染的负外部性。

综上所述，要解决好陕西省的农业面源污染甚至全中国的农业面源污染，需要政府以及所有相关主体的共同努力。此外，农业面源污染涉及经济学、环境学、农业生态学等广泛领域，进行多学科的交叉研究十分必要，且具有很大的空间与潜力。

参考文献

[1] 黄彬彬，王先甲，胡振鹏，等. 农业面源污染管理中补偿机制设计 [J]. 同济大学学报（自然科学版），2012，40（1）：154-158.

[2] 金书秦，沈贵银，魏珣，等. 论农业面源污染的产生和应对 [J]. 农业经济问题，2013（11）：127-130.

[3] 金书秦，沈贵银. 中国农业面源污染的困境摆脱与绿色转型 [J]. 改革，2013（5）：79-87.

[4] 金书秦，魏珣. 农业面源污染：理念澄清、治理进展及防治方向 [J]. 环境保护，2015（17）：24-27.

[5] 李传桐，张广现. 农业面源污染背的农户行为——基于山东昌乐县调查数据得面板分析 [J]. 地域研究与开发，2013（1）：143-146.

[6] 李秀芬, 朱金兆, 顾晓君, 等. 农业面源污染现状与防治进展 [J]. 中国人口·资源与环境, 2010, 20 (4): 81-84.

[7] 李正升. 不确定性条件下的环境经济政策选择: 以农业面源污染控制为例 [J]. 北方经济, 2011 (6): 73-74.

[8] 李正升. 农业面源污染控制的一体化环境经济政策体系研究 [J]. 生态经济 (学术版), 2011 (2): 254-256.

[9] 梁流涛, 曲福田, 冯淑怡. 经济发展与农业面源污染: 分解模型与实证研究 [J]. 长江流域资源与环境, 2013 (10): 1369-1374.

[10] 刘聚涛, 钟家有, 付敏, 等. 鄱阳湖流域农村生活区面源污染特征及其影响 [J]. 长江流域资源与环境, 2014, 23 (7): 1012-1018.

[11] 刘涓, 谢谦, 倪九派, 等. 基于农业面源污染分区的三峡库区生态农业园建设研究 [J]. 生态学报, 2014, 34 (9): 2431-2441.

[12] 尚丽丽. 农业面源污染研究后的文献综述 [J]. 农业经济与科技, 2012 (2): 13-16.

[13] 史常亮, 朱俊峰, 等. 劳动力转移、化肥过度使用与面源污染 [J]. 中国农业大学学报. 2016, 21 (5): 169-180.

[14] 司言武. 农业非点源水污染税收政策研究 [J]. 中央财经大学学报, 2010 (9): 6-9.

[15] 田义文. 我国农业面源污染防治新路径政策法规完善研究 [J]. 陕西农业科技, 2016 (1): 113-116.

[16] 杨丽霞. 农村面源污染治理中政府监督与农户环保行为的博弈分析 [J]. 生态经济, 2014, 30 (5): 127-130.

[17] 余婷. 基于农户支付意愿的三峡库区农业面源污染评估方法研究 [D]. 重庆: 重庆师范大学, 2015.

[18] 钟珍梅, 黄毅斌, 李艳春, 等. 我国农业面源污染现状及草类植物在污染治理中的应用. 草业科学, 2017, 34 (2): 428-435.

[19] 周志波, 张卫国. 环境税规制农业面源污染研究综述 [J]. 重庆大学学报 (社会科学版), 2017 (4): 37-45.

[20] Stuart D, Schewe R L, McDermott M. Reducing nitrogen fertilizer application as a climate change mitigation strategy: Understanding farmer decision-making and potential barriers to change in the US [J]. *Land Use Policy*, 2014 (36): 201-218.

黄河晋陕大峡谷区域生态保护与综合开发战略定位分析[△]

贺新宇 陈 跃[*]

摘要： 黄河晋陕大峡谷区域在我国实施西部大开发和中部崛起的战略中具有重要地位。本文在分析大峡谷区域生态保护与综合开发现状基础上，指出大峡谷区域生态保护与综合开发的生态、经济及社会意义，着重分析该区域的优劣势及面临的机遇与挑战，提出大峡谷区域生态环境保护与综合开发的战略定位、功能定位以及形象定位，对于创新大峡谷区域经济发展模式、融合协调区域生态文明建设和经济发展、促进全国区域协调发展和全面建设小康社会均具有重大意义。

关键词： 开发现状；优劣势及机遇挑战；战略定位

一、引 言

党的十九大报告指出，坚定实施区域协调发展战略，推进绿色发展、加大生态系统保护力度。"十三五"时期是我国全面建成小康社会决胜期。"十三五"纲要把切实贯彻五大发展理念，促进区域协调发展、加快补齐贫困地区和革命老区"短板"摆在了突出重要位置。黄河晋陕大峡谷区域[①]以其独特的自然历史条件、丰富的矿产、生物资源、深厚的历史人文基础和丰富的

[△] 基金项目：本文是陕西省发改委2016年西部大开发重点前期项目"黄河晋陕大峡谷生态保护与综合开发工程"（陕发改投资［2016］683号，项目序号13）阶段性成果。

[*] 贺新宇，西北政法大学商学院副教授；陈跃，西北政法大学商学院市场营销与危机管理硕士研究生。

[①] 黄河晋陕大峡谷位于陕西、山西、内蒙古三省区的交界处、黄河中游干流东西两岸，北起内蒙古托克托，南至山西河津禹门口，全长725公里，是黄河干流上最长的连续峡谷，地处黄土高原的东部中心地带，地跨我国中部和西部两大地带，处于华北和西北的过渡区。区域范围涉及山西、陕西、内蒙古3省区的12个地市。

旅游资源，在我国实施西部大开发和中部崛起的战略中具有重要地位。黄河晋陕大峡谷区域是全国生态保护与建设规划和主体功能区布局的生态保护与建设重点区域。

国家"一带一路"倡议实施和新一轮"西部大开发"的启动，为大峡谷区域生态保护与综合开发提供了新契机。在五大发展理念指引下，研究黄河晋陕大峡谷区域发展，创新区域发展模式，确立区域战略定位，对于协调、融合大峡谷区域的生态文明建设和经济发展、完善我国主体功能区规划、促进全国区域协调发展和全面建设小康社会，均具有重大意义。

二、大峡谷区域生态保护与综合开发现状

（一）生态环境保护与综合开发现状

（1）据山西省人民政府办公厅关于印发《黄河晋陕峡谷山西区域经济综合开发"十一五"规划》信息显示，大峡谷区域水资源丰富，但保护措施不完善。大峡谷区域年平均降水量在560毫米左右，每年平均径流量580亿立方米，目前传统生态问题仍然严重，水土流失未得到有效的遏止，水资源保护措施不完善。

（2）中北部地区土地贫瘠，南部地区条件优越。大峡谷区域北部地区水土流失严重，地貌沟壑纵横，是黄河沿线水土流失和风沙危害最严重的地区。中部是典型黄土高原地貌，有黄河长碛。南部区域地势平坦，自然条件优越。

（3）生物资源种类繁多，污染威胁严重。大峡谷区内生物资源十分丰富，多样性特征明显。

（4）矿产资源丰富，就地转化率低。区内具有优势的矿产资源有煤、铝、铁、铜、稀土、硅石、花岗岩等20余种。目前，区域发展对能源资源依赖性强，重工业比重高，能源资源优势就地转化率低，高附加值产品少。

（二）交通通信网络建设现状

（1）交通基础设施建设落后。区域周边铁路、高速公路交通网络布局已经基本成形，但交通基础设施依然落后，无法与国家主干交通网形成有效的对接，运输能力不足，物流成本高。

（2）通信网络设施基础薄弱。有线电视网的数字化和双向化改造只有市

级地区完成，县级地区基本没有完成。有线宽带网络普及率较低，移动通信基站、管线、铁塔等基础设施较少，移动网络覆盖率较低。

（三）旅游资源与开发现状

（1）自然旅游资源丰富，开发程度低。区域有峡谷、瀑布、大漠生态、湖泊、名山、森林及洞穴等自然景观，生物种类繁多，有多种珍稀罕见动植物，经济价值非常好。但多数自然旅游景区均属于自发状态，旅游产品知名度偏低，旅游设施不完善。

（2）历史人文旅游资源多样化，尚未形成规模。区域历史人文旅游资源丰富多彩，但开发速度和开发规模不能适应经济社会发展需要。

（3）红色旅游资源底蕴深厚，产业发展滞后。红色文化历史悠久，底蕴深厚。目前红色旅游资源开发力度与其丰富程度不相称，红色文化挖掘开发不足。

（4）现代生态旅游资源，亟须产业结构调整。得天独厚的绿色生态环境，植被种类丰富，野生动物品种繁多，湖光水色奇异优美，整个区域呈现原始生态型。目前景区现代生态旅游资源知名度偏低，对生态的保护措施不够完善，生态价值与经济效益之间矛盾突出，产业结构亟须调整。

（四）特色资源开发现状

特色资源优势独特，产业有序发展有待提升。大峡谷区域拥有独特的无法复制和模仿的特色资源，内蒙古绿色农畜产品资源丰富，陕西、山西是我国红枣的最佳优生区之一，也是我国五大红枣产区之一。目前，区域特色产业的有序化程度及市场竞争力有待提升。

三、大峡谷区域生态保护与综合开发意义

（一）生态文明建设意义

区域生态保护与综合开发，对于黄土高原生态修复、黄河流域生态水土治理和黄河中下游区域生态安全格局的构建等，具有重大现实意义。有效整合资源，优化配套体系，加快大峡谷区域发展环境友好型、非资源消耗型的生态经济，对于我国"两屏三带一区多点"的国家生态安全屏障骨架的构筑和生态文明建设具有重大意义。

（二）区域经济发展意义

区域生态保护与综合开发，有利于创新区域经济发展模式，实现区域经济绿色驱动发展。通过晋、陕、蒙三省区的联动机制体制创新，探索出适合生态脆弱区和贫困老区全面建成小康社会的新路子；通过区域经济发展功能体系的创新，优化调整区域传统的经济结构，升级区域经济产业结构，实现区域经济的绿色驱动发展；缩小黄河晋陕大峡谷区域与我国发达地区的区域经济和社会文化发展差距。

（三）区域社会发展意义

发挥资源优势，以精准扶贫、精准脱贫为基本方略，促进老区尽快脱贫致富和区域经济持续协调发展，全面实现全面小康目标。从国家区域发展战略的高度，以五大发展理念和生态文明价值观为引导，进一步完善国家经济发展区域与主体功能区域规划布局，为国家新一轮西部大开发和"一带一路"建设提供重要引擎。打造体现华夏文明、红色文化与生态文明的晋陕黄河大峡谷生态旅游协作区，对弘扬和传承华夏文明与红色文化产生重大推动用。

四、大峡谷区域 SWOT 与战略定位

（一）大峡谷区域 SWOT 分析

1. 峡谷区域 SWOT 分析的意义

大峡谷区域不同核心节点、发展带、辐射区以及三个不同层次块区各自内部，资源禀赋、生态环境、基础设施、综合开发以及经济社会发展状况迥异，各具特征，各有优劣。综合判断，大峡谷区域经济社会整体欠发达，区域内不同区块发展不平衡、不协调、不可持续问题仍然突出，面临诸多矛盾与挑战，又拥有重要战略机遇。通过梳理和分析，明确大峡谷区域的优势与劣势，指出面临的机会、压力和挑战，抓住战略机遇，应对压力和挑战，为确立大峡谷区域综合开发战略定位、制定并实施大峡谷区域开发战略提供方法论支持及基础理论支撑。

2. 大峡谷区域优势

（1）区位优势。大峡谷区域地处晋、陕、蒙三省区结合部，是连接华

北、西北，沟通中部、西部的重要桥梁，是由较发达地区向欠发达地区过渡的重要地区，是连接京津冀一体化和丝绸之路经济带的重要通道，具有承东启西、连南带北的区位优势。

（2）生态地位。黄土高原生态屏障被确定为国家层面生态保护与建设的七个战略重点区域之一，与其他战略重点区域共同构成"两屏三带一区多点"为骨架的国家生态安全屏障。

（3）资源优势。自然资源丰富，人文资源厚重，旅游资源独特，红色文化富集。

（4）特色产业。特色产业多样，结构相对合理，产业特色明显。

3. 大峡谷区域劣势

（1）生态环境脆弱，治理任务繁重。水土流失和环境恶化，水资源严重污染。生态环境不同程度的污染，对野生动植物的生存造成严重威胁。水资源、生物资源、旅游资源开发力度不够，资源开发与保护措施不完善。生态治理力度不强，影响特色产业的有序发展。

（2）资源整合欠缺，开发程度较低。区域整体产业发展水平相对滞后，资源综合开发不协调。区域经济活动的资源型、粗放型特征，严重制约着大峡谷区域能源及矿产资源综合开发利用向产业高级化、战略新兴产业方向发展。特色产业发展有序化、现代化程度不高，产业结构亟须调整和优化。

（3）基础设施滞后，民生欠账较多。区域内交通基础设施建设落后，无法与国家主干交通网形成有效的对接。区域内国、省道公路多数路段达不到应有的技术等级，通行能力差，运输能力不足，物流成本高。有线宽带网络普及率较低；移动通信基站、管线、铁塔等基础设施较少，移动网络覆盖率较低。

（4）公共服务和社会保障体系不完善。区域不同地区公共服务和社会保障体系成熟程度参差不齐，政策配套不完善，联系、协调不紧密。

（5）经济社会发展水平低。因受地理环境限制及生态环境脆弱，长期以来黄河晋陕大峡谷区域经济社会发展水平仍旧不高，经济社会发展相对滞后，贫困人口分布高度集中和相对稳定产业结构单一。县市中大多是国定贫困县和省定贫困县，且多为经济不发达的革命老区，全区域在整个国家经济体系中处于依附和被动地位。

（6）脱贫攻坚任务艰巨。大峡谷区内县域经济规模小，发展落后缓慢，财政补贴比例大。贫困规模较大，贫困程度较深，贫困人口的分布具有相当高的区域集中性和相对稳定性。成为全国经济发展的低谷区和国家扶贫脱困攻坚战的重点区域。

4. 大峡谷区域机遇

（1）国家确立发展新理念。提出促进城乡区域协调发展，坚持节约资源和保护环境基本国策，推进实施生态文明建设新战略。

（2）"一带一路"倡议的实施及对外开放的积极推动。政策沟通、设施联通、贸易畅通、资金融通、民心相通等合作重点，将进一步加强东西部互动合作，为大峡谷区域发展提供新视角、拓展新空间。

（3）"西部大开发"战略的深入实施，给大峡谷区域带来重大机遇。第一，生态环境保护；第二，基础设施建设；第三，红色文化开发、保护和利用；第四，旅游资源开发、旅游方式多样化及旅游品牌打造和提升；第五，特色经济和优势产业发展。

（4）国家加大生态环境保护力度。大峡谷区域作为国家生态保护与建设重点区域和国家生态旅游协作区，面临重大发展机遇。

（5）国家重点生态功能区和重要农产品主产区的设立。

5. 大峡谷区域面临的压力与挑战

（1）国内经济发展新常态。新常态下国内经济发展表现出速度变化、结构优化、动力转换三大特点，增长速度转向中高速，发展方式向质量效率型，经济结构调整转向调整存量、做优增量并举，发展动力转向创新驱动。

（2）产业结构矛盾。国家淘汰落后产能，挤压大峡谷区域传统支柱产业生存空间。原有产业结构增长动力不足，深层次矛盾和结构性问题依然存在，经济下行压力持续加大。

（二）大峡谷区域战略定位

1. 大峡谷区域战略定位的理念

（1）适宜性开发的理念。必须尊重自然、顺应自然，根据本区域的自然属性确定不同的开发内容。

（2）区分主体功能的理念。区分不同主体功能，根据主体功能定位确定开发的主体内容和发展的主要任务。

（3）根据资源环境承载能力开发的理念。根据资源环境中的"短板"因素确定可承载的人口规模、经济规模以及适宜的产业结构。

(4) 控制开发强度的理念。把调整空间结构纳入经济结构调整的内涵中，把国土空间开发的着力点从占用土地为主转到调整和优化空间结构、提高空间利用效率上来。

(5) 提供生态产品的理念。把提供生态产品作为区域开发和发展的重要内容，把增强生态产品生产能力作为区域开发的重要任务。

2. 大峡谷区域战略定位

(1) 战略定位。第一，国家生态保护与建设战略重点区域。国家构建"两屏三带一区多点"国家生态安全屏障。黄土高原生态屏障是国家生态保护与建设的战略重点区域，是国家生态安全战略格局中的重要骨架，与其他战略重点区域构成国家生态安全屏障。第二，国家农业战略格局中的重要农产品主产区。国家构建"七区二十三带"农业战略格局，区域内的汾渭平原是国家农业战略格局中的重要农产品主产区，是国家农产品主产区的重要主体。第三，国家旅游战略格局新高地。建设黄河中下游生态旅游片区、黄河大峡谷生态旅游协作区、壶口瀑布重点生态旅游目的地、黄河中下游华夏文明跨省精品生态旅游线路、黄土高原国家生态风景道等，发展旅游经济。

(2) 功能定位。第一，提供生态产品，保障重要生态安全。作为国家生态保护与建设战略重点区域以及国家重点生态功能区，大峡谷区域是保障国家生态安全的重要区域，人与自然和谐相处的示范区，其主要功能是为全国提供生态产品和重要生态安全保障。黄土高原生态屏障成为构建"两屏三带"国家生态安全战略格局的重要骨架。第二，提供农产品，保障农产品安全供给。作为国家重要农产品主产区，大峡谷区域是保障农产品供给安全的重要区域，农村居民安居乐业的美好家园，社会主义新农村建设的示范区。主要功能是：以提供农产品为主体功能，以提供生态产品、服务产品和工业品为其他功能，保障农产品供给安全。第三，提供各具特色的旅游产品，打造旅游战略格局新高地。黄河中下游生态旅游片区，依托黄河沿线自然风光与民俗风情等生态旅游资源，打造兼具黄河与黄土高原观光、山地观光度假、森林湿地休闲等功能。黄河大峡谷生态旅游协作区，打造黄河水域观光、黄河峡谷探险、民族风情体验、沙漠观光探险等功能，深入挖掘天下黄河的文化内涵，塑造黄河风情旅游品牌和总体形象。壶口瀑布、黄河中下游华夏文明跨省精品生态旅游线路、黄土高原国家生态风景道提供各具特色的生态旅游功能。

(3) 形象定位。提出"南有长江三峡，北有黄河大峡谷""华夏文明发源地,晋陕黄河大峡谷"的宣传标语。通过整合自然旅游资源、挖掘黄河人文内涵、塑造旅游整体形象,打造体现华夏文明、凸显黄河风情的世界级旅游品牌。

五、结 论

"十三五"时期是全面建成小康社会的关键时期,国家把切实贯彻"创新、协调、绿色、开放、共享"五大发展理念,促进区域协调发展、加快补齐贫困地区和革命老区"短板"摆在了突出重要位置。黄河晋陕大峡谷区域以其独特的自然历史条件、丰富的矿产、生物资源、深厚的历史人文基础和丰富的旅游资源,成为极具特色的经济地理单元,在我国实施西部大开发和中部崛起的战略中具有重要地位。研究黄河晋陕大峡谷区域发展现状,分析区域优劣势,指出区域机遇与挑战,提出大峡谷区域综合开发、发展战略定位,有利于创新区域经济发展模式、融合协调区域生态文明建设和经济发展。

参考文献

[1] 国家发展改革委,财政部,国土资源部,环境保护部,等. 全国生态保护与建设规划(2013－2020年)。

[2] 国家发展改革委,国家旅游局. 全国生态旅游发展规划(2016－2025年)。

[3] 国家发展改革委,外交部,商务部. 推动共建丝绸之路经济带和21世纪海上丝绸之路的愿景与行动. 2015.

[4] 国家发展改革委. 成渝经济区区域规划. 2011.

[5] 国家发展改革委. 川陕革命老区振兴发展规划. 2016.

[6] 国家发展改革委. 国家十三五规划纲要. 2016.

[7] 国家发展改革委. 陕甘宁革命老区红色教育工程规划研究. 2015.

[8] 国家发展改革委. 西部大开发"十三五"规划. 2016.

[9] 国务院. 长江三角洲城市群发展规划. 2016.

[10] 国务院. 长三角区域规划. 2010.

[11] 国务院. 全国主体功能区规划. 2010.

[12] 国务院. 苏锡常都市圈规划综合报告. 2011.

国外灌溉用水定价研究进展及对我国农业水价综合改革的启示[△]

冯 颖[*]

摘要：通过梳理大量国外文献，文章总结了灌溉水价与农户行为的关系，为我国农业水价改革提供了诸多启示。第一，灌溉用水定价使用户认识到稀缺水资源的价值，从而改变其用水行为，实现水资源的有效配置；第二，灌溉用水需求弹性往往较低，意味着需大幅提升水价使得农民响应，这势必受到阻碍，促进水价政策改革需制定相关配套措施；第三，提高灌溉用水价格以实现农业节水目标，必须充分考虑农民灌溉用水需求的影响因素及农民可能的应对措施，农民采用节水技术通常需要政府进行补贴；第四，设计精确的定价结构需要准确的用水量及水资源真实价值信息，建立健全水市场是获取信息的有效途径；第五，制定有效定价政策应明确水价改革的目标。

关键词：灌溉水价；农户行为；补贴；水市场

一、引 言

经济学认为理性人通过比较成本与收益做出决策，即人们会对激励做出反应。市场上的高价格提供了买者少消费和卖者多生产的激励，价格对消费者和生产者行为的影响对于市场经济如何配置稀缺资源至关重要。水价是调节水资源管理的有效经济杠杆，对优化水资源配置有重要作用。我国在农业水资源日益紧缺的情况下，其价值却未得到真正的体现。2002年调查发现，中南5省（自治区）的农业水价仅占供水成本35%左右，华东地区则不到一

[△] 基金项目：陕西省社会科学基金：陕西省城市水污染治理效率评价及提升路径研究（2015D064）；西安市软科学项目：西安市中水回用调查与对策研究（SF1505）；西北政法大学青年学术创新团队资助。

[*] 冯颖，西北政法大学商学院副教授，研究方向为资源经济与环境管理。

半，我国农业水价与供水成本相差甚远[①]。2005年大中型灌区平均农业水价0.065元/m³，占成本水价的38%，实际水费仅占成本的22%[②]。农业用水价格远低于供水成本，一方面使得农民缺乏节水意识、水资源大量浪费，另一方面导致水利工程缺乏维护资金而老化失修、水管单位入不敷出。

2015年中央一号文件提出农业水价综合改革，并被政府明确要求不能拖延；2016年中央一号文件和《国务院办公厅关于推进农业水价综合改革的意见》提出要建立健全农业水价形成机制；2017年中央一号文件明确指出，全面推进农业水价综合改革，加快建立合理水价形成机制和节水奖励机制。水价改革，即提高灌溉用水价格，在国际上广泛推崇的主要原因在于，回收供水服务成本为有效使用稀缺水资源提供激励措施以增强农业节水意识；此外，作为对接受供水服务受益者征收的一种福利税，灌溉水费拓宽了深化投资的融资（Exposito and Berbel，2016；De Fraiturede and Perry，2007）。那么提高农业水价是否真的有利于改变农民的用水需求、树立农民的节水意识呢？本文以微观经济学的基本理论为指导，通过梳理大量国外文献，总结当前农民对农业用水价格的响应程度、农民应对水价上升的措施及影响因素，从而为我国农业水价改革提供有效的理论及政策依据。

二、农业用水需求分析

用水需求量由于价格的改变可根据价格弹性来衡量。当需求价格弹性大于1时，意味着需求量变动的比例大于价格变动的比例，需求富有弹性；价格弹性小于1时，需求量变动的比例小于价格变动的比例，需求缺乏弹性；价格弹性等于1时，需求量与价格同比变动，需求具有单位弹性。需求的价格弹性表明了市场对价格的反应程度，对正确制定价格政策有着重要的指导作用。若农业用水需求缺乏弹性，意味着必须大幅提高价格方能较小地降低用水量。在这种情况下，即使用水量降低，农民的用水支出仍随水价上涨而增加，其收入水平受到影响；相反，若农业用水需求具有弹性，水价上涨政策是一种减少农民灌溉用水量的有效激励，对收入不会产生巨大的不利影响（Toan，2016；Contor et al.，2008）。因此，研究灌溉用水的需求价格弹性颇

---

① [美] 曼昆. 经济学原理. 第5版 [M]. 梁砾译. 北京大学出版社，2009.
② 姜文来. 农业水价承载力研究 [J]. 中国水利，2003（6）：41-43.

为重要。灌溉用水的需求价格弹性研究始于20世纪60年代初，大量的文献集中在对美国西部及澳大利亚墨累达令盆地南部的研究上（见表1）。从表1来看，不同研究者对不同地区采用的研究方法、数据类型及时间框架不同，研究结果差异较大。

表1　　　　　　　　　　　　灌溉用水需求弹性

作者	价格范围/ 需求价格弹性	研究方法	研究地区	注释
Moore and Hedges（1963）	$0.79 ~ $1.94 -0.188 ~ -0.702	数学规划方法	美国加州图莱里县（Tulare County）	水价单位：美元/英亩英寸
Flinn（1969）	$1.0 ~ $8.0 -0.09 ~ -1.73	数学规划方法	Yanko，澳大利亚新南威尔士	水价单位：美元/英亩英尺 $6.0时，需求为单位弹性
Shumway（1973）	$4 ~ $18 -0.48 ~ -2.03	数学规划方法	美国加州	水价单位：美元/英亩英尺 水价为$8.50以上时，具有需求价格弹性，在其以下则不具有弹性；水价为$13.00时，净收益最大；
Howitt, Watson and Adams（1980）	LP　　QP $25 ~ 35 0.9717　1.502 $35 ~ 45 0.1982　0.4622	数学规划方法	美国加州	水价单位：美元/英亩英尺 LP：线性规划；QP：二次规划
Nieswiadomy（1985）	-0.80	计量方法	美国得克萨斯州	二手数据
Ogg & Gollehon（1989）	-0.262	计量方法	美国西部16州	二手数据
Briggs-Clark et al.（1986）	$4 ~ $21　-0.13 $21 ~ $42　-0.65 $42 ~ $51　-3.80 $52 ~ $58　-14.1	数学规划方法	澳大利亚Murrumbidgee and Coleambally灌区	水价单位：美元/兆升 短期——资本约束 $0 ~ $20范围内，需求弹性为0

续表

作者	价格范围/ 需求价格弹性	研究方法	研究地区	注释
Read, Sturgess and Associates (1991)	短期　　中期 $0~$55 0.00　　0.00 $55~$70 1.15　　-1.65	数学规划方法	澳大利亚维多利亚北部-古尔本和墨累河灌溉系统	水价单位：美元/兆升 短期——饲养牲畜和资本约束 中期——资本约束 $0~$55水价范围内，价格弹性为0
Pagan et al. (1997)	短期　　长期 $10~$30 -0.03　　-0.04 $30~$50 -0.19　　-0.25 $50~$70 -2.81　　-3.01	数学规划方法	澳大利亚马兰比吉灌溉区	水价单位：美元/兆升 短期——资本限制 长期——可采用新的节水灌溉技术及改变投资 $0~$40范围内，价格弹性为0
Jayasuriya, Crean and Hannah (2001)	$0~$38　　-0.02 $38~$47　　-0.72 $47~$77　　-0.82 $77~$98　　-3.52	数学规划方法	澳大利亚拉克伦谷	水价单位：美元/兆升 $0~$37范围内，价格弹性为0
Hexem and Heady (1978)	-0.06 to -0.10	数学规划方法	美国西部	田间试验数据
Kelley and Ayer (1982)	-0.04 to -0.56	数学规划方法	美国西部	田间试验数据

1. 研究方法

农业用水需求价格弹性的研究主要采用了数学规划方法以及计量经济模型。当水市场不发达或不存在时，采用市场价格数据、运用计量经济模型估计用水需求较为困难（De Fraiturede and Perry，2007）。因此，必须依靠间接方法，使用农业生产模型来估算。数学规划模型通过估计农业生产系统中水的边际产品价值来推导弹性。两种模型之所以造成不同的结果原因在于其设置的假设条件不同。计量经济模型估计建立在对历史观察行为的基础上，水价往往呈小幅度变化，而数学规划模型的规范估计建立在历史和综合数据上。

后者适合于表示不同范围的场景，模拟对水及产品价格的反应，而不需要历史观察数据（Ogg and Gollehon, 1989）。

那么，到底哪种模型更适合呢？任何模型都是现实的部分反映。第一，很多用以估计灌溉用水需求弹性的模型通过加总各农场使之成为一个地区的程式化农场，这可能涉及不同类型的农业生产被纳入一个灌溉区域，从而限制了某种作物或牲畜抑或整个系统对用水需求反应的结论，如 J. C. 弗林（Flinn, 1969）研究发现各个农场与加总各农场得到的整个地区的弹性是不同的；第二，已有研究限于有限价格范围，鉴于用水需求响应在不同的价格及用水组合间不同，研究范围之外的意义不大；第三，现有模型建立在年度时间框架及平均降雨的气候假设上，掩盖了用水需求在作物发展不同阶段或其他农业过程中的波动，忽略了降雨及季节性分配（包括分配公告的时间）的不确定性对农民决策的影响（Appels et al., 2004）。

2. 数据类型

20 世纪 70 年代和 80 年代早期，美国学者主要通过获取州试验站的田间试验数据，采用统计作物水分生产函数，对用水需求及其形状进行估计（Hexem and Heady, 1978; Kelley and Ayer, 1982）。近年来，计量经济模型研究采用了反映农民实际行为的二手数据（Ogg and Gollehon, 1989; Nieswiadomy, 1985; Moore et al., 1994）。他们的估计往往比数学规划模型更缺乏弹性。

3. 分析的时间框架

长期和短期的时间框架分析的差别主要在于某些投入要素的固定性投入程度，研究一致认为灌溉用水需求价格弹性在短期内比在长期内较缺乏弹性（Read, Sturgess and Associates, 1991; Pagan et al., 1997）。对于农业用水来说，短期需求弹性远远低于长期。这是因为农民调整用水的灵活性在某个季节低于几个季节。在一个季节或短时期，灌溉用水需求对水价提升尤其在作物种植以后不太可能做出回应，这是因为农民应对价格变化的机会有限。农民只能通过减少灌溉用水或通过维护灌溉系统保持用水效率来应对，而在中长期农民可改变作物类型和灌溉方式，引入更好的管理和节水技术（Appels et al., 2004）。

综上所述，地区、方法、数据来源及时间范围差异使得灌溉用水需求弹性差别很大，但不难发现，灌溉用水需求在水价较高时具有弹性，水价较低时缺乏弹性。如 C. V. 穆尔和 T. R. 赫奇斯（Moore and Hedges, 1963）测算当水价为＄0.79每英亩英寸时，美国加州图莱里县灌溉用水需求价格弹性为 -0.188；水价提升为＄1.94时，弹性上升至 -0.702；J.C. 弗林（1969）估计澳大利亚新南威尔士 Yanko 地区水价为＄1.0每英亩英尺时，灌溉用水弹性仅为 -0.09；当水价上升为＄8.0每英亩英尺时，弹性提升至 -1.73。C.R. 沙姆韦（Shumay，1973）对美国加州灌溉用水需求弹性研究表明，水价为＄1.0每英亩英尺时，弹性为 -0.48，水价提高至＄18.0每英亩英尺时，弹性高达 -2.03。

进一步的研究认为，灌溉用水需求函数可分为几段，在一定的临界值范围内缺乏需求价格弹性，超出此临界值则具有弹性。如澳大利亚新南威尔士 Yanko 地区水价为＄6.0每英亩英尺时，灌溉用水需求具有单位弹性（Flinn，1969）；美国加州水价为＄8.50每英亩英尺以上时，灌溉需求具有弹性，反之则不具有弹性；每英亩英尺水价为＄13.00时，净收益最大（Shumay，1973）。此外，不同学者对澳大利亚墨累达令盆地南部不同灌区的研究发现，水价分别在 0~＄20 每兆升（Briggs-Clark et al.，1986）、0~＄55 每兆升（Read，1991）以及 0~＄37 每兆升时（Jayasuriya et al.，2001），价格弹性为0，随着价格提升，弹性增加。经合组织（OECD，1999）测得这些价格临界值取决于水的经济生产力、农民所采用的用以代替水资源消耗的一系列的生产战略、用于长期性的灌溉作物的土地比例、适当的灌溉技术以及季节性分配的规模。临界值的确定对于定价政策有重要的意义（OECD，1999）。

三、农户应对水价提升的措施及影响因素

（一）农户应对水价提升的措施

大量文献研究表明，如果水价上涨到可反映其机会成本，理性的农民会有以下反应：闲置耕地从而降低农业用水量；减少农业用水量接受农作物低产量风险或一定程度内的损失；改变作物种植模式转而种植需水量较少的农作物；投资更有效的灌溉技术。

导致生产投入要素需求缺乏弹性有四个基本因素，即其他互补性投入要素的供给缺乏弹性、投入要素缺乏很好的替代品、产出本身缺乏需求弹性、投入成本仅占生产成本的小部分，此外灌溉用水需求还受到了如土地质量、垄沟的长度、地表水及地下水的区别等因素的影响。因此，农民应对水价提升的措施必然也受到诸多因素的影响。

(二) 农户应对水价提升的影响因素

1. 互补性投入要素

研究认为由于水资源是灌溉行业中不可或缺的投入，互补性的投入要素不可能显著影响灌溉者对灌溉用水价格的反应。

2. 替代性投入要素

在其他条件相同的情况下，若某种投入要素的替代品越少，则该投入要素越缺乏弹性。农作物的生产离不开水资源，但灌溉者可通过不同的投入要素组合来进行生产，即采用不同的灌溉技术或灌溉水源。替代选择越多，灌溉用水需求越具有弹性。

（1）灌溉技术。广义上，可将灌溉技术分为3类：地面灌溉、喷灌和滴灌。地面灌溉是资本粗放型但水密集型的灌溉方式；而喷灌使用水量较少，但要求较多的资本；滴灌方式通常使用的水量及劳动力最少，但资本最为密集。水价较低时，理性的农民将用廉价的水资源来代替相对昂贵的资本和劳动力投入。例如，通过保持农田水层抑制杂草的生长，用水资源代替人工为稻田除草从而减少劳动力投入；相反，如果水费较高，用水量可通过额外的劳动力及资本投入而显著下降，如平整土地、建设堤岸工程、采用沟犁、提高监测地面条件的强度及投资渠道衬砌减少渗透损失。每一种技术替代的潜力即通过提高劳动力及资本投入的节水范围均不同。地面灌溉的潜力最高。滴灌系统的水利用效率高于地面灌溉，其节水范围有限，增量成本相对较高（De Fraiturede and Perry，2007）。

然而，灌溉技术的选择受到一系列因素的制约。第一，替代作用具有局限性。在低于某价格水平时，用更多的水资源来代替资本和劳动不再可能。这是因为，过量使用水资源会损害农作物、造成侵蚀问题、引起洪涝及冲走化肥。因此，即使用水成本为零，有可供使用的丰富的水资源，农民的用水量仍会有最高限制。即低水价时的用水需求并不是由价格决定而是由农艺、相关的技术因素决定，水资源利用对价格并不敏感。第二，改变灌溉技术的能力。通常，农民改用更高效但更昂贵的灌溉技术应对水价上涨。然而，经验表明技术的选择受到结构性因素、农艺条件及资金的制约。例如，在斜坡地喷灌方式比要求土地平整的大水漫灌方式更合适；基于侵蚀控制及更好地使用化肥，农民可能选择犁地或滴灌；由于滴灌方式下每公顷产量更高，减少了劳动力投入且不易产生盐渍化问题，良好的补贴计划会促使滴灌的使用；缺乏零配件、知识和信贷会阻碍先进技术如喷灌和滴灌的使用。技术投资决策的不确定性及不可逆性意味着仅当投资回报超过成本时，新技术方被采用。在得克萨斯州只有水价大幅上涨、农民利润遭受较大损失才会引起在更先进的技术方面的资本投资（Hoyt，1984）。在约旦山谷，柑橘农场技术投资成本高于平均年净收益。小生产规模、负债或没有抵押能力的农户很难进入信贷市场，因此他们保留旧的、简单的生产方式，或者将土地出租给商业种植者；此外，农民还面临着许多技术问题，如微灌系统的技术指导缺乏、系统循环的设计不良、系统过滤及阻塞等问题，采用先进的灌溉技术需要技术协助，可见灌溉改善是知识密集型的；作物选择会限制技术选择，如块茎作物最好采用垄沟种植而谷物不采用喷灌和滴灌方式；农民的经验也影响着有效灌溉技术的选择。第三，现有技术水平。若农民已经采用了滴灌系统或者将现有灌溉体系维护得较好，则进一步改善灌溉用水效率的范围将十分有限。通过对西班牙三个地区的灌溉用水需求价格弹性的对比，旧灌溉系统及水应用技术相对无效时，提高水价的回应远远高于现代滴灌系统（Varela-Ortega et al.，1998）。

（2）其他水源。如果农民可以采用其他水源如地下水井，则其他水源的相关成本将影响灌溉用水需求弹性。具有其他水源农民的灌溉用水需求弹性较高，意味着水价上涨对农民减少用水量或改进用水效率的影响并不大。

3. 产出需求及价值

条件相同的情况下，产出需求具有弹性更容易导致其投入要素具有需求弹性。水的价值与其生产的产品价值相关。一般来说，较低价值作物的灌溉用水弹性比高价值作物弹性高，如果农民种植的是低价值的作物如牧草和甘草，水费提高将会大幅地降低农民盈利点；园艺行业（园艺花圃、蔬菜和水果）的灌溉需水价格弹性比大田种植作物（谷物、食糖和棉花）小。较高的水费减少了农民净收入，可激励农民种植低耗水农作物或较高价值的农作物。在约旦，柑橘生产的净收入小于蔬菜、芒果、番石榴、葡萄和红枣，香蕉种植则要求被用水量低的作物如葡萄和红枣替代，但由于土壤类型及盐碱度、气温，缺乏技术或资本，农民仍继续种植柑橘及其他利润较低的作物（Molle and Berkoff，2007）。很多大型的柑橘园由一些并不以农业为生的人拥有，果园的价值体现在社会声誉和娱乐用途方面，园主的生产目标主要不因经济动机驱动，不需要改变种植模式以维持次要的农业收入，一些人甚至拒绝接受高补贴的设备，不愿作为试点地区。

4. 灌溉用水和农业成本

如果灌溉者产出需求相对具有弹性，则成本上升不能转移到商品价格中，灌溉成本占农业总成本的比重将影响农民对提高水价的反应。将现有农田水利基础设施成本看作沉没成本，不受水价变化的影响，澳大利亚联邦科学与工业研究组织（CSIRO，2002）估算灌溉成本占总成本比重最高的为水稻（16%）及奶制品（14%），最低的是葡萄（3%）、蔬菜（2%）及水果（1%）。在某种程度上，这反映了常年性的园艺生产活动相对资本密集，蔬菜则是劳动密集型。在条件相同的情况下，相对成本比重意味着灌溉用水在水稻和奶制品行业中较具有弹性，在园艺行业中较缺乏弹性。如果灌溉成本占总活动可变成本的大部分，灌溉用水价格提升对利润空间产生重大影响。这将导致灌溉用水需求更具弹性，因为提高水价可能使一些灌溉活动相对无利可图。灌溉者将会降低或停止相对无利可图的生产活动以应对。相反，如果灌溉成本仅占总成本的小部分，提高灌溉用水价格，作物种植的总成本仅会小幅增长，这并不影响生产活动的相对盈利能力，灌溉者在很大程度上会继续其当前的生产活动，则对改变灌溉方式的激励较小。

除以上四个基本要素外，当发生一些极端情况如干旱或水价非常高时，农民通常采用更先进有效的灌溉技术。通常认为降雨较少、气温较高的地区，农业用水需求较缺乏弹性。C. 邦当和 S. 库蒂尔（Bontemps and Couture, 2001）对法国西南地区的研究表明，水价在 0~0.9 法郎/立方米范围时，用水量在干旱年份不变，但在湿润年份下降为 0，即水价上涨因天气情况不一定能降低灌溉用水量。J. C. 弗林（1969）研究发现，灌溉用水需求在各个季节的反应不同。春季和秋季比夏季较具需求弹性。C. W. 奥格和 N. R. 格莱亨（Ogg and Gollehon, 1989）根据气候将美国西部 16 州区分为低、中、高灌溉消耗需求地区，研究表明灌溉消耗需求较低的地区对价格的反应较敏感。

四、结论及启示

灌溉用水需求弹性因不同研究者采用的方法、数据以及研究的地区不同，研究结果差异较大。灌溉用水需求在长期、水价较高时具有弹性，短期、水价较低时缺乏弹性。进一步的研究表明，灌溉用水需求在一定的临界值范围内缺乏需求价格弹性，超出此临界值则具有弹性。准确估算临界值对制定有效的定价政策有重要的意义。农民应对水价提升的措施，主要有闲置耕地以减少农业用水量、运用较少的水量接受农作物产量降低的风险或一定程度内的损失、改变作物种植模式转而种植需水量少的农作物以及投资更有效的灌溉技术。由于应对措施的采用受到了是否具有替代水源、现有技术水平、农民改变灌溉技术的能力、农作物价值、灌溉用水成本以及气候的影响，有效水价政策的制定必须考虑这些因素。

综上所述，我国推行农业水价政策改革，有以下几点值得注意：第一，灌溉用水定价政策是一种实现水资源有效配置的工具。灌溉用水定价以对稀缺资源负责任的使用为形式，使用户认识到资源的价值，从而改变其用水行为以实现有效的水资源管理。第二，弹性值提供了消费者对价格的反应程度，灌溉用水需求价格弹性往往较低，意味着需大幅提升水价使得农民响应，这势必受到阻碍。因此，采用有效的定价政策促使农业节水，需要制定并推行相关的配套措施。第三，提高灌溉用水价格促使农业节水，必须充分考虑农民灌溉用水需求的影响因素以及农民可能的应对措施。若提高农业用水价格，可实现农民利润最大化或采用现代化技术如喷灌、滴灌时，那么此节水政策是可行且有效的；若农民应对措施为种植低水密集型作物或干脆退出灌溉或采用雨养农业时，此价格政策将不能达到预期目的；值得注意的是，农民引入节水技术作为应对水价提升的长期措施，通常需要政府对节水灌溉技术进行补贴来促进。第四，设计精确的定价结构需要准确的用水量及水的真实价值信息，这两方面的信息都难以获取，建立健全水市场是获取准确信息的有效途径。第五，有效水价政策的制定必须明确水价调整的目的。不同的水价定价方法体现了不同的效率及公平性，如按量收费可实现短期的帕累托最优效率，对用水需求的控制能力强，但实施过程复杂；按面积收费实施过程最为简单，但无效率可言，且很难控制用水需求；按投入或产出收取水费，则体现了短期的次优效率；阶梯收费可实现短期的最优效率，对用水需求控制相对容易，但实施相对困难；水价两部制可实现长期的最优效率，对用水需求控制较为容易，但实施相对复杂；市场定价方式可实现短期的最优效率，但实施困难。

参考文献

[1] [美] 曼昆. 经济学原理. 第5版 [M]. 梁砾译. 北京大学出版社，2009.

［2］姜文来. 农业水价承载力研究［J］. 中国水利, 2003（6）: 41-43.

［3］许学强, 李华. 试论新形势下农业水价改革［R］. 中国水利学会2010 学术年会论文集, 2010.

［4］Alfonso Exposito, Julio Berbel. Why Is Water Pricing Ineffective for Deficit Irrigation Schemes? A Case Study in Southern Spain［J］. Water Resource Manage, 2016（9）: 1-13.

［5］Appels, D., Douglas, R., and Dwyer, G.. Responsiveness of Demand for Irrigation Water: A Focus on the Southern Murray-Darling Basin Productivity［R］, Melbourne, August, 2004: 1-92.

［6］Berbel, J. and Gomez-Limon, J. A.. The impact of water-pricing policy in Spain: An analysis of three irrigated areas［J］. *Agricultural Water Management*, 2000（43）: 219-238.

［7］Bernardo, et al., Factor demand in irrigated agriculture under conditions of restricted water supplies［R］. Economic Research Technical Bulletin no. 1765, US Dept. of Agriculture, XXUSA, 1989.

［8］Bontemps, C. and Couture, S.. Evaluating Irrigation Water Demand. Current Issues in the Economics of Water Resource Management: Theory, Applications and Policies［R］, ed. e. al.. Kluwer Academic Publishers, 2001.

［9］Briggs-Clark, J., et al., Model for Determining the Short-term Demand for Irrigation Water［R］. AGPS, Canberra, 1986.

［10］Carey, J. and Zilberman, D.. A Model of Investment under Uncertainty: Modern Irrigation Technology and Emerging Markets in Water［J］. *American Journal of Agricultural Economics*, 2002（84）: 171-183.

［11］Caswell, M. F. and Zilberman, D.. The effects of well depth and land quality on the choice of irrigation technology［J］. *American Journal of Agricultural Economics*, 1990（68）: 798-811.

［12］Contor, B. A., Taylor, G., and Moore, G. L.. Irrigation Demand Calculator: Spreadsheet Tool for Estimating Economic Demand for Irrigation Water［R］. University of Idaho Idaho Water Resources Research Institute, 2008.

［13］CSIRO. Value of returns to land and water and costs of degradation［R］, in Final report to the National Land & Water Resources Audit. CSIRO: Glen Osmond, South Australia, 2002.

[14] Dalton, T., Porter, G., and Winslow. N., Risk Management Strategies in Humid Production Regions: A Comparison of Supplemental Irrigation and Crop insurance [J]. *Agricultural and resource Economics Review*, 2004, 33 (2): 220 – 232.

[15] De Fraiturede, C. and Perry, C.. Why is agricultural water demand unresponsive at low price ranges [J]. *Irrigation Pricing*, 2007.

[16] Donoso, G., Water pricing in chile: decentralization and market reforms. In: Dinar A., Pochat V., Albiac Murillo J. (eds) Water pricing experiences and innovations. Springer, Dordrecht. 2015: 83 – 96.

[17] Flinn, J. C.. The Demand for Irrigation Water in an Intensive Irrigation Area [J]. *Australian Journal of Agricultural Economics*, 1969, 12 (2): 128 – 143.

[18] Francois Molle. Water scarcity, prices and quotas: a review of evidence on irrigation volumtric pricing [J]. *Irrig Drainage Syst*, 2009: 23 – 43, 58.

[19] Gardner, B. D.. Water Pricing and Rent-seeking in California Agriculture [R]. Water Rights, Scarce Resource Allocation, Bureaucracy and the Environment, ed. Anderson. Ballinger Publishing Company: Cambridge. 1983: 83 – 113.

[20] Green, G. and Sunding, L.. Land allocation, soil quality and the demand for irrigation technology [J]. *Journal of Agricultural and Resource Economics*, 1997 (22): 367 – 375.

[21] GTZ. Future Adjustment of the Agricultural Production Systems in the Jordan Rift Valley [R], M. o. W. a. Irrigation, Editor. Amman, Jordan, 1995.

[22] Hedges, T. R.. Water Supplies and Costs in Relation to Farm Resource Decisions and Profits on Sacramento Valley Farms [R]. Giannini Foundation, University of California, Davis, 1977.

[23] Hexem, R. W. and Heady, E. O.. Water Production Functions for Irrigated Agriculture [R]. IA: Iowa State University Press, 1978.

[24] Hooker, M. A. andAlexander, W. E.. Estimating the Demand for Irrigation Water in the Central Valley of California [J]. *J. Amer. Water Resour. Assoc.*, 1998, 34 (3): 497 – 505.

[25] Hoyt, G.. Crop Water Production Functions and Economic Implication for Colorado [R]. US Dept. of Agriculture. Economic Research Service, Washington DC., 1984.

[26] Jayasuriya, R., Crean, J., and Hannah, R.. Economic assessment of

water charges in the Lachlan Valley [R], in Report to the Department of Land and Water Conservation. NSWAgriculture, Sydney, 2001.

[27] Kelley, S. and Ayer, H.. Water Conservation Alternatives for California Agriculture: A Microeconomic Analysis [R], E. R. S. USDA, National Resource Economics Division, Editor, 1982.

[28] Lahmandi-Ayed, R. and Matoussi, M.. Selection Through Water Markets. The Economics of Water Management in Developing Countries: Problems, Principles and Policies [R]. Koundouri, Pashardes, Swanson, T. & Xepapadeas, A. Cheltenham: Edward Elgar. , 2003.

[29] Molle, F. and Berkoff, J.. Water pricing in irrigation: Mapping the debate in the light of experience [J]. *Irrigation Pricing*, 2007.

[30] Molle, F. O. , Venot, J. , and Hassan, Y.. Irrigation in the Jordan Valley: Are water pricing policies overly optimistic? [J]. *Agricultural Water Management*, 2008 (95): 427 – 438.

[31] Moore, C. V. and Hedges, T. R.. A Method for Estimating the Demand for Irrigation Water [J]. *Agr. Econ. Res.* , 1963, 15 (4): 131 – 135.

[32] Moore, M. R. , Gollehon, N. R. and Carey, M. B.. Multicrop Production Decisions in Western Irrigated Agriculture: The Role of Water Price [J]. *Amer. J. Agr. Econ*, 1994, 76 (4): 859 – 874.

[33] Nieswiadomy, M. L.. The Demand for Irrigation Water in the High Plains of Texas, 1957 – 1980 [J]. *Amer. J. Agr. Econ*, 1985, 13 (4): 619 – 626.

[34] Ogg, C. W. and Gollehon, N. R.. Western irrigation response to pumping costs: A water demandanalysis using climatic regions [J]. *Water Resources Research*, 1989 (25): 767.

[35] Organization of Economic Co-operation and Development, O.. Agricultural water pricing in OECD countries [R]. OECD Working Papers 7, 33. OECD, Paris, France. , 1999.

[36] Pagan et al.. Short and long run approaches to water demand estimation [C]. 41st Conference of the Australian Agricultural and Resource Economics Society. Gold Coast, Queensland, 1997.

[37] Read, S. a. A.. Derivation of economic demand schedules for irrigation water in Victoria: Executive Summary [R], Water Resource Management,

S. W. R. Plan, Editor. 1991.

[38] Shatanawi, M. , et al. . Irrigation system performance in Jordan [J]. *Options Me'diterrane'ennes*, Serie B, 2005 (52): 123 – 132.

[39] Shumway, C. R. . Derived demand for irrigation water: The California aqueduct [J]. *South. J. Agric. Econ.* , 1973 (5): 195 – 200.

[40] Skaggs, R. . Predicting Drip irrigation Use and Adoption in a Desert Region [J]. *Agricultural Water Management*, 2001 (51): 125 – 142.

[41] Thuong Duc Toan. Water Pricing Policy and Subsidies to Irrigation: a Review [J]. *Environ. Process.* , 2016, 3 (4): 1 – 18.

[42] Varela-Ortega, C. , et al. . Water pricing policies, public decision making and farmers' response: implications for water policy [J]. *Agricultural Economics*, 1998 (19): 193 – 202.

[43] Venot, J. , Molle, F. , and Hassan, Y. . Irrigated Agriculture, water pricing and water savings in the Lower Jordan River basin (in Jordan) [R]. Colombo, Sri Lanka: IWMI, 2007.

[44] Wolf, G. , Gleason, J. E. , and Hagan, R. E. . Conversion to Drip Irrigation: Water Savings, Facts or Fallacy, Lessons from the Jordan Valley [R]. in Proceedings of the Water Management Seminar. USCID, Sacramento, 1995.

[45] Yaron, D. . Empirical Analysis of the Demand for Water by Israeli Agriculture [J]. *J. Farm Econ.* , 1967 (49): 461 – 473.

[46] Yesufu, O. and Yesufu. T. . Impact of Water Resources Management on the Marketing and Production of Table Water in Nigeria [R], in Economics of Agriculture and Natural Resources, C. L. E. Frankhouse, Editor. New York: Nova Science Publishers, 2006.

西安土地流转供求及风险分析[△]

赵杭莉 赵明月[*]

摘要：伴随着农民经济来源的逐渐多样化，土地流转现象越来越突出，供求和风险是影响土地流转的两个至关重要的因素。本研究以西安农村土地流转状况为对象，通过实际调研，采用层次分析法，依据土地流转的供求关系理论、蛛网模型对西安土地流转供求状况进行分析、土地流转的风险进行识别，并提出相应对策。研究结果表明：西安农村土地流转总体上供给小于需求；其风险可以分为社会风险、粮食安全风险、自然风险、损害农民相关权益的风险、法律风险五大类，其中土地性质改变风险的影响程度是最大的。

关键词：西安；土地流转供求关系；风险识别

一、引　言

党的十九大报告提出，要坚持农业农村优先发展，按照产业兴旺、生态宜居、乡风文明、治理有效、生活富裕的总要求，建立健全城乡融合发展体制机制和政策体系，加快推进农业农村现代化。有关农村土地流转的问题，是我国经济发展问题中尤为重要的一个。农村土地流转能够调节农村土地资源的合理分配，但当前存在的产权与经济主体不明确、经营体制陈旧老化、利益分配不公、流转效率过低等现象较大程度上损害了我国农民的利益，限制了我国农业的发展。其中供求及流转存在的风险是影响土地流转绩效的两个至关重要的因素。不同的农户因其所处的社会、经济、技术和自然等条件不同，在土地流转过程中的供给和需求意愿是不同的，在一定的区域中这些农户个体土地流转的供给和需求的汇总，构成了土地流转整体市场的供给和需求。阮陈珠（2014）

[△] 基金项目：本文为西安市社会科学基金项目（西安农村土地流转风险研判与规避机制构建）[17J157] 阶段性成果。

[*] 赵杭莉，西北政法大学商学院副教授，经济学博士；赵明月，西北政法大学经济学院硕士研究生。

认为，农地的产权因其使用价格被看成是一种特殊的商品，价格也受到供求关系的影响。农地需求是指购买者在一定的价格下愿意并且能够购买的土地数量，农地供给是指提供者在一定的价格下愿意并且能够提供的土地数量。通过有关流转土地的需求曲线与供给曲线的相交及变动的分析，确定流转土地的价格是遵循供求机制的。宋伟（2006）认为，农地承包经营权能否实现流转取决于能否产生足够的市场需求和市场供给，农地供求的影响因素包括土地产品价格、非生产性收益、生产性成本、非生产性成本、土地使用成本、土地交易成本、现有土地规模、转出和转入农地使用权收益对农户的效用等。

一般认为土地流转的风险包括社会风险、粮食安全风险、在政府公信力方面存在的风险、政策制度风险、市场风险、道德风险、合同风险、自身能力风险和维权风险、自然风险、损害农民相关权益的风险、法律风险等。

1. 社会风险和粮食安全风险方面

胡月明等（2016）认为，工商资本因看到农村市场的发展潜力而参与土地流转会引发原生性风险与次生性风险，应构建"严格准入＋强化监管＋转变职能"的政府运作规范化保障机制、建立"二次补贴＋农业保险"的企业经营安全化保障机制、确立"农民协会＋农村社区"为主体的农民权益组织化代表机制、创建"利益联结＋权利义务对等"为内容的农地流转市场化协调机制。向鹏成、徐伟（2016）认为，农村土地流转的社会风险可分为农民权益保障风险、农业规模经营风险、粮食安全风险、社会稳定风险。李中、洪必纲（2012）认为，农村土地流转过程中面临着经济风险、社会风险、主粮保障风险、文化风险、教育风险，并提出建立合理的土地流转收益分享机制、提高农村剩余劳动力的就业能力，加强劳动技能培训、对农村流转土地的用途进行管制、促进失地农户融入城市生活、加快城镇化进程，解决农村留守儿童问题等措施。

2. 自然风险方面

万梦娴、邱佳敏等（2014）认为，土地流转面临的潜在风险包括土地保障弱化、农民心理失衡、农村内部矛盾加剧和农村阶层流动受阻等，并认为从理论、土地流转的模式以及社会化小农的理性行为等视角，土地流转可分为契约风险、市场风险、教育风险和自然灾害风险等，提出了完善土地确权登记制度、回归土地的双重功能、实行合理的产权制度安排、村委会角色科学定位等措施。罗建平等（2014）认为，从复合生态系统视角出发，土地流转风险可分为社会风险、经济风险、自然风险,据此提出的风险控制措施包括以提升社会效益为根本的制度改革、以利益保障为目标的管理创新、以合理性评价为依据的方案选择。

3. 对农民相关权益损害的风险

李长健、刘磊(2014)认为,从代际公平的视角分析农村土地流转过度集中所存在的风险,从风险的表现形式来看分为传承性风险、扩展性风险和跃展性风险;从风险的具体形式来看分为对后代农民生存权的损害、对后代农民发展权的损害、对土地发展权的损害和对农业可持续安全发展的阻碍。并主张采取构建相关的代际法律保障机制、确立相关的代际权益代表机制。李景刚、高艳梅等(2014)认为,我国土地流转暗藏大量隐性风险,如失地失业和失去生活保障风险、地力衰退风险、契约机会主义行为风险、贫富两极分化风险等。韩喜平等(2016)认为,农地流转过程中过激的市场化和行政化行为背离了农地应有的功能、定位和原则,诱发了私有化观念思潮、流转目的异化、农民主体性丧失、资本下乡与民争利、农村剩余劳动力显化等一系列风险。

4. 法律风险方面

叶前林、何伦志(2015)认为,农地流转的潜在风险有企业经营农地具有的非粮化倾向会危及我国的粮食安全、农民的增收空间受挤压将使农民利益受损、农民因土地法律制度不健全而维权面临法律风险、失地农民无保障而影响社会和谐稳定、企业非农化经营会破坏农业生态环境、随着农地的不断流失农村文化濒临消失等。提出的防范潜在风险的策略包括:要认识到农民是农业现代化的主体,必须维护好农民的利益;禁止改变土地用途性质,制定土地用途分类流转方案;大力发展农业保险,建立土地流转风险基金;保障农民土地承包经营权,完善农村土地法律体系;设立农村文化事业专项经费,制定保护农村文化资源政策;建立城乡一体化的社会保障制度;等等。

供求关系及风险方面的文献为分析西安土地流转供求及风险提供了多维的研究视角,如何结合西安土地流转的实际在前人研究的基础上探寻其土地流转供求状况及进行风险分析,并提出相应的对策是此文研究的目的。

二、土地流转的供求关系理论分析

(一)土地流转供给分析

基于理性经济人假设,只有符合自身利益最大化原则,农民才有进行农地流转的动机和意愿，也就是说，在所采取行为方式满足收益大于所付出的成本时，农地流转才有发生的可能性。通常情况下，农户对自己的土地所采取的方式分为两种：一是自己耕种土地或任其荒废不管；二是将自己的土地流转给别人并收取一定的报酬。对于成千上万的农民而言，当将自己的土地流转给别人所得的净收益大于不流转时的净收益时，他们比较乐意将土地流转出去；否则，他们流转土地的倾向性微乎其微。根据成本收益理论，设 R 为需求者愿意付出的成本和费用，A 为土地每年的红利，r_1 是农民的主观贴现率，即农民对土地未来价值的主观认识。所以，农户因对自己的土地进行流转而付出的总成本和代价为 b_1+b_2，这里，b_1 是农户流转自己的土地可能带来的利益；b_2 是农户对自己的土地流转过程中因土地产权明确程度的不同而产生的一系列费用。当满足条件 $R+A/(1+r_1)>b_1+b_2$ 时，农户才会有流转自己土地的意愿；当 $R+A/(1+r_1)<b_1+b_2$ 时，农户当然更加倾向于保留土地；由此我们可以看出，$b_1+b_2=R+A/(1+r_1)$ 是农民是否愿意流转土地的临界位置。

（二）土地流转需求分析

对于土地流转来说，其主要的需求者包括了形形色色的经济合作组织、龙头企业及种田大户。对于需求者而言，自己转入土地的收益主要来源于对土地规模经营之后所得到的收益 $Y=f_1(c)$，其中 c 是需求者转入土地的面积，土地需求者转入土地的费用为 $b_3+f_2(c)+R+A/(1+r_2)$；式中，b_3 是需求者因土地流转所付出的交易费用，$f_2(c)$ 指需求者所投入生产经营的成本，r_2 是土地需求者的主观贴现率，即需求者对土地未来价值的主观认识。当 $b_3+f_2(c)+R+A/(1+r_2)<Y$ 时，土地需求者的收益大于自己承包土地所产生的成本，则愿意转入土地；否则需求者不愿意转入。

三、西安土地流转供求与风险实证分析

（一）研究对象概况

西安，陕西省的省会城市，位于地理位置的东经 107°40′~109°49′、北纬 33°42′~34°45′，南边依靠着巍峨的秦岭，北方濒临美丽的渭河，身处关中平原的中部，坐落于著名的关中盆地，其南北宽度大约为 116 公里，其东西的总长

约为 204 公里，土地面积宽广，总面积高达 10108 平方公里，且常住人口众多，约为 843.46 万人，是陕西省的经济、政治和文化发展的中心[①]。

（二）土地流转供求状况

2015 年，各区县耕地面积虽因政府干预等原因增加 4719 亩，但因国家基建占地等减少耕地 45127 亩，远远多于所增加的耕地亩数。图 1 和图 2 分别是 2011~2015 年年末西安实有耕地面积与 2011~2015 年西安市农作物播种面积。

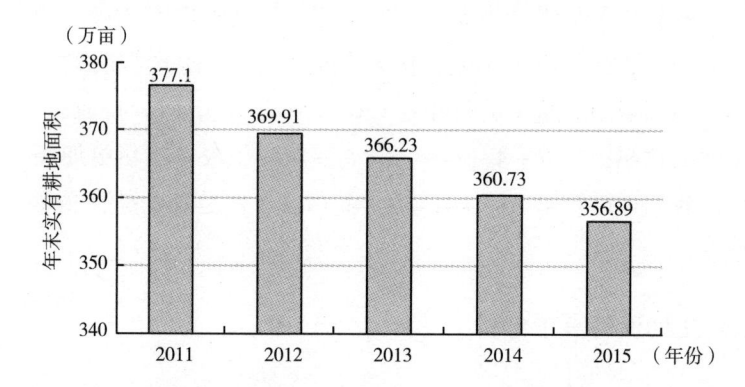

图 1　2011~2015 年年末西安实有耕地面积

资料来源：2016 年西安统计年鉴。

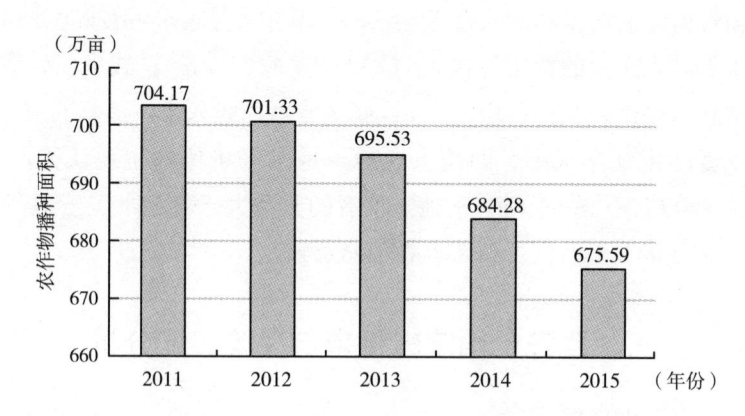

图 2　2011~2015 年西安市农作物播种面积

资料来源：2016 年西安统计年鉴。

[①] 西安市地方志办公室.2016 年西安年鉴.西安市人民政府，2016.

图 1 和图 2 表明，无论是西安市年末实有耕地面积还是农作物播种面积，2011~2015 年五年间均呈下降趋势，这应该引起人们的强烈关注。对于西安市土地流转过程中供给面积和需求面积的具体数据很难获得精准的数据，但通过对西安八个区县典型村落的实际调研可以发现，总体上西安农地流转过程中是供小于求，所以多年来农地流转一直处于较为迟缓的状态。

农地流转的模式可以与蛛网模型联系起来，蛛网模型是一种描绘不同波动情况的动态分析理论，发散型、收敛型及稳定型是蛛网模型总的三种情况。由于西安市的农地流转总体上供小于求，是供给价格弹性小于需求价格弹性（因为农民对土地的依赖程度依然很强，随着价格的改变，由于存在多方面的顾忌，只要价格上升幅度不是很大，农民因土地流转价格上升而供给的流转土地大幅度上升的情况就比较少见），用公式表示为：

供给价格弹性 = 供给量变动的百分比/价格变动的百分比

需求价格弹性 = 需求量变动的百分比/价格变动的百分比

当价格变动的百分比相同时，供给量变动的百分比是小于需求量变动的百分比的，所以供给价格弹性小于需求价格弹性，因此此时属于收敛型蛛网模型，根据收敛型蛛网模型最终会趋于稳定的特点，可以认为农户的供给量会逐渐地趋于需求量，最终两者会达到一个相对平衡的状态。由于土地的需求量较大，起初随着价格的上升，农户的土地流转总供给量是小于土地流转的总需求量的，由于所流转的土地的供不应求，土地价格会在一定幅度内继续上升，那么农户会逐渐地由于利益的驱使改变原来的想法，从而提供的流转土地数量上升，但此时农户的预期过于乐观，需求者此时提供的土地流转价格并没有那么高，所以下一阶段农户提供的流转土地数量会有所减少，此时需求者会小幅度的将价格提升，那么农户接下来会因价格的上升而增加所供给的土地数量……由此下去，最终此收敛蛛网模型会达到一个相对稳定的状态。

（三）土地流转过程中存在的具体风险

1. 风险识别的原则

关于农地流转风险识别的原则，包括客观性原则、合理性原则、系统性原则。农地流转风险识别首先应符合客观性的原则，即对于风险的识别应当符合客观标准。农地流转风险识别的合理性原则即要求人们对农地流转中的风险进行识别时应当合乎事理，不违背农地流转的一般规律。这表明，农地流转风险识别应当具有符合常理的逻辑归纳与演绎，对风险的归类应符合人们的一般认知，对于风险的整个分析都应局限在农地流转的合理范围内，并要做到尽可能地客观真实。系统性原则即指对于农地流转风险的识别应当基于系统性的角度来进行。另外，制度化原则、经常化原则也是风险识别的较为重要的两个方面。所谓风险识别的制度化和经常化原则，指由于各种生产经营活动之中无时无刻不伴随着风险的存在，因此风险的识别和衡量也必定是一个连续不断的、制度化的过程。

2. 西安土地流转风险

依据西安实际情况，基于政府治理绩效的视角，研究将主要风险分为社会风险、粮食安全风险、自然风险、损害农民相关权益的风险、法律风险五大类。在土地流转过程中，所具有的激化升级各种社会矛盾、产生社会冲突、破坏社会稳定和社会秩序的可能性即为社会风险。其中公信力风险、寻租风险和社会保障风险是社会风险的三个分类。粮食安全风险是指农地流转过程中影响粮食生产能力的各种风险。粮食安全风险可分为土地性质改变风险、农业产出变动风险。自然风险指在土地流转中主要由人为因素所导致农业用地生态系统结构及其组分遭到破坏、生态功能受到影响的可能性。可将自然风险划分为景观美学价值风险和生态破坏风险两类。损害农民相关权益的风险是指农民职业变更会带来失业风险。损害农民相关权益的风险可分为失地失业风险、生存权损害风险。法律风险是指农村土地流转中，农民与土地承包者的协议形式不规范，法律风险可分为契约风险、农民对相关法律认知不清风险、相关法律不完善风险。

依据西安土地流转风险的识别，建立层次结构模型，按照层次分析法的原理设计调查问卷，利用 1~9 的尺度对长安区农户进行调研，将相关数据输入管理运筹学软件 2.5，即可求出风险因素的排序（见图 3 和图 4）。

根据层次分析法的计算结果，做如下分析：

（1）准则层权重分析。根据以上计算结果，准则层的权重值为：（0.0933，0.3806，0.0587，0.2998，0.1676）。即在农村土地风险流转中，粮食安全风险 B_2 风险权重最高（0.3806）；其次是损害农民相关权益的风险 B_4，权重 0.2998；第三是法律风险 B_5，权重为 0.1676；社会风险 B_1 和自然风险 B_3 影响相对较小，权重分别为 0.0933、0.0587。因此在准则层的五种风险中，应重点关注粮食安全风险、损害农民相关权益的风险以及法律风险，而对于社会风险和自然风险则应适当关注。

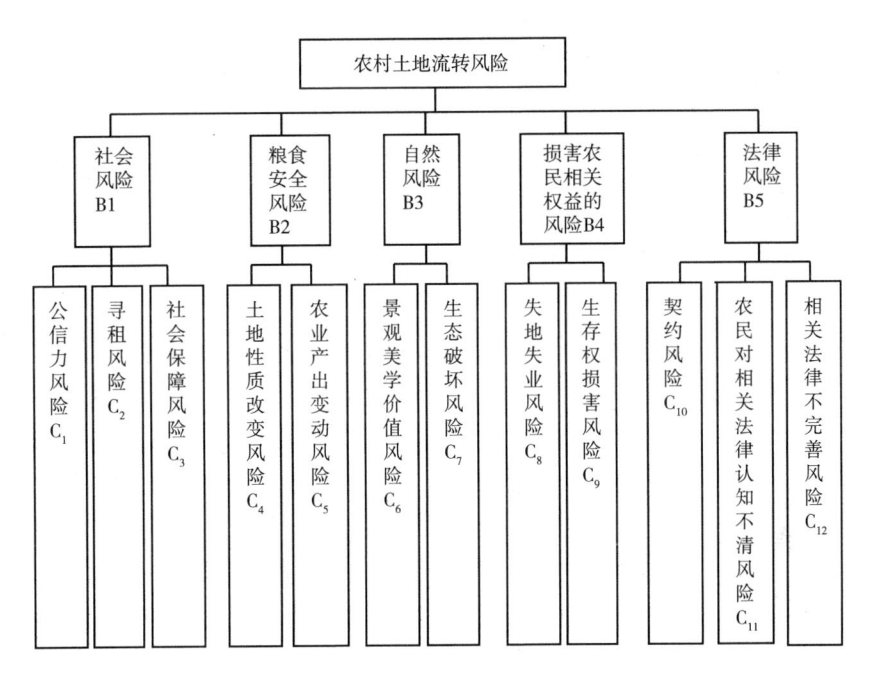

图3 农村土地流转风险层次结构

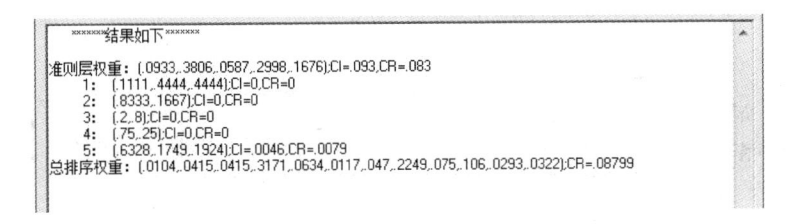

```
******结果如下******
准则层权重：(.0933,.3806,.0587,.2998,.1676);CI=.093,CR=.083
    1: (.1111,.4444,.4444);CI=0,CR=0
    2: (.8333,.1667);CI=0,CR=0
    3: (.2,.8);CI=0,CR=0
    4: (.75,.25);CI=0,CR=0
    5: (.6328,.1749,.1924);CI=.0046,CR=.0079
总排序权重：(.0104,.0415,.0415,.3171,.0634,.0117,.047,.2249,.075,.106,.0293,.0322);CR=.08799
```

图4 层次分次法软件计算的结果

（2）因素层权重分析。

第一，计算结果中的（0.1111，0.4444，0.4444）表明：在社会风险 B_1 中，寻租风险 C_2 和社会保障风险 C_3 影响较大，权重都为 0.4444；公信力风险影响相对较小，权重为 0.1111。因此，在社会风险中，应重点关注寻租风险和社会保障风险。

第二，计算结果中的（0.8333，0.1667）表明：在粮食安全风险 B_2 中，土地性质改变风险 C_4 影响较大，权重为 0.8333；农业产出变动风险 C_5 影响相对较小，权重为 0.1667。因此，在粮食安全风险中，应重点关注土地性质改变的风险。

第三，计算结果中的（0.2，0.8）表明：在自然风险B_3中，生态破坏风险C_7影响较大，权重为0.8；景观美学价值风险C_6影响较小，权重为0.2。因此，在自然风险中，应重点关注生态破坏风险。

第四，计算结果中的（0.75，0.25）表明：在损害农民相关权益的风险B_4中，失地失业风险C_8影响较大，权重为0.75；生存权损害风险C_9影响较小，权重为0.25。因此，在损害农民相关权益的风险中，应重点关注失地失业风险。

第五，计算结果中的（0.6328，0.1749，0.1924）表明：在法律风险B_5中，契约风险C_{10}影响较大，权重为0.6328；相关法律不完善风险C_{12}和农民对相关法律认知不清风险C_{11}影响较小，权重分别为0.1924、0.1749。因此，在法律风险中，应重点关注契约风险。

（3）总排序权重分析。上述计算结果中的总排序权重表明：在农村土地流转风险中，因素层的12个因素的影响程度依次为：土地性质改变风险（0.3171）、失地失业风险（0.2249）、契约风险（0.106）、生存权损害风险（0.075）、农业产出变动风险（0.0634）、生态破坏风险（0.047）、寻租风险和社会保障风险（0.0415）、相关法律不完善风险（0.0322）、农民对相关法律认知不清风险（0.0293）、景观美学价值风险（0.0117）、公信力风险（0.0104）。

以上结果表明，在农村土地流转的风险因素中，土地性质改变风险的影响程度是最大的。按照中央农村土地管理制度，允许土地流转的前提是坚持守住18亿亩耕地红线，划定永久基本农田，确保基本农田总量不减少，用途不改变。但是在实际的农村土地流转中，由于种粮效益较低，部分受让方为了获取土地效益的最大化，在流转中有"非粮化"倾向，流转土地用于种粮的面积和比重有进一步缩减的趋势。有些地方土地流转以后，改种果树、药材、烟叶等经济作物。这些改变土地用途的行为也将进一步对农业产出造成一定的影响。因此，在农村土地流转中，要杜绝此类风险的发生。针对失地失业风险、契约风险生存权损害风险、农业产出变动等风险因素，要建立健全相关法律及社会保障制度，建立规范的土地流转机制和市场等，完善各种土地流转的补偿措施，从而降低这些风险因素发生的可能性。

3. 土地流转风险可能的不良影响

（1）对社会可能的危害。土地流转过程中会让失地农民沦为别人的长期雇工，存在着身份上的不平等，较易引起社会的不稳定，并且社会风险中的寻租风险更是不容小觑，会存在变公为私、造成官员贪污腐败等恶劣后果。

（2）对土地资源可能的危害。土地的流转使许多的良田成为贫瘠的低等田，有的直接改为了工业用地或商业用地，使粮食种植面积和产量都大幅度下降，这对人口众多的西安来说会产生粮食安全风险。

（3）对农民可能的危害。农地流转过程中农民因文化程度低、法律意识淡薄、无社会背景等原因本身就处于劣势地位，因而自身的权益会受到方方面面的损害。比如，交易过程中未签合同，农民会因交易方的道德风险自身权益受到损害失地又失钱，而法律方面又存在法制不健全及打官司费用高昂等问题，这样更会让居心不良的人钻了法律的空子，使农民的境遇更加悲惨。正是这些风险所带来的现实问题，所以才会出现如今的农地流转迟缓问题。

四、结论与启示

近年来西安市实有耕地面积、农作物播种面积的下降及其他许多与土地有关的指标的下降，各种因素导致的土地流转迟缓、农地供不应求的现状应该引发人们深刻的反思，尽可能地缓解和解决这些问题。另外，土地流转风险带来的一系列问题，也应该通过一定机制的构建尽可能规避或减少。

（1）农村劳动力的转移必定伴随着诸多的后续问题，及时解决这些问题，让他们无后顾之忧是目前最应该做的事情。农地流转迟缓的主要原因是，目前农民外出打工的价值较低，工资微薄，土地仍然是他们能够遮风挡雨的避难所和生活最坚固的保障，所以不会轻易地流转土地。政府应该加大力度致力于改善农民工的工作环境、社会地位、工资薪酬等，对农民工日常生活中所遇到的困难和挫折能够高度重视，并妥善地给予解决，比如最常见的农民工子女上学问题及他们的户口落实问题，虽然这些问题已存在多年，但至今为止仍未真正解决，未从根本上打消农民工的顾虑，所以政府应积极呼吁社会正视农民工的功劳和贡献，体会他们的不易和艰辛，要加快改善农民工生活质量的步伐和脚步，真正做到解决农民工眼下需要解决的问题，做到相对意义上的社会公平，只有这样农地流转缓慢问题才能有所改善。

（2）着手建立和不断完善相关领域的法律法规，保障土地流转双方合法权益。农地流转领域的法律漏洞重重，许多农民在土地流转过程中因法律意识淡薄、法律不完善等原因自身利益不能得到较好的保障，这一点是农地流转进程较为缓慢的一个十分重要的原因，所以我国有关法律部门在不断完善此领域法律的同时，可以更多地对农民进行法律的宣传和教育，尽可能地减少甚至避免法律纠纷。

（3）健全农地流转风险规避机制，尽可能地降低甚至规避土地流转风险。西安农村土地流转中的各种风险因素相互交织，产生了很多问题，制约着农村经济社会的发展。诸多风险因素形成的社会原因是多方面的、综合的，需要通过风险防范体制与制度的建立及完善去克服和解决。风险防范体制的构建涉及农村土地流转中农民、基层政府、流转土地的受让方等各方主体及其行为规范和关系的总和，需要通过具体有效的制度来体现。

第一，西安"土地流转"风险防范体制构建。由于农村土地流转更重要的是一种经济社会现象，要通过完备土地流转中庞大的市场体系手段来降低及规避土地流转中所涉及的风险，通过市场机制来促进农村土地这一生产要素最大限度地发挥效益、防范风险。很重要的一点是，政府要能够准确地摆正自己在土地流转中的位置，切实地发挥好自己的作用，通过政府监管和服务职能的完善防范风险。另外，农村土地流转的相关法律问题也需要明确化和具体化，以此来构建多层面、全方位的风险体制来防范风险。

第二，西安农村土地流转风险防范制度建设。农村土地流转中风险防范体制的构建是一个长效机制，需要通过各种具体的制度加以落实，只有通过全方位的有效风险防范制度创新，并且将制度落到实处，才能逐步消除农村土地流转中的风险。西安农村土地流转中需要不断的借鉴和总结先进经验，因地制宜，因材施教，积极探索并完善符合我国国情的有关农地流转领域的法律法规，顺应农村土地改革的政策导向，力争能够建立健全有效配置土地资源的土地流转制度。

参考文献

[1] 韩喜平，王炳程. 中国农地流转风险甄别 [J]. 社会科学，2016 (5)：108-112.

[2] 李长健，胡月明. 工商资本参与农村土地流转的风险防范研究 [J]. 农业经济，2016 (9)：87-88.

[3] 李长健，刘磊. 代际公平视域下农村土地流转过度集中的风险防范 [J]. 上海财经大学学报，2014，16 (1)：49-52.

[4] 李景刚，高艳梅，臧俊梅. 农户风险意识对土地流转决策行为的影

响 [J]. 农业技术经济, 2014 (11): 22.

[5] 李毅, 罗建平, 牛星. 复合生态系统视角下土地流转风险管理 [J]. 农村经济, 2014 (1): 31-34.

[6] 李中, 洪必纲. 中西部地区农村土地流转过程中的风险研究 [J]. 经济纵横, 2012 (6): 84-87.

[7] 阮陈珠. 基于供求关系的农村土地流转价格分析 [J]. 台湾农业探索, 2014 (6): 57.

[8] 宋伟. 农地流转的效率与供求分析 [J]. 农村经济, 2006 (4): 35.

[9] 万梦娴, 邱佳敏. 土地集中与利益分化: 土地流转的潜在风险 [J]. 农村经济, 2014 (9): 26-30.

[10] 向鹏成, 徐伟. 基于系统动力学方法的新型城镇化进程中农村土地流转的社会风险识别 [J]. 国土资源科技管理, 2016, 33 (1): 111.

[11] 叶前林, 何伦志. 农村土地流转中的潜在风险及防范策略研究 [J]. 农业经济, 2015 (1): 26-27.